# 孔子大歷史

## 聖壇下的真實人生與他的春秋壯遊

THE ERA OF CONFUCIUS

李碩——著

謹以此書致敬重塑中國的周文明

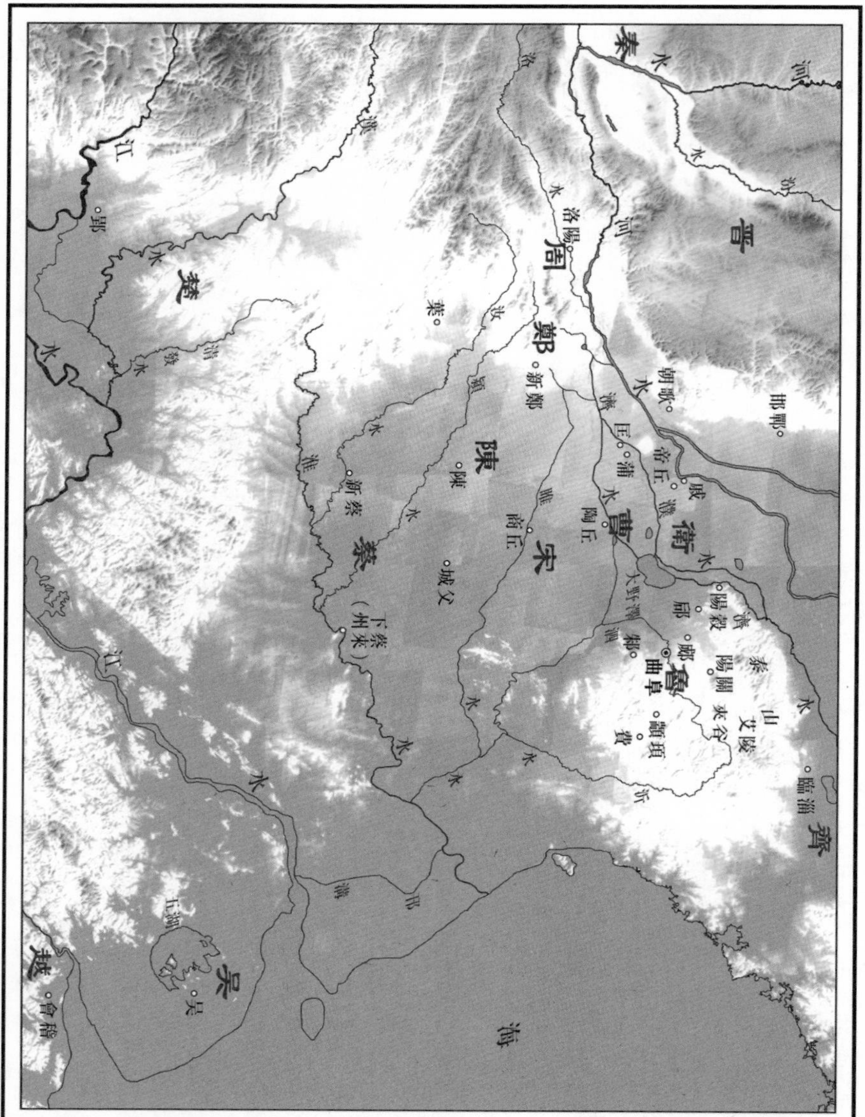


孔子周遊地域圖（製圖師：王曉明）

# 序

李碩兄的大作要出版了，他讓我在前邊寫幾句話。我原本是不會寫這類文字的，但畢竟我倆有二十多年的交情，遂勉力為之。

回想我跟李碩相識，是在二十三年前的北大。我在歷史系；李碩在中文系，後來被選拔進了旨在破除學科壁壘，培養新一代「大師」的文科實驗班。我倆曾經同宿舍。大學時候的我們都是進城青年，未來又是一片迷茫，不知路在何方，學業、思想、感情，都有好些解不開的疙瘩，用現在的話說，就是常犯「中二病」。一旦「犯病」，免不了借酒澆愁，李碩就是最合適的酒友兼傾訴對象。大二或大三的冬天，有一次下大雪，我倆半夜在老虎洞喝完，覺得不盡興，又拎著一瓶二鍋頭，趟著半尺深的積雪跑到圓明園。夜深人靜，滿天飄著鵝毛大雪，兩個人在圓明園裡深一腳淺一腳闖了半天，好容易找到個亭子坐下，人都凍僵了，只能靠冰涼的二鍋頭取暖，頗有點「林教頭風雪山神廟」的味道。二十多年過去，北京好像再也沒下過那麼大的雪，我腦海裡似乎也再沒留下那麼深刻的印象。

我倆都是學文科的，又都對歷史感興趣，從一開始就有很多「共同語言」。李碩從不安分，喜歡亂看書兼「胡思亂想」。是河北蠡縣人，大概受鄉土文化的影響，跟同鄉先賢顏元、李塨有點像，強調「實踐出真知」，對各行各業都有濃厚興趣，喜歡跟各種各樣的人打交道。我則一向「好靜」，以「象牙塔」為避難所，對社會上的各種亂七八糟避之唯恐不及。大一我在昌平園無事可做，通讀了一遍《史記》，喜歡上了先秦史。回到本部之後跟丁一川老師讀《左傳》，自己看甲骨、金文的書，跑去聽中文系、考古系的課，逐漸走上研究古史的道路。平日跟李碩討論學問，他經常嘲笑我是「書呆子」，只會啃書本，沒有社會經驗；我則批評他缺乏「專業精神」，是無門無派「野路子」。不過涉及具體問題，李碩常常會有一些獨到看法。大三大四時，他受我影響也開始讀《左傳》，恰好我的學年論文和畢業論文都是寫《左傳》的，於是便經常在一起交流心得。我的本科畢業論文《春秋時代的家臣》寫了六萬字，每有自覺得意的新發現，就興匆匆地跑去向他報告。他後來寫孔子，根源可能要追溯到那個時候。大學畢業後，我繼續留在「象牙塔」中攻碩讀博，走上吃「學術飯」的道路。李碩也按照他的想法，到「廣闊天地」中歷練了一番。他先下廣東，後回石家莊，最後又跑回北京，做過旅行社、報紙、出版社等行當。他在外地的時候，常常一別經年，不通音訊，突然一個電話，人已到樓下，於是便一起出去「吃酒」，如同當年一樣。闖蕩幾年之後，也許是厭倦了，他又回到「學術圈」，在清華歷史系讀了個博士，專業是魏晉南北朝史；畢業之後「自投於四裔」，在塞外荒寒之地烏魯木齊「掛單」；業餘還是閒不住，蒙甘青藏，大西北都跑遍了，不時發些遊記來給我看，這倒是能給他一些跟純粹學術圈中人不一樣的研究社會的視野；另外又把他多年積累的獨特想法攢成書，不知不覺幾年間已經出了三四本，讓我這正經以「創作」為生的人自愧不如。

近百年來研究孔子的著作可謂汗牛充棟，光是孔子的傳記也不下幾十種。李碩的書跟一般的孔子傳記不一樣，用他自己的話說，是「借孔子看春秋」，孔子成了時代的一面鏡子。周代是中國歷史上僅有的「貴族時代」，孔子趕上那個時代的尾巴。作為「最後的貴族」，他痛恨那個「禮壞樂崩」的亂世，懷抱恢復「周禮」的夢想，政治上一輩子不得志，卻無意中成為「萬世師表」。要理解孔子，先得瞭解他身處的那個時代，這本書用淺近平實的語言，對周代的姓氏、稱謂、禮儀、日常生活等方方面面加以介紹。作者雖然不是先秦史出身，但對這些複雜問題的把握相當透徹，讀完此書，普通讀者也能對周代社會有一個全面印象。

本書關注的重點其實是春秋時期的政治史。對於春秋政治的特點，李碩自創了一個詞叫「寡頭共和」，我則更傾向按傳統說法稱為「世族政治」。我從本科論文寫《春秋時代的家臣》，到博士論文以「西周金文世族研究」為題，二十年來也一直關注這個問題，有一些自己的想法。李碩只談了春秋時期，其實春秋和西周應該看作一個大歷史時期之內的前後兩個階段。周代是「貴族社會」，學者多無異議，但前人往往將周代政治籠統稱為「貴族政治」，則未得其要領。正如田余慶先生在《東晉門閥政治》一書中所言，魏晉南朝常被稱為「門閥社會」，但嚴格意義上的「門閥政治」只存在於東晉，此前的西晉不是，此後的南朝也不是。在我看來，西周至春秋時期前後出現過兩次「世族政治」。第一次是西周中晚期的恭王至厲王時期，以「國人暴動」而告終，前後歷時近百年。第二次是春秋中晚期，以魯「三桓」、晉「六卿」、鄭「七穆」等一批大世族把持各國政權為標誌，前後大概有兩百年。西周武王至穆王時期，以及「宣王中興」之時，王權是國家政治的主導，貴族要服從王權。同樣，春秋早期齊桓、晉文稱霸的時代，各國君主大多能掌握實權，不是後來那種徒有虛名的擺設。只有君權衰弱無力，大族之間又能基本維持勢力均衡的時期，才會出現穩定的「世族政治」局面。如果大族勢力膨脹，君主又恰好是厲害角色，比如周厲王、晉厲公，雙方就難免發生衝突，要麼是大族代表被誅殺，要麼是君主被推翻。

李碩書裡提出了很多有意思的問題，其中一個是：跟西歐、日本相比，中國的「貴族時代」為什麼結束得那麼早？多年來這個問題也一直困擾著我，到現在還沒完全想明白。在這裡，我嘗試著總結出兩個原因。第一，中國的君主集權傳統從一開始就很強，這在新石器時代晚期的文明萌芽中已初現端倪，到商周時期已經非常突出。跟西歐、日本相比，周代君主掌握的權力和資源要充沛得多，西周時期就已經有「西六師」「殷八師」那樣歸君主直接控制的常備軍。孔子說：「天下有道，則禮樂征伐自天子出；天下無道，則禮樂征伐自諸侯出。」（《論語．季氏》）在當時人看來，國家大權只有掌握在周天子手中，才是「王道」，才能保證長治久安；一旦落到底下的諸侯、卿大夫手裡，則早晚必出亂子，而且掌權的人層次越低，出亂子越快。即使到戰國時期，諸子百家也沒人覺得眼前這種列國並立的局面是合理的，而是紛紛憧憬「車同軌，書同文」的統一國家，熱中於搞《周禮》《王制》那樣的「頂層設計」。雖然在西周、春秋時期，建立穩固君主集權的歷史條件尚未成熟，政權發展一段時間以後，不可避免要旁落於貴族之手，但「世族政治」的格局更難長久維持，最多不過一兩百年就要向君主集權回歸。第二，貴族內部從來不是鐵板一塊，各個家族集團以及各階層之間一直存在矛盾。這就給不甘做傀儡的君主以可乘之機，利用各家族、各階層之間的矛盾，拉一派打一派，提拔下層制約上層，春秋各國的內亂大多因序此而起。尤其是「世族政治」形成之後，權力和資源被少數大族壟斷，中下層貴族權益受損，失去上升管道，很容易轉向君權尋求出路，二者一拍即合。孔子及其弟子大多出身於貴族中地位最低的「士」階層，正是這群人打出了重振君權、復興「周禮」的大旗。孔子在魯國掌權時推行的政治改革，是以「強公室，抑私門」為旗號，跟後來吳起、商鞅的事業並無本質區別。後來他的學生們大概也看出各國君主多是扶不起的阿斗，於是順應歷史潮流投身大族做「家臣」，取得政治上的成功。各國的大族或公室，也在這些新興士人的幫助下，使國家逐漸擺脫宗法血緣關係的束縛，轉變為集權官僚制的新型國家。

孔子所開創的儒家，從其誕生之日起就是君主集權的幫手，明白這一點才能理解儒家的本質，也就是中國傳統「士大夫」的本質。他們的最高理想是「得君行道」，做「帝王師」。孔子帶著弟子們周遊列國，無非是想當「國師」，後來他的學生卜商（子夏）真的成了魏文侯的「國師」。陳平原先生早年有篇文章叫〈千古文人俠客夢〉，其實中國文人有個更大的夢——「國師夢」，幾千年來一以貫之。

不過話說回來，孔子的人生信條是「知其不可而為之」。只要想做事，就離不開權力，諸子百家中除了楊朱、莊周那樣的極端個人主義者，大概沒有人能擺脫對權力的依附。但儒家畢竟不是法家，即使用現代人的眼光看來，孔子及其弟子身上也時時閃耀著人性的光輝。首先，儒家第一次把「人」作為政治的目的。孔子說「仁者愛人」，「仁」就是拿人當人看，這是周文化的寶貴遺產。孔子的祖先商人可不是這樣，在他們眼中「非我族類」都不是人，跟牛羊一樣可以隨意屠殺。西周王朝建立以後很快就廢止了商代的人殉人祭習俗（西周早中期有少數實行人殉的墓葬，六墓主大多是商遺民），孔子本人更是連隨葬人俑都反對。周人把願意接受華夏文明的人群都視為同類，儒家的「仁」也是不分族類，不分地域，這是兩千多年前的共同的價值觀。中國能克服自然地理的巨大差異，成就幅員遼闊的「大一統」國家，這個共同的價值觀起了關鍵作用。其次，孔子及其弟子反對貴族政治，卻欣賞並且繼承貴族的文化傳統，包括貴族那種視榮譽高於生命的「迂腐」勁兒。周代的貴族是「社稷之臣」，不是君主私人的奴隸，因此儒家為君權服務，但又不願淪為君權的工具——用周人的詞來說，他們是「股肱」，不是「爪牙」。他們總想「馴服」君權，讓它規規矩矩為社稷、為百姓服務，雖然多數時候難以如願，但久而久之培養出了「道尊於勢」的傳統。讀書人跟皇帝的鬥爭，是「二十四史」中最常見的主題。陳寅恪表彰王國維這個清朝遺老，突出強調的是「獨立之精神、自由之思想」。這筆精神遺產，也要拜孔子和儒家所賜。

不知不覺把話扯遠了。為免喧賓奪主，還是及早打住，請大家看書吧。

韓巍

二〇一九年二月二十三日於北大中關園

Contents

# 目次

# 導言

在中國歷史的長河中，春秋貴族世襲政治別具一格，它是西周封建制的延伸和失控，與戰國開端的君主集權制、官僚制截然不同。

春秋中後期的列國，世代壟斷朝政的寡頭格局形成。所謂世卿世大夫，魯有三桓，鄭有七穆，晉有六卿……故孔子曰：「祿之去公室，五世矣；政逮於大夫，四世矣。」作為低階貴族（士）的私生、遺腹子，孔子生長於貧寒的母親家族。他如何被貴族群體接納，又如何在卿大夫世襲政治中脫穎而出？

作為魯國寡頭三桓家族的下屬，孔子試圖重構國家政治秩序，調解國君與寡頭、貴族與賤民的關係，他的努力為何失敗，寡頭世襲政治的出路又在何方？

和孔子體貌相同的陽虎，到底二人有無親緣？他們在貴族社會中的起點相似，結局大異其趣，是否陽虎才是歷史趨勢的先行者？

孔子死後如何被弟子神化，又如何被還原，最終成為無宗教神性的文化聖人？通過解讀經史文獻，本書還原了孔子在寡頭世襲政治遊戲規則中沉浮的一生，以及他生活的春秋時代的生活場景、日用禮俗，對孔子的生活世界進行了人類學乃至影視視覺層面的再現。

# 引子

深秋的清晨，黃河。一位鬚髮皓白的高個子老者，踩著凝霜的濕沙，蹣跚走向黃河渡口。

刀戈兵器、糧食口袋，各種貨物正在被搬運到渡船上。黃河對岸在打仗，每天都有戰爭物資運往那邊，幾個執戈的士兵盤查渡河行人，搜檢細作。對走來的老者，他們沒有干涉，老者穿著頗為考究，顫顫巍巍精神恍惚，似乎是想去對岸尋找戰死兒孫的屍體。黃河渡口上，這樣的老人太常見了。

老者在黃河邊站住，喘著白氣抬頭遙望。

這是秋汛期的黃河，水勢浩大，黃濁的泥水打著漩渦滾滾而下，對岸的蘆蕩、樹林和天際線融為一體。

渡船緩緩升帆，要開船了。

老者遲疑著走向渡船。就要登上踏板時，他轉頭回望，遠方，逆著初升旭日的光暈，一個人影正踉踉蹌蹌追來。老者認出了來者，呆呆站在了原地。

渡船揚帆漂蕩而去，遠遠傳來船夫的歌聲。這是下游黃河邊流行的一首歌，《詩經．邶風．匏有苦葉》：

匏有苦葉，濟有深涉。深則厲，淺則揭……

招招舟子，人涉卬否。人涉卬否，卬須我友。

（葫蘆葉子黃，濟水渡口漲。水深游能過，水淺涉亦往。渡船飄搖搖，人過我獨留。問我為何留，只為等朋友。）

這是西元前四九四年，衛國都城外的古黃河（今河南濮陽）。老者就是著名的孔子，這年他五十八歲。遠處追趕來的，是他的年輕學生子貢（端木賜）。

孔子欲渡黃河而不能，這一故事，包括這首詩歌，《論語》和《史記》都有記載，其中《論語》記載最多。但他這次渡河要做什麼？

他要去見黃河對岸的陽虎，也許是想揭開關於兩人的身世謎底——這兩人體貌完全相同，父輩屬於同一個社交圈子，二人的關係，遠非後人理解的只有對立、不共戴天。在貴族世襲政治的遊戲規則中，孔子與陽虎的事業取徑貌似不同，但兩人都在借助這套規則、同時也試圖突破它的限制。

孔子又為何沒能邁出渡河的這一步？

這些都要從頭講述，從孔子的身世開始——他作為私生子出生、作為農民長大、被貴族家庭和社會接納的人生。

這裡先介紹孔子時代的一些社會、政治基本概念，比如「貴族」、「寡頭」，都是在很晚近的白話文時代普及的，而春秋時期的文獻裡未必有能準確反映這些現象的詞彙。可能因為後世出現了、或者引進了很多新的社會政治概念，比如皇權專制、官僚制、民主制，在這些後出概念的反襯之下，春秋政治的獨特之處才更容易凸顯出來，我們今天才可以用一些新的詞彙來描述它。

重播一下上古史：

商代社會、政治是什麼樣子，文獻記載很少，零星的甲骨文材料也都屬於商代中後期，從這些極為有限的材料推斷，商代很可能是較小的「核心王朝」加眾多「臣服方國（部族）」的模式，周邊部族被商王朝的武力震懾，向商朝臣服納貢，但又不時發生叛亂。周國早期也是這種臣服於商的外圍方國。

但周人在滅商之後，進行了大規模的「封邦建國」，在新征服地區廣泛安插了自己的分封諸侯國，它們和原有的、現在臣服於周王朝的土著方國並立，並且在上層實行通婚，列國的國君、貴族由此形成了一個具有普遍認同感的統治階層。這個統治階層是封建世襲、跨國家的，以周王室為核心，對周邊方國的上層持開放立場，外緣邊界比較模糊，只要認同周王朝的權威，就可以被接納。

和商王朝比較，周人的優勝之處就在於他們比較開放，特別是用上層通婚的方式超越方國、部族的地緣阻隔，建立和維繫起一個有相似文化認同的中原統治階層，這算是古典華夏政治文化的起源。中國歷史從此告別商代的蒙昧和封閉。

當然，周人政治的局限性也很明顯，就是用上層階級的認同感去克服地域差異，占人口絕大多數的下層人被完全無視了，他們被認為完全不需要文化，也不需要改變命運，只要世世代代為上層貴族「勞力」就足夠了。這是典型的身分世襲制度，幾乎沒有社會流動。

也許這是幅員較廣的初民社會的一個必經階段，但這種靜態社會也會逐漸走到盡頭。可能是伴隨著人口的自然增長，所謂「生產力的發展」，農業剩餘產品增多和技術分工變得複雜，也許首先是統治階層人口增長過快，有些得不到世襲特權和晉升機會的貴族「支庶子弟」，開始憧憬流動性更強的遊戲規則；同時，人口增長、農業開發使以前僻處草萊的各方國都膨脹起來，各國統治者開始意識到爭奪人口、國土的重要性，國際間的上層階級認同感就轉向地域國家意識了，君主開始削奪貴族的世襲權力，建立官僚制，將國家的統治延伸到普通農民，實現編戶齊民的管理方式，以此富國強兵，在對外戰爭中取勝。春秋戰國之交，就是這個歷史的轉折階段，它的成果就是戰國前期列國的「變法」。在孔子生活的春秋晚期，周王（天子）已經沒有指麾列國的權力，而是退縮成了代表中原列國文化向心力的政治符號。列國政治的主角是貴族卿大夫，「卿」的原意是王朝或諸侯國裡執掌最高權力的少數大臣，往往是個位數，原則上並不世襲，天子或者國君可以從眾多大夫裡面選擇最為賢明的擔任「卿」；「大夫」從沒有嚴格的定義，如果我們嘗試從春秋史料歸納它的特徵，可以說「大夫」是世襲貴族，多數大夫的先祖能追溯到一位周王或者諸侯國君；大夫身分通過嫡長子世襲，核心是有一塊世襲的封邑。最低級的世襲貴族是「士」，有些士的先祖能追溯到大夫和國君，有些則不能。當時人都知道大夫、士的世襲身分特徵，但並沒有「貴族」這個專有名稱。

從春秋中期開始，中原很多國家「卿」的職位也變得世襲了。有些諸侯國裡，個位數的大夫家族世代壟斷了「卿」的職位，他們內部再通過競爭或妥協決定卿的職務分配；另一些國家裡，特定的大夫家族甚至世襲壟斷某個卿職，孔子所在的魯國可能就是如此，雖然史料有限，我們無法再現出所有家族的歷代職位，但也難以提出反證。[1]

1 記載春秋世襲政治的經史文獻主要是《春秋》、《左傳》、《國語》，包括鄭玄等後世學者的注疏。先秦還有一部《世本》記載這些世襲家族的信息，但中古之後就失傳了，只有一些零散篇章因為其他書籍的引用而保留下來。清代學者顧棟高的《春秋大事表》在這方面做了比較系統的分類整理工作。現代學者陳槃的《春秋大事表列國爵姓及存滅表撰異》對顧棟高的成果又有所增補，但現代史學界在這方面總體較為沉寂。二〇〇二年前後，一位網名「竊比老彭」的有志者在網路上發表過一系列《春秋卿族略考》，匯總了魯、齊、晉、宋、鄭等國累世專權的卿族信息，對於今人理解春秋世襲政治頗有裨益。

稍晚一點的戰國，開始有人給這種現象叫「世卿」，[2]就是「世代壟斷卿位的家族」，本書則用一個更簡明和普及的術語：「寡頭」，這是個白話文時代從翻譯產生的詞，來自柏拉圖《理想國》裡的「oligarchy」，本意是「少數人的統治」，它最初的語境是很小的古希臘城邦，而且未必有世襲的涵義。在本書描寫的春秋中後期歷史裡，它更接近「維持世襲統治的少數家族」，這幾個家族需要有維繫聯合統治的慣例、默契，這就是春秋時代的「寡頭共和」。這些詞語雖然都屬於白話文時代，但用來描述春秋政治非常貼切，這是孔子時代所不具備的便利。

本書的主人公是孔子，不能專門描寫春秋貴族社會、寡頭政治的來龍去脈，只能從與孔子有關的角度介紹這些背景。但借孔子來看春秋，特別是春秋晚期歷史，又有不可替代的優勢。因為春秋歷史的主人公大都是諸侯國君，輝煌的如齊桓公、晉文公、楚莊王，風雲舒卷，波瀾壯闊，史書對他們的描寫最多，而那時最普通的貴族——「士」的生活狀態，就很少有詳細記載。孔子是春秋歷史的一個特例，關於他生平的記載很多，主要靠他的弟子、再傳弟子編輯的《論語》和《禮記》，可以說，孔子是瞭解春秋時代普通士人生活的最佳個案。

孔子生活在春秋的最晚期，「百家爭鳴」的戰國時代即將開啟，但孔子以外的諸子百家，我們能瞭解的也非常少，莊子、墨子、孟子、荀子、韓非子等等，他們在什麼樣的家庭裡出生長大，娶了什麼樣的妻子，有幾個孩子，他們怎樣求學，怎樣招收學生，怎樣養活自己……這些幾乎都是盲區，唯獨孔子的生平事蹟最詳細。

所以孔子不僅是瞭解春秋貴族社會最好的個案，也是諸子百家裡最豐滿、最真實的一位。他所處的時代，貴族世襲制度已經喪失了活力和能量，他的一生展示了寡頭政治的難以為繼，春秋貴族們的歷史從此走向謝幕。

2 見《春秋公羊傳》。

# 第一章　野合而生到認祖歸宗（一——十五歲）

野合而生孔子——唐吉訶德式的父親——父親家族的流離史——「停棺認祖」成貴族——父母合葬很重要

## 「野合」的爭議

說孔子，先要說孔子的家庭。

《史記》記載孔子的家世，說他家在魯國的「昌平鄉陬邑」，在魯國都城曲阜的近郊。他父親叫孔紇，字叔梁，母親是顏氏女子，兩人「野合而生孔子」，這是《史記》的原話。[1]

「野合」兩個字顯得很刺激，有學者直接從字面理解，說就是「交之於田野，桑間濮下」，[2]人與自然完全融為一體，是古代男女關係還比較開放時候的風俗。這類行為，在秦漢以前的民間還真有，漢代的畫像磚圖案裡面就能見到，一般名為「桑林野合圖」，畫面尺度那是相當大，有時人物都不止兩個，還有三個、四個的。而且，這種畫像磚已經出土過不止一次。

但關於孔子出身的「野合」，可能還不是現在人理解的意思。因為首先，「野合」是天知地知的事情，一般不會往外傳揚、讓人知道，也就不大可能被正式記載；其次，漢代人有種說法，孔子生日是夏曆（陰曆）的八月底，[3]倒推一下，母親懷孕的日子在前一年的臘月裡。魯國在北方，冬天很冷，臘月又是一年最冷的時候，也不適宜野合。

其實《史記》裡說的「野合」，意思稍微繞了一點兒，是指非婚的「不正當男女關係」。[4]這個詞在《史記》裡只出現過一次，但還有其他旁證，就是唐朝史官司馬貞為《史記》作注，解釋秦朝宦官趙高的出身，他母親是官奴（做勞役的女囚犯），和他人「野合」生了趙高，這也是非婚結合的意思，女犯人也沒條件到野外搞戀情。

至於孔子的父親和母親沒有婚姻關係的直接證據，稍後講述孔子葬母的時候再細說，那件事最清晰，史料也最權威。

現在還有人用「一夜情」描述孔子父母的「野合」經歷，其實也不準確，因為古代鄉間都是熟人社會，誰跟誰私通，瞞不住鄰居老鄉們。但孔子的父母，確實是一直沒有明媒正娶結過婚。為什麼？因為兩人階級差別太大了，那個時代還不允許跨階級的婚姻。

先來看孔子的父親——他姓孔、名紇，字叔梁，《史記》叫他「叔梁紇」，這是字和名放一起，尊敬的稱呼。正式說，他就叫孔紇。

孔紇所在的孔氏家族，是早年間宋國一位國君之子的後代，接連好幾代在宋國掌大權。在孔子出生前一百六十年，宋國發生了一場內戰，孔家族長被殺，子女逃亡，其中一位輾轉到魯國安了家。春秋時候貴族身分是國際性的，到哪國都承認，所以孔家在魯國也

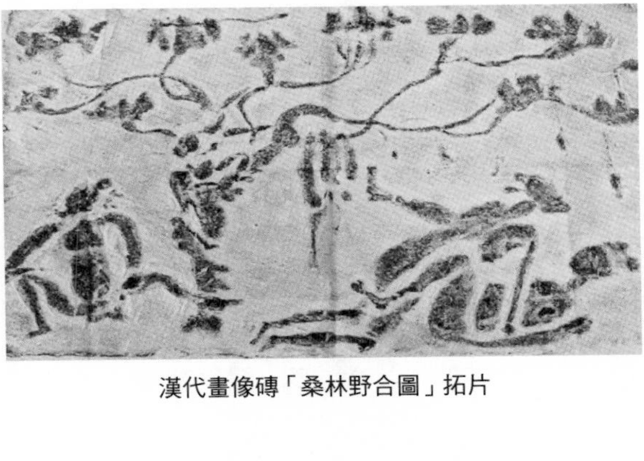

漢代畫像磚「桑林野合圖」拓片

---

1《史記．孔子世家》：「孔子生魯昌平鄉陬邑。其先宋人也，曰孔防叔。防叔生伯夏，伯夏生叔梁紇。紇與顏氏女野合而生孔子，禱於尼丘得孔子。魯襄公二十二年而孔子生。生而首上圩頂，故因名曰丘云。字仲尼，姓孔氏……」

2 何新，《孔子年譜》，時事出版社，二〇〇七年，第五頁。李零先生也是這種觀點，參見《去聖乃得真孔子》，生活．讀書．新知三聯書店，二〇〇八年，第四十四—四十五頁。

3《春秋穀梁傳》和《春秋公羊傳》分別記載孔子是十月庚子和十一月庚子生，這用的是周曆，比夏曆（也就是我們今天的農曆或陰曆）早兩個月。

4《禮記正義．檀弓》上中孔穎達解釋「野合」為：「非謂草野而合也，但徵在恥其與夫不備禮為妻，見孔子知禮，故不告。」

還是有點地位的小貴族，只是人丁一直不興旺，政治上也沒太大建樹，到孔紇這一輩已經很有點沒落了，只是一名低階小貴族——「士」。

孔紇曾經為上級封主管理過陬邑這地方的農莊，孔子母親也是這一帶的農民，兩人不知怎麼就認識了，發展出來一段跨階級的戀情。至於孔子母親家是否屬於孔紇老爺管理之下，我們就不知道了。

孔紇的事蹟在《左傳》裡有記載，那是在孔子出生前十二年，中原的超級大國晉國，帶著魯國等幾個小國，去攻打一個南方的蠻夷小國——偪陽（可能在今山東省棗莊市境內）。魯國帶兵參加聯軍的，是孟孫氏的孟獻子，孔紇也跟著去參戰。這個孟孫氏是魯國很顯赫的大貴族，從這記載能看出來，孔家是在孟孫氏門下效力，因為春秋是貴族封建制，國家沒有常備軍，需要打仗的時候，都是大貴族召集自己麾下的小貴族（封臣）、小貴族帶上自己的家人奴僕去打仗。

聯軍攻城時，敵人設了一個陷阱：先把城門拉起來，這城門是垂直的拉閘門，聯軍先頭部隊剛衝進去，城門突然放了下來，那些被關在城裡的眼看就要全軍覆沒。這時孔紇衝了上去（我們不知道他是被關城裡還是城外了），把閘門生生給搬起來，用肩頭扛住，城裡的聯軍趁機都逃了出去。

孔紇個子高大，身強力壯，史書記載他身高十尺，所以能幹出這件超常之舉。七年之後，齊國攻打魯國，孔紇參加了守城的戰鬥，還曾經掩護一位臧氏大貴族突圍。

關於孔紇，我們就知道這麼一點英雄壯舉，還有就是與孔子母親那樁跨階級的韻事。在孔子母親懷上孔子不久，孔紇就去世了，他不知道自己居然還有個兒子。

## 在外婆家成長

再來說孔子的母親。

《史記》說孔子母親是「顏氏女」，《禮記》裡說孔子母親叫「顏徵在」，應該很可信，因為《禮記》這部書是孔門弟子撰寫的。

嚴格說，春秋時期的老百姓沒有姓氏，只有貴族才有。那這個「顏氏」是怎麼回事？因為魯國有戶顏氏貴族，是山東本地土著小部族頭領，被周人（魯國）征服以後接納到貴族隊伍裡，他們的上級封主也是孟孫氏。大概孔子母親家的村莊，就是這位顏氏貴族的老地盤，他的農奴們非要認個姓氏的話，就隨自己的主人。

這樣，孔子母親家的老鄉親們，說起來也都是顏氏，他們都是世代生活在本地的土著居民。這個村莊，我們叫它「顏家莊」也未嘗不可。

孔子自幼跟著母親在外婆家長大，這家人是農民，窮老百姓。孔子母親是一輩子沒嫁人呢，還是早年死了丈夫一直守寡？不知道。反正孔子從小過的是沒父親的農家單親日子。

今天的人可能覺得有點不可思議，但古代的底層社會裡，這種單親母親帶孩子的情況很常見，另一個更翔實的名人例子，是西漢的衛青、霍去病家族（參見本章末的附錄）。

後來孔子成了貴族，地位越來越高，追隨他討生活的，很多都是他母親家、也就是顏家的老親戚，最有名的是顏回父子，特點就是窮，一直掙扎在溫飽線上，挨餓受凍是常態。孔子也經常誇獎顏回的窮——安貧樂道。

孔子就在這麼個小村落裡出生長大。農民整天在田裡幹活，孩子都從小沒人管教，到六七歲稍微大點，就要幫著大人幹農活，窮人的孩子早當家。因此孔子後來說：我小時候地位低賤，所以能幹很多下賤人幹的活兒——「吾少也賤，故多能鄙事」。[5]

孔子後來成了大學問家，有個叫樊遲的學生，還想跟他學種莊稼、種菜。孔子不願意，說幹這種活兒我不如老農民拿手。[6]這說明，孔子小時候的經歷，當時的人都知道，孔子自己也不太忌諱。

小時候孔子不會想到自己姓「孔」，他就是老顏家的人。

《史記》記載，孔子個頭很高，成年後身高九尺六寸，那時人給他外號叫「長人」，意思就是「大個子」。他父親高十尺，這明顯是遺傳。

這九尺六寸或十尺，放在今天有多高？有不同的演算法，因為古代的度量衡不是很統一，按高的算，要超過兩百公分了，有點嚇人；按低的算，也有一百九十公分左右。古代人營養條件不好，身高普遍要矮一點，所以孔子這個頭，到哪兒都是鶴立雞群，與眾不同。

孔子上面還有一個哥哥，至少一個姊姊。這些哥哥姊姊很可能和他同母不同父，就沒有孔子驚人的大個子。

《史記》說，孔子小時候就喜歡玩祭祖的遊戲，這好像預示了他以後成為研究禮儀的大學問家。其實這背後的信息是，他小時候的家庭裡沒有父系親屬，也沒有對父系祖先的祭祀活動，所以看到別人家祭祖，自己家沒有，會很羨慕，自己做遊戲、擺上幾個盤子碗兒，磕頭拜祭一下，這是兒童的心理補償機制。

## 認祖歸宗，皆大歡喜

大概在孔子十五歲那年，母親去世了。按農家的標準，此時她的兩個兒子都已長大，老顏家祖墳也是現成的，辦個農家規格的喪事不成問題。但這樁喪事，要是像顏家莊無數先祖那樣波瀾不驚地辦完，中國的歷史肯定就不一樣了。

事情就出在這個當口，史書的記載有很多缺環，我們先從最清晰的部分看起。

《禮記》和《史記》上說，孔子母親去世的時候，孔子想把她埋到父親的墳墓裡，但他還不知道自己父親的墳在什麼地方，於是把母親的棺材放到了大路「五父之衢」邊。[7]

五父之衢在魯國很著名，是都城曲阜東郊外的一條大道，常舉行集體政治活動，比較熱鬧。孔紇埋在曲阜城東二十五里的防山，五父之衢就通往那個方向。孔子家陬邑在曲阜的東南近郊，也就是曲阜和防山之間。

把棺材停在大路邊，顯得很奇怪。別人問起來，就說是母親死了，想跟父親合葬，但不知道父親埋在哪兒，希望有人提供信息……

乍聽是笑話，誰會不知道自己父親埋哪兒？而且，孔紇是鄰里之間有點名氣的小貴族，哪怕是陌

5《論語・子罕》。

6《論語・子路》：「樊遲請學稼，子曰：『吾不如老農。』請學為圃。曰：『吾不如老圃。』」

7《禮記・檀弓》上、《史記・孔子世家》：「丘生而叔梁紇死，葬於防山。防山在魯東，由是孔子疑其父墓處，母諱之也。……孔子母死，乃殯五父之衢。」

生人打聽他的墳在哪裡，也不是什麼難事兒。

所以，這背後藏著的問題是，孔子從小跟著單身的農婦母親長大，他們家庭跟小貴族孔家沒任何關係。停喪不葬，而且故意停在大路邊，是在製造社會影響，讓孔家那邊注意到——他是孔家的血脈。他沒有跑到孔家去哭鬧著認親，因為那時候的農民和貴族身分差別太大，這麼做有危險。

孔子這時才十五歲左右，沒太多社會經驗。停喪不葬、製造輿論這件事，未必是他自己的創意，也許有鄉親們的「指點」，或是他母親臨終前有囑託，這外人就不清楚了。

停喪造輿論的舉動，加上一些暗示信息，通過適當的中間人輾轉傳遞了過去，孔家人就坐不住了。

其實，孔家一直人丁單薄，這時早斷了香火，甚至都沒有在世的男人了（至少在史書裡沒有任何紀錄）。受顏家莊「鬧喪」消息影響的，可能是孔老爺已經出嫁的老姊妹。

怎麼證明這農家少年是孔家後人呢？首先是體貌特徵，孔子跟孔紇老爺相似度很高，這個沒法造假；另外，那時候是熟人社會，鄰里間的事情都瞞不住，就算孔家在世的人不知道當年這段風流故事，找個旁證來問一問也不難。

最後，老孔家終於承認了這個遲到十幾年的兒子，結局是雙贏，皆大歡喜。

《史記》記載，給孔子充當溝通中間人的，是他們村莊裡的一個老太婆，「輓父之母」。「輓父」是替人收屍出殯、挖坑掘墓的「入殮師」，當年孔紇辦喪事，他可能也跟著幫忙了。但為什麼不是「輓父」本人出面，而是他的老母親，大概就是孔家那邊只剩下女眷了，所以讓個老太太做中間人最合適。

## 顏家人的智慧

認祖歸宗之後，孔子算是有爹的孩子了（雖然這位父親早死了），身分也從農民變成了貴族。他正式把母親的棺材埋進了孔紇的墓地，他需要這個合葬墓來證明自己、母親和孔家的關係。

幫長輩人合葬這種事，其實不太符合當時的禮儀。因為入土為安，把已經安葬的墳再扒開，就是再驚擾一次死者，《禮記》裡面有位老貴族季武子說過：合葬不是古代的禮儀，從周公制定禮樂制度以來，就沒有這麼幹的。[8]

但孔子需要這個合葬墓來宣示自己是孔家人、具有貴族身分，所以禮儀問題就只能往後放一放了。

孔子早年的這次停喪尋釁、認祖歸宗事件，歷來重視的人不多，其實很值得關注。

在後世人看來，孔子是個儒家大學者，又是個宣導理想政治、不受當權派喜歡的人，就容易把他想像成一個書呆子，不通世故，經常犯點兒迂腐的傻氣。這其實只是孔子個性裡比較常被看見的一個方面，跟他的職業有關；但是，孔子還有善於觀察、尋找機會、勇於冒險的另一面，這是顏家莊那些下層人民的生存智慧，在少數幾次面臨重大抉擇的節骨眼上，孔子的這種智慧都起了作用。

在孔子以前，墳墓都不堆土，地是平的。孔子年輕時聲稱要堅持古禮，把父母的合葬墳弄成了平的，到他晚年的時候，又要堆起個一百公分高（古代四尺）的小土堆。他跟弟子們解釋說：「這樣確實

8《禮記‧檀弓》上：「合葬，非古也。自周公以來，未之有改也。」

不合傳統，但我東南西北到處跑，回家照看的時候少，就怕哪天不記得了，有個土堆好認。」各種折騰，都是因為太重視了。

堆墳這天，碰巧遇上下雨，孔子先回家了。有個弟子回來得晚，孔子問怎麼回事，這個弟子說：我看雨下得大，怕把新做的土堆給沖垮了，就留下來照看收拾一下，孔子聞言，老淚縱橫。[9]

這個墳墓改變了少年孔子的命運，凝聚了他太多的情感和回憶，他沒法不哭。

## 《孔子家語》不可靠

孔子的身世基本交代完了，再說說他的名和字。

他名為丘，這是母親給起的，據說母親懷他的時候，曾到附近一座叫尼丘的小土山上祈禱神明，保佑孩子孕產順利。另一個說法是，孔子生來頭上就隆起一個大疙瘩，像個小山丘，所以叫「丘」。兩個說法都有依據，孔子應該喜歡第一種，但第二種說法更符合農家取名的習慣，就是信手拈來的小名，越賤越好，為得是好養活。

到孔子認祖歸宗、成為孔家後人，他就成了孔丘，不再是顏丘。此外，成年後還要按照貴族的習俗取一個「字」，供平輩或晚輩人稱呼，他自己起的是「仲尼」，「仲」表示排行第二，「尼」就是他母親祈禱的尼山，和名丘有聯繫。

孔子的姓氏代表著父親家族，名和字則側重母親這邊，他不勢利，從沒有和顏家莊窮親戚們「劃清界線」的想法，他一輩子都在盡量幫顏家莊的親戚們過好日子。

關於孔子的出身，還應該介紹另一本古書，據說是秦漢時候孔府的家書——《孔子家語》。

孔紇「野合」的事，從孔子成了聖人以後，就一直有人覺得不好意思，千方百計想遮掩。《孔子家語》裡的說法是，孔子母親顏氏是孔紇的一個小妾，兩人先生了大兒子孟皮，發現腿有殘疾，走路瘸，孔紇和顏氏覺得不好繼承家業，就到尼山上禱告神明，然後生了孔子，四肢健全，可以正式繼承父親的身分了。

按這個說法，孔子父母就是明媒正娶的合法夫妻（妾）。但問題是要真如此，孔子不可能連自己父親埋哪兒都不知道，而要把棺材停大街邊請教路人——退一步說，就算孔子早年不孝，從沒上過墳，不是還有哥哥孟皮嗎？

清代學者搞考據，認為《孔子家語》是三國時王肅偽造的，王肅是司馬懿的親家、司馬昭的岳父，這兩家人品行都不是太好。另外，《孔子家語》是不是外人偽造也不重要，誰家的家譜也不會把老祖宗的風流韻事婚外情寫進去，這是常識。[10]

孔子本來有個大哥，在找墳墓或者說認祖歸宗這個事情上，大哥孟皮幫不上忙，就因為他跟孔子

9《禮記．檀弓》上：「孔子既得合葬於防，曰：『吾聞之，古也墓而不墳。今丘也，東西南北人也，不可以弗識也。』於是封之，崇四尺。孔子先反，門人後，雨甚，至，孔子問焉，曰：『爾來何遲也？』曰：『防墓崩。』孔子不應。三，孔子泫然流涕曰：『吾聞之，古不修墓。』」

10 唐代孔穎達批評「王肅據《家語》之文以為《禮記》之妄」。（《禮記正義．檀弓》上）意思是說，王肅亂引用《孔子家語》，把《禮記》本來記載很清楚的事情都搞糊塗了。孔穎達那時還沒意識到王肅可能自己杜撰《孔子家語》。

是同母異父，跟孔紇老爺家沒關係。後世人知道孔子排行第二，甚至有俗稱「孔老二」，但沒人想起過「孔老大」，這個老大確實也不姓孔。

除了《史記》，東漢人王充也寫過：孔子從出生以來，就不知道自己父親是誰，他母親一直不肯告訴他。[11]可見關於孔子的身世，古人多少都知道一些，不過王充後面的話就不可靠了，他說孔子用一套算命的辦法，「吹律」，推算出自己的父親，這是後人的附會。

至於孔門弟子寫《禮記》時，為什麼會老老實實、原原本本把孔子早年停喪「找爸爸」的事件記載下來，而不是替他忌諱遮掩，我們後面會談到。

# 附錄：「野合」的歷史很悠長

現在的人大多對「野合」生子這類事情不太理解，覺得有點傷風敗俗，沒法跟聖人孔子聯想到一塊兒。這裡講個別人的家事，這人和孔子出身很像，後世名氣也很大，就是漢武帝時候的名將衛青，還有他外甥霍去病。

漢初時候，有個追隨劉邦打天下的功臣曹參，被封為平陽侯，傳了好幾代。平陽侯家裡有個使喚丫頭，從沒嫁過人，喜歡過的男人大概不止一兩個，就在平陽侯家生了一堆孩子，自己也慢慢老了。這老太太人稱「衛媼」，用現在話說叫「衛老娘」。

衛老娘的孩子們長大了，也都子承母業：兒子衛青，繼續給平陽侯家當奴才；女兒衛少兒、衛子夫姊妹，當使喚丫頭。他們都是隨老娘的姓——衛。

第四代平陽侯曹時是位駙馬，娶了漢武帝的姊姊。一日，年輕的漢武帝來姊姊、姊夫家走親戚，看見丫頭衛子夫漂亮，藉口上廁所叫來伺候，把子夫給「幸」了，龍顏大悅，帶回宮中成了寵妃，又生了皇子。這中間也有過些小波折，不過衛家從此開始發達了。

衛子夫的姊姊衛少兒年紀偏大，和老娘一樣，也是過露水夫妻的生活，生了霍去病。霍去病長大時，阿姨衛子夫、舅舅衛青都地位很高了，不好意思再隨媽媽姓衛，就選了老媽的一位姓霍的情人，改姓霍。

這一家兩代，活脫脫一個母系家族。

漢武帝不喜歡他的堂兄弟們，這些人搞不好會篡位，他喜歡大舅子小舅子家的親戚，用起來放心，加上衛家人天分又高，衛青、霍去病都成了名將。平陽侯曹時後來死了，漢武帝的姊姊不想守寡，乾脆嫁給了昔日的家奴、如今的大將軍衛青，也是一番傳奇故事。[12]

所以，我們不能用現在人的標準看孔子出身，這不全是因為古今道德標準不一樣，也因為孔子時代還保留著很多上古遺風。

人類早期大都是母系氏族，世系按母親計算，所以古人追述自己的始祖，最後都是追溯到一位母親，她們的配偶是誰就說不清了，只能說是神仙降臨。比如，周人的始祖是姜嫄，據說在原野裡踩到

---

11 王充《論衡・實知》:「孔子生，不知其父，若母匿之。」

12《史記・衛將軍驃騎列傳》。

感孕生子；商人的始祖簡狄，吞了玄鳥（燕子）卵而生子，她們的兒子才繁衍出了周人、種傳說都是早期母系氏族的古老記憶，因為在母系家庭裡面，人們大多只知其母、不知

時期，孔子這種貴族老爺和民間女子露水情緣、生了孩子的並不是特例，比孔子早兩代人，魯國一位叫叔孫豹的貴族也有這種故事，他年輕時出門在農家投宿，和這家女主人有過一夜情緣，幾年後，叔孫豹繼承了族長身分和官職，那位民女就帶著個孩子找來了，這孩子自然是那次一夜情的產物，就從此留在了叔孫豹家，但他沒能取得貴族身分，因為叔孫豹的正房夫人不認可，他們已經有正式的繼承人了。這半路來的孩子名字叫「豎牛」，豎就是奴僕、賤人的意思。

春秋還有更蠻荒的風俗遺存。《禮記》記載，每年臘月，天子和諸侯都要祭祀各種奇奇怪怪的鬼神，這叫「臘八」，比如祭祀虎和貓，因為貓捕鼠，虎吃野豬，都能保護農作物，這接近原始薩滿教的「萬物有靈」理念。這種臘八祭祀期間，負責管理山林的官員「大羅氏」要向天子、諸侯進獻禮物，一是捕獲的野鹿，一是鄉野民間的女子。[13]這種女子不是納入後宮的，應該是「野合」完就送回家了，這是原始時代男女關係鬆散的遺存，到了西周、春秋時期，國君、天子都忙了，未必有時間親自跑到山林裡獵豔野合，就把它納入了正規的禮俗內容。可以想像，天子、諸侯下面的各級貴族中，肯定也有熱中此道的人士。

孔子特別在意男女關係，他專門說過：諸侯不應該紆尊降貴，跑到民間獵豔「漁色」。[14]說這話的大背景，恰恰是他那時代還有這風氣。他還說：男女關係要用「禮」來節制，必須門當戶對、三媒六證才能成婚，即便如此，還是很容易出現民女主動獻身給貴族老爺的事，防不勝防，這叫「自獻其

身」。[15]

古代貴族這些獵豔野合產生的後代，多數都是在母親家長大，不會被父系接納，像孔子那樣被父系正式承認、繼承貴族身分的，是比較少見的特例，因為實在沒有男性繼承人了。在孔子成年之後，他曾經給一戶大貴族當過私家教師，這家貴族兄弟，也是貴族父親和民女「野合」的產物，也是因為沒有其他的男性繼承人，才獲准繼承了父親的身分，本書後面會介紹。

父系家庭出現、取代母系氏族，這個變化不是立刻就實現的，上層社會變得早些，但在下層社會、普通農民中，母系家庭的殘留一直保存到很晚，像孔子家、霍去病家，都是這種情況。據學者研究，父系家庭觀念在中國全面強化，要等到魏晉南北朝時期。[16]

13《禮記・郊特牲》：「大羅氏，天子之掌鳥獸者也……羅氏致鹿與女。」
14《禮記・坊記》：「子云：『好德如好色。諸侯不下漁色……』」
15 見《禮記・坊記》。
16 參見侯旭東，《北朝村民的生活世界——朝廷、州縣與村裡》，商務印書館，二〇〇五年，「漢魏六朝父系意識的成長與『宗族』」章。

# 第二章　學著當貴族（十五—二十歲）

身分遭受質疑——父親的老朋友很重要——一切從頭學——春秋貴族能文能武——「封建」的本意

孔子從顏家莊的窮少年，變成了小貴族孔紇的後人，這是命運的大轉折，放在春秋三百年歷史裡面，也是不多見的特例。

從現實的物質利益說，他的生活恐怕沒太大改觀：孔紇已經死了十幾年，一點家產早讓遠房親戚們分光了，貴族安身立命的根子——封邑也早沒有了（可能讓上級孟孫氏收回去了，史書沒提及）。孔子能繼承的只是一個小貴族身分，這是個從外國（宋國）遷來的、歷史悠久的小貴族家庭。

孔子已經在底層的農家生活了十幾年，忽然進入了貴族圈子，可以想像，他難免遇到各種居高臨下的好奇眼神、甚至是不友善的言論，特別是來自一個同齡小貴族陽虎的刁難，幾乎成了孔子一輩子的痛點。

## 和陽虎的衝突

大概在母親去世後一年左右，孔子有過一次見世面的好機會。這年，魯國最大的貴族季孫氏家裡辦宴會，邀請全國的大小貴族都來參加。

現在季孫氏的家長是季武子（名季孫宿），他年紀已經比較大了，位高權重，是魯國事實上的第一號人物。另外，這也可見魯國的貴族總量不太大，一場宴會就能坐得下。

孔子剛獲得貴族身分，收到邀請，就意味著季孫家承認了孔子的貴族身分，而且，這也是他第一次參加貴族社交的機會，自然很珍惜。

《史記》記載，孔子去參加宴會時還穿著喪服，但不是剛下葬時的重孝，只是腰裡纏著條白布。

這說明距離他母親的葬禮有一年開外了。

他走到季孫家門外，被陽虎攔住了。陽虎說：「季氏這次招待的是『士』，可不是你！」孔子實在沒辦法，只好忍氣吞聲走人，這次宴會就和他無緣了。[1]

為什麼陽虎說孔子不是士，也就是不算貴族、沒參加宴會的資格？

一種可能，是孔子年齡不夠。在後世學者的注解裡，《史記正義》是這種說法。

按《周禮》，貴族男子二十歲辦過士冠禮，才能算成年的「士」，可以參加正式社交場合。但這不是死規矩，也有變通；比如父親死了，大兒子得繼承爵位，年齡不到也不能讓那爵位空缺著，只要在社交場合排序靠後一點就行了。孔子就是這樣，父親死了，兒子歲數小也得頂門定居；再說，陽虎和孔子年齡差不多，孔子不夠格，他陽虎也不夠。所以年齡歧視的可能性比較小。

從這還能看出來，陽虎應該也是父親早逝，所以他十幾歲就算成年人，參加社交活動了。那時禮節還比較拘謹，長輩不能帶著沒成年的孩子參加正式社交（陽虎父親要是在，不會任由孩子這麼胡鬧）。

另一種可能，是因為孔子來路不明，剛剛認得祖宗，總有人懷疑真實性；而且孔子母親地位低，那時母系的血統也很重要，貴族結婚都要門當戶對，地位低的小妾生的兒子，就遠不如正房夫人的，孔子這方面很提不起來。所以這種可能性比較大。

還有，孔子當時穿著喪服赴宴。按照禮節，在服喪期間不能參加宴會這類喜慶事，當然生活裡也

1《史記．孔子世家》：「孔子要（腰）絰，季氏饗士，孔子與往。陽虎絀曰：『季氏饗士，非敢饗子也！』孔子由是退。」

不太嚴格，換身常服就沒人計較。

從這次開始，孔子就跟陽虎結下了梁子。據說孔子從此見了陽虎就緊張得冒汗，盡量躲著走。[2]這底下藏著的，則是更大的不服氣。很多人心裡總有個假想敵，隨時都在偷偷關注這人的一舉一動，揣摩他的處境、手段、心態，孔子的假想敵就是陽虎，他從此大半輩子都在跟陽虎偷偷較勁。

少年孔子和陽虎這次小衝突對他是個提醒，他的身分有點尷尬。貴族圈子等級森嚴，和這些人打交道，他得處處謹小慎微，多看多聽，少說少動。

## 亡父留下的社交圈

陽虎又是什麼來歷，偏偏要跟孔子作對呢？

他是大貴族孟孫氏家的支庶子弟，這個孟孫氏是累世豪門，在魯國政界排名第三，但陽虎在孟氏家裡的身分不算太高。打個比方，就像《紅樓夢》裡，賈府的賈芸、賈瑞這些人，他們和賈寶玉能追溯到同一個祖宗，但太疏遠了，也就沒有賈寶玉的身分待遇。陽虎現在級別跟孔子一樣，也是貴族裡面最低的「士」。

前面已經介紹過，在孔子出生之前，他父親孔紇曾經跟著孟獻子出國打仗，這說明孔家是孟孫氏的下屬、封臣；而陽虎家是孟孫氏的支庶，所以陽、孔兩家其實關係很近，兩人的父輩是老同僚、老戰友（當然，這兩位父親都死得早），所以陽虎才會知道孔子的來歷，知道孔子這貴族身分有漏洞。

他倆年齡差不多，本來也能成為朋友，但少年人互相不服氣，爭強好勝，鬧大了就結了仇。

在後世人的眼裡，陽虎從小就跟孔聖人作對，是個標準的大反派人物，而且兩個人的恩怨糾葛時間跨度很長，直到他們的老年；但後世學者一直沒搞清楚這兩人父輩的關係，如果不從頭理清楚這些，就沒法真正瞭解孔子的一生。

另外，孔子父親是孟孫氏大貴族的下級，這也遺留給了孔子一些人脈關係。比如，當年孔紇老爺跟著孟獻子去打仗的時候，有個戰友叫秦堇父，他在戰場上也有很多英勇的表現，讓《左傳》記載下來了；秦堇父後來生了個兒子，這兒子和孔子關係非常好。這就是孔紇老爺留下的好友圈的延續。

當孔子剛剛認祖歸宗、晉升為貴族，他要學習貴族社會的各種禮儀規矩，適應很多新變化，他母親家族都是賤民，父親孔家又早沒男丁了，都幫不上忙，只有孔紇老爺當年的老朋友、老同事們，能給孔子一些力所能及的幫助，幫他盡量改善生活，盡快成為一名合格的貴族。

孔子就這麼慢慢混進了貴族圈子。

那個年代還沒有階級流動，社會幾乎完全是靜態、世襲的，底層老百姓改變命運的可能性微乎其微。貴族階層壟斷了一切文化，他們還是整個社會的管理者，需要有從事管理工作的知識技能，還有各種社交知識、禮節，這都不是孔子出生的農家環境能夠想像的，他自然要好好補課。

2《論衡・物勢》：「孔子畏陽虎，卻行流汗。」《論衡・言毒》：「孔子見陽虎，卻行，白汗交流。」

## 為什麼十五歲才學習

孔子晚年說過：我十五歲開始立志學習，「吾十有五而志於學。」[3]這年齡有點偏大了，為什麼到這麼大才想學習？孔子自己沒解釋，其實是因為這年他母親過世了，他歸宗成為貴族，才要抓緊時間學習。以前他過的是農家生活，跟學習沒關係。

在後世，孔子是個很有學問、有知識的形象，但他十幾歲才認祖歸宗當上貴族，需要從頭補習各種知識。不僅後世的人對這個問題感興趣，孔子晚年的時候也經常有人想打聽，因為那時候他的學問名聲已經很大了。

在《論語》裡面，有人向孔子的學生子貢提問：孔子的知識都是跟誰學的呢？子貢的回答是：現在有點知識的賢人很多啊，孔夫子從誰身上學不到東西呢？難道非得有一位固定的老師才行嗎？子貢的回答歸納起來，就是「聖人無常師」。[4]

孔子還有句名言：「三人行，必有我師焉。擇其善者而從之，其不善者而改之。」這和子貢的回答也是一回事，就是孔子一直在跟自己認識的各種人學習。

《論語》記載，孔子進了魯國的太廟，見到每個陳列品都很好奇，都要問問別人：這是什麼東西、有什麼來歷？原文是：「子入太廟，每事問。」[5]

太廟是魯國國君的祖廟，也是國君家族的紀念品陳列館。在春秋時代，下層人沒有機會進入國君的祖廟，只有貴族才行，所以孔子會覺得很新鮮。

孔子這種的表現讓貴族圈子裡一些人不理解。有人就說：「誰說那個陬人家的孩子懂禮啊？他見什麼都要問！」

陬人，說的是早已去世的孔紇老爺，因為孔紇管理過陬這個地方，孔子就被叫做陬人家的孩子：「陬人之子」。至於孔子母親那種農奴，就不配叫「陬人」，那時只能叫「野人」，就是住在鄉野裡的農民。

孔子聽到有人說他不懂「禮」，急著給自己辯護：我這樣做才符合禮啊！

這其實是說，自己本來不是貴族圈子的，沒這種學習機會。現在看到什麼學什麼，努力做一名合格的貴族，這就是符合「周禮」的行為。畢竟，人家這麼批評，就是已經承認他是「陬人」孔紇老爺家的孩子了。

《論語》的這個記載很生動，但它沒寫當時的孔子多大年紀，所以後世有人猜測，這是孔子五十多歲時候的事情，可能是覺得孔子那時才當高官大司寇，才有機會進太廟；這是把太廟誤解成了戒備森嚴、高不可攀的地方，只有高級官員才能進去，其實春秋各國國君的宗廟，普通士人貴族也有機會進去參觀，或者參與典禮。

再說，如果是五十多歲的孔子，別人直接說他的名字就行了，不需要再提他父親。這裡稱呼孔子

3《論語・為政》。
4《論語・子張》。
5《論語・八佾》、《論語・鄉黨》。

是「陬人之子」，就因為他還是個不知名的少年。

孔子零敲碎打、找各種人討教學習，就是因為他那時候還沒有正規的貴族教育體系。

在比孔子早二三百年的西周時候，周王的朝廷已經設立了貴族學校。當時就叫「大學」，但規模不算大，到西周崩潰之後，王室的實力不行了，這種朝廷學校就沒有了。但另外兩種形式的教育一直存在：家族傳承和私家教育。

在西周甚至更早的商朝，負責給朝廷管理文件的官員叫「史」，它的字面意思就是書記官、文書官，還有一種負責占卜、祭祀的官員，叫「祝」。這些需要專門文化的職務往往是家族傳承，連續好多代人都擔任同樣的官，他們有自家傳承的一套學問，不僅能讀寫，還能觀測天文、推算曆法等等，到孔子的春秋時代，比較複雜的知識也主要靠家族傳承。

家族傳承之外，還有貴族的私家教育。那時候的高級貴族為了教育孩子，會聘請一位有文化的低級貴族擔任家庭教師。

這些教育方式都是貴族階層專有的，但家族傳承和孔子無緣，他也請不起私家教師。所以，孔子只能搭搭便車、或者抓住各種機會請教別人，主要是請教那些有文化、又願意幫助他的貴族人士。

## 春秋貴族的必修課

打仗是貴族的基本功，別管中國或者西方的歷史都是如此。因為貴族的來歷，就是老祖宗當年靠打仗立功，被上級分封給了一份世襲產業，包括封邑和農奴，這就成了貴族，他的後代繼承人還要給封主家族效力打仗，這是作為封臣的義務，所以對於中西方的貴族，打仗都是基本功。

既然古代東西方的貴族都要會打仗，春秋貴族的特色又是什麼呢？那就是駕著馬車，打車戰。

春秋時候的馬車跟後世很不一樣，那時是用四匹馬拉一輛車，而且車輪很高大，車廂很小，也沒有封閉的頂棚，這都是為了能夠高速馳騁。這種馬車不打仗的時候是乘用車，打仗的時候就是戰車。春秋當貴族的入門條件，就是必須會駕駛馬車打仗。春秋時候兩個國家打仗，投入的戰車有幾百輛、上千輛。這麼多車列著隊跑起來，浩浩蕩蕩非常壯觀。春秋以後就再沒有這麼大規模的車戰了。

農民沒有駕戰車的資格，他們跟主人出征，都是當苦力幹活，伺候主人的人和馬。打仗輪不到他們出鋒頭，那是貴族們的專利。戰車得在平坦的地面才能跑起來，兩國打仗就要選開闊的地勢會戰，成隊的馬車狂奔，隨軍的徒步老百姓就剩下挨撞挨踩的份兒了。

後世人可能不理解：為什麼不選坑坑窪窪的地方，挖壕堆土，讓老百姓打陣地戰？因為那時貴族瞧不起，要這麼打仗就沒人跟你玩，不光敵人、外國笑話你，自己國家的貴族也不願帶你混。

貴族打車戰，最推崇的是勇氣，玩陰謀詭計，打贏了也不光彩。孔子之前一百多年，有過一次「曹劌論戰」，曹劌不是什麼大貴族（但也不是農奴），愛玩點小花招，他給魯國國君當參謀，和齊國的齊桓公打仗。齊國人很有（歐洲中世紀的）騎士風度，戰車列完陣，先敲鼓，自己不進攻，請魯軍先動手，這是很高尚的風格。但曹劌不讓魯軍動，等齊國人敲了三次鼓，將士們都麻痺大意了，才下令出擊，把齊國打敗了。這在那時算是特例。原來大家只知道誇曹劌聰明，但沒想過，這是齊國人風格高，沒趁你冷不防直接衝鋒。

春秋時候國家間打仗，是國君（或者大貴族們）鬧意氣、耍威風的成分居多，不是非你死我活不可。齊國是大國，比魯國厲害得多，可曹劌打贏的第二年，齊桓公就娶了位魯國公主當夫人，兩個國家又和好了。

另一位盡人皆知的宋襄公，和楚國人打仗，風格更高尚，結果吃了敗仗，自己也受傷而死，成了後世的笑柄。其實宋襄公那套觀念，在當時大家都理解，楚國人這一仗打贏了也就班師回國，不肯繼續進軍把宋國給滅了，因為楚國人也尊重宋襄公的表現，這是雙方的共同底線，所以不能拿後世打仗的觀念去衡量春秋時代。

春秋貴族在戰場上，偶爾還會發生「單挑」，有點像歐洲騎士的決鬥，兩輛馬車對面停好，你射我一箭，我射你一箭，兩邊輪流來，直到一方被射死為止。還有風格更高、更自信的，先讓對手射三箭，都沒射中，自己這才還一箭，把對手射死了。

打仗時，見了對方國君的戰車，要有禮貌地打招呼問候；哪怕要俘虜敵人的國君，也要行著禮說客套話。這樣才算是「君子」，在貴族圈子內才被瞧得起。

所以春秋時打仗，都是貴族自己玩的遊戲，規模小，跟老百姓沒關係，戰爭也不太傷害老百姓。不像戰國，舉國動員全民皆兵，曠日持久你死我活。翻翻《春秋》，那時候的國家差不多年年打仗，但對老百姓過日子影響不大。

其次，除了會打仗，貴族還要有文化，起碼要能識字。

在孔子之前五百年，周武王帶著周族人滅了商朝，征服中原，封自己的遠近親戚到中原當諸侯。

那時他們是軍事征服者大老粗，沒什麼文化。但立了朝廷之後，總有檔案、文書一類工作，自己不會，就讓投降的那些商朝貴族們幹，那些人相對有文化。

過了上百年，這些周人諸侯、貴族就慢慢變得有文化了，因為貴族都要當官，從事行政工作，要能寫、能讀各種公文報告，這是行政管理工作的基本要求。而且貴族養得起家庭教師，學文化很方便。

到孔子的前一代人，就是他父親孔紇老爺那一代，中原的貴族們武力水準在下降，同時也更重視文化了：那時各諸侯國搞外交，貴族們宴會應酬，都講究「賦詩」。就是想說什麼事情不能直說，先要背誦一首或幾句《詩經》裡面的詩，把意思暗示出來。這和猜謎、行酒令有點像，孔紇那一代的大小貴族們玩得非常起勁，誰要是聽不懂別人什麼意思，或者自己的想法找不出詩來表達，就會讓人笑話。孔子歸宗以後喜歡學文化，恰好也有這個時代背景。

再有，作為貴族，需要懂「人事」。這個人事，就是自己的家史、別的大貴族家的往事。中國科舉時代有《縉紳錄》一類的官僚名冊，給官員圈子提供社交信息，但春秋時沒這些。大貴族家裡的事兒，不管是本國的還是外國的，主要靠社交場合貴族們聊天，口耳相傳。那種情景，有點像《紅樓夢》裡冷子興演說榮國府：哪位大貴族，祖上第一代發達的是誰，一輩輩怎麼傳下來，這些先人的名、字都是什麼，幹過什麼好事或壞事，老婆娶的是哪家的，孩子又都嫁的、娶的哪家，現在他家的人在國內都當什麼官，掌不掌實權……

貴族在圈子裡混，想事業升級，都要靠大貴族提攜、小貴族擁護，所以要熟知這些知識。最基本的社交，比如到哪個貴族家做客，或哪位貴族來訪，一定要提前知道他家祖上先人的名字，說話時不能提到，這叫「避諱」，是對人家的尊敬。

實在不知道也能變通。剛到人家做客，落座以後先問名諱，這叫「入國而問俗，入門而問諱」。[6]但這樣問就顯得有點生疏了。你來之前怎麼沒做好功課？

恭維大貴族，也是恭維他祖上的功業，這就要瞭解貴族的家族史。或者，他祖上要幹過什麼壞事，聊天的時候可別提到，讓人家不高興。

這不光是社交，也是國家的工作。比如，小國想打仗，要到大國請援兵——魯國就經常到晉國或者齊國去求援，得有人出差辦這事。那時各國都是幾家大貴族掌權，當使者的，得知道大國內部這幾家貴族各自掌什麼權，他們各家關係如何，誰和誰是同盟關係，誰和誰是對手，哪家拉關係比如容易……比如，這位貴族的夫人是我國的一位貴族的千金，去找他幫忙，走走夫人路線，就比較可靠；另一家呢，可能剛把女兒嫁給你敵國的公子，或者上次跟你國君喝酒，酒醉打起來了，你就最好躲他遠點。這些家庭瑣碎事，都能跟國際關係扯上。

比孔子大一輩，鄭國有位執政大臣叫子產，名氣很大。他手下有四大能人，各有專長。其中一位的專長，就是跟《紅樓夢》裡的冷子興一樣，最懂周圍列國貴族家裡的事兒，包括各家的淵源來歷，當代人在朝廷裡的地位、執掌，還有他們的能力、個性、各種癖好：「辨於其大夫之族姓、班位、貴賤、能否」[7]。

懂貴族家裡的人事是一門大學問。歐洲中世紀的貴族也類似，有他們專門的「譜牒學」，就是各大貴族家族的世系知識。

上面說的這些能文、能武、懂人事，是春秋貴族的基本素質要求，年輕時的孔子都在認真學習，後來他當了老師，也要教弟子們這些知識。

## 當了貴族要改口音

進了上層人的圈子，孔子還要改口音。《論語》裡說，孔子後來有了學生，他帶著學生們讀《詩經》、《尚書》這些古代經典的時候，以及主持祭祀等重要儀式的時候，用的都是「雅言」。[8]「雅言」是周人的官方口音。這個詞的本意不是「文雅的語言」，而是「西部口音」。因為周朝的建立者是周族人，他們最早是從陝西關中崛起的，後來滅掉商朝占領了中原，中原就是以今天河南省為中心的地區。周人說的西部方言叫「夏言」，那時候「夏」字有「西邊」的意思，它又跟「雅」字通假，所以又叫「雅言」。

周人滅商之後，變成了王朝統治者，又分封了很多諸侯國，周人的西部口音「雅言」，就變成了各諸侯國貴族們的標準語音，就像後世所謂的「官話」。西周滅亡後，周王室搬家到了中原地區的洛陽，不是在西邊了，但還在繼續沿用「雅言」這個詞。

6《禮記．曲禮》上。
7《左傳．襄公三十一年》。
8《論語．述而》：「子所雅言，《詩》、《書》、執禮，皆雅言也。」

《論語》特意記載，孔子在教學和正式場合說的是周人標準的「雅言」，這言下之意，他在日常生活中，應該還經常說老家方言。他從小跟著母親長大，母親家是本地土著居民，口音和西邊來的周人征服者、也就是魯國貴族們很不一樣，孔子小時候說的應該是母親家的本地土話，而且他身邊窮親戚、窮學生一直很多，那在私下生活裡，孔子說家鄉方言的頻率應該很高。

那時候世襲階級之間壁壘森嚴，口音是很重要的區別，貴族老爺夫人們說的是列國上層通用語，農奴的方言只能在附近鄰里之間的農村聽得懂，所以窮人還沒有階級認同感。

這就是孔子的多面人生，它背後，是周人貴族文化對各地土著文化的征服與改造，上古時代，社會變遷速度很慢，這兩方面在孔子身上都有所體現。

為作為一名春秋貴族，除了要具備作為貴族的基本功，還要瞭解整個周人貴族社會的遊戲規則，從周王到國君、大夫、士的貴族等級金字塔，這背後藏著的規矩更多，而且都有歷史淵源，本章後面的「附錄」會進行一些介紹。

# 附錄：春秋貴族制度的起源與特點

## 軍事分封制

西周和春秋是貴族社會，但現在人對這段歷史比較陌生，因為從戰國開始，社會變化太劇烈，導致人們把那些「過時」的東西加速遺忘了。現在人想到的中國古代歷史，主要還是戰國以後君主集權制、官僚制時代的歷史，這裡就介紹貴族制度的特點和來歷。

貴族制度必然和「世襲」聯繫在一起，因為貴族的身分、特權需要子子孫孫永遠傳遞下去，底層賤民的身分也是世襲的。

貴族制度產生的根本原因，可以叫做「軍事分封制」。在周人剛剛滅商以後，為了鞏固新占領的中原地區，分封了很多諸侯國，這是第一個層次的分封，各諸侯國的國君就是分封制度下產生的第一代貴族，他們不需要交稅給天子，但要承擔軍事義務，如果周王跟夷狄蠻族打仗，或者懲戒反叛的諸侯，其他諸侯國就應該帶兵參戰。此外還有禮節性的定期朝覲，拜見周王。

各諸侯國的國君會繁衍後代，所以還要繼續搞第二個層次的分封，把本國的領土、包括這些土地上生活的農民，分給自己的兄弟、子侄，讓他們也變成世襲的貴族大夫。

大貴族土地多，自己管不過來，就繼續分封給自己的親戚，或者追隨自己的外姓小貴族，讓他們當自己的家臣。這些給大夫服務的低級小貴族就是士，這就是第三層次的分封了。

這樣一來，貴族社會就至少有了三個層級關係：第一，小貴族和大貴族；第二，大貴族和國君；第三，國君和周王，它們都是封臣對封君的關係，就是從上級那裡獲得一份土地作為收入來源，用這些土地上的收入來武裝自己，當上級封君需要的時候，就去替封君打仗。為上級封主提供軍事服務，這是貴族制度的本質。

## 低能態運作

軍事分封制的特色要靠比較才能發現。

從戰國開始，中國出現了官僚制集權國家，帝王通過政府機構徵收賦稅，又從稅收裡面拿出很大一部分做軍費，建立專業化的常備軍，它的財政收入和支出分離，各自單獨運作。

比起官僚制時代的常備軍，西周春秋的軍事分封制就是把建立軍隊的收入和支出，都納入到小的分封單元裡面，它的優勢是簡單，不需要搞一套用來收稅的國家機構，也不用建立專業化的軍隊。而且，分封制是可以無限拓展的金字塔結構，封臣還可以繁衍、分封出更下一級的封臣，只要土地足夠多就可以了。

所以軍事分封制的特點就是，不需要建立很完備的政府體系和專業化軍隊，運行成本很低，它適合人類還不太發達的早期社會，人口密度低，交通、通訊落後，這種技術條件下，社會很難供養一整套完備、高效能的國家機器，只能靠著一層層的分封體系，讓封臣們自己去管理，而且是世襲管理。

再遠一點看，歐洲的歷史也類似。在古羅馬帝國時期，社會發展程度比較高，所以政府和軍隊都是專業化的，但隨著蠻族入侵和羅馬社會的衰落，新來的蠻族征服者們占領了羅馬帝國的地盤，但是他們沒文化，沒能力繼承帝國的國家機器，只能搞軍事分封，這就變成了中世紀的貴族制度，和羅馬帝國時期相比，歐洲的中世紀是一種社會倒退、簡化。

西周春秋屬於西元前十到五世紀，歐洲的中世紀屬於西元後五到十七世紀，它們並不同時，但社會結構卻基本相同。

## 大夫、士的等級序列

春秋和歐洲的中世紀貴族都有不同的等級。

春秋貴族們談話的時候，經常聊到當時的貴族等級序列，在史書《左傳》裡出現過兩次。比如一個楚國貴族說：「王臣公，公臣大夫，大夫臣士」，[9]這「公」是諸侯國君，臣是動詞，就是任命為封臣，這裡列舉了四個層級：第一級是王，第二級是公，就是國君，第三級是大夫，第四級是士。

為什麼最大的才王，沒有皇帝？因為「皇帝」這個名號是秦始皇發明的，在秦始皇以前，王就是最高的權力。王和諸侯國君數量少，比較清晰，下面重點談談國君下面的兩級貴族：大夫和士。

國君的太子會繼承君位，其他的公子們則獲得一塊封邑、成為大夫，大夫家族要一代一代傳承下去，原則上都是由嫡長子繼承爵位。大夫不僅有比較大的封邑，還能在朝廷裡擔任高級職務。

大夫的其他兒子，如果不是特別幸運的話，就沒條件再當大夫，因為沒足夠大的封邑和官職給他們，只能從父親那裡得到一小塊封邑，當一個「士」，就是低階貴族。

春秋的「士」是最普遍的貴族身分，所有的貴族成員，上到天子、國君，下到大夫、士，他們的所有孩子，天生都有「士」的資格。所以周人的禮俗裡面，有「士昏禮」、「士冠禮」，就是士人的婚禮和成年禮，但沒有卿大夫、國君和天子的婚禮、冠禮，因為周人默認的規矩是，別管多麼高貴的太子，在成年和結婚之前都是士，只能按士的標準來舉辦這些典禮。

9《左傳．昭公七年》。

這也和歐洲中世紀的貴族制度很像，他們最基本的貴族等級是騎士。別管公爵、侯爵或者國王，他們的兒子只要沒正式封授爵位，都是騎士級別。

春秋的士一般都有大夫作上級或封主。如果一個士有了直接為國君服務的機會，他一般就要被提拔成大夫了。比如孔子，他在少年的時候，時來運轉成了士，到晚年的時候能當大官，就變成了大夫。

士不一定只在自己家族裡過日子，他們也可以去別的大夫手下去謀職。在投靠和自己不沾親的大夫的時候，有一種專門的儀式，叫「策名委質」。「策名」，是士人把自己的名字、家世、功績等等，寫在一份木牘或玉片上，像人事檔案一樣，交給大貴族保管。「委質」，就是送一份禮，象徵自己正式成為大貴族的家臣，以後世代效忠，這樣換來一個職務或一塊封地。

## 可以單列的「卿」

春秋時候，最高級的官員叫「卿」，它是王朝或諸侯國裡的權力核心，一般是五六個人，類似後來的宰相、內閣。

原則上卿來自大夫，只能由天子或者國君任命，不一定世襲，辭職或者退休的卿仍然是大夫。有些國家比如魯國，習慣上沒有「卿」的稱呼，而是叫「上大夫」，意思是大夫裡面最高貴的。

到了孔子的時代，很多國家的卿的職位都被少數家族世代壟斷了，等於卿也變成了世襲身分。後世給這種世襲的卿叫「卿族」。

## 公侯伯子男是怎麼回事

西周、春秋諸侯國的國君，有「公侯伯子男」不同的稱呼，這些稱呼有一些區別，但不是五種涇渭分明的等級。

先說「公」。這是對諸侯國君的尊稱，特別是已經去世的諸侯國君，幾乎都可以被尊稱為「某公」；至於活著的國君，似乎只有宋國國君能被稱為公，可能因為宋國是商人的後代，宋國國君家族是商王家族後裔，所以規格高一些。

另外，在周王的朝廷裡，最高級的若干個官職也是「公」，等於他們和最高級的諸侯國國君同級。

再說侯，絕大多數諸侯國君的正式稱呼都是侯，別管是周人的封國或是異姓的封國，比如魯侯、齊侯、衛侯。「侯」字最早的字形，是瞭望臺裡面的一支箭矢，表示守衛者，這是周王分封諸侯的本意，讓這些小國充當王室的外圍護衛。

再說伯，這個稱呼用的比較少，只有鄭伯、北燕伯（分封在北京附近的燕國）等，好像只有周人自己的姬姓封國裡的極少數國君可以稱「伯」。

再說子，這個稱呼有兩種用法。一種是給文化上跟周人不是一個體系、被看做蠻夷的小國國君，比如楚國國君自己稱王，但中原的官方史書只能給他叫「楚子」；另一種，是中原諸侯國裡面的未成年國君，特別是還在先君的服喪期內的，就暫時被稱為「子」。

再說男，一般是給非周人（非姬姓）小國國君的稱呼，比如許國的國君稱為「許男」。但「男」和「子」有什麼明確區別呢？這就說不清了。

上面就是「公侯伯子男」的簡單特徵，可以看到，它們有所區別，但也不是等級非常明確的五個檔次，而且同一個稱呼也會有不同的涵義。

歐洲中世紀的爵位，主要也有五個等級，所以翻譯成中文的時候，就直接用了「公侯伯子男」這五個字。但這個對應並不太準確，因為歐洲的所謂「公侯伯子男」，更接近春秋的卿和大夫，還沒到諸侯國君的檔次。

最後再說說王這個稱呼。

從商代到西周、春秋，王是最高權力的代表，全天下只能有一個王。有些蠻夷國家的首領也稱王，比如楚王、吳王、越王，這表示他們不服從周王的權威，是中原所有諸侯國的對立面。

當這些蠻夷之王強大的時候，中原諸侯國被迫尊重他們的權威，甚至去他們的都城朝拜。但在中原國家的官方史書裡，從來不寫他們是王，只寫他們是「楚子」或者「吳子」。這是周朝中原國家的政治正確。

到了戰國中期，社會大轉型，主要的幾個國家君主都稱王了，這象徵著周朝的那套政治秩序已經徹底成了過去時。

## 不分封的自留地

前面說的分封制度，只是一種比較籠統的原則，在實際操作裡面，還會有各種特殊情況。比如說，周王、諸侯、大貴族們，除了把自己的土地分封給下一級，也會給自己留一份「自留地」，不分封出去，而是派一些管家去管理，徵收賦稅，靠這些來養活自己，而不是靠下級的封臣進貢錢財。

天子的「自留地」主要分布在關中和洛陽的周邊，按周禮說是幅員一千里，默認為正方形的邊長，實際上當然沒這麼整齊。諸侯國君的自留地可能在五十到一百里。所以周天子直轄的地盤要比任何一個諸侯國都大，天子權威來源於實力。

但這是西周的規矩，後來周天子丟了關中，遷都到洛陽，西周變成了東周，天子直轄的自留地就很少了，從此元氣大傷，諸侯們也就不太聽天子的命令了。

天子和國君的這種自留地叫「縣」，縣就是懸、直轄的意思。給天子和國君管理自留地的官就是「縣官」。從理論上說，「縣官」不是世襲的，但幹的時間長了，也有變成世襲封主的趨勢，天子或國君拿他們也沒辦法。

這就是郡縣的「縣」字的來歷。可以看到，它一直是一種行政區劃，但本意和後世的意思已經很不一樣了。

## 貴族與農奴的「國野之別」

周武王滅商以後搞大分封、建立諸侯國，當時很普遍的場景是：一位周王的親戚被分封之後，帶著一兩千個或者幾百個周族人長途跋涉，來到一片新征服的土地上建國，他們修築起一座小城池，住在裡面。這就是新諸侯國的都城，當時給這種都城叫「國」。住在都城裡的周人男子都是貴族，最主要的是士。他們就是所謂「國人」。「國」這個字最初的字形，就是一圈城牆，裡面有一個拿著武器的戰士。

都城以外是農村地區，生活著被征服的土著居民。這些農村地區被按區塊分封給了國內貴族們，土著居民就成了貴族的農奴，他們被稱為「野人」，就是鄉野之人、下層農奴。

這就是貴族和農奴的區別，歷史學者給它叫「國野之別」。

大貴族會任命一些管家來管理自己的封邑和農奴，孔子年輕時給季氏當小職員，就是這種基層管理者的工作。農奴每年收成的一大半上交貴族老爺，還要給貴族幹各種雜活，比如蓋房子。農奴不能隨便遷徙，基本是固定在土地上的。農奴之間發生什麼糾紛，也由管家處理。

西周、春秋的農奴生活在靜態的農業社會裡面，在貴族老爺的「人治」之下，有自己小天地裡的一點點生活空間。史書裡很少有關於農奴的生活記載，但《詩經》裡有少數關於農業生活的篇章，能看到一點旁證，比如，農奴們有自己一點餬口的農田，同時要耕種貴族老爺的「公田」，孔子後來給大貴族當小職員，也管理過這類農莊。農奴們在山林裡打獵，大的獵物要交給貴族老爺，小的留著自己吃。村落生活裡的戀愛、婚姻、家庭生活，也都有自己的空間，貴族老爺干預的程度很有限。

如果農奴們如果有更好的發展機會，比如做點小生意掙錢，應該可以用錢或實物抵償對貴族的勞役義務。像孔子認祖歸宗這種事兒，貴族老爺或者管家也不會攔著，因為這也是能用得著的社會資源，比一個普通農奴的勞役更有實惠。

總的來說，春秋貴族和農奴之間的關係沒有很明確的法律規範，那時也沒有成文的法典，都是貴族老爺們的「人治」狀態。

和春秋同時的，是歐洲的古希臘、古羅馬，那時歐洲的商品經濟比較發達，有很多奴隸，都有市場價格，而且有成文法典規定奴隸身分怎麼定義、怎麼轉賣，以及怎麼釋放成平民。相比之下，西周、春秋的社會發展程度比希臘、羅馬低很多，商業很不發達，基本沒有奴隸貿易，也沒有成文法和司法體系，人的等級身分都是靠熟人社會裡面的「禮俗」來界定的，就是所謂「不成文法」。所以西周、春秋的農奴和古希臘、羅馬的奴隸區別很大，但更接近歐洲中世紀的農奴。

# 第三章　幫豪門打工（二十—三十五歲）

農莊管理員——三大寡頭家族——妻子身分的爭議——收了一些窮學生——大貴族的私家教師——陪主人出國旅行——有了第一輛車

## 第一份工作

孔子十幾歲認祖歸宗之後，日子過得還不富裕，他需要找一份工作養活自己。《史記》記載，孔子的第一份工作是給季孫氏當小職員，這個季孫氏，就是孔子想去參加宴會沒成功的季武子家。

為什麼在季孫氏家裡幹？具體原因我們不知道。孔子父親是孟孫家老部下，他在孟孫家找個飯碗，按理說更順理成章，但當時季氏在魯國權力最大，占的國土最多，在他那裡大概找工作更容易。而且，就連陽虎也是在季孫家幹，跟孔子一樣，從低級小吏幹起。

有了這份工作，孔子越來越熟悉貴族圈子了，他這才知道，原來這世界上的人不光分成農民和貴族，在貴族階級裡面，也是等級森嚴，他這個孔家是最低階的貴族——士，抬頭往上看，一層層的貴族還很多呢。

那時候，魯國掌權的有三家大貴族，是一百多年前魯桓公的三個兒子傳承下來的。按照第一代人的長幼排行，依次是孟孫氏（也叫孟氏、仲孫氏）、叔孫氏、季孫氏（也叫季氏）。因為都出自魯桓公，又合稱「三桓」家族。

這三家的權力排行，卻是倒過來的：季孫氏地位最高，世代掌握魯國政權；叔孫氏次之；孟孫氏最弱。魯國的政局，其實是這三個家族的「貴族共和」，或者叫「寡頭共和」，他們三家商量決定的事，就是魯國的國策。

就在孔子十五歲認祖歸宗這年（魯昭公五年，西元前五三七年），三桓家族徹底架空了魯國國君：全國的土地被分成四大塊，季孫家占了兩塊，孟孫和叔孫家各占一塊。這些土地上還有些中小貴族的世襲封地，按法理說三桓是不能動的，但他們也想各種辦法來侵占。

那時魯國還沒有各級地方政府，全國基本被季孫、叔孫、孟孫三家瓜分了，這三家的主子派些大大小小的管家管理各地封邑，負責收稅、處理老百姓的訴訟等工作，和後來的地方政府功能類似。

這時季氏的族長是季平子，他是季武子的孫子，名叫季孫意如，父親去世得早，孔子十七歲那年，老季武子死去，年輕的季平子就直接繼承爺爺的爵位和職務了。

孔子年輕時的工作很平凡，就是在季孫氏的某個封邑裡面，負責向老百姓徵收糧食、登記入帳，他工作很認真，把倉庫和帳目搞得清清楚楚；還管過飼養牲畜的事，畜群增殖很快。[1] 這些都是最基本的貴族家政管理工作。

這種生活，對孔子，對陽虎，都離理想太遠了，有挫折感。

貴族出身的人，從在搖籃裡開始，聽得都是自己祖先橫戈立馬、建功立業的英雄故事，到受教育、學文化的少年時代，學得也是周人滅商、占領中原的大歷史和激情洋溢的史詩。對他們來說，「未來」就是馬鳴蕭蕭、旌旗飄揚的沙場，或者舉止文雅的外交場合。孔子少年時沒有這種經歷，但他還是農家孩子時看到的貴族，都是乘著駿馬輕車馳逐郊野，路過貴族的宅院，裡面也是絲竹悠揚、酒肉飄香。如今他的現實，離那些印象都太遙遠。

1《史記．孔子世家》：「孔子貧且賤，及長，嘗為季氏史，料量平。嘗為司職吏，而畜蕃息。由是為司空。」更早的文獻《孟子》裡也有類似的記載。

## 孔夫人的身分

大概給母親服喪剛結束，十八九歲的時候，孔子結婚了。他夫人有點奇怪，《論語》和《史記》裡都沒提過，按說孔子後世是聖人，夫人就是聖夫人，不該這麼沒沒無聞。《孔子家語》說：「孔子年十九，娶於宋之丌官氏。」這是去宋國結了一個跨國婚姻，作者大概覺得孔子祖上是宋國公室，再回宋國娶個老婆，親上加親挺好的。但這未必是事實。

當時的禮俗是「同姓不婚」，就是有共同父系祖先的都不能通婚，隔了多少代人都不行。宋國的所有宗室成員，族姓都是「子」，孔子家出自宋國公子，族姓也是子，他不可能娶同姓夫人。（「孔」「丌官」是氏，還不是姓，參見本章末附錄。）

再者，孔子當時還不發達，沒出國機會，也辦不起跨國婚姻。到孔子晚年身分高了，周遊列國曾到過宋國，當地沒人歡迎他，過得很淒涼，如果他老丈人家在宋國，應該不會出現這局面。

孔子這個夫人，可能還是他母親家的老親戚們在顏家莊那個範圍內給物色的，不是貴族出身，所以一輩子沒名氣。如果孔夫人是貴族，那孔子也會有很多貴族姻親，在史書裡總會留下一點記載，事實顯然不是這樣。

結婚第二年，夫人給孔子生了個兒子，叫孔鯉，字伯魚。這名字的來源，據說是當時魯國國君昭公，給孔子送了條鯉魚祝賀。但這也有點抬高孔子——連小貴族陽虎都公然說孔子不夠「士」的資格，國君怎麼可能專門祝賀他呢？

也有人說，是魯昭公送給季氏家的鯉魚，季氏又轉送了孔子。這倒有點可能。因為這時孔子在季氏家裡打工，當小職員，老闆家送份禮物也在情理之中。大管家派人把禮物提來，順口再說一句，「別看就條鯉魚，可是咱老爺昨天陪國君釣的！」

孔子很看重這份來自老闆的禮物，這也是他對自己成為小貴族的第一份工作的自豪，所以拿這禮物來給兒子取名。

## 年輕時代沒有奇蹟

《史記》接著說，孔子小職員的工作幹得不錯，就當了「司空」。司空是什麼官？

按漢朝人的說法是很大的官。那時在魯國，最大的官是司徒，相當於國務總理，主管財政和人事；然後是司馬，相當於國防部長；司空，工業與建設部長；司寇，主管治安和司法。這幾個人就是卿，魯國的權力核心。

在魯國的寡頭共和制遊戲規則裡面，這幾個位子都是三桓各家世襲：季孫家世代當司徒，叔孫家世代當司馬，孟孫家世代當司空，還有一個三桓之外的臧孫家，世代當司寇。要這麼說，孔子這一步升得太快了，還頂替了自己的老東家孟孫氏，讓人難以置信。

二十世紀七〇年代，從湖北睡虎地挖出了秦簡，才知道不是這樣。原來司馬、司空、司寇這類官，不是中央才有，下面各級貴族的采邑裡也都有，工作性質都差不多，所以名字一樣。在秦簡裡，監督一群犯人幹活的小工頭就是司空，負責鄉里治安的就是司寇。國家級的如果要表示區別，就在前面加個「大」字，大司馬、大司空、大司寇。

孔子這個司空，其實還是季氏封地裡的小吏，管理施工建設。司馬遷不懂這個區別，他以為孔子這是當了大官，就跟孔子晚年當過的大司寇搞混了，說孔子幹了司空以後就周遊列國了，「已而去魯，斥乎齊，逐乎宋、衛，困於陳、蔡之間，於是反魯」。這都是三十年以後的事，編年完全錯了。

總之，三十來歲的孔子沒出過國，也談不上有什麼事業。孔子說自己「三十而立」，[2]就是三十歲基本能養家，日子過得還算可以了。他可能在曲阜城裡有了房子，安了新家，不用住在顏家莊村裡。像國君、季孫、孟孫這個級別的人，碰面的時候有，但還沒資格深入打交道。

季氏家的工作收入有限，養活他一個人可以，供養老婆孩子就有點緊張。這時的孔子開始做點兼職，給貴族家「相禮」，就是人家辦婚喪嫁娶、紅白喜事時，去當司儀和主管。那時主持禮儀的人叫「祝」，主持喪禮的叫喪祝，為天子或諸侯專門負責禮儀的官，就叫太祝，孔子喜歡學習禮儀方面的知識，所以擅長這個工作，他小時候就喜歡祭祀遊戲的傳聞，可能也跟他成年後的這個特長有關係。

周禮，特別是其中的喪禮和祭禮，程序繁瑣，講究很多，一般人搞不明白，得請懂禮的內行主持。那時的婚禮倒相對簡單，沒後世熱鬧。人死了如何換衣服、入殮，靈堂怎麼布置，通知哪些親戚朋友，這些人都該穿什麼級別的孝服，從入殮到下葬該怎麼做，家屬們怎麼哭，下葬後怎麼祭，都要喪祝決定。這助喪、助祭的工作，是儒家的老本行，因為這工作專業性太強，得好學的人才能搞明白，報酬又不高，一般貴族不願意幹。

這種工作有點像導演，指揮著大群形形色色的人，按程序一步步表演如儀，把儀式從頭到尾搞得井井有條。孔子後來有那麼強的建立秩序、整頓社會的決心，跟他做喪祝司儀的工作可能有關係。

## 教學事業：早期學生

有點學問了，孔子也開始自己當老師，開私塾招學生。這時孔子名氣不大，跟他念書學習的，主要是顏家莊的老親戚們。

孔子弟子裡面，今天知道姓名的，至少有八九個是顏家人。比如顏回的父親顏路，比孔子小七歲，是孔子最早的學生之一，他們不是單純的師生，還沾親帶故。所以到孔子晚年，顏回早逝，他家裡太窮，父親顏路想讓孔子把馬車賣了，給顏回買棺材。孔子很不情願，說你看我這身分，好歹也是退休的大夫，出門沒輛車怎麼行？

要是師生之間，不大可能提這種無理要求，老師憑什麼貼錢給學生辦喪事？顏路這麼做，是以老顏家親戚的身分。當然，孔子的回答也不見外，自家人，有啥說啥。

孔子辦教育的最初動機，是想靠學費增加一點收入，當時給學費叫「束脩」，字面意思就是一小捆乾肉，束是捆，脩就是乾肉、臘肉。其實這算是一種實物交易，拿點糧食或者布匹之類當學費應該都可以。那時鑄銅的錢幣還不流行，有時拿特定的稀有海貝當錢幣，但民間最多的還是實物交換貿易。

孔子說：我收學生沒什麼身分限制，只要肯來交束脩的，我都會盡量教他。[3] 這說明，一是孔子

2《論語・為政》。
3《論語・述而》：「自行束脩以上，吾未嘗無誨焉。」

很看重招學生的經濟收入，二是他早年還收不到什麼太顯貴的學生，窮學生拿點東西來求學，他也照單全收。

孔子時代，階級身分的區別非常大，老百姓（農奴）沒文化，也沒崇尚文化的習慣，這一點不像後世。那孔子怎麼讓老鄉親們願意學文化，而且是有償學習？

其實是很現實的考慮：改善生活。像孔子在季孫家的工作，當個小工頭，或者管點兒最基本的財務，這類事情，眼高手低的貴族子弟一般不願意幹，但大字不識沒文化的農民也幹不了。孔子教他那些親戚們學文化，是學最基本的認字、算數技能，有了這點文化基礎，再加上孔子在季孫家積累的人脈關係，就能給老鄉們找份臨時工，這比當農奴種地輕鬆，收入也高。鄉親們很現實，看到了這個好處，才願意跟著孔子學習。

孔子一方面是靠這個賺點學費收入，另外也是提攜老親戚家的年輕人，給他們個改善生活的機會。

而且這對孔子自己也有利，因為這也是在給他的工作培養助手，能把季孫家的工作做好了，老闆滿意，自己面子上也有光。

孔子對自己學生「找工作」的前景很自信，他說，要是跟我學上三年，還找不到份掙糧食的工作，那才是怪事呢（那時的工資都是給糧食實物）。[4]這意味著，他要盡量幫自己的窮學生找份工作。

孔子的教育事業，和他的弟子團隊，就在「社會需求」的夾縫裡起步了。他教這些早期學生，主要是「職業教育」，最實用的知識，還不是「六經」那套高深學問。

當然，孔子到了晚年，官做得大，學問高，名氣也大，就能招收身分比較高的貴族子弟當學生了，他搞的、教的學問也就更精深了。

孔子晚年總結說：「先進於禮樂，野人也；後進於禮樂，君子也。」[5]「先進」是早年收的學生，他們都是不懂禮樂的下層人、野人；「後進」是晚年收的學生，文化基礎、社會地位都高得多，所以是君子。

不過孔子緊接著說：「如用之，則吾從先進。」意思是，如果要一起幹點兒什麼事的話，我還是信任早年那批學生。因為他們都是老鄉親、親戚家的孩子，知道底細，絕對可靠。

孔子早年還收了個著名弟子——子路。

子路比孔子小九歲，當初是個街頭另類少年，頭戴插滿雄雞毛的帽子，胸前掛著野豬皮護甲，挎著刀子，到孔子家找事。大概是聽說有人開學授課了，要收保護費，沒想到孔子是個大塊頭，不好惹。後來他跟孔子打交道多了，覺得學文化這條路更有前途，就拜師投在了孔子門下，還娶了個老顏家的女兒，跟孔子成了姻親。子路和他妻兄（大舅子）顏濁鄒，都是孔子最早的那批弟子。[6]

4《論語．泰伯》：「子曰：『三年學，不至於穀，不易得也。』」
5《論語．先進》。
6《史記．仲尼弟子列傳》：「子路性鄙，好勇力，志伉直，冠雄雞，佩豭豚，陵暴孔子。孔子設禮稍誘子路，子路後儒服委質，因門人請為弟子。」

## 孟氏的家庭教師

孔子三十四歲這年（魯昭公二十四年，西元前五一八年），孟孫氏的族長孟僖子病危。當年帶著孔子父親孔紇去打仗的那位孟獻子，就是孟僖子的曾祖父。

孟僖子聽說過孔子，年輕人有學問，孔家又是孟家幾代的老臣僚，所以孟僖子臨死前，囑咐兒子兩個兒子和管家，讓他們以後請孔子來教文化課。

這兩個兒子是孟懿子（仲孫何忌）、南宮敬叔（仲孫閱），雙胞胎兄弟，這年才十三歲。但他們地位很高，和孔子其他的學生完全不是一個層次。這說明孔子的學問慢慢有了名氣，開始受到大貴族們認可，他以後的機會將越來越多。

孟家為什麼能接受孔子當家庭教師，還有一個背景，就是孟懿子、南宮敬叔這二人也是「野合之子」，他們的母親也是孔子母親那種民女身分，不是和孟家門當戶對的貴族。

那是在孔子二十一歲那年（魯昭公十一年，西元前五三一年），孟僖子去周邊一個小國出訪，路過一個叫泉丘的地方，和當地一個野人女子有過一次露水姻緣，當時他也沒在意。結果不久之後，這女子居然私奔找到他家來，還帶了一個從小一起長大的好朋友（古書叫「僚」，現在叫閨蜜）。據說這女子第一次幽會孟僖子之後，就做了一個夢，夢見自己拿著一幅巨大的帷幕，把孟孫家的祖廟整個給蓋了起來。她覺得這是某種天啟，孟孫家必須接納自己。

那時孟僖子早有了正房夫人，在外面也有外室相好，但一直沒兒子，他就把這兩個不請自來的民女安頓在一個相好家裡，幹點兒女僕的雜活。結果，那泉丘女子很快就懷孕生了一對雙胞胎——孟懿子和南宮敬叔，成了孟家的合法繼承人。

知道了孟懿子、南宮敬叔這兩人的出身，就能理解他們為什麼能主動接受孔子了。再介紹一下孟懿子、南宮敬叔這稱呼。孟和南宮都是氏，因為敬叔的封邑在南宮這地方，就有了一個和哥哥不一樣的氏。懿、敬都是諡號，死了以後才有的。孟懿子稱「子」容易理解，是那時對貴族男子的尊稱，但南宮敬叔為什麼稱「叔」？因為當時習慣稱當弟弟的為「叔」，和我們今天的「叔叔」意思完全不一樣。

## 洛陽王都之行

孟家的工作給孔子帶來了很多機會，最直接的一個，就是他可以「出國」見見世面了。

春秋時期政治上分裂，所謂諸侯列國，但另一方面，列國的貴族一體化程度很高，各種文化、時尚、做派都比較一致，特別是以河南為中心的「中原」這一圈，這不全是靠政治上的聯繫，而是從年輕貴族的教育就開始了。那時青年貴族在繼承家業之前，大都要到國外遊歷一圈，甚至定居一段時間，有的是去自己外婆家，因為那時貴族國際通婚比較多，外婆家就是外國了。[7]

從文藝復興到十九世紀，歐洲的貴族子弟也有這種「遊歷」風氣，尤其是英國，因為它本來是個

7 春秋貴族的這個風氣很重要，史書《左傳》提及有些貴族的早年經歷時，會出現些片段信息，但缺少概況性的總結，其他儒家經典則幾乎完全沒有涉及過。清代以來的學術界似乎也沒有專門探討過這個現象。

島國，環境閉塞，更要「出去走走」。貴族子弟二十來歲的時候，一般要帶著僕人到歐洲大陸旅行一圈，可能花上一兩年甚至更長時間，也經常要帶一名家庭教師隨行。到了各國，要學習當地的語言，和當地的貴族圈子交往，拜訪著名的學者，這都是為了增長見識，開闊眼界，和中國古語「讀萬卷書，行萬里路」很像。這種歐陸旅行裡面，一般都要去教皇所在地——羅馬城，放在孔子那時代，就是王都洛陽了。

南宮敬叔這次要前去王都洛陽遊歷一趟，孔子以家庭教師的身分隨行，所有開支當然都是孟孫家所負擔。

周人最早從關中崛起，都城在鎬京（今陝西省西安市）。他們滅商以後，覺得鎬京到中原有點遠，就營建了河南的洛陽城，作為統治東方的重要樞紐，由王室直轄。到西周因為內戰而滅亡，鎬京又受到蠻人犬戎的威脅，周平王就放棄了鎬京和關中，遷都洛陽，這是「東周」的正式開始。孔子這時，關中早已經成為新興的秦國的地盤了。

孔子這次到洛陽，見到了一個著名人物——老聃，又稱老子。這還不是號稱寫《道德經》的那位老子，而是在周王室管理圖書檔案的一位老者。《道德經》出來得更晚，如果孔子那個時代就有了，孔子肯定要評論幾句。

孔子向老聃請教了很多學術方面的問題。他晚年還給學生講過，當時老聃的一位街坊去世了，老聃要幫死者家裡辦喪事，孔子也跟著觀摩學習。

送葬的隊伍走到半路上，忽然發生了日食，天幾乎完全變黑，還能看到星星閃光。老聃發出指示：停止行進，拉棺材的車停在馬路右邊，送葬親人也停止哭嚎；等到太陽重新出來，老聃下令送喪隊伍繼續前進。

孔子不理解：繼續前進不比原地等待更好嗎？如果停車等著，誰知道日食會持續多久啊——因為那時候人還缺乏關於日食的天文知識。

老聃的解釋是：人的正常出行都要在大白天，比如按照周禮，諸侯去朝見天子，或者大夫因公出差，都是日出時上路，太陽快落時就要找地方住宿，不能頂著星星趕路；出殯也要比照這種規範，因為死者是有身分的人，要按生前的規矩來。

這件事記載在儒家經書《禮記．曾子問》裡，比較有依據。日食都有史官的記錄，今天也能用天文學知識推算。根據史書和計算，這次日食發生在魯昭公二十四年周曆的五月一日，陽曆就是西元前五一八年四月九日，這是孔子在洛陽的確切時間，它距離孟僖子病死的時間還不長，南宮敬叔這趟去洛陽，可能還有向王室報喪、替亡父請求點哀榮的目的。

後來到戰國，諸子百家都喜歡拿孔子編點兒故事。孔子見老子這件事也有了很多版本，比如莊子、韓非子，都把老子描繪成一位深不可測的高人。其實從《禮記》的記載來看，這位老子只是個有學識的老者而已。

除了和老子的交往，孔子還結識了一些在王室供職的人物，比如負責占星、擅長音樂的萇弘。據說孔子曾參觀周王室的祖廟，看到一個大銅人「三緘其口」，可能是嘴上被貼了三個封條，背上還鑄了很長的銘文，告誡人們「禍從口出」的道理。孔子在魯國的太廟裡面「每事問」，如今在王室太廟裡見到這個銅人，估計就學會閉嘴了。

孔子的洛陽之行好像很平靜，但洛陽此時正處在政治動盪之中：兩年前，長壽的周景王過世，王儲位子空缺，王子們發生了爭奪，王子朝殺掉了排名靠前的兄弟王子猛，自己當了周王。很多諸侯都不支持這位殺兄篡位的周王，另一位王子匄逃到了晉國，準備靠晉國的支持奪取王位。

孔子和南宮敬叔到洛陽，正遇上王子們的這一輪對峙。他的洛陽之行見了不少世面，認識了一些人物，但也看到了周王室的衰微不振。後來孔子再沒有到過洛陽，他也沒夢想過幫助周王室恢復權威，春秋晚期的大背景下，能搞好一個諸侯國就很不錯了，孔子雖然是個理想主義者，但追求得還不算是太縹緲的理想。

## 成為有車人士

孔子這次陪南宮敬叔旅行，為老東家孟孫氏成功完成了一項重要任務，他也得到了現實的好處，最重要的是，他有了這輩子的第一輛馬車。

在出發前，南宮敬叔家為孔子準備了一輛馬車、兩匹馬，還有一個駕車的僕人，這也是一位大貴族的私家教師出門該有的行頭，不能太寒酸。而且，孟孫家還把這些開支報告了魯昭公，當然不用魯昭公出這筆錢（孟孫家應該比朝廷有錢），主要是讓孔子在魯國政治圈子裡更有身分。

從洛陽回來以後，這馬和車就一直由孔子使用了。這輛車只配了兩匹馬，檔次不算高，因為那時體面的馬車要駕四匹馬，所謂「駟馬」。但對孔子來說，這已經是超出預期的待遇了，他從此成了「有車人士」，這是他這輩子的又一個里程碑。

春秋的貴族，最體面的待遇是有一塊封邑，這是最合法、實惠的收入來源，但很多小貴族都得不到，低一等的身分標誌，就是有自己的馬車和僕人，貴族擁有自己的馬車，遇到打仗的時候，就能駕駛著馬車參戰，為上級大貴族提供軍事服務，這才算一名更有身分的「士」，因為那時打仗都是用這樣的馬車。

除了打仗和出行這些實用目的，擁有馬車也是身分的象徵。那時衡量一個貴族的家產，最方便的方法就是看他有多少輛馬車。到體面人家做客，如果是坐馬車來的，主人家會更尊重。那時貴族不光有事的時候乘車，沒事「散步」也是駕著馬車到處跑，去原野裡散心，「我瞻四方，蹙蹙靡所騁」[8]——我抬眼看四方，都局促得不夠我盡興馳騁。

在孟孫家做家庭教師之後，孔子可能就把季孫氏那邊的工作辭掉了，但他開私塾、招學生的工作還在繼續。

對孔子來說，季孫家是他的第一位老闆，他在季孫家就是個雇員，工作幹好了也許能多掙一點薪水，但永遠是打工的身分，孟孫家對他的提攜就更大。他後來總結說：季孫家曾經給我很多糧食，我富裕了，朋友們也對我更親密了；孟孫家的南宮敬叔借我輛車，不光讓我出門方便，事業發展也更順了。[9]

但一年以後，魯國上層內訌，發生了一次大動亂，孔子也捲入了這次內亂，他平靜的生活難以維持下去了。

---

8《詩經．小雅．節南山》。

9 劉向《說苑．雜言》：「自季孫之賜我千鐘而友益親，自南宮敬叔之乘我車也而道加行。」

# 附錄：春秋的姓和氏不一樣

姓和氏，今天看來是一回事，孔子那時可不是這樣。在西周和春秋，只有貴族才有姓和氏，姓代表他所屬的廣義族群，有點像現在說的「民族」或族群之意，氏代表他的家族。

## 姓區分族群

商朝人有沒有「姓」的概念，現在不好說。但周人有，而且特別重視。因為周人嚴禁族內通婚，不同的族群要靠姓來區分，同姓不能結婚。周人都是姬姓，他們剛剛在關中崛起、還沒有滅商的時候，主要和近鄰的姜姓族通婚。

到周武王滅商，占領中原，把自己的同宗親屬和後代分封到各地，建立了魯、衛、燕、蔡、虢等至少幾十個諸侯國，這些國家的統治者都是姬姓。一貫友好的姜姓族也被分封到中原，建立了齊、申、許等國，協助周人統治中原。

中原原有的那些民族，有些可能已經有姓的觀念；沒有的，也被周人強行安了一個「姓」，用來區分能否通婚。比如被征服的商朝人，都是「子」姓，宋國是商人後代，所以是「子」姓，孔子這個宋國後裔因此也是子姓；秦、梁、莒國是「嬴」姓，薛國是「任」姓，郳國是「曹」姓。這些族群（小國），也逐漸都有了同姓不婚的禁忌。

## 氏代表家族

氏，用來區分貴族的家族、家支。氏的來歷很多。

可以用官職作氏，比如「司馬」，本來是管軍事的官職，世代當這個官職的家族，就可以叫司馬氏。司徒、司空也是官職變成的氏。

可以用地名作氏，一般是貴族封邑的地名，比如晉國的原、韓、魏氏。孔子父親孔紇管理過陬這個地方，但這應該不是他私家的封邑，不然他也就有陬這個氏了，會被稱為「陬紇」。

可以用自己先祖的字作氏，因為對尊敬的人不能稱名，但可以稱呼字（表字），那些不是太子、不能繼承君位的公子們，他們的字，往往就成了自己後代家族的氏。像魯國三桓家族，孟孫（也叫仲孫）、叔孫、季孫，就來自他們先祖公子那輩的字，季孫氏的第一代公子字季友，他的後人只取了「季」字為氏，又可以加「孫」字，表示是季友的後世子孫。

氏的來歷多，這就難免有重複。

比如春秋時以「孔」為氏的家族，就不止一家。因為孔這個字經常被人取做表字，春秋時人常有名嘉、字子孔，因為名和字要有點聯繫，《詩經》裡有「孔嘉」（很好）這個詞，「孔」意思是「很」，「嘉」是「好」。以「子孔」為字的公子多了，就會繁衍出不同的孔氏家族。

孔子這個孔氏出自宋國公子。此外，衛國還有一個孔氏，其中的孔文子和老年孔子關係還不錯。但衛國的孔氏是姞姓，跟孔子家沒有任何親緣關係，這種氏雖然碰巧相同，但姓不同，是可以通婚的。

同一個家族、甚至同一個人，也可能有不同的氏，有的氏來自官職，有的來自封邑，有人更換或新增了封邑，同時也就多了一個新氏。

## 男子稱氏

說完姓和氏的來歷，再說稱呼問題。那時貴族男性和女性的稱呼方式也不一樣。

稱呼貴族男子的習慣，是「氏＋名」，比如孔丘。對男人，姓不是用來稱呼的，只是區別擇偶用，不然孔子就該叫「子丘」了。

有些男人似乎沒有氏，比如各國的國君家庭，國君的兒子就叫公子某，孫子叫公孫某。到公孫的兒子輩，才能有自己家族的氏，一般就是爺爺的字。但嚴格來說，國君和兒孫還是有氏的，就是他們所在的國名，這還是用封地命氏的原則。

## 女子稱姓

貴族女子的正式稱呼，是「氏＋姓」。她們本來可能有小名，但不能在正式場合用。女子強調姓，正是為了區別婚姻，要跟丈夫的姓不同。但女子被稱呼的這個氏，可以是自己娘家的氏，也可以是丈夫家的氏，依當時人的習慣而定。

春秋時「齊姜」特別多，這都是齊國的公主嫁到國外去的，其他比如王姬、魯姬也很多。後人為了區別，就再加上她們丈夫的謚號。比如「魯共姬」，就是魯國姬姓的公主，嫁給了宋共公。秦穆公的夫人穆姬，也是用了丈夫的謚號。

孔子母親叫「顏徵在」，這個「徵在」就是所謂小名，如果是貴族女性的稱呼，就應該是顏＋姓，比如顏姬、顏姜、顏子、顏嬴、顏姞等等。

## 平民氏隨職業、主人

上面這些很複雜的講究，都是貴族們才有的。那時的平民沒有姓氏，只有一個光禿禿的名。當然，也可以勉強有氏，比照貴族們的官職或封邑原則，平民也可以把他的職業或者村落名、主人氏等放在名前面。比如《莊子》裡有位很會切牛肉的庖丁，丁是名，「庖」是廚師，職業，也勉強可以算他的氏。

孔子母親家族是平民（賤民），本來沒有姓和氏，但文獻記載裡他們家族的人都是顏氏，比如顏回，這是怎麼回事？

這應該是沿用主人的氏，魯國確實有一戶顏氏小貴族，是本地土著部族頭領，後來周人的魯國建立起來，這個部族頭領就被納入了貴族序列，以前他們統治下的土著居民，如果非要定氏，就沿用主人的。

這個現象現代也存在，就是清代民國山區那些土司家族地區，土司老爺都有漢姓，但他們治下的民眾本來沒有姓。到現在，這些地方的人大都隨了老土司的姓，比如甘肅省的卓尼縣，以前是楊土司家地盤，現在這裡的人幾乎都是楊姓。

## 司馬遷沒搞明白

到戰國的時候，貴族社會瓦解，禮崩樂壞，西周春秋的這些姓氏講究就逐漸消亡了。首先是姓和氏沒了區別。其次是老百姓也開始有正兒八經的姓（或者叫氏，反正這時也沒區別了）。我們看史書裡，戰國的人就都有姓了，可從近來出土的雲夢睡虎地秦簡、江陵張家山漢簡等看來，秦朝和漢初的時候還有很多老百姓沒有姓氏，就是光禿禿一個名。這時的朝廷甚至有講究：級別特別高的官員，在公文上可以不寫姓氏，只寫名，普通官員就要姓名完整。

司馬遷寫《史記》的時候，已經不懂春秋時候姓、氏的這些講究，像他說孔子「姓孔氏」，明顯不懂姓和氏的區別。《史記》裡寫周文王叫姬昌，武王叫姬發，周公叫姬旦。其實在周人那裡，姬是姓，根本不能用到男人稱呼裡面去，結果兩千年傳下來，大家也叫習慣了。

周文王、周武王、周公，符合規範的稱呼，應該是「周昌」、「周發」、「周旦」，他們是周這個小部族的首領，周就是他們的氏。

## 另一些更冷的小知識

除了周人，還有以「姬」為姓的人嗎？

有。周人西部老家有一些近鄰部族——戎人，就有姬姓的，他們和周人同宗，所以一直不能互相通婚。但姬姓戎人一直沒文化，沒建立起政權，也不願接受同宗的周人統治，所以被周人視作蠻族，不能通婚的同姓蠻族。

孔子的這個「子」，是他的姓嗎？還不是，這是對貴族男子的尊稱。比如季武子、孟獻子等等。用「子」作為貴族尊稱，可能來源於商朝，因為從甲骨文、金文看，商族的貴族男性習慣被稱為「子」。這在後來的周朝發生了流變、成了兩個分岔的習慣：第一，在周人的族姓體系裡面，商族人都被認為是「子」姓；第二，周人習慣給所有貴族尊稱「子」，孔子、夫子、季平子之類。這兩個習慣是各自分流形成的，互相沒有關係，所以孔子的族姓又是「子」，說起來特別繞口。

還要說明一點，在本書裡，為了照顧現代的習慣，還會用「姓」代稱當時的氏，比如我們說孔子姓孔。但涉及當時意義的「姓」，本書就稱其為「族姓」，以示區別。

## 名和字的稱呼

說過了春秋人的姓和氏，再來說說當時人的名和字（表字）。

現在我們覺得名和字是一回事，古代不一樣，古人生下來就取名了，這個名用來給長輩、上級稱呼。

到男子十幾、二十歲的時候辦成年禮，就要取一個「字」，字是讓平輩人和晚輩人稱呼的。名和字在意思上往往要有點聯繫，上面已經說了。

古代取字，往往要表現兄弟、姊妹的排行。老大的字裡面一般要有「伯」，或者「孟」，伯表示他是正夫人生的，是嫡長子或嫡長女；孟就表示是妾生的老大。

字裡有「仲」的，表示排行第二。

字裡有「叔」的，表示排行第三，或者更小，但還不是最小的。

最小的字是「季」。

也有人取字的時候懶，就在單字名前面加一個表示排行的伯、仲、叔、季，就是字了。比如三桓季孫氏的始祖，公子友，名友，字季友。他族姓是姬，氏是魯，他本人是公子，兒子是公孫，只有到他的孫子輩，才會正式形成以「季孫」為氏的貴族家族，表示從國君家族分支出來了，其他公子後人形成家族都是如此。

有人可能擔心：取字的時候，他父母怎麼就知道這個兒子或者女兒會是最小的呢？難道沒信心再生一個了嗎？

因為字不是生下來就取的，而是舉行成年禮的時候才取，到這個時候，父母對於能不能再生個孩子，應該已經心裡有底了（其實就算再生了，也可以再改季為叔）。

春秋貴族的稱呼複雜，姓、氏、名、字、諡號，種種不同，同一個人會有不同的名稱記載，導致現代人閱讀古書有困難。其實，這些不同的名稱，代表了人不同角度的身分，有從長輩、上級立場稱呼的，有從晚輩、下級乃至後人立場稱呼的，這也是貴族社會的特徵，就是熟人社會小圈子，互相知根知柢，人際關係錯綜複雜，很難有現代社會「法律面前人人平等」的簡單直觀。

# 第四章　親歷一場內戰（三十五歲）

寡頭樹敵太多——魯昭公發起內戰——追隨國君流亡——陽虎才是頭號對手——貴族繁衍過快——齊國人眼裡的魯國

在三十四歲這年，孔子成了大貴族孟孫氏的家庭教師，事業上了一個大臺階，也開始接觸高級貴族們的圈子。到這時候，他的兒子孔鯉已經十幾歲了，女兒可能剛剛出生。可以說，別管是事業還是家庭，這時候的孔子都是一帆風順，正處在加速上升期。

但是，就在孔子交好運的第二年，就是他三十五歲這年的秋天，魯國爆發了內戰。這是孔子第一次見識真刀真槍的戰鬥，就發生在他生活的曲阜城內。這場內戰的來歷，就是國君魯昭公和三桓寡頭們的矛盾，終於積累到了爆發的階段，它對小貴族孔子也產生了巨大的影響。

## 三桓的敵人們

魯國的權力一直被季孫、叔孫、孟孫三家大貴族壟斷，他們已經連續好幾代掌權。作為魯國國君，肯定不甘心自己大權旁落，淪為三家操縱的傀儡。

這時候，魯昭公已經在位二十五年、四十多歲了，他感受到三桓家族越來越不尊重自己，尤其是權勢最大的季平子，經常故意不給國君面子，簡直比控制著漢獻帝的曹操還狂妄。

魯國還有很多其他貴族，他們也不喜歡三桓家族，因為三桓把國家的權力、土地都壟斷瓜分了，其他貴族別說吃肉，連喝湯都困難，所以怨氣很大，他們逐漸聚集到國君身邊，慫恿魯昭公剷除權臣。

季孫氏的反對派裡面有兩家老貴族，就是比三桓產生得更早的貴族世系。

一家是臧氏，現在族長是臧昭伯。昭伯的堂弟臧會是個小人，整天想取代臧昭伯的位置，後來他陰謀敗露，投靠了季平子家，臧孫和季孫從此失和。

另一個老貴族家是郈昭伯，他跟季平子翻臉的原因比較滑稽。這兩人都喜歡鬥雞賭錢，還都耍鬼心眼，季家給雞頭上戴銅盔，郈家給雞腳上裝銅刺。結果郈家的雞贏了，季平子覺得郈昭伯作弊，越想越恨，就強占了郈家一處房產，兩家反目成仇。

看著季孫家這麼得罪人，最心動的是魯昭公的兒子們。這些公子們二十歲出頭，正是血氣方剛的時候，想聯合各路反對者一舉除掉季平子，給自己爭一份生存空間。所以公子們找各種機會給魯昭公吹風，魯昭公開始還不敢行動，他怕季孫家權勢太大，給自己惹麻煩，後來禁不住兒子們頻頻慫恿，也就轉了立場，暗中聯絡臧氏、郈氏，還有一個新貴族家——東門氏，要找機會下手。

這個東門氏出現得比三桓晚一輩，是魯莊公的後人。幾代人以前，這家東門氏就想反對季氏，失敗後曾經流亡國外好多年。魯昭公覺得東門氏值得爭取，也拉了進來。

最後引爆國君怒火的事件，是在魯昭公二十五年這年入秋的時候，按照習俗，昭公要舉行一個祭祀自己父親襄公的儀式，結果在典禮上發現，宮廷儀仗隊只剩兩個人了，其餘的都被季平子叫到自己家去了，因為季平子也要按國君的規格祭祀自家祖先，而且還要占用國君的儀仗隊。

這種國君級別的祭祖典禮，要用集體舞表演當年周人滅商的宏大戰爭場面，一般是八八六十四人，叫所謂「八佾」，很有氣勢。如今季平子就給國君剩下了兩個人，簡直跟耍猴一樣，再窩囊的國君也受不了這樣的羞辱。

《論語》裡面，有一句孔子對季氏的評論：「八佾舞於庭，是可忍也，孰不可忍也？」意思是：你們季氏家裡居然用了超標的八佾集體舞，如果國君連這種事都可以容忍，那還有什麼不能容忍的呢？

我們不知道孔子講這句話的具體時間，因為從孔子少年、中年到老年和死後，季孫氏一直都淩駕於國君，但從這句話的語氣來看，很像是他在晚年的時候重播、評價當年魯昭公的憤怒，從孔子這旁觀者看來，魯昭公也是忍無可忍了。

對於三桓寡頭，魯國的各種貴族和國君都很不滿，但亂子還是從三桓、特別是最有權勢的季孫家裡自己鬧起來的，起因是支庶子弟不滿季平子專權。

春秋時，列國貴族的動亂都差不多，根源是利益，導火線是女人。這原因也簡單，後世的官僚制度是辦公室（朝堂）政治，充其量發展到會議桌、酒桌上；貴族社會則是家庭政治，很大程度上是被窩裡的政治。

季氏家族有個支房——季公氏，這家族長死得早，只留下一個寡婦和一個小兒子。季公氏的家產不少，由幾個親戚當管家理財，準備孩子長大了再移交家業。

這個寡婦娘家是齊國的鮑氏，就是成語「管鮑之交」的鮑家。鮑氏女子風流，守不住寡，跟家裡的廚子私通，偷偷把家產往這廚子家轉移。幾位當家的看勢頭不好，商量著送她回娘家，鮑氏捨不得家產和情人，先下手為強，去向大族長季平子告狀，說幾個當家的居心不良，想占她寡婦人家的便宜。按說這件事的原委已經是盡人皆知，但季平子認可了鮑氏的說法，當即派人到季公家，殺掉了主持公道的管家。

當時人懷疑季平子接受了鮑氏的性賄賂，所以做出偏袒的判決，這樣一來，季氏的所有支庶家族都覺得季平子不公正，非常不滿。

當三桓的各種對立面都發動起來的時候，領導人魯昭公的缺點就顯現出來了。史書記載，魯昭公這人性格喜怒無常，智力有點低下，做事欠考慮。面對有上百年基業的三桓家族，昭公過於輕敵了，他樂觀的認為：如果只對季孫氏動手，其他那兩家應該不敢介入。

## 魯昭公出逃

內戰爆發的這一年，是季孫家的族長季平子在位第十八年；叔孫家的叔孫昭子在位第二十一年，他們都年富力強，根基深厚；只有孟孫氏族長、孔子教授的孟懿子，還是個十四歲少年。

這年九月，叔孫昭子離開都城到地方上辦事，孟懿子年紀還小，不用擔心，所以魯昭公一黨趁這機會起兵攻打季孫氏，季平子連忙糾集家族武裝，關門固守。

開始時，國君一方聲勢浩大，季平子覺得沒希望了，躲到了一座高臺上，向魯昭公求情說要離開都城，反思悔過，魯昭公不答應。季平子又退一步，願意辭去一切職務，回封地養老。魯昭公還是不答應。

季平子最後的條件是：只要國君能留自己一條命，就帶五輛馬車離開魯國，再也不回來。春秋時候的貴族政治鬥爭，這種徹底驅逐出境也算一種解決方案，孔子先人就是這麼從宋國逃到魯國、變成魯國人的。

可魯昭公鐵了心要除掉季氏，還是不答應。但他沒太大的權威，手下的各家貴族沒有主心骨，有的主張斬盡殺絕，有的覺得滅了季氏，好處是別人占得多，就持觀望態度，打仗不賣力氣。一整天裡，巷戰就這麼打打停停。

季孫家被圍攻，跟著緊張的是叔孫、孟孫兩家。叔孫家族長在外未歸，他的管家們在一起商量對策，最後的結論是，國家大事，咱們當家臣的管不了，可季孫家要是垮了，叔孫家也沒好日子過，咱們的飯碗就保不住了。

那怎麼辦？動手吧！

叔孫家的臣子們馬上武裝起來，朝被圍困的季孫家衝去。魯昭公一方本來在三心二意等談判結果，被打了個冷不防，紛紛逃命。

這時，那位鬥雞的郈昭伯正在孟孫家，他是來監視孟懿子的，不讓他們亂動。孟家的人站在樓頂上，遙看叔孫家的人打著旗子投入了戰鬥，國君一方被打得四散奔逃，忙偷偷報告了孟懿子。十四歲的孟懿子很有主見，立刻召集家人把郈昭伯殺了，也起兵支持季孫氏，一起攻打國君。

三桓家族聯兵，就占據了壓倒性優勢，魯昭公看到大勢已去，忙帶了家眷和支持他的那些新老貴族，連夜出城、逃奔齊國。魯國不大，馬車跑了一夜，第二天他們就到齊國境內了。昭公從此變成了一個流亡國君，魯國則完全進入了三桓的統治之下。

## 兩個人的戰爭

魯昭公內戰期間，孔子扮演了什麼角色？

如果孔子繼承了他父親在曲阜城裡的房產，就會離孟懿子的宅邸不太遠，因為他父親是孟孫氏的老下屬，春秋貴族一般是所謂「聚族而居」，同一個家族勢力的人生活在一起。那孔子看到的內戰場面就很慘烈了。

當然，內戰和孔子沒有直接關係，因為這時候他沒當官，更沒有貴族的私家武裝，對於打內戰一點用處都沒有，兩派誰也不會想拉攏或者報復他，所以孔子只是受了一場驚嚇而已。

而內戰結束之後，從現實的利益層面分析，孔子面對的都是利好局面。

因為國君被趕走了，和三桓作對的貴族們也跟著逃跑了，三桓就一點對立面都沒有了，在魯國可以為所欲為；而且在內戰那天，孔子的少主人孟懿子表現出色，在三桓裡面的威望迅速增加了。孔子是孟家的私家教師，身價自然跟著水漲船高，前途光明。比如說，魯國很多職位空缺出來了，而且三桓要對付流亡在外的魯昭公，正是用人之際，孔子肯定會有提拔重用的機會。

但是，當內戰的塵埃落定，孔子卻坐不住了，他扔下自己的私塾學生，扔下孟懿子家的家教工作，也去了齊國。

關於孔子這段歷史，《史記．孔子世家》只記載了六個字：「魯亂，孔子適齊。」就是魯國發生動亂，孔子去了齊國。至於去齊國的原因，《史記》沒說。

只有熟悉《左傳》、瞭解這段魯國歷史才會知道，孔子並不是因為魯國局勢動盪、擔心不安全才去齊國避難。因為魯昭公和三桓的內戰，其實只是曲阜城內的巷戰，而且只打了一個白天，當天晚上魯昭公一夥人就逃出國了，此後的魯國其實比國君在的時候還穩定。

既然魯昭公一黨已經逃到了齊國，受到了齊國的庇護，而這次動亂剛結束，孔子後腳緊跟著也到了齊國，這背後暗藏的信息，就是孔子去追隨流亡的國君了。

這麼做確實過於大膽，甚至是莽撞，但背後仍有它的因果邏輯。

從理想主義的角度解釋，孔子最重視政治秩序，特別是君臣關係，這次國君流亡，是三桓欺人過甚所致，也是孔子實現忠君理想的好機會。從這個意義上說，「魯亂」並不是魯國動亂，而是沒了國君，沒了合理的政治秩序，所以孔子受不了。

從現實的角度看，追隨國君流亡，也是一場高風險、高回報的政治投資，因為魯昭公一旦實現翻盤、殺回國掌權，追隨他的人肯定都有足夠的回饋。在春秋時候，常有國君被貴族們趕走、但又回國掌權的事例，追隨國君的人自然都能論功行賞。

以前的學者們還沒發現過孔子這次去齊國的目的，沒人想到孔子這是站到了三桓對面、去追隨流亡的國君。因為人們覺得孔子是個周遊列國的人，出趟國還不正常嗎？其實孔子周遊列國是晚年的事情，具體說，是五十六歲以後，跟三十五歲這次出國完全不是一回事。

孔子這次去齊國的動機和過程，史書記載的確實不太明確，《論語》和《禮記》都沒有正面寫，《史記》也只寫了六個字，語焉不詳。而且春秋的歷史本來就紛亂複雜，如果不清楚孔子這次去齊國前後的歷史大背景，就很難猜到孔子的目的。

當然，孔子追隨國君，並不代表他認為魯昭公做的都正確，三桓家族就應該被消滅。

春秋時期的大道理是，國家不能消滅，貴族也不能消滅。哪個貴族為非作歹，實在天怒人怨，最合適的辦法是把他法辦：或驅逐，或砍頭——這不太體面，一般是責令自盡，但這個貴族家族不能消滅，得找他的兄弟、堂兄弟，繼承族長地位，繼續繁衍下去。

所以，孔子也不贊成把季氏、把三桓都趕盡殺絕。但國君和三桓一旦徹底決裂，孔子就不想跟著季平子、孟懿子混飯吃了，他知書達禮，一定要亮明自己立場，這個覺悟不能丟。

他剛有了輛馬車，出門方便，結果成全了他這次忠君行為。這是孔子生平第一次說走就走的旅行。

這個決定非常大膽，和他十五歲那年停棺認祖的戲劇性頗為相似。其實，孔子並不是世人印象裡那個拘謹的老學究，作為一個事業上升期的年輕人，他敢拿自己的未來進行一場大賭博，期待道義和仕途上的雙贏。

在孔子決心去齊國追隨國君時，他內心深處最關注的還是——陽虎。

對孔子來說，從少年時代起，陽虎就是他的假想敵，他行動的參照物。現在遇到動亂，正是兩個人站隊、表明立場的機會。陽虎往東，孔子就要往西。

動亂爆發時，陽虎在季氏家當家臣，對他來說，動亂就是機遇，有仗打才能往上爬，至於為誰打仗，那倒在其次。現在曲阜火拚，季平子正需要能打的人，陽虎義無反顧，衝鋒在前，他不能一直當孟孫家的支庶、季孫家的小吏，他要出人頭地，幹大事業，內戰給他帶來了機會。

陽虎一輩子都喜歡戰爭和冒險，這不像是孔子那種文謅謅的個性，倒跟孔子的父親孔紇老爺很像。

魯昭公逃到齊國之後，還想靠著齊國的軍事支持殺回來，所以齊魯兩國一直在打仗，這是陽虎建功立業的好機會，他能征善戰，地位迅速上升，三桓家族都非常依賴他。

在孔子心中，三桓和魯昭公的戰爭，就是陽虎和他兩個人的戰爭，他面臨的抉擇也就不言而喻了。對於投奔魯昭公這個選擇，孔子有足夠的信心，因為自己站在道義的一邊，肯定能看到陽虎的失敗，洗刷自己少年時候的那場羞辱。

## 昭公的流亡生活

孔子到了齊國之後，他的前途就和魯昭公的流亡朝廷有關係了。

按照春秋的國際慣例，中原國家都屬於同一個政治和文化共同體，名義上都要服從周王的權威，所以都有互相幫助的義務。齊國這時候的國君是齊景公，他得到魯國動亂的消息，連忙派人到邊境上接待魯昭公，不僅提供食宿，還提供軍事保護、抵抗三桓的追兵，別讓流亡者們都被趕盡殺絕了。景公還派人到列國報信，希望列國速速提供救援。

這番行為算是遵守了春秋國際慣例，非常仗義。只可惜，其他國家的援助一直沒有出現。因為魯昭公逃亡的這個時間實在是不湊巧。

一是洛陽天子家也在打仗，王子朝和王子匄兄弟倆還在爭奪天子寶座，打得比魯國還凶，各國都在忙不迭地調停，暫時沒人顧得上魯昭公。

還有另一個原因，這時候中原的盟主是晉國，它最強大，有義務維持國際秩序，幫助各國平定內亂，是名副其實的「國際員警」，魯昭公這件事當然也需要晉國插手干涉。但偏偏就在最近，晉國自己也在鬧亂子，因為晉國內部也有好幾家貴族寡頭，他們內部的衝突也在愈演愈烈，就要升級成內戰，當然也顧不上魯國的亂子。

齊景公等不來國際援助，覺得魯昭公住在齊國寄人籬下，時間長了也不是個辦法，就派兵攻占了魯國邊境的一個城市，鄆城，把魯昭公安置在了那裡。

後來有一次，齊景公和魯昭公宴會，喝得高興，又把靠近鄆城的一個齊國城市，陽谷，也給了魯昭公。

《水滸傳》裡的梁山泊好漢，宋江是鄆城人，武松是陽谷人，齊魯大地上層層疊疊的歷史很多。

再說魯國國內。春秋時候，這種貴族叛亂、趕走國君的事很多，特別是鄭國、衛國，史不絕書。但在魯國這是頭一次，貴族翻臉打內戰，魯國也是最少的，二三百年裡屈指可數。據說因為魯國是周公的後人，最知書達禮。現在鬧到了這種地步，各方都不知道如何收場。

叔孫昭子回到曲阜，發現國君沒了，季平子請他出面調停，叔孫昭子就跑去請魯昭公回國。魯昭公自己沒個準主意，身邊人七嘴八舌說什麼的都有，還有死硬派準備暗殺叔孫昭子，嚇得他忙跑回曲阜。

不久，叔孫昭子就病死了，《左傳》說他是覺得對不起魯昭公，羞愧而死，這是溢美之詞。因為趕跑昭公，三桓家族都是受益者——郈昭伯追隨國君被殺，他家的封地郈城，就作為戰利品分給了叔孫家，成了叔孫家的大本營。這是季平子拉攏叔孫家的措施。

昭公一黨出逃，三桓乘機打擊異己，再度瓜分魯國，這也是一個例子。

季平子知道，魯昭公在外面流浪，自己就是千夫所指的叛臣，等哪天列國聯軍趕來平叛，自己就有殺身之禍。所以他一面跟魯昭公繼續打，同時一批批地派人去給魯昭公賠罪，勸他回家，想著魯昭公在外面過日子缺什麼，都置辦了讓人送去。

魯昭公卻又硬起來，季平子派來的人都抓起來不放，送來的東西堅決不要，又捨不得扔掉，那怎麼辦？賣手給齊國人。因為這些不可靠的行為，魯昭公在國際間常被傳為笑柄。

如果在這個時候，有一個叫孔丘的、名不見經傳的小貴族來投奔流亡政府，希望謀個一席之地、為國君效力，他的願望能實現嗎？表面上看應該問題不大，但事實就複雜多了。流亡政府的最上層，是魯昭公的兒子們和其他的大貴族，雖然都被趕出魯國了，但昭公的兒子們還在爭奪太子的位置，鬥得很激烈。至於其他貴族，更是各懷鬼胎，爾虞我詐，很難和衷共濟做點事情。

每次遇到什麼事情，不管是有新人來投奔、還是三桓派人來求和，或者陽虎帶兵打過來，流亡貴族們都要吵成一團，是回、是留、是到外國請救兵，每個人都想保護自己的利益、堅持自己的主張，魯昭公就是這些人爭奪的一個傀儡。

說起來，魯昭公現在的境況並不比從前好多少，以前是被三桓操控，現在是生活在貴族和公子們的爭奪之中。

如果在這個時候孔子跑到了流亡政府，希望能得到一個為國君服務的機會，就不那麼可靠了——畢竟，你孔丘連個一官半職都沒有，憑什麼有這麼高的覺悟？而且，你本來跟著孟孫家混得挺好的，居然跑到這裡來過窮日子，是想當臥底嗎？

別看這流亡政府不大，裡面的人也都想當第一號佐命元勛，對他們來說，內部的競爭者比三桓還危險。

其實這些上層政治鬥爭、傾軋排擠，在魯國宮廷裡一直都有，但以前的孔子地位低，沒機會接觸到。現在這些人都紮堆在一個小地方，就像俗話說的，「廟小神靈大，坑淺王八多」，為了有限的一點資源，爭鬥得更加激烈。

在政治上，孔子是個還沒入門的新人，齊國這趟旅行算是給他上了一堂課。

孔子這段追隨魯昭公的經歷，所有的史書都沒有正面記載，但根據史料的一些蛛絲馬跡推測，孔子應該在流亡朝廷裡禮節性拜見過魯昭公，但沒有涉及具體的工作安排；不過孔子是很在意君臣禮節的人，所以到若干年後，孔子對死去的魯昭公以及魯昭公的夫人，都表達過私人層面的哀悼，如果跟魯昭公沒有過任何交往，是不需要這些禮節的。

既然在流亡政府裡謀不到職位，也就沒有工資收入，在外國人生地不熟的，孔子只能趕快另謀生路。他在一位齊國大貴族家裡找了份工作，這個大貴族叫高昭子，是齊國很有名的老貴族世家，以孔子當時的能力，可以給高家做點文書工作，或者繼續當家庭教師。

自從在高家工作，孔子就住在齊國都城臨淄了。這裡離魯昭公的流亡政府很遠，從這之後，他跟魯昭公的小朝廷就打不上什麼交道了。

## 春秋貴族的難題

孔子的前半生基本生活在和平歲月裡，三十五歲這年他才第一次目睹了戰亂。其實在春秋中後期，這種貴族內部利益分配不均引起的內戰，幾乎所有的諸侯國都經常發生。

可以說，春秋列國的政治都不太穩定，內亂太多，貴族和國君的關係很難理順，古人經常說春秋「禮崩樂壞」，主要指這種貴族內部的動亂，而春秋貴族制度就在這禮崩樂壞的內訌中走向了終結，最後變成了戰國的君主集權政治，貴族階層也就不存在了。

為什麼歐洲中世紀的貴族制度很穩定，保持了上千年時間，一直影響到近代，而春秋的貴族制度，就只能維持兩三百年呢？這背後有一個很重要的原因，就是婚姻制度的差異。

歐洲中世紀的貴族普遍是一夫一妻制，所以貴族們生孩子沒那麼多。而且，他們的主流風氣是「長子繼承制」，只有長子能繼承父親的爵位和封地，其他的兒子們什麼都分不到，只能到外面去闖世界，自己尋找機會，所以貴族的封地、世系就會比較穩定地傳承下來。

歐洲中世紀有很多女公爵、女伯爵，甚至還有瑪麗女王、伊莉莎白女王等等女國王，放在春秋時代，這都是不可思議的。這不全是歐洲貴族尊重女性，也是因為他們生孩子太少，經常就發現沒有兒子了，只好讓女兒繼承爵位；還有的時候連女兒都沒有，只好找更遠的旁系繼承人。

上面說的這些歐洲特徵，在春秋歷史裡面就很少看到，都是發愁繼承人太多了，而不是太少。唯一的特例可能還是孔子，如果他沒有認祖歸宗，他老爸的貴族世系就要斷代了。

所以，春秋的貴族普遍實行一夫多妻制，導致貴族人口增長速度遠遠超過總人口的平均增長速度，這導致春秋貴族制度沒法實現可持續發展。整個春秋時期，各國上層都頻繁動盪和內戰，還出現了寡頭家族聯合執政、世代專權，根子都在於此。

先看諸侯國這個層面，國君都是妻妾成群，自然孩子很多，嫡長子是太子，要繼承君位。其他的公子們也要獲得一塊世襲的封邑，成為世襲大夫。這樣一個國家裡面，就分出了好多國君後代的家族，那時叫「公族」，就是「公的家族」，公是對諸侯國君的尊稱。

這些公子、公孫們要成家立業，又是娶一堆老婆，生一堆兒子。嫡長子繼承父親的大夫爵位和封地，其他的兒子也不能喝西北風，還得從老父親的家產裡面劃分一塊，至少要當個體面的「士」。

按照周人的分封原則，只要國君、大夫家族一直繁衍下去，就要一直進行分封，這趨勢，肯定是把國內土地劃分成無限多的小塊兒。

但這個原則不能無限貫徹下去，因為諸侯國是權力中心，有自己的中央朝廷，是國家內部權力配置的中樞。能掌握國家級權力的少數人，就能決定貴族們的利益分配原則，這幾個核心人物肯定要實現自己的利益最大化，而不是在整個貴族階層內部一次次重新分配封地。

所以，到了春秋中期，主要的諸侯國就都變成了少數大貴族壟斷政權，而且是世襲壟斷，本書給這種壟斷國家的極少數貴族叫「寡頭」，春秋的貴族政治就這樣變成了「寡頭」政治。

比如，魯國有「三桓」寡頭家族，季孫、叔孫、孟孫三家，魯國國君變成了徒有虛名的象徵。當時不光魯國，別的諸侯國也普遍這樣。比如鄭國，到春秋後期，是由鄭穆公的七個兒子形成的家族——號稱「七穆」，世代壟斷鄭國的權力。三桓、七穆這種命名原則，來自寡頭家族始祖那一輩的國君的謚號，就是鄭穆公、魯桓公。

其他的中原國家，沒有魯國、鄭國這麼整齊，未必是某一位國君的公子家族齊刷刷一起掌權，但也都是個位數的寡頭家庭壟斷政權，他們往往既有比較新的、也有比較老的公族。

唯一比較特殊的，是北方超級大國——晉國，他們有一套特殊的國策，不允許重用公族，所以到春秋後期，是幾個和國君不同宗的大貴族變成了寡頭。

出現寡頭專權局面，貴族社會就能達到穩定的靜態嗎？

從孔子親歷的這次魯昭公內戰來看，還是不行，因為寡頭們還不能徹底消滅掉各種老貴族、新貴族，僧多粥少的問題只是暫時被壓住了，早晚還要爆發出來。

至於寡頭專權的局面會走向何方，伴隨著孔子的人生歷程，後面還有很多意想不到的轉折。

## 附錄：齊國和魯國的區別

孔子追隨魯昭公到了齊國，又在齊國找工作安頓下來，這是孔子人生中第一次在國外定居，他對齊國有不少感受，拿自己熟悉的魯國做個比較，就是：「齊一變，至於魯；魯一變，至於道。」[1]

這意思好像是說齊國不如魯國，但這句話的大前提，還是齊和魯並沒有太大的區別，都是奉行周人的政治文化，承認洛陽的周王是最高政治權威，至少名義上是，這就是早期的華夏世界，或者說中原文化圈的政治認同。

至於孔子說齊國還可以努力一下，達到魯國的境界；魯國再努力一下，就可以達到完美的「道」

的境界，這是孔子自己的文化標準。

下面就看看齊國和魯國各自的來歷，各自有什麼特色。

齊國的始祖就是《封神演義》裡面那位輔佐周武王的「姜太公」，這是後世人給他的稱呼，他本名叫呂尚，是羌人呂氏部族的頭領，和周人是傳統盟友，也是婚姻親家，為周武王的滅商事業提供了很大幫助。

周武王滅商以後，把呂尚封到了山東半島北部的齊這個地方。山東半島並不是商朝的核心地區，有很多土著部族、小國，被稱為「東夷」，就是東方的野蠻人，他們本來就不太服從商王，這時也不願服從周朝。

姜太公到了齊這個新地方立足，撲滅了很多土著部族的反抗，慢慢站住了腳跟。《史記》裡記載了一件事：姜太公剛被封為齊國國君，旁邊一個叫萊的東夷小國（就是今天的萊蕪市），想出兵占領姜太公的地盤，幸虧姜太公來得早，把萊夷趕走了。

《史記》記載的這個故事有點戲劇性，但它反映了一個事實，就是齊國處在各種東夷小國和部落的包圍之中，經常受到威脅，需要靠戰爭保障自己生存，這也是給新興的周王室樹立權威。

在周人分封的諸侯國裡面，齊這個地方的環境比較好，有開闊的農業平原，北邊和東邊是大海，南邊是山區，各種資源都很豐富。這裡的土著部族雖然不少，但沒有特別強大的，逐漸就被齊人征

1《論語．雍也》。

服、同化了，所以齊國越來越強盛。

姜太公在周王室裡權威很高，還有一個原因，就是他是周武王的岳父，朝廷就給了姜太公一些特殊的權力：他可以討伐周邊不聽話的小國，幫助周王維持東方的國際秩序，因為那時交通、通訊不方便，齊國在山東，周王室在陝西，路途遙遠，地方諸侯要有自己做主的權力。

剛在齊這個地方開國時候，姜太公家族還沒覺得自己是「齊國人」，他們死了以後，還要把棺材送回陝西的關中老家埋葬。到第六代齊國君主，才開始在本地下葬。

到了比孔子早一百多年的齊桓公，他任用著名的管仲做丞相，齊國變得更加強大，齊桓公還打著維護周王權威的旗號，召集中原列國會盟，一起對付狄人和楚國的入侵，成了「春秋五霸」的頭一位。

今天人覺得「霸」字有點欺負人的意思，但在春秋可不是，那時霸的意思不僅是有實力，還要能在國際上維持秩序，諸侯列國不僅要服從，還要尊重。

不過齊國的霸業時間並不長，到齊桓公死後，晉國立刻強大起來，晉文公成了第二個春秋霸主。而且晉國的霸主地位持續了好幾代人，一直保持到孔子的時候，齊國只能退居第二流強國的地位，比晉國、楚國這兩個超級大國弱一些，但比其他的諸侯國都強大。

齊國經濟發達，做生意的人多，人的腦筋也靈活，所以流行各種神仙方術，還有各種政治權謀的學說，不太相信仁義道德那套古板的教條。後來到戰國時期，出現了一些託名姜太公或者管仲的書，主要是講富國強兵，很實用主義，這未必真是姜太公或者管仲寫的，但確實是齊國文化的產物。

再到後來的秦始皇、漢武帝，這兩位皇帝都想長生不老，就有很多方士騙子自稱是仙人的弟子，有法術，可以幫助皇帝成仙得道，這些人從齊國地方來的居多，這也是齊文化的遺傳。

所以，齊國的功利、權謀，是孔子不喜歡的東西，他因此覺得齊國不如魯國，但可以提高，本質上齊國還是屬於周文化，大家是一家人。

孔子在齊國生活了好幾年，對齊國的印象，就是覺得這裡國君、貴族都生活奢侈。這一方面是因為齊國比魯國富裕，另一方面，就是齊國君臣普遍不太遵守「周禮」那套古板教條，過日子很講究。

另外，孔子也很尊重當年宣導尊王攘夷的齊桓公和管仲，他說：如果沒有霸主出來抵禦蠻族的入侵，中原世界應該早已經淪陷了，我也會成為一個野蠻人、所謂「被髮左衽」了。

對於齊國這個曾經的中原霸主，孔子的評價還算高，但對於當霸主時間更長的晉國，孔子就沒有什麼評價，至於這背後的原因是什麼，到孔子後半生的經歷就清楚了。

魯國的開國者，是周武王的弟弟——周公旦。

在周武王準備滅商的時候，周公旦起了很大作用，而且滅商之後才一年，武王就病死了，繼位的成王周誦很年幼，全靠周公旦輔政。

周公先撲滅了商朝殘餘勢力的反抗，又規畫了「大分封」，包括把姜太公封到齊國。周人管理中原的各種政策，都是周公奠定的基礎。所以後來的學者說，周公是事實上開創周朝的人，是「周禮」的創制者，地位非常高。孔子對周公也非常崇拜，他一輩子的事業追求，就是恢復周公創立的政治秩序。

一般人不知道的是，周公旦為什麼叫「周公」？

這也是從封地來的稱呼。因為周不僅是王朝的大名，它本身也是一個小地方的地名，就是周人當年曾經的龍興之地，關中西部的周原一帶，文王把這裡分給兒子旦作封邑，所以旦才被稱為周公，就是統治著周原這一帶地方的公。

今天的周原地區已經進行了很多考古發掘，有個很重要的遺址，今天當地的村子就叫「周公廟村」，這名字已經不知道有多麼久遠了，考古學家都覺得很奇怪。

滅商之後搞大分封，周公旦給自己定的封國是魯國，在今天山東省南部，挨著姜太公的齊國，所以今天的山東省被稱為齊魯大地。但周公一直在朝廷主持政務，沒時間去外地建立諸侯國，這個工作是他的大兒子伯禽完成的。

既然新的封國是魯國，周公的周原那個老地方又歸誰呢？周公還有個小兒子，就世代占有了周原的舊封地，同時在王室朝廷擔任卿，輔佐歷代周王，這個家族一直叫「周公」，和魯國是兩個家支。

在西周解體、周王室東遷之後，這個周公家族也跟著遷到了洛陽，在周原的老封地就丟掉了，但「周公」的名字一直沒改。在《左傳》等史書裡面還有「周公某某」，這就是周公小兒子的家族後人。

由於周公旦在周朝的重要意義，魯國在諸侯國裡面有些特殊待遇，有些本來只有周王室才能有的文獻書籍、歌舞禮儀，魯國國君也可以有一份，這是其他諸侯國比不了的。魯國從國君到貴族，也普遍拘謹、保守，按周禮辦事兒，這是魯國的文化傳統。

在孔子八歲的時候，吳國貴族季札初次到中原遊歷，在魯國受到國賓級招待，觀賞了魯國朝廷的傳統音樂、舞蹈，這些都是紀念周朝開國的壯舉，祭祀文王、武王、周公用的，季札十分驚歎，「歎為觀止」這個成語就是從他的感歎來的。

孔子從年輕時就讀書好學，也是受魯國大環境的影響。在春秋的時候，魯國人的國際形象就是書呆子，迂腐，經常鬧笑話，齊國人尤其喜歡拿這個搞地域歧視。孔子覺得齊國可以改良成魯國，而在齊國人眼裡，孔子這種學者也很迂腐可笑。

# 第五章　齊國流亡生涯（三十五—四十歲）

陪齊景公聊天——泰山下的葬禮——晉國出手干涉——沒前途只好回國

——四十不惑與君子不黨——和魯昭公藕斷絲連

自作主張到齊國之後，孔子在昭公的流亡政府裡面謀不到職位，只能在臨淄找了份臨時工作。和他下決心出國時候的預期相比，這是很大的落差。

但孔子還在繼續尋找發展機會，同時也在關注昭公流亡朝廷的動向：如果能出現國際干涉、迫使三桓屈服，昭公回國掌權，那孔子也就能避免三桓的追究，回魯國繼續生活。

## 和齊景公談「君君臣臣」

魯昭公出逃這年，是齊景公在位第三十一年。

齊國的國君不愛端架子，一直有到大臣家裡做客的習慣。孔子在高昭子家工作，有時跟著主人接待齊景公，能陪景公說上兩句話。

齊景公聽說孔子有點學問，就問他：搞政治搞到什麼樣，才算成功？

孔子的回答是：國君要有當國君的樣，臣下要有當臣下的樣；父親、兒子，也按這規矩來，這叫「君君，臣臣，父父，子子」，也是孔子的名言。

這個對話的背景，是魯昭公還在外面流亡，齊景公想吸取教訓，不想蹈魯昭公的覆轍。孔子見識過了三桓、昭公和昭公身邊那群人，這個回答也是從對那些人的觀察得來的。

所以齊景公很贊同：是啊，當臣子的要不像個臣子，那農民收的糧食，還輪得到我吃嗎？[1]這時大家腦子裡想的，都是魯昭公這個反面教材。

齊景公經歷過的亂子也不少。在景公之前，是他哥哥齊莊公當國君，莊公私生活很不檢點，經常到一位崔氏大貴族家裡做客，跟崔氏夫人私通。這事後來被崔家主人發現，當場把齊莊公給殺了，然後崔氏扶植了齊景公即位。這過程也很亂，君不君臣不臣。

在景公即位初期，國內大貴族專權很厲害，還打內戰，很強大的崔氏、慶氏都失敗垮臺了。趁著大貴族互相殘殺，齊景公慢慢掌控了局面，提拔了一些勢力不太強大的貴族，比如老牌的同宗貴族國、高兩家，還有異姓的鮑、晏、陳等家族，政治比較穩定。

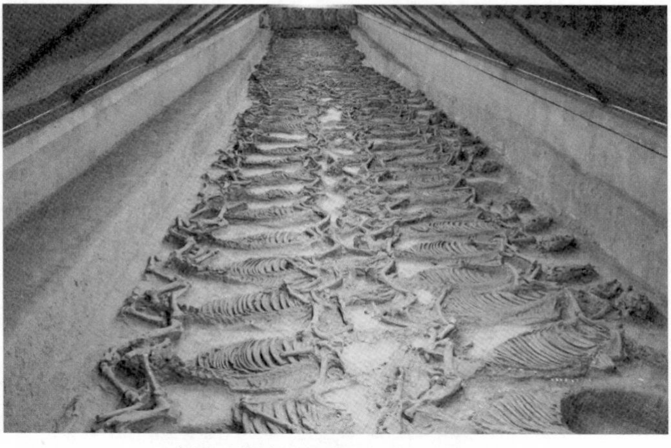
齊景公墓的殉馬坑局部（山東臨淄）

預計全部殉馬在六百匹以上。孔子晚年說：齊景公有馬千駟，可到他死了，老百姓都想不起他有什麼德行可以緬懷一下。[2]「駟」是四匹馬，千駟就是四千匹了。齊景公的豪奢生活，孔子親眼見識過。

按《史記》的記載，齊景公對孔子的印象不錯，想給孔

1 《論語・顏淵》：「齊景公問政於孔子。孔子對曰：『君君，臣臣，父父，子子。』公曰：『善哉！信如君不君，臣不臣，父不父，子不子，雖有粟，吾得而食諸？』」

2 《論語・季氏》：「齊景公有馬千駟，死之日，民無德而稱焉。」

子一塊封邑，但齊國的丞相晏嬰很妒忌，說孔子壞話，這事沒辦成。[3]

這很可能誇大了孔子的影響。獲得國君賞給的封邑，那意味著成為大夫，高級貴族，要論地位出身，孔子不夠格，要論聲望，孔子是做學問的，這事業年輕人不行，得老子那樣一把白鬍子，孔子這時資歷還太淺。

再者，齊景公在位三十多年，都快成精了，這麼幾句君君臣臣也糊弄不了他。他真想聽的，是魯昭公流亡朝廷裡面的一些具體動向，但孔子身分沒那麼高，也沒機會接觸太多政治內幕，這方面他很難滿足齊景公。

不過孔子和晏嬰丞相互相看不順眼，倒是事實。晏嬰和齊景公一樣，也是很長壽的人，在齊國的政治舞臺上活躍了幾十年。他和孔子是完全相反的風格：個頭很矮，性格詼諧樂天，能把國君逗得很開心；同時又很有心機，什麼人對自己有用，要找機會提拔，什麼人沒用，得盡量打發得遠遠的，別讓國君重用他。史書裡有晏嬰「二桃殺三士」的故事，雖然不太真實，但確實是根據晏嬰的個性創造出來的。像孔子這種不識時務的書呆子，晏嬰肯定不待見。

在齊國，孔子還在找機會學習各種知識。他觀賞了齊國宮廷樂隊演奏「韶」樂，據說這是上古帝王舜的時候創作的，算是華夏文明中最古老的藝術，孔子這是第一次聽到，很入迷，「三月不知肉味」，他感歎說：「想不到音樂可以這麼讓人開心！」[4]

那時沒有錄音技術，音樂愛好者都要自己學習演奏樂器，孔子在魯國已經學過彈琴了，這時他就試著把韶樂學下來。

## 孔子和泰山

孔子在高家工作這段經歷，《史記》記載得很明確，沒什麼疑點，只是沒記載孔子做這份工作的具體時間。不過在《禮記．檀弓》篇裡，記載了一件孔子在齊國的事情：

吳國的一位貴族，即現任吳王的叔叔季札，出使中原列國，這是他第二次到中原出訪（第一次是在二十七年前）。中原人眼裡的吳國人野蠻落後，但季札人品好，有文化，在中原名氣很大，他結交的都是列國國君和高級貴族。

季札這次出訪，正趕上魯國內訌、魯昭公流亡在外，所以這次他沒去魯國。在中原列國出使完畢之後，他經齊國返回，隨行的長子病死在路上，只能在當地埋葬，就埋在了泰山附近的一個地方。孔子到場觀摩了這場葬禮。

因為季札是當時的國際名人，他的外交行程在史書《左傳》裡有詳細紀錄，所以我們能查到，它發生在孔子三十七歲這年，這是魯昭公逃亡到齊國的第三年（魯昭公二十七年，西元前五一五年）。

這個時候孔子應該在高昭子家裡工作，他其實是代表高家主人去弔唁季札，因為這時候孔子還不是高級貴族或者正式的官員，他本人還沒有弔唁季札的資格，而且也沒必要專程跑到泰山這麼遠的地方。

3 見《史記．孔子世家》。

4《論語．述而》：「子在齊聞〈韶〉，三月不知肉味，曰：『不圖為樂之至於斯也。』」

《禮記》記載的，就是孔子觀摩這個葬禮的過程：季札給兒子挖的墓穴，以沒挖到地下水為限度（古代地下水位高），死者穿著「時服」，就是去世時令的衣服。埋葬完畢後，還堆起了一個小土堆，寬度像車輪大小，高度像個茶几，不到一米，平頂。這些工作都完成後，季札露著左膀子（左袒），圍著墳順時針走了三圈，一邊說：「人的軀體最終回到土地，這是命中注定；至於靈魂，哪裡都可以去！」[5]

孔子弔唁、觀摩之後，對季札的印象很好。當然，他和季札身分相差很大，也不會有太多實質性交流。

除了這次專程弔唁季札，孔子和泰山還有一些交集。

比如《禮記．檀弓》篇記載，孔子路過泰山的時候，看到了一些民生疾苦，發出了「苛政猛於虎」的感歎，意思是說，嚴苛的捐稅勞役對底層民眾的傷害，比老虎都可怕。這則記載還提到了子路，說明孔子在齊國流亡的這幾年，子路陪在他身邊。

泰山在今天的山東省中部，齊國和魯國也在今天的山東省，那麼在春秋的時候，泰山是屬於齊國還是魯國呢？

從地理上說，泰山確實在齊魯兩國之間的邊境上，但從史書記載來看，泰山並不屬於哪個諸侯國，它是天下名山，屬於周天子、也就是周王的直轄領地。雖說到了春秋，周王管不到這麼遠了，泰山就變成了齊魯兩國之間的一塊緩衝地帶，誰都可以去祭祀泰山之神，但都不能據為己有。

再如，《孟子》裡記載，孔子「登泰山而小天下」，[6]意思是，他登上泰山以後，覺得天下都很小了。這背後還有個知識背景，就是在孔子時代，泰山還不是屬於哪一個特定國家的，它法理上還屬於周王的天下。

## 國際干涉來了

當孔子在臨淄高家供職的時候，魯昭公流亡小朝廷還在齊魯邊境上慘澹度日。最後，國際干涉終於來了，這已經是魯昭公流亡的第六年，孔子四十一歲了。

之所以拖了這麼久，一是晉國上層寡頭們的內鬥，等他們打完了，失敗者出局，勝利者們才能幹點正事兒；二是晉國人忙完內鬥，要先處理更大的亂子，就是周王室的內亂，等王室的糾紛擺平了，他們才顧得上魯國。

晉國派了一位執政的卿范獻子（范鞅），帶兵處置魯國的亂局。如果季平子為首的三桓在晉國軍事壓力之下交出權力，向魯昭公「奉還大政」，魯國的君臣秩序就從此恢復起來了。

范獻子軍隊到了齊魯邊境，季平子連忙趕來迎接。他先通過私人關係給范獻子送了厚禮，又表示懺悔，穿著孝服、光著腳（這是表示自己罪大惡極，準備接受死刑），跪在范獻子面前認罪，說一定改正錯誤，迎接昭公回國。

但范獻子心裡另有主意。這時的晉國，基本上是六家貴族壟斷政權：荀（中行）、范（士）、智、

5《禮記．檀弓》下：「骨肉歸復於土，命也。若魂氣則無不之也，無不之也！」

6《孟子．盡心》上：「孔子登東山而小魯，登泰山而小天下。」

韓、趙、魏。范獻子在晉國的地位和季平子相似，骨子裡同情季平子，所以首選和稀泥，調停了事。

於是，范獻子帶著季平子去魯昭公的流亡小朝廷，想撮合他和魯昭公和解。魯昭公也看出來了，范獻子不會讓三桓交出權力，所以昭公堅決不同意，發下毒誓說：只要季家的人還在，我就堅決不回國！

范獻子覺得不好辦，就對季平子說：看來你們國君的氣還沒有消，短期內不會回國，你就先代理著國君的職務吧！

然後范獻子帶兵回晉國去了。他已經做過調解的努力，可以向諸侯列國和晉國國君交差了。一場轟轟烈烈的國際干涉，就這麼草草收場，讓圍觀的列國國君都感到失望。

晉國處理問題這麼敷衍塞責、不負責任，其他的諸侯國怎麼可能服從它呢？它是憑什麼當上諸侯盟主的？

其實原因很簡單，晉國的寡頭專權、架空國君局面，是最近才出現的，之前的上百年裡，它的國君都有權威，有統一的國家意志，所以諸侯都樂意服從它。而到現在，晉國剛剛進入寡頭時代，就開始荒廢它的國際責任，其他的諸侯國也就開始對晉國離心離德了。

現在，孔子正趕上了晉國這個轉折的開端。到了孔子晚年在魯國掌權的時候，就帶領魯國走上了背叛晉國的道路。但有趣的是，到那個時候，晉國內部又打內戰了，這位主持干預的范獻子，居然變成了晉國的叛亂勢力，和孔子站在了同一條戰壕裡，這是後話。

在晉國這次干涉的第二年，魯昭公就病死了，終年五十一歲，在齊國過了七年流亡生活。

沒了昭公這個主心骨，流亡小朝廷作鳥獸散，昭公的屍體被拉回魯國埋葬。昭公在外面已經冊立了太子，但季平子不讓這個太子即位，而是選了魯昭公的一個弟弟，這是個容易擺布的傀儡，就是魯定公。

這次魯君和寡頭的戰爭，國君一方完敗，因為寡頭當權的國家越來越多，這是當時中原的政治大氣候。

## 四十不惑：君子不黨

根據《史記》的記載，在魯昭公客死他鄉的時候，孔子已經回到魯國生活了。這一年孔子四十二歲。至於孔子到底何時、為何放棄流亡主動回國，卻是史書記載的一個空白。

孔子晚年的時候回顧自己的一生，有一句名言：「四十而不惑」。字面意思是，我到四十歲才把什麼都看明白了，不再有任何困惑。

這句話聽起來很空泛，不過結合孔子四十歲左右的經歷，它就能成為我們解讀孔子回國的鑰匙。

在孔子三十五歲那年發生了魯昭公和三桓的內戰。接著，孔子也追隨昭公跑到了齊國，之後幾年一直生活在那裡。在他四十一歲這年，晉國的干涉行動半途而廢，宣告了魯昭公流亡事件徹底無解。那孔子說「四十不惑」就意味著，在這次干涉行動的前一年，他就已經自己想明白，流亡生活已經徹底沒有前途，該下決心回國了。

不過也有另一種可能，就是晉國干涉的失敗，才讓孔子堅定了回到魯國的想法。因為古代人使用數字不一定很精確，所謂四十未必是整數，也可以是四十一歲。總之就是孔子在四十歲左右，突然厭倦了齊國的流亡生活，發現自己以往的行為都毫無意義，決心回到家鄉魯國。

他到底想明白了什麼？

從這次流亡生活總結出來的經驗，就是：把教書和做學問當成最重要的事業，不能為了利益去搞政治，不能捲入結黨營私。

用孔子自己的話說就是：「君子矜而不爭，群而不黨。」[7]應該矜持而不爭鬥，廣交朋友但不搞利益同盟。別管是政治權力，還是物質利益，孔子都不想去和人爭，更不想為了爭這個去結黨。

其實追隨魯昭公，是孔子人生第一次試圖結「黨」，就是加盟某個政治派系，但又沒能成功，因為他地位不夠高，人家根本不願意帶他玩。這讓他非常失望，教訓很深刻。

至於說為什麼孔子的結黨就是投奔魯昭公，而不是別的事情，這個證據也來自《論語》。它記載，孔子晚年去陳國遊歷的時候，當地一位高級貴族問他：你們當年那位魯昭公，算是個懂禮的人嗎？

孔子不明白這位貴族的意思，就先敷衍著說：昭公當然懂禮啊。

這位陳國貴族當面沒表態，事後託人轉告孔子：你們魯昭公娶了位吳國公主做夫人，這違背了周人「同姓不婚」的禁忌，這怎麼能算懂禮呢？您孔丘曾經說「君子不黨」，卻又公開袒護不懂禮的魯昭公，你這還是在結黨啊！

請注意，這位陳國貴族特意用了孔子說的「君子不黨」來指責孔子。這說明在當時的人看來，孔子的結「黨」就是跟昭公有關係。他曾追隨魯昭公流亡，就是最突出的結黨事業。

所以，孔子就是從他的流亡生涯，領悟到了「君子群而不黨」這個道理。這也是他「四十不惑」感悟的一部分。

四十不惑、君子不黨這些名言，在後世的知名度很高，但它們為何而產生的語境，後代的人們一直沒能搞清楚。

從追隨魯昭公的失敗經歷，孔子也確實吸取了教訓，就是再也不會用結黨的方式搞政治，和任何政治派別、政治領袖都保持疏離關係。

這不是說孔子要當隱士，他一直是很關心政治的人，特別想當官，推行他那套政治主張，這一點到死也沒改變。但原則又很明確，不會在政治沉浮裡喪失基本人性，這可以算他人生的底線。

比如孔子說：「天下有道則見，無道則隱。」如果國家有道，政治清明，你卻活得又窮又沒地位，就是你自己沒本事，你的恥辱；反過來，如果國家無道，政治黑暗，你還過得又富裕又有地位，這是你不擇手段沒底線，也是你的恥辱。[8]用一句話來歸納就是：寧可活得平庸，也絕不給壞人當幫兇。

孔子的這個底線，類似於「不為惡」原則（Don't be evil，常譯成「不作惡」，其實「不為惡」更準確）。這和歷史上的很多政治人物不一樣，因為政治人物一般都有最高理想，但沒有最低的底線，結果往往就成了打著最高理想的旗號，踐踏人倫秩序和道德底線，壞事做絕。

孔子思想的特點就是不走極端。他有好幾個層次的目標，或者說標準，優先保證最低標準；能實

7《論語．衛靈公》。
8《論語．泰伯》：「子曰：『篤信好學，守死善道。危邦不入，亂邦不居。天下有道則見，無道則隱。邦有道，貧且賤焉，恥也；邦無道，富且貴焉，恥也。』」

現最高的固然好，但不能為了最高的就不要最低的。

後世說儒家、儒者，想到的是捨生取義，殺身成仁，這是東漢以後的事。從孔子到西漢的儒者，極少有為當權者送命的。孔子周遊列國，「危邦不入，亂邦不居」。[9]他效勞過的貴族、國君很多，幹得不順心就換地方，標準是「君使臣以禮，臣事君以忠」，[10]雙方權利義務對等。上級如果沒出息，孔子就立刻跳槽換東家，絕對不會以死效忠。先秦三位大儒，孔子活了七十多，孟子八十多，荀子七十多，他們都不只效忠一個主人。

## 昭公夫婦的後事

孔子的後半輩子，一直對魯昭公有種很複雜的感情。

魯昭公死在了齊國，然後流亡小朝廷就散了攤子，昭公屍體被拉回魯國下葬。季平子一直對魯昭公懷恨在心，下令把昭公埋在國君陵區的外面，這是要貶低死者，顯得他不是個合格的國君。

孔子到五十多歲的時候在魯國執掌大權，那時季平子早死了，孔子有了一點發言權，就讓人在昭公陵墓外面挖了條溝，等於把昭公墓圈到了國君陵區的範圍內。因為孔子追隨過魯昭公，在力所能及的情況下，他要為昭公盡一點為臣的責任。

魯昭公娶的那位吳國夫人，也值得介紹一下。因為在春秋的中原國家看來，吳國是化外蠻夷，它同時又宣稱自己的始祖是周文王的大伯、二伯，這就和魯國國君是同姓了，周人的規矩是同姓不能結婚。

本來，歷代魯君的夫人都要有周天子的冊命，才算確定正式合法的婚姻關係，就像歐洲中世紀的國王結婚，必須得到羅馬教皇的書面同意。但魯昭公娶這位吳國夫人，就一直沒得到周天子的冊命——也不知道是魯昭公自知理虧、沒敢申請，還是申請了沒被批准，反正從法理意義上說，他這個夫人是非法的。自從有了這個尷尬，此後魯國的歷代國君再娶夫人，也不好意思向周王申請冊命了。[11]

這件事，也是當時人覺得魯昭公智力低下、言行無常的事例之一。

關於魯昭公夫人的葬禮，孔子的表現更不尋常。

這位來自吳國的夫人，有沒有跟隨魯昭公一起到齊國流亡，史書裡面沒有記載。在魯昭公死後，他夫人又活了二十七年才去世。那時候孔子已經六十九歲了，經歷過了當大官和周遊列國，正在魯國安度晚年。

《左傳》記載，聽到昭公夫人的死訊之後，孔子穿上喪服專程前去弔唁。這看起來貌似很正常，但以前人都沒有理解這段記載背後的玄機，那就是：按照正常的禮節，孔子本來沒必要、或者說沒資格去弔唁昭公夫人：

第一，昭公夫人死後，並沒有得到國君夫人級別的喪葬待遇，因為魯昭公曾經和三桓作對，三桓

9《論語・泰伯》。
10《論語・八佾》。
11《禮記・雜記下》：「夫人之不命於天子，自魯昭公始也。」

家族一直記恨在心。而且昭公夫人是魯國的同姓，所謂不合禮義的婚姻，把她的葬禮規格壓低也算說得過去。

第二，當時的國君魯哀公，是魯昭公的侄子，魯昭公是哀公的伯父，昭公夫人就是哀公的伯母，而非直系的母親、祖母。這種情況下，大臣們也沒有去弔唁國君伯母的義務。

第三，按照現有的史書，孔子在魯昭公時期並沒有當過官，跟魯昭公夫婦沒有君臣義務，所以他也不該去弔唁。

但孔子為什麼堅持去弔唁這位魯昭公夫人呢？就是因為孔子曾經追隨過魯昭公逃亡，他很可能在流亡朝廷裡拜見過魯昭公，在重視君臣道義的孔子心目中，這就算結下了正式的君臣關係，到昭公夫人去世，孔子自然會覺得，自己有義務去參加弔唁儀式。

這還是孔子當年那次所謂結黨的餘波，他人生經歷裡面一段甩不掉的尾巴。

孔子參與弔唁昭公夫人這件事，特地被《左傳》記載下來了，這本身也很說明問題，因為孔子參與弔唁過的國君、國君夫人的喪事很多，但其他的都沒有被記錄過，寫這段《左傳》的人也知道，這背後有故事。

《左傳》裡還記載，孔子去弔唁昭公夫人後，還順路去季孫氏的府邸拜訪，這時的季氏族長季康子，是當年季平子的孫子。

孔子為什麼著急去拜見季康子，因為他擔心季氏還在記恨昭公夫婦，也難免會對孔子參加弔唁這件事不滿，所以孔子需要去解釋一下，讓季康子感覺放心。

《左傳》記載，馬車到達季氏府邸外的時候，孔子看到季氏家大門上沒有掛輓聯之類的東西。如果是正常的國君、國君夫人去世，大臣的家門上都要掛一些白布的輓聯、輓幛，表示哀悼。季康子不肯掛，因為他爺爺已經和昭公鬧翻了，正式解除了君臣關係，也就不用理會昭公夫人去世的消息了。

孔子這時剛從弔唁的現場出來，身上還穿著弔孝的喪服，他看到季氏這種態度，知道自己穿著喪服進去就是冒犯人家，自討沒趣，所以先在門外把喪服脫了，才進門去拜見季康子。

從孔子這些表現能看出來，哪怕季孫氏非常不喜歡，孔子也要委曲求全的堅持自己的原則。他是有節操的人，為此犧牲了很多東西，又背負了很多東西。歷史，就是這麼無奈而又沉重。

# 第六章　來自陽虎的邀請（四十——五十歲）

會遭到報復嗎——不敢跟寡頭翻臉——陽虎掌控魯國——疑似兄弟情——

替晉國當打手——三桓的又一次危機

## 「孔門弟子」裡為什麼沒有寡頭

孔子有不少著名學生，歷史上有「孔門七十二弟子」的說法，如果查一查書，比如《史記》的〈仲尼弟子列傳〉就會發現，孔子專門私家教授過的兩位大貴族，就是孟懿子、南宮敬叔這對雙胞胎兄弟，都沒有被算在裡面。

為什麼最顯赫的學生反倒沒能入列？我們復原出孔子流亡齊國的這段歷史之後，原因也就浮現出來了。

因為孔子到齊國追隨魯昭公之後，他和三桓就徹底決裂了，也被三桓寡頭們列入了「政治上不可靠」名單，他跟孟懿子、南宮敬叔這兩個寡頭學生的交情，自然也就宣告結束了，孔子自然不好意思把這二人列到弟子名單裡去，孔門弟子也不敢跟這兩位攀附師兄弟。

更嚴重的是，當魯昭公這場動亂塵埃落定之後，三桓已經沒有任何對立面了，可以為所欲為，孔子回魯國之後，會遭到三桓的報復嗎？

從當時的形勢看，孔子還不在算帳的名單裡，因為追隨魯昭公逃亡的大貴族很多，在魯昭公死後，有些死硬派不肯回魯國，一直定居在國外；更多的人迫於生存壓力，向三桓謝罪稱臣，可以回魯國生活。跟這些人相比，孔子在政治上還不算危險，而且，三桓要處理魯昭公動亂的各種善後工作，製造一點和解的氣氛，還輪不到清算孔子。

但是，這並不意味著孔子可以回到三十五歲流亡前的生活。他和三桓寡頭們的私人聯繫都已經終結了，三桓也不會允許他在魯國擔任公職，甚至不能再當家庭教師。

對孔子來說，沒有公職也還過得去，他可以自己招學生、自謀生路。但是，孔子很難改變他在三桓眼裡的形象：一個腦後有反骨的小人物、不可靠的異己分子。魯國本來就不大，貴族社會更是個小圈子，低頭不見抬頭見的，他還是躲不開和三桓關係的這個裂痕，以及由此帶來的種種尷尬。

孔子畢竟是個要面子的學者，不可能低三下四到三桓家門口去負荊請罪。那他還能用什麼方式緩解和三桓的關係、化解當年的衝動帶來的尷尬？

孔子在《論語》裡有些言論，恰好跟他在這個階段的處境有關係。具體說，就是孔子在上課的時候，給學生們講那些提倡和解、放棄復仇的歷史人物，這是借古喻今，表達自己認賭服輸的態度。給學生上課是一種公開表達，可以讓貴族圈子都瞭解他的立場，也能拐著彎傳到三桓的耳朵裡去。

## 為什麼歌頌伯夷叔齊

孔子特別推崇周滅商、改朝換代時候的兩個賢人，伯夷和叔齊兄弟倆。按照儒家的說法，這兩個人是商朝的宗室貴族，他們反對商紂王的殘暴，但又不贊成周武王滅商，覺得這是以下犯上的造反。所以當商紂滅亡、周朝建立之後，這兄弟倆「不食周粟」，就是不願當周朝的臣民，甚至連周朝的糧食都不肯吃，就餓死了。

在《論語》裡面，孔子很多次讚揚伯夷、叔齊，比如他說：「伯夷、叔齊不念舊惡，怨是用希。」[1]

1《論語・公冶長》。

意思是說，伯夷叔齊這兩人不記仇，所以也不得罪人。

這種說法當然很奇怪，因為這兄弟倆如果真看得開、不記仇，也不至於活活餓死自己。只有聯繫孔子在魯昭公事件之後的尷尬處境，才能理解孔子對伯夷叔齊兄弟的這種解釋，他是拿自己來比擬這兄弟倆：魯昭公就像是商紂王，位居政治正統，但缺乏能力和道德；跟魯昭公對立的三桓就像周武王，是以下犯上的叛逆之臣，但又很得勢，事業成功，誰拿他也沒辦法。

所以，孔子把伯夷叔齊兄弟說成「不念舊惡」，能把過去的恩怨一筆勾銷，這其實是表達他自己對往事的態度，表明自己已經跳出了當年的恩怨糾紛，希望過好眼前的日子。這就是向三桓釋放和解、求饒的信號。當然，他對伯夷叔齊的解釋是不是真的符合歷史，就是另一回事了。

再來看《論語．述而》篇裡的另一處記載。弟子問孔子怎麼評價伯夷叔齊，孔子說，他們是「古之賢人也。」這個學生又問，「怨乎？」意思是，他們落到「不食周粟」要餓死的結局，會因此怨恨周武王嗎？

孔子回答：「求仁而得仁，又何怨？」意思是，他們這麼做只是追求自己的道德標準，所謂「仁」而已，可不是怨恨別人！

孔子又不是伯夷叔齊本人，他怎麼能斷言人家沒有怨恨呢？這還是借兩位古人來表達自己的心態，自己曾經追隨合法的君主，那只是實踐自己的道德理想，不會因為失敗的結局而怨恨勝利者。因為孔子實在得罪不起三桓，只好用這套歷史解釋來安慰自己。

在《論語》裡面，除了伯夷叔齊這兩個人，孔子還經常讚揚其他的商朝遺老遺少，而且次數特別多。這些人都是周朝滅商以後出現的隱士，他們不願配合周朝，但也不敢跟周朝作對。這正是孔子四十歲以後、生活在三桓勢力之下的悲涼心態。他知道三桓專權不合理，自己當年追隨魯昭公的行為是正義的，但他又不敢公開決裂，只能做出認賭服輸的姿態，希望三桓寬宏大量、網開一面，讓自己卑微而隱忍地生存下去。

## 歷史有缺環

孔子從去齊國追隨魯昭公，到幾年後返回魯國，這是他人生中非常重要的變化，但在史書裡面，這段孔子的經歷幾乎都是空白，沒提過孔子去齊國的前因後果。不過在《論語》和《禮記》裡面，都寫過一點孔子這次在齊國生活的經歷，比如和齊景公談論「君君臣臣」，弔唁吳國使者季札，而這些內容又沒有記載具體的時間，只有經過史料的比對之後，才能確定它們是孔子三十五歲去齊國之後的經歷。

在史書裡，孔子這段經歷為什麼有空白？難道弟子們都不知道孔子的這段經歷嗎？當然不是。真正的原因在於，孔子弟子們不願寫老師那些失敗的、不光彩的經歷，所謂「為尊者諱」而已。

而且，三桓家族在魯國長期掌權，哪怕在孔子死後，他的弟子們編寫《論語》和《禮記》的時候，還是生活在三桓勢力的籠罩之下，自然不敢正面記載孔子曾經和三桓作對的經歷，如果惹惱了寡頭們，後果會很嚴重。

在孔子的時代，史書文獻本來就很少，僅有的一點點又是孔門弟子寫作的，或者經過他們的手改編過的，他們自然會把老師這段失敗的人生隱藏起來。

當然，孔子這些學生也很老實，不會胡亂篡改歷史，把孔子拔高成完全偉大、光榮、正確的虛假形象，所以《論語》和《禮記》關於孔子的記載，就只有缺環和空白，但沒有惡劣的造假。

其實這種故意留白的情況，不止發生在孔子去齊國這一次，其他的地方也有，比如後來孔子和陽虎的關係。

## 陽虎的奇蹟

孔子希望與三桓和解，但他的表達很書呆子氣，過於委婉，未必真有效果。就算三桓覺得他孔丘是個小人物，懶得找他算帳，但想巴結三桓的那是大有人在，隨時有人可以替三桓給孔子落井下石找點麻煩。

但這一切都沒有發生，孔子返回魯國之後，日子一直過得安安穩穩的。他沒有得到三桓的完全諒解，但又在魯國安靜生活了下來。

因為現在的魯國出現了一個更大的變數，就是陽虎的崛起，他的權力在迅速增長，甚至把三桓變成了他操縱下的傀儡。這也正是孔子能夠平安生活在魯國的原因。

孔子從齊國歸來後的十年，就是四十歲到五十歲之間，他在魯國的生活相對平靜，沒做官，主要是招徒弟、講學。這十年，也是陽虎在魯國最成功的時期，特別是後幾年，他實際上掌握了魯國政權。

孔子外表不動聲色，但內心充滿驚奇地看著陽虎日漸發達。這個和他身分相同的小貴族，居然在短短數年裡，爬過了身分等級的重重壁壘，日漸接近權力頂端，直到整個魯國都生活在他的陰影之下。

陽虎為什麼能成功？孔子一直試圖解釋這個問題。

從有限的史料記載看，陽虎是個直脾氣的赳赳武夫，不怕死，能打仗，個性是老式貴族或者說早期貴族的典範。他嶄露頭角受到季平子提拔，就是魯昭公流亡時的戰爭，三桓軍隊幾次攻打齊國邊境的流亡政府，名義上是三桓領軍出征，比如孔子的前任學生孟懿子，但這種大貴族都不敢打仗、也不會打仗，真正擔任總指揮的都是陽虎。

在魯昭公死後，流亡小朝廷沒有了，但戰爭還在繼續，因為魯國和齊國的關係已經徹底惡化，齊國不想承認三桓擁立的魯定公，還占領著魯國邊境上的一些地方，所以兩個國家還在繼續打仗，陽虎一直在戰場上為三桓效力。

這時候魯定公也會親自掛帥去和齊國打仗，而事實上的指揮官還是陽虎。所以在短短幾年之內，陽虎成了魯國最重要的軍事統帥，對國家重大事務都有發言權。但他的正式身分，還只是季平子家裡的一名高級管家。

當然，季孫氏是魯國最大的寡頭，他的管家也都是實權人物，但其他的幾位高級管家看不起陽虎，覺得他不配爬到這麼高的位置。這是陽虎通往最高權力的最後一道門檻。

孔子四十七歲這年，季孫和叔孫家的族長——季平子和叔孫成子相繼去世了，繼承人都還年少。

如今三桓家族裡面，資歷最老的要算孔子曾經的學生，二十六歲的孟懿子。這為陽虎專權創造了機會。

不久，剛繼位的季桓子巡視自己的封邑，到了費城（今山東費縣）。這裡是季氏家族封地的中心，也是陽虎重點經營的地方，費城的管家叫公山不狃，是陽虎的死黨。有些隨行的大管家（陽虎的對手們）得罪了公山不狃，於是他跟陽虎一起動手，先把季桓子抓了起來，那些跟陽虎作對的管家們，有的被抓住殺掉了，有的逃亡到了國外。

次月，陽虎迫使季桓子與他盟誓，內容大概是季桓子承認陽虎首席家臣的地位，陽虎答應忠於季氏家族。

那時的人信神，他們相信，只要盟誓時向神獻祭，神被召來享用了祭品，聽取了雙方的誓詞，就會保障盟誓的效力，誰再違約就會受到神的懲罰。這樣，陽虎當上了季氏家族的「宰」——首席大管家，實際上也就掌握了魯國的政局。為落實盟誓內容，陽虎又驅逐了幾個曾反對他的季氏成員。

次年，陽虎集合魯定公、三桓族長和曲阜所有的貴族盟誓，要各家捐棄舊怨，一致支持國君魯定公，其實這是他完全掌控魯國的象徵。孔子這時在魯國生活，應該也參加了這次盟誓，他對陽虎的崛起充滿好奇，試圖做出解釋。

## 「陪臣執國命」的大命題

孔子本來對三桓專權不滿意，他反對寡頭政治，所以才去追隨魯昭公。看到陽虎崛起之後，孔子覺得，如果陽虎這種低階貴族掌控了國家，要比寡頭制度更不穩定。

孔子這一段評論，出現在《論語．季氏》篇裡，原文是：「孔子曰：『天下有道，則禮樂征伐自天子出；天下無道，則禮樂征伐自諸侯出。自諸侯出，蓋十世、希不失矣；自大夫出，五世希不失矣；陪臣執國命，三世希不失矣。』」

這段話的意思是：天下最有秩序的局面，是天子有實權，掌管文教和軍事，「禮樂征伐自天子出」，這是最穩定的局面。但可惜的是，從西周垮臺，春秋開幕，天子的這個秩序就沒有了，諸侯列國自己行使文教和軍事權力，所謂「禮樂征伐自諸侯出」。不過這還不算完全的失序，因為國君有權威，還能保證十代的安定。一代人執政的時間大概二十多年，十代就是兩百多年，從春秋的開端到孔子時代，恰好有兩百多年了。

但諸侯國君掌權的局面也不容易維持，會變成「三桓」這種極少數寡頭家族的專權，他們聯合壟斷國家權力，世代傳承，就變成了寡頭共和體制。這就是孔子說的禮樂征伐「自大夫出」。這種政治規範，孔子覺得能維持五代人。如果計算一下，到季平子那一代，恰好是季氏家族的第六代人，寡頭共和政治也開始難以維持了。

於是，季平子死後，就出現了比寡頭共和更糟糕的局面，陽虎這種管家篡奪了寡頭的權力、掌握了國家政權，也就是孔子說的「陪臣執國命」。陪臣，就是給大貴族效力的小貴族，身分是士而不是大夫，還沒有資格直接為國君服務。

孔子不僅認為陪臣掌權不合理，寡頭專權和諸侯專權也不合理，它們都是量的差別，而非質的差別，所以他說陪臣掌權可能會維持三代人的時間。至於孔子怎麼得出的這個數字，就不清楚了。

從歷史先例看，在孔子二十二到二十四歲之間，他在季氏家當小職員的時候，魯國已經發生過陪臣向寡頭挑戰的事件。

在季氏上一任族長季平子的時候，有個家臣叫南蒯，他家連續幾代人給季氏當管家。南蒯幹的也是費城宰，這裡是季氏大本營，要用最放心的人去管理，還修了很高的城牆，萬一哪天季氏和國君反目打起內戰，這裡就是最可靠的大本營。

季平子還沒當族長的時候，就和南蒯的關係不太好，他上位後想找機會把南蒯換掉。南蒯也在防範季平子。他聯絡上了魯昭公的一個兄弟，公子憖，合謀制訂了政變計畫：準備趕走季平子，把季氏的所有封地、產業都上交給國君，由公子憖取代季氏的政治地位，南蒯則晉升為直接為國君效力的大夫，繼續管理費城。

這個計畫中途洩漏，公子憖見勢不妙，逃亡到齊國。南蒯則裹脅著費城的百姓叛亂，不再服從季氏的命令。季平子以朝廷的名義發兵討伐，可惜費城的城防太牢固，用了兩年時間都沒打下來。

有人給季平子出主意：悄悄聯絡費城的其他管家，策動他們反對南蒯。這一次成功了，南蒯也被迫逃到齊國，投奔了齊景公。

齊景公對南蒯的態度也頗有趣，他依照國際慣例安頓了南蒯，還比較看重，有時讓南蒯參加自己的宴會。有次齊景公喝多了，指著南蒯開玩笑：「你這個叛逆！」

南蒯為自己辯解：「我叛變季氏，是為了效忠魯君！」

有個在座的齊國大夫看不下去了，大罵南蒯：「身為家臣，就該一心為封主效力，你想越級討好國君，這才是大罪！」史書原文就是：「家臣而欲張公室，罪莫大焉！」[2]

可見齊景公的態度很微妙，他當然讚許南蒯對魯君的忠心，但也不願和國內那些大貴族公然作對，所以他接納了南蒯，但說話間又要劃清界線。

另外，公子慭這次逃亡到齊國，也有一點餘波，就是他的一個女兒，嫁給了齊景公做夫人，形成了老夫少妻組合。再後來，魯昭公逃亡齊國，他是景公夫人的叔叔，所以齊景公要把他招待好。

到了二十多年後，陽虎的事業比南蒯更成功，至於為什麼會出現這種小貴族掌權，「陪臣執國命」，孔子沒總結出來。站在現代人的角度看，這是因為魯國的「寡頭共和制度」有漏洞：

一是缺乏競爭：三個家族世代專權，甚至排名都不變，三家當權者的素質難免越來越差。就像上一代的季平子，能力和修養都非常低。他們從生下來就養尊處優，當官也只管些檯面上的禮儀、外交之類的工作，地方管理都交給了各種管家，不瞭解地方的基本情況，就給了管家們各種機會。第二個原因是，三家的權勢都是一代傳一代，但新繼位的族長可能很年輕，掌控不了局面，有個權力空窗期。

這兩個因素加起來，就會出現陽虎這種管家當權的局面。季氏既然已經控制了魯國，誰能掌握季氏家的權力，誰自然就能掌控魯國了。

孔子覺得「陪臣執國命」可能維持三代人的時間，三代人是近一百年的時間。孔子說這話的一百年之後，是西元前四〇〇年左右、戰國初年，到那時，別說陪臣專權和寡頭共和制度維持不下去，就

---

2《左傳．昭公十四年》。

連貴族世襲制度也行將就木了。

寡頭共和制退出歷史舞臺的途徑有兩種：

一種是寡頭共和制非常牢固的國家，比如魯國、鄭國，他們都是幾家寡頭勢力均衡，「共和」很穩定，寡頭之間不打內戰、一致對外，這種國家沒法實現政治改良，會變得越來越弱小，最後就被別的大國吞併了。

另一種，是寡頭共和制度變成了集權的君主制度。比如晉國，原來有十幾個大貴族家族，他們打過好幾次內戰，打到最後只剩下了韓、趙、魏三家，他們瓜分了晉國，變成了三個獨立國家。

再比如齊國，是寡頭之一的田氏消滅了其他寡頭，還篡奪了君主的權力，自己當了名正言順的國君，這被稱為「田氏代齊」。韓趙魏三國和田氏的這個齊國，都是戰國時期的重要國家。

當某一家寡頭篡奪了權力、自己變成國君之後，就不會容忍再出現寡頭制度了，他們甚至連貴族制度也不願接受，這就是戰國初年的所謂「變法」運動，對內是消滅貴族階級，建立君主集權，對外是富國強兵，搞兼併戰爭。

還有些春秋國家，君主一直有權威，貴族們沒有變成壟斷寡頭的機會，比如秦國、楚國，這種國家進入戰國之後也搞變法，消滅貴族階級，秦國搞得最徹底，所以最後是秦國滅了六國，實現了統一。

戰國搞變法也需要人才。國君一個人是一人公司，需要有給他幹活的人。誰能夠幫助國君變法呢？大貴族肯定不願意，他們不會給自己找麻煩；普通老百姓沒有文化，也沒這個能力，所以只能是一些身分比較低的小貴族，他們看到跟著大貴族混永遠沒好日子，但如果向國君提議搞變法，自己就能飛黃騰達，建立很大的功業。

戰國推行變法事業的人，最有代表性的商鞅、吳起、李悝等等，都是這種不得志的小貴族。可以說，他們最初也是「陪臣」的角色，但和國君建立合作雇傭關係之後，一起變法，就消滅了貴族制度，建立起官僚制度。齊景公手下那位大臣罵的「家臣而欲張公室」——當陪臣的居然想幫助國君，到這時候就變成現實了。

從春秋的貴族世襲制度，到戰國的君主集權制度、官僚制度，是中國歷史非常大的轉捩點。在孔子的時代，他已經感受到貴族世襲和寡頭共和制度千瘡百孔、搖搖欲墜。孔子的理想是恢復到貴族世襲制最初、最有規矩的狀態，這沒有什麼現實性，因為貴族數量繁衍得太多了，比起周人剛剛建立王朝的時候，增長了不止百倍千倍，沒那麼多資源可以分配了。所以孔子也根本無法預料到百年後的歷史會是什麼樣子。

但另一方面，孔子生平最主要的工作，卻是給貴族世襲制挖牆角，因為他「有教無類」培養學生，跨越階級壁壘普及文化，恰恰是在為官僚制的出現做準備。這是後話。

## 街頭相會

走向權力頂峰的陽虎也在關注孔子。當全面掌控魯國之後，陽虎曾經親自登門拜訪，邀請孔子出來當官，跟自己一起幹事業。這段交往被《論語》翔實記錄了下來，下面翻譯介紹一下：

陽虎想見孔子，但孔子找個藉口推脫了，可能讓人說自己不在家。陽虎又給孔子送了禮物，希望孔子去拜見他。

但另一方面，孔子也不敢和陽虎公然對立。按照貴族的社交禮節，別人來拜訪過你，哪怕你當時不在，事後也應該回拜。孔子要完成這個回拜的禮節。他留了個心眼，故意看陽虎哪天出門才去拜訪，正好主人不在家，放下禮物走人，免去了見面的尷尬，也不算失禮。

不巧，就在孔子回家的路上，迎頭遇見陽虎了。兩輛馬車迎面駛來，那時的街道窄，馬車也都是敞篷的，不能裝沒看見。

陽虎也認出了孔子，停了馬車打招呼：「哎，你過來！我跟你說啊！」（來！予與爾言。）這是最樸實的大白話。予、爾，就是我、你最直白的說法，沒有您、閣下、鄙人一類彎子。[3]

兩輛馬車迎頭遇見了，停在路邊說幾句話，人不下車，古代叫「傾蓋而談」，因為家用馬車上面要裝個傘一樣的車蓋，遮陽擋雨（拆了這傘蓋就是戰車）。兩輛車靠在一起，就要把車蓋放歪一點，才不會互相妨礙。

陽虎知道，孔子給學生們上課，講的最多的是仁愛的「仁」，其次愛講「智」，就是智慧。比如「智者樂水，仁者樂山」這句話，也出自《論語》。為了調動孔子的積極性，陽虎要從最能打動孔子心坎兒的問題入手。

陽虎說：「你孔丘空有一身的學問本領，卻不肯出來做官，看著國家混亂也不管，能算仁嗎？不能！你一直想做官，卻老是錯過機會，這能算智嗎？也不能！時間過得太快，年紀不等我們呀！」

孔子當場答應了，說：好的，我這就出來做官。

這就是《論語》記載的街頭相見一幕。

陽虎在這裡說的，都很坦率的大實話，孔子確實一直想當官，但運氣不好，從他三十五歲追隨魯昭公，一直蹉跎到快五十歲，還是沒機會，現在陽虎居然拿出了三顧茅廬的誠意，邀請他一起幹事業，這很有點戲劇性。

既然有這樣的好機會，孔子會接受這個邀請嗎？

事實是沒有，此後兩人還是各過各的日子。陽虎繼續掌權，領兵打仗，孔子繼續教學生。對於這個結果，後世人也覺得不奇怪，畢竟兩個人道不同、不相為謀，孔子可能就是當面敷衍了陽虎一句而已，心裡還是拿陽虎當敵人。

但真相遠沒有這麼簡單。孔子和陽虎這兩個人的關係，遠比後人理解的要複雜。

## 身世疑團

《論語》這本書寫得非常簡略，大都是孔子的一言兩語，而陽虎見孔子這一篇，篇幅就很長了，而且孔子都沒怎麼說話，全是陽虎在長篇大論，這在《論語》裡幾乎是獨一無二的。這應該是孔子隨行的學生親眼目睹的，印象太深刻了，所以記錄得很長、很詳細。

3《論語．陽貨》：「陽貨欲見孔子，孔子不見，歸孔子豚。孔子時其亡也，而往拜之，遇諸塗。謂孔子曰：『來！予與爾言。』曰：『懷其寶而迷其邦，可謂仁乎？』曰：『不可。』『好從事而亟失時，可謂知乎？』曰：『不可。』『日月逝矣，歲不我與。』孔子曰：『諾。吾將仕矣。』」朱熹集注：「陽貨，季氏家臣，名虎。」貨即虎，古同音，也有人認為分別是名和字。

為什麼孔子的學生印象會這麼深呢？這背後藏著一個後世人都沒有注意到的問題。因為孔子長得和陽虎模樣非常像，到了亂真的程度。這麼兩個一模一樣的、年近五十的大個子男人，在街邊停車、扒著車幫說話，肯定很引人注意。

要知道，孔子弟子們編寫《論語》的時候，已經是孔子死後至少二十年了，距離這次街頭對話，那就是四十多年了，隔著這麼長的時間，還能把當時的場景、對話都記得那麼清楚，真是很不容易。就因為學生們也很少見到這兩個人同框出現，所以印象深刻。

關於孔子和陽虎長得像的記載，也來自《史記．孔子世家》，原文是「孔子狀類陽虎」，意思是，孔子長得模樣像陽虎。

幾年之後，孔子還因為這個幾乎遭到殺身之禍，因為陽虎有一批仇人，他們把孔子當成了陽虎，抓起來拘禁了幾天，後來有其他人趕來作證，確認是搞錯了，孔子才獲得釋放。這說明他倆不光是臉長得像，身材個頭也像，才這麼容易讓人認錯。

世界上總會有長得像的人，很多只是純粹的巧合，但跟孔子長得像可沒那麼容易。

按照《史記》的記載，孔子的相貌是很怪的，五官都跟正常人不太一樣，簡單說，就是比較醜，最明顯的是頭上凸起一大塊，有點像年畫裡的老壽星，這些相貌特徵很難跟人重合。

而且，孔子的個頭非常高，當時的綽號就是「長人」，在春秋時代屬於鶴立雞群。這是他父親孔紇老爺獨特的遺傳基因。能跟孔子相貌、體型都長得一樣的同齡人，可不是偶然因素能夠解釋的，這要從孔子的父親孔紇老爺那一代人找原因。

孔紇是孟孫氏大貴族的下屬，陽虎家族是孟孫氏的旁支，所以孔子父親和陽虎家族，都是一個社交圈子裡的同僚，兩家肯定有來往。孔紇老爺是個不守規矩的風流人物，一邊是趁著管理農莊和民女偷情、生了孔子；另一邊，老同僚家又有個陽虎生出來、而且長得像孔子，或者說像孔紇，這說明孔紇老爺的嫌疑很大。

這些都屬於推測，因為關於陽虎家庭的直接信息，史書記載非常少，只顯示他可能有一個堂兄弟。那在古書裡還有更直接的證據嗎？

還真有一條，而且以往的學者都沒發現。因為大家覺得，陽虎只能叫陽虎，但都忘掉了一點：陽虎是孟孫氏成員，他本來的名字叫孟孫虎，或者孟虎。

驚人的證據就這麼出現了——在《禮記》裡，真的出現了孟虎這個人，它記載：有個叫滕伯文的人，把孟虎和孟皮都當做自己的叔叔，當這兩個叔叔死後，滕伯文都曾經為他們服喪穿孝。這段記載來自《禮記．檀弓》篇，是保留孔子親屬信息最多、最權威的歷史文獻，孔子年輕時停棺認祖的記載，也來自這一篇。[4]

前面已經介紹過了，孟皮是孔子那位同母異父的大哥；陽虎死得比較晚，可能在孔子去世之後；到他們都死後，早年的那點糾葛已經煙消雲散，晚輩人才不介意挑明這一層親緣關係，然後被《禮

4《禮記．檀弓》上：「滕伯文為孟虎齊衰，其叔父也；為孟皮齊衰，其叔父也。」值得注意的是，「孟皮」在《禮記》中只出現了這一次，而且沒說明和孔子的親緣關係，但王肅《孔子家語》記載，孟皮是孔子的長兄，這背後的傳承關係頗為蹊蹺，暫難以做定論。

記・檀弓》篇記載下來。

只可惜，歷來都沒人想到孟虎就是陽虎，所以後世學者給這段《禮記》做注解都解釋錯了，更沒能發掘出這段千古親情疑案。

孟虎為什麼又叫陽虎呢？

那是在孔子四十九歲這年，因為陽虎——也就是孟虎——和齊國打仗，齊國人被迫把占領的魯國土地歸還了一部分，其中有個地方叫陽關，這不是「西出陽關無故人」的那個陽關，而是在今天山東省的西部。孟虎拿陽關作了自己家的封邑，他才有了「陽」這個氏，這是他叫陽虎的來歷，不然就只能一直叫孟虎了。

至於一般的史書裡都寫作陽虎而不是孟虎，因為陽虎得罪了三桓，後來算是被三桓中的孟孫家給「革出家門」了，當時人為了避諱，寫書就不太敢用孟虎的稱呼。《禮記》只涉及親屬關係，不關注政治，反倒可以用「孟虎」的老稱呼。

## 故意沒走同一條路

到這裡，陽虎和孔子的身世關係就真正揭祕了。

當然，我們後人也不要把孔子時代的人當傻子，後人能從古書裡推測到的事情，他們作為當事人，怎麼可能不知道？魯國不算大，貴族圈子人很少，整天互相打交道，圈內有點什麼消息很快就傳開了，何況陽虎是魯國當權的頭號人物，跟他有關的各種小道消息，都是瞞不住的。

明白了這些，回過頭再去看陽虎和孔子小時候那場衝突，就有新的理解了。

陽虎少年時候就去季孫氏參加宴會，說明他法律意義上那位孟家父親去世的早。他一出生就在貴族圈子裡，知道的東西遠比孔子多，這也包括自己身世來歷的傳聞。

如果少年陽虎聽到消息說，孔紇老爺在鄉下還有一個私生子，而且居然認祖歸宗，正式成了孔家人，他心裡會怎麼想？恐怕還不是兄弟情深，而是少年人的反感和不服氣，所以在季孫氏宴會的大門外，陽虎對少年孔子表現出了敵意，把孔子驅趕走了。這屬於少年人之間的賭氣。

不過，隨著年齡增長，少年氣盛的階段已經過去，陽虎的想法就會不一樣了。所以四十歲的孔子從齊國回到魯國，並沒有因為追隨魯昭公的行為惹麻煩，原因很可能是，陽虎一直在暗中充當他的保護人。

然後，陽虎又公開請孔子出來做官，這也是他準備向全社會公示兩個人的關係。陽虎擁有與生俱來的貴族身分，中年以後又掌握大權，所以做事張揚、無所顧忌，可以毫不掩飾他對孔子的好感。

另外，陽虎這麼做，不只是想從生活上照顧一下這個幾十年沒相認的、混得不太如意的同父異母兄弟，孔丘；他和孔子都是想幹大事的人，關心的遠不止是個人的物質生活。

戰國的大儒孟子，曾經記錄過陽虎說的一句話，原文很好懂，叫做：「為富，不仁矣；為仁，不富矣。」[5]這話後來成了成語「為富不仁」，聽著很像孔子的語錄，因為「仁」這個概念是孔子思想的核心。

5《孟子・滕文公》上。

陽虎這麼說，是因為孔子整天講「仁」，但富不起來；為富不仁的，是季氏為首的三桓。陽虎希望孔子能和自己一起幹點事業，把為富不仁的那些人整倒。這很可能也是陽虎在街頭對孔子的談話，雖然沒有被寫到《論語》裡面，但也在孔門弟子裡面流傳下來，一直傳給了孟子。

在寡頭共和政治的遊戲規則裡面，孔子和陽虎都處在被壓抑的地位，都不喜歡這套遊戲規則，都想改造它，但他們採用的方式很不一樣，陽虎是訴諸武力，孔子是提倡寡頭們自我改良。這兩個人更像一個硬幣的兩面，不同而又互補。

陽虎的意圖已經明確了，他要對三桓下手，孔子如果能加盟，春秋歷史就要發生很大的變化，孔子也就不再是後世人熟悉的那個形象了。但很可惜，這個變化並沒有發生，兩個人的生活一切照舊。

他們為什麼最終沒能合作呢？

從陽虎那邊看，他可能不想讓孔子參與冒險，等除掉三桓的計畫成功了，再想拉上孔子合作也來得及。

而從孔子這邊看，他不願公然和陽虎走到一起，不止是政見不同，還有更複雜的心理衝突。孔子出身賤民、半路認祖歸宗成為貴族，所以在貴族圈子裡總有抹不去的異類身分，只能低調做人。他的家庭觀念、對男女關係的態度都很保守，這是從小跟著單親媽媽在底層長大的心理陰影。所以，當社會上開始出現關於他和陽虎的身世傳言，孔子的本能反應是避嫌，盡量回避和陽虎的交往，因為在輿論場裡，這個話題很容易導向他早年的賤民私生子出身。

這種敏感、糾結的心態，使孔子刻意跟陽虎保持距離，公開表達他和陽虎的政見不同，批評「陪臣執國命」。

但另一方面，自幼父親缺席、母親早逝的經歷，又讓孔子非常在意家庭親情。孔子和自己那位同母異父的哥哥孟皮相處得並不好（本書後面會介紹），這種情況下，在孔子內心深處，陽虎的分量只會越來越重。孔子敢於公然批評陽虎，因為他心裡明白，陽虎不會為這個怪罪和報復自己，這種心態更像因為「求不得」而催生的糾結，撒嬌。

街頭相見這一幕，是孔子第一次正視他和陽虎的親緣關係，他動搖了一下，又選擇了逃避。在孔子此後的生命裡，還不止一次產生過和陽虎走到一起的衝動，而且都被《論語》記錄下來了。

可以說，在對於陽虎的關係上，晚年孔子一直活在糾結、動搖之中，這是孔子人格的最為脆弱和動人之處。

## 陽虎的國策

陽虎掌權幾年的工作，主要是打仗，而且是和大國結盟，打同盟戰爭。

陽虎為魯國確定的國際關係定位，是服從晉國、對抗齊國。這對魯國倒不新鮮，很長時間裡他們一直都在這麼幹。

從一百多年前的城濮之戰、晉文公打敗楚國開始，晉國就是中原的霸主，替周天子維持秩序，魯國一直服從晉國。晉、魯都是周王室分封的諸侯，祖上是一家人。

比晉文公的崛起早一代人，是齊桓公稱霸。所以對於晉國後起的霸主地位，齊國人心裡總有點不服氣。晉文公死後的一百年裡，晉、齊打過兩次比較大的仗，都是齊國慘敗，齊國人不服也不行。

但另一方面，晉國人也知道齊國的資歷和實力都比較靠前，也不敢拿它做政治上的附庸，地位比較平等。

至於齊國和魯國，是南北鄰國，又是可以通婚的異姓之國，所以兩國的關係還算可以，偶爾有些規模不大的戰爭衝突，基本屬於姻親之間的小恩怨，沒多久也就過去了。

到陽虎當權的時候，魯國跟齊國的矛盾主要是當年昭公流亡引發的，戰爭狀態開始了就沒停過，而且最新的，從魯定公六年到八年這三年間（孔子四十八—五十歲），齊、魯都在打仗。這幾仗，名義上的統帥是季桓子、孟懿子，或者是魯定公，但實際統帥都是陽虎。齊國人後來有點吃不住，把占領的魯國土地歸還了一部分，但沒全交還，所以仗一直沒停。

除了打齊國，陽虎還帶著魯軍打鄭國。

鄭國也是周王室分封的，在晉國南邊、楚國北邊，一直在兩個大國間搖擺，沒什麼獨立性。到陽虎執政的時候，楚國實力有點削弱，鄭國就趁機活躍起來，挑戰晉國奠定的國際秩序，支持前幾年王室內戰中失敗的王子朝流亡勢力，又吞併鄰居小國，讓以中原盟主自居的晉國很惱火。

陽虎伐鄭就是為晉國當打手，教訓鄭國。這次伐鄭名義上是魯定公掛帥親征。魯、鄭兩國不接壤，魯軍先向西穿過衛國，占領了鄭國的匡城等地方，搞了一番破壞，以示懲戒。這次破壞匡城給後來的孔子添了不少麻煩，是後話。

然後陽虎帶著魯軍班師，經過衛國，發生了很戲劇性的一幕。

按照當時中原列國間的規矩，軍隊穿過別國境內要提前派人通報一聲，借道（假道）。但陽虎這次沒有事先通報，魯軍的車隊直接駛進衛國都城的南門，在大街上耀武揚威一路狂奔，又右轉出了衛都的東門，奔魯國方向去了。

衛靈公很生氣，想派兵追打，後來經人勸了勸，還是忍住了。陽虎這麼囂張，是因為這時的衛靈公對晉國有點離心傾向，陽虎這還是在替晉國警告一下衛國。軍隊居然從別國都城的大街上公然開過，後人會覺得有點不好理解。其實在春秋時代，國家關係和後來、和近代很不一樣，那時的中原列國默認，大家是周天子統治下的成員，互相間沒太大的軍事戒備；至於和蠻夷國家相鄰的，因為路程較遠，總有做出反應的時間，一般也沒有專門管理國境線的邊防機構。那時稱國界為「封疆」，「封」就是在路邊堆一個大土堆，作為國界的標誌，很少有別的管制措施。清代學者把這總結為「春秋列國不守關塞論」。[6]

這次伐鄭歸來，陽虎派季桓子、孟懿子兩人到晉國報告戰況，進獻戰俘，表示對晉國盟主地位的尊重。這次出訪規格很高，以往除了以周王名義召集的諸侯大會，很少有季氏、孟氏兩家的族長同時出使。

晉國這時是六個卿家族聯合執政，這些寡頭家族各有分工，國內基本都瓜分成他們的封邑了，中原的諸侯列國也分給六卿家族「對口管理」，主管魯國事務的是范氏家族。幾年前魯昭公出逃，帶著晉軍到魯國維持秩序的就是范獻子，這次主持接待季桓子、孟懿子的也是范獻子，他經常接受三桓的

6（清）顧棟高，《春秋大事記》卷九「春秋列國不守關塞論」。

賄賂，充當三家的保護傘。

孟懿子難以忍受陽虎專權，但他不敢公開「揭發」，那樣根本沒用，他只是向范獻子暗示：萬一哪天陽虎在我們魯國待不下去了，到了晉國，您可一定要給他安排個職位！

這是暗示，我們三桓和陽虎不是一條心，以後早晚會出情況，您要事先有所準備。

范獻子沒多想，他這人貪心大，但城府不太深。在晉國的國務會議上，他把這個情況向其他的卿做了通報。另一個卿趙簡子（趙鞅）總結說：看來魯國三桓對陽虎是又怕又恨，陽虎要是在魯國無法立足了，應該會來晉國的。

趙氏和范氏這時已經有裂痕了。所以趙簡子想到，范獻子和魯三桓關係好，如果以後趙、范兩家反目，范氏肯定要拉三桓做同盟軍，那陽虎就是個對趙氏有用的棋子。

春秋的國際關係太複雜，就因為裡面不是單純的國家關係，還有列國各寡頭家族的內鬥與聯盟。

## 又一場內戰

陽虎這三年連續打仗，暴露出來魯國貴族的一個新問題，就是這些人已經失去了祖宗輩的勇氣，不敢在戰場上拚命了。

齊、魯兩國這三年的戰爭，更像兒童遊戲、中學生郊遊，還沒上戰場各種新鮮刺激，咋咋呼呼；真到兩軍對陣，都縮頭縮腦不敢衝鋒。一個叫冉猛的士人，一年裡兩次戰鬥，一次裝成腿受傷的瘸子，一次乾脆從戰車上假摔下來，而且臉皮很厚，洋洋自得，氣得陽虎罵他：「盡客氣也！」[7]這個

「客氣」，不是我們今天說的謙遜有禮貌，而是裝蒜、虛情假意的意思。他拿這些人沒辦法。

不僅魯國如此，當時鄭、衛、齊、宋等中原國家，甚至楚國這種原來頗具蠻夷色彩的國家，都出現了貴族退化問題。打仗本來是貴族的老本行，現在老本行不行了，文化上也未必有造詣，只剩了鬥雞走狗、聲色犬馬。陽虎跟了季氏多年，像季平子為鬥雞翻臉一類的事兒，他見得多了。

三桓不得志的支庶子弟，也逐漸集中到陽虎周圍，形成了一個政治集團。魯定公八年，孔子五十歲時，陽虎最終下決心對三桓動手。上次想除掉季氏、三桓的是國君魯昭公，現在換成了季氏的家臣陽虎。

陽虎的第一步策略是換人——他自己準備代替孟氏族長孟懿子，用季、叔兩家投靠他的兩個支庶子弟，替換掉這兩家的族長。這樣表面上還維持著三桓家族的格局，但他就變成正規、合法掌控魯國政權的人了。

但也不是沒問題。陽虎能真正控制的只是季氏家族，各級管家基本都換成忠於他的人了，但孟孫、叔孫兩家他還沒能控制住。如果把三桓族長都抓起來，孟孫和叔孫兩家肯定會糾集武裝開戰。

春秋列國還沒有專業軍隊，都是大小貴族的私家武裝。季孫氏獨大，武裝力量占魯國的一半，孟孫、叔孫合起來就是另一半。所以陽虎要做打內戰的準備。都城曲阜這一帶是季孫家的勢力範圍，陽虎祕密下令集中曲阜地區的戰車。在平時，戰車和戰馬是分開的，戰車保存在車庫裡，戰馬飼養在靠近水源、草地的牧場，這需要一段時間。

---

7《左傳・定公八年》。

還要把季桓子抓起來，而且不能走漏風聲，引起孟、叔兩家警覺。於是陽虎聲稱在曲阜郊外的莊園舉辦射獵宴會，邀請季桓子參加，想趁機把他抓起來殺掉。

但調集兵車的消息還是傳出去了。孟懿子感覺不妙，忙從自己的封地——成城調集武裝，讓他們在陽虎準備動手的那天趕到曲阜。一部分人先潛入了孟懿子家，裝成做工的苦役埋伏起來。

到宴會這天，陽虎「陪」著季桓子出城，他乘車走在最前面，堂弟陽越的車在最後，季桓子的車被夾在中間。還有號稱負責「圍獵」的步兵，拿著矛和盾走在季桓子馬車兩側。

看到這形勢，季桓子知道此行凶多吉少，他悄悄對車夫說：你家祖祖輩輩都是給季氏效力的，你也要善始善終啊。

車夫說：「您這話說晚了！現在陽虎當政，全國人都聽他的。我要違抗他的命令就得死，而且死了對您也沒什麼用。」

季桓子說：「現在也不晚，你只要把我送到孟孫家就行！」

車夫還有點猶豫，經不住季桓子的鼓動，決心冒險。當車隊經過一個十字路口時，車夫突然轉向，打馬朝孟孫家飛馳，陽越的馬車在後面緊追不捨。

孟孫家早偷偷戒備了，看到季桓子的馬車跑進自己家，立刻關了大門。陽越追來，被孟家人從門縫裡放箭射死了。孟懿子立刻集結起家族武裝，對陽虎開戰。

在十五年前，魯昭公準備攻滅季孫氏的時候，孟懿子就大膽對抗國君，有很出色的表現；這次面對陽虎的威脅，又是孟懿子縝密布局、力挽狂瀾，挫敗了陽虎的政變計畫，這位孔子昔日的弟子，已經儼然成為三桓勢力的中流砥柱。如果沒有他，魯國的歷史可能早已改寫了。

陽虎立刻控制了魯定公和少年叔孫武叔（這是諡號，他叫叔孫州仇），雙方打起了內戰。戰事一旦拖久，陽虎這邊就逐漸不行了，因為他沒控制住季桓子，季氏在魯國影響力大，忠心追隨陽虎的人越來越少。

他只好逃離曲阜，不過他跑得很從容，還在孔子當年停喪的五父之衢吃了頓晚飯，住了一夜。手下人催他快走，三桓的人就要追來了。陽虎說：「他們撿了條命，高興還顧不上呢，哪有工夫追我？」三桓勢力逐漸反攻，到最後，陽虎只剩了魯、齊邊界上的一點地盤，他的大本營陽關城，還有季氏老巢費城，陽虎死黨公山不狃一直在那裡固守。內戰局勢進入了僵持之中。

陽虎這次叛亂的直接後果，就是孔子可以當官了，他終於有了夢寐以求的從政機會。

但我們先放下孔子的仕途，來介紹他的思想和學術。因為只有瞭解了這些，才會明白他的主張是什麼，他當了官都想要幹些什麼。

# 第七章　孔子的基礎課程

民營教育的開創者——貴族的「六藝」基礎課——禮樂代表一切規矩——

馬車的技術很複雜

陽虎當權這些年，孔子沒什麼官職和社會活動，一直在辦學授課。四十到五十歲這段時間，是孔子思想的成熟時期，他的學術聲譽迅速增長，很多有名的弟子都是這個時期投到他門下的。

前面說過，在孔子之前還沒有成規模的教育體系，文化教育都是被貴族階層壟斷的，而且成本很高，很富的人家才能請得起一位家庭教師。

孔子現在自己辦教育，就開創了一種全新的教育產業模式，他招收的學生數量多，等於這些學生湊錢供養老師，就把教育成本攤薄了，底層百姓只要掏得起學費，都可以學習。當然，孔子後來的弟子裡面有一部分是士人小貴族，由於貴族階層人口增殖過快，有些遠房的小貴族撈不到太多特權，雇不起私家教師，他們也只好跟著孔子學文化、學技能。

在春秋的世襲社會裡，孔子是第一個到市場上自謀生路的小貴族。本來，低階貴族最正統的謀生手段是追隨一位大貴族，要麼當小職員，要麼跟主人上戰場打仗，而孔子靠辦學自謀生路，不需要投靠大貴族，同時開創了社會化、商業化的教育模式，文化就不再是貴族階層、特別是大貴族家族壟斷的了。

## 開創民營教育

先來看孔子的教學方式，他怎麼幫學生上課。

《儒林外史》裡描寫過明清時代的私塾教育，一屋子小學生咿咿呀呀、搖頭晃腦背誦古書，老先生拿著戒尺監督。但孔子辦得教育還沒這麼正式，畢竟是剛剛起步，還沒有規範的課堂、課程表，也不是正規的大班授課。

從《論語》的一些記載片段來看，孔子給學生們上課的方式，還是有點像非正規的小班私教課，場地靈活，時間機動，講授的內容和形式都因地制宜，學生想學什麼知識，可以和老師商量，看老師有沒有能力和意願提供；學生有什麼疑問也可以隨時提問，和老師切磋一下，甚至是辯論，這又有點像現代的「研討班」教學。

孔子沒有條件建設正規的學校、搞大班教學，正好方便搞因材施教，就是根據學生的興趣和特長進行培養。喜歡讀書做學問的，就朝學者的方向培養；喜歡從政的學生，就訓練他當貴族管家的能力；口才好的，就側重訓練他的外交才能。

孔子把學生的特長分成了四類：第一是德行，就是思想品德；第二是言語，就是口才；第三是政事，就是行政能力；第四是文學，它的意思是學術，不是我們今天的虛構文學。這算是孔子初步探索出來的「學科培養方向」。[1]

另外，孔子傳授的不止是書本上的文化課、寫字算數，還有貴族社會裡的各種實用的技能，比如駕馭馬車、拉弓射箭、演奏音樂、主持禮儀活動等等。這些實用知識都需要實際操作，不能坐著只說不練，所以孔子還要給學生們提供實習設備。比如，那時候貴族生活離不開馬車，駕馭和維護馬車的技能很實用，孔子有了屬於自己的一輛馬車，正好可以給窮學生們當教學用具。

1《論語・先進》。

## 師生團隊也是互助組織

《史記・孔子世家》說，孔子一輩子有三千弟子，最有成就的有七十二人。但後世有人質疑，一個老師能不能教出三千學生？這種言傳身教，小班授課，還經常親手搞示範，教學效率當然不會太高，光憑孔子一個人肯定培養不了。

這又涉及到了孔子的另一個教學方法，就是讓老弟子幫著帶新弟子，有些基礎知識就不用孔子本人講授了，老資格的學生可以代勞，孔子只需要給新弟子們把把關、考評一下，從裡面發掘有潛力的種子隊員就可以了。

《論語》裡面沒直接記載這種學生帶學生的方法，但從很多記載能看出來，有些學長和學弟是固定組合，比如，子路和子貢，是孔子的兩個很出色的學生，子路有個小師弟叫高柴，子貢有個小師弟叫陳亢，他們師兄弟之間經常有對話，或者一起幹事業，在《論語》裡面都有記載，這就是新老學生形成的學習組合。

老學生幫助孔子帶新學生，也許可以分享一些學費收入，等於也進入了教師職業。學生變得越來越多，孔子就像是一個私立學校的校長，老弟子們就像學校裡面的院系領導了。

可以簡單計算一下：孔子到晚年，陸續有了七十二個最得意的學生，如果每個學生再能帶七十二個小師弟，那就接近五千二百人。當然，有些老學生可能有自己的工作，沒時間帶師弟，這麼算下來，孔子的三千弟子規模很正常，裡面多數人屬於「再傳弟子」，就是跟著大師兄學習的學生。

弟子們跟隨孔子學習的學制也有長有短。在《論語》裡孔子說過：如果跟著我學習三年，找份有薪水的工作不是什麼問題，這屬於比較短的學制，能學到一些職業基本功。另外，還有些出色的弟子，很多年一直陪伴在孔子身邊，比如子路，在孔子身邊斷斷續續有四十多年，他在外面沒有專職工作的時候，可以給孔子當助理，同時帶一帶新學生。

學生們跟著孔子上學，不僅是學知識，也是加盟了一個團隊，能分享到很多資源和機會，有點像現在MBA之類的企業管理教育。孔子開辦著一座規模不小的私立學校，後來又當過大官，算是有一定的經濟實力和社會資源，新人加盟這個師生互助團體，自然能獲得很多機會。

孔子還一直努力幫助學生們找工作。比如，當他有機會當大官，就會想辦法安排學生們當官。後來孔子不當官了，還經常向三桓寡頭們推薦自己的學生，比如他說，子路擅長指揮打仗，冉有擅長管理地方，公西赤適合搞外交，等等，這都是幫學生們找一份合適的工作。

有些學生家境不好，可能暫時掏不起學費，可以先幫孔子幹點家務活兒，算是勤工儉學，比如很著名的學生子貢，《禮記》記載，他剛跟著孔子學習的時候，孔子家的狗死了，子貢負責埋了這條狗，這也是給老師家打工。

這麼說起來，孔子的師生團隊和現代意義的政黨有點相似，都是有共同的政治理念，有密切的互助合作。但還要看到，在孔子時代，列國的權力都掌握在大貴族和寡頭們手裡，孔子團隊即使運氣好，能找到比較多的工作機會，但還是在給大貴族打工，他們幾乎沒有自己做主制定政策的權力，只能充當大貴族的經理人角色。所以，孔子團隊離現代意義的政黨還有很大距離。

孔子都給學生講授些什麼課程呢？說起來有點複雜，因為這不是固定不變的，隨著年齡的增長，他教授的課程也有變化。

在孔子剛剛認祖歸宗、成為貴族的時候，他要學習作為貴族的各種基本功，這鍛鍊了孔子的學習能力、學習意識；當他剛開始當老師、招收學生，也是給學生們教授貴族基本功，教他們在貴族社會裡謀生的基本技能，直到成為一名合格的貴族。

作為一名西周或者春秋貴族，必須掌握的基礎知識是什麼呢？一本叫《周禮》的書裡列舉了六種，所謂「六藝」，就是六種技藝，分別是：禮、樂、射、御、書、數。

本書前面介紹過，春秋貴族需要能文、能武、懂人事，而《周禮》列舉的這六種具體技藝，涵蓋了文和武兩方面，但還沒有「懂人事」的內容，因為人事還不能算正式的教學課程，需要在家庭和社會裡面去學習。

下面介紹一下《周禮》記載的貴族六藝，禮樂射御書數。

## 六藝之首：禮樂

在西周春秋時代，「禮樂」這個詞的涵義很廣，包含了周朝貴族社會的各種習俗文化、社會規範、政治制度。

在孔子的觀念裡，禮和樂就是周文化的象徵，也可以說是華夏文明的象徵，他說天下有道的時候「禮樂征伐自天子出」，這裡禮樂代表政治和文化，征伐代表軍事。

為什麼禮樂的涵義這麼龐雜呢？

因為那時候還沒有寫在書面上的法律和制度，大多是不成文的所謂「習慣法」，還屬於禮俗和政治、法律分不開的時代，這些就被統稱為「禮」。那時人們常說「非禮」這個詞，孔子也愛這麼說，意思是不符合社會規範，而不是對待別人不禮貌。

孔子時代還有個說法，就是「周公制禮作樂」，把禮樂的發明權都送給了周公。這一點經常讓後世學者感到困惑：難道周朝所有的禮樂制度、習俗，都是周公一個人製作的嗎？

周公這個人對周朝確實很重要。在周武王滅掉商朝、建立西周的一年以後，武王就去世了，繼位的成王年幼，所以周公曾經長期攝政，他為西周王朝奠定了政治基礎，一直影響到後來的春秋時期。但要注意，周公是個很繁忙的政治家，他的工作主要是建立政治秩序，比如鎮壓商朝殘餘勢力的反抗、分封諸侯等等，都屬於王朝大政方針，至於生活禮儀層面的內容，比如婚喪嫁娶的習俗，演奏音樂等等，就不是某一位政治家能夠通盤制定的，而是貴族社會長期發展中逐漸形成的，也在一直隨著時代發生改變。

對於孔子來說，宏觀的政治制度、社會規範，不是他能系統研究和講授的，他只能研究屬於禮儀範疇的狹義「禮樂」。這就是學者和政治家的分工不同。

下面就介紹一下孔子研究和教授的禮樂內容。

孔子研究的「禮」，是貴族社會的各種禮儀活動，比如祭祀神靈、婚喪嫁娶，也有政治場合的禮儀，比如外交會見，貴族的社交宴會。春秋的這些禮儀活動程序很繁瑣，講究很多，所以成了貴族們最重要的知識。

為什麼周人的禮儀這麼多、這麼重要？就因為那個時候是身分世襲社會，人的不同等級，包括貴族裡面的各種不同等級，都要有特定的待遇和身分象徵，不能混淆。周人的禮，就是區別身分用的。既然周人的禮儀很繁瑣，就需要有專門知識的人來搞統籌，主持禮儀活動，孔子代表的儒家就專門研究這些，這是他們的老本行。

作為貴族階級民俗這個層面的「禮」，是慢慢發展來的，有些是先在一個地方出現，逐漸傳到別的地方。像晉國喪服穿黑色（中國傳統喪服都是白色，歐洲反倒是黑色），那是因為晉文公剛死的時候，晉國要跟秦國打仗，覺得穿白喪服出去不吉利，就變通成黑的，這麼保存下來的。

再比如，魯國女人服喪，要用麻線紮在頭髮上，這是孔子出生前十八年，魯國跟旁邊的小國邾國打仗，死了很多人，家屬去迎接拉回來的屍體，都在頭髮上紮一根麻線。為什麼紮？不知道。但此後魯國女人服喪，紮麻線就成禮俗了，又被孔子編入了正規的喪禮。[2]

孔子晚年時候，他同母異父的姊姊去世了，孔子還有個侄女，就是他同母異父的哥哥的女兒，孔子就教這個侄女怎麼往頭上紮麻線。這個侄女是由孔子做主、嫁給了學生南容，我們後面還會介紹。[3]

再如，魯國貴族送見面禮，本來鵝（大雁）、羊羔都可以，沒有輕重之分。但孔子五十歲那年，也就是陽虎掌權的最後一年，晉國來幫助魯國打齊國，雙方見面的典禮上，晉軍統帥范獻子拿的禮物是羊羔，兩名副手拿的是鵝。魯國人從此就覺得羊羔比大雁高級了，「魯於是始尚羔」。[4]

孔子師徒整理了很多禮儀方面的文獻，形成了一本書，叫《儀禮》，從這名字能看出來，它都是和儀式有關的禮的內容，裡面有貴族生活類的，比如士人的成人禮（冠禮）、婚禮、喪禮、祭祀、社交宴會，也有政治性的儀式，比如出使外交、國君接見大夫等等。

《儀禮》的內容很多，其中孔子最喜歡研究的是和喪葬、祭祀有關的內容。現代人可能覺得喪葬、祭祀的儀式不是那麼重要，走個形式而已，但孔子時代可不一樣，那時候人們普遍都相信有鬼神，人死了也要變成鬼，有能力干預人世間，所以要用祭祀來供養各種鬼神，用來趨利避害、逢凶化吉。

另外，春秋貴族社會也是宗族社會，各種親屬關係非常重要，這在喪葬禮儀上表現的最清楚，因為給不同的親屬服喪的標準不一樣，需要很精確的計算，工作量很大，所以儒家特別重視，翻一翻《儀禮》和《禮記》這兩本書，會發現裡面關於喪禮的內容特別多，都是關於各種具體情況的討論，和法學的案例很相似，孔子也經常在這方面發表意見。

前面還提到過一本叫《周禮》的書，貴族「六藝」的內容就是這本書記載的，這本《周禮》主要是周朝的政治制度，各種官職的介紹。現在學者一般認為《周禮》寫出來的更晚，在孔子去世之後比較久了，所以本書對《周禮》介紹不多。

介紹了孔子的「禮」，再來看「樂」，就是音樂。

貴族們學習音樂，主要還不是為了自己開心娛樂，而是各種儀式的需要，因為儀式需要有樂隊伴

2 見《左傳．襄公四年》。
3 見《禮記．檀弓》上：「南宮縚之妻之姑之喪」，南宮縚就是南容。以往學者以為死者是南容的母親（也就是孔子侄女的婆婆），其實是孔子侄女的姑姑，也就是孔子的大姊。
4 《左傳．定公八年》。

奏，比如祭祀活動、朝廷典禮、社交宴會，都有專門適用的樂曲，不能弄混了。

在傳統時代沒有錄音設備，音樂都是奢侈品，各國朝廷裡有專門的樂官，叫「師」，都是盲人，因為他們聽音敏感。大貴族自己有家庭樂隊（這個應該不是盲人），當時貴族吃飯要有樂隊伴奏，叫「鐘鳴鼎食」。比如宋景公一次想找個大臣商量事情，聽見大臣家那邊有鐘聲傳過來了（那時編鐘是樂器），宋景公知道這是人家在吃飯，就讓人等音樂停了再去叫。

孔子自己特別喜歡音樂，他養不起樂隊，只能自己學，所以後來孔子周遊列國，到了哪兒都要跟當地的樂師學音樂。

還有一點現在人不太瞭解的，就是周人的「樂」也包含了舞蹈。那時貴族宴會，賓主經常一起跳舞。還有更正式的場合，朝廷的典禮、祭祀，也都有集體舞蹈的程序，有點像現在的團體操表演。貴族子弟從小受教育，舞蹈是很重要的一項內容，要從十幾歲學到二十多歲。[5]

## 軍事技能：射和御

射、御，分別是射箭和駕駛馬車。這是打仗的技能，貴族的基本功。但這兩樣不是書本知識，需要靠平時有條件多訓練，再加實戰鍛鍊。

除了打仗，這兩樣還有用處。射箭也是貴族的遊戲，那時貴族宴會上一般不玩牌，而是比射箭，有所謂「射禮」，出城打獵也用得著射箭。

駕車像現在開汽車，自己用車當然方便，伺候領導也用得著。商代、西周、春秋都很少騎馬（到戰國的趙武靈王胡服騎射，才開始普及騎術），那時都是乘坐雙輪輕便馬車：車體很小，敞篷，也可以加一個傘形的車蓋，駕四匹或兩匹馬（天子可以駕六匹甚至八匹），可以跑很快，也可以作戰車用。

這種車可以做得很高級，比如用昂貴的檀木製作，叫「檀車」，[6]還可以進行很複雜的髹漆，再加上錯金、鎏金等工藝，「美澤可以鑑」，鑑就是銅鏡子，這是說車體就像鏡子一樣光亮潤澤。[7]

這種高速輕便馬車，商代後期的殷墟時期才出現，到秦始皇時還在用。它的製造技術很複雜，特別是和高速馳騁有關的車軸、車輪部分，需要特殊的製作工藝。《莊子》裡記載一個專門製作車輪的工匠，他說：我這技術是多年學習加揣摩出來的，想把自己兒子教會也沒那麼容易。

但從漢代開始，這種高速輕型馬車就逐漸失傳了，後世再也沒能復原出來。因為漢代已經流行騎馬了，有急事都騎馬，不再靠馬車趕路，馬車就朝著寬敞舒適、車廂封閉的方向發展，用來拉車的馬也少了，一般是一匹，車速就慢多了。

再到宋代以後，文人已經完全不知道春秋時候的馬車是什麼樣子了。明清時期的畫家畫過很多孔子事蹟圖，裡面的車都是駕一匹馬、甚至一頭牛的廂式慢車。直到現代，考古發掘出了很多商周春秋的殉葬「車馬坑」，都是用真車真馬隨葬，這才重新弄清楚了春秋時期的高速馬車造型。

孔子成為貴族以後，也補課學會了趕車、射箭，然後用來教學生，最需要的是那些窮人家出身的

5 見《禮記・內則》。
6《詩經・小雅・杕杜》。
7《左傳・襄公二十八年》。

學生，他們以前沒機會接觸這種馬車。

駕馭四匹馬的車需要很複雜的技術。以騎馬為例，靠繫著馬嚼子的轡繩控制方向，拉右邊繩子馬就往右轉，拉左邊的就往左轉，兩根一起往後拉就是「煞車」。用四匹馬駕車，就有六根轡繩了，它們怎麼抓在手裡，怎麼操控，《詩經》叫「六轡在手」，大有學問。[8]

四匹馬為什麼是六根轡繩，而非八根？因為只有靠外的兩匹馬負責轉彎，各需要有兩根轡繩；裡面的兩匹馬不負責主動轉彎，兩根轡繩就合成一根，只負責「煞車」。

駕車技術之外，還有專門的知識和禮節要學。

那時馬車都是載三個人，戰車的規矩是駕駛員（馭手）在中間，他被稱為「御」，弓箭手在左，戈手在右，分別叫「車左」和「車右」。三人的級別是馭手最高，弓箭手、戈手次之。

分左右的依據是什麼？因為正常人都習慣用右手，左手持弓、右手拉弦最方便，所以弓箭手站在左邊最合適。駕駛戰車對打，距離稍遠時，要讓對手處在自己的左前方，方便弓箭手射擊；但如果兩車靠得近了，就要把對手放到自己車的右邊，給戈手製造砍殺的機會。

孔子本人並不喜歡戰爭和暴力，他從小跟著單親的農民媽媽長大，一直很低調，不愛惹是生非，但為了適應貴族社會的要求，孔子和弟子們還是要學習戰車作戰的技能。比如《論語．子罕》篇裡記載，孔子曾經對弟子們說：「我是應該當『御』呢，還是應該當『射』呢？」這個御就是戰車的駕駛員，射是戰車的弓箭手。孔子自己的回答是：「我還是當駕駛員吧。」

從這段話看，這是中年以後的孔子在給學生們講解、演示戰車作戰的技能。孔子主動當駕駛員，可能是他不想當弓箭手殺人，比較仁慈。

戰車三人組裡面，還有一位是車右——長戈手，怎麼孔子沒提到呢？可能長戈手也是要殺人的，孔子不想幹。而且，戰車三人組裡面，這位長戈手的地位最低，一般由年輕人充當，在戰車作戰的時候，經常需要有人下車，擔任推車、警戒等勤務工作，這都是由長戈手負責的。孔子說前面這段話的時候，年紀已經大了，自然也不適合幹這個分工。

國君、指揮官乘坐的車，和普通戰車的習慣不一樣，是領導在中間，馭手在左邊，衛士（車右）在右邊。當馭手和車右的，必須是貴族身分，至少是士，而且最好和長官不同姓，至少是不同家族的，三人的服裝要有明顯區別，讓車下的人不容易認錯。[9]

對於怎麼照顧上級長官乘車，《禮記》有一段非常詳細的記載，可見孔子師徒很重視這些技能：出發之前，馭手要先拿著馬鞭子站在車前，監督僕人們把馬套在車上，因為馭手也是有身分的人，套車這種事不用親自動手。

車套好以後，馭手把固定車輪的「軨」打開，繞車一周，檢查車身有沒有問題，然後撩起衣襟，從車後邊登車（上、下車的小門在車廂後方），扶著車廂上的扶手帶子（綏），在自己的位置跪坐下來。拿起馬鞭的同時，雙手把六根轡繩（轡）用手指分別夾好，趕車走上幾步，檢查一切正常。然後停車，起立，等待長官出門上車。

8《詩經・秦風・小戎》。
9《禮記・坊記》：「子云：『君不與同姓同車，與異姓同車不同服，示民不嫌也。』」

侍從們簇擁著長官登車時，馭手要把轡繩和馬鞭都抓到一隻手裡，騰出一隻手幫著長官抓扶手帶子。長官的專車有兩根扶手帶子用於登車，一根長官專用，另一根給馭手、衛士用。等長官上車後，車下的侍從退避，馬車緩步朝院子外面行駛，侍從們徒步跟在車兩邊。到大門的時候，長官拍一拍馭手的手，示意放慢速度，轉頭命令衛士（車右）上車。當車駛近門道、溝渠減速的時候，車右都要跳下車步行，預防意外事件……[10]

在史書記載裡，給孔子駕過車的學生有子路、樊遲、宰予、冉有、顏刻，他們家境大都不好，孔子讓他們當義務的司機，他們也借這機會練習趕車，學這套本領。

不僅趕車有禮節，乘車也有。孔子乘坐馬車的講究是：上車以後朝前站立，手抓牢扶手帶子；在車廂裡不亂轉身，不大聲吆喝，不指指劃劃。[11]這樣有安全的考慮，避免驚動了馬匹，或者干擾馭手的注意力，另外也是表現莊重的身分，因為只有貴族能乘坐馬車，必須有上等人的威嚴。

那時的馬車上可以站著，也可以跪坐或盤腿坐，但道路不好，馬車又沒任何避震設備，坐著會顛得很難受。有些高級馬車用整張牛皮做車廂底，這叫「革車」，坐在上面就不那麼硌了，再墊上厚墊子更舒服，但孔子好像沒有過這麼奢華的馬車。

在馬車上行禮叫「軾」。軾本來是車前面扶手的橫木，在車上表達敬意時，要身體立正，表情肅穆，兩手放在橫木上，所以叫「軾」。一般進城門、街區門時，乘車人都要「軾」，以示敬意。孔子乘車時見了穿喪服的、修城牆的，都要「軾」。修築城牆的都是底層百姓，但他們是在給國家工作，所以貴族也應當表示敬意。[12]

「六藝」的最後兩項是書和數，書是認字和書法，數是數學計算，都屬於最基本的文化課，作為一名貴族或者文職管理人員，這都是最基本的技能。

不過在《論語》等文獻裡，孔子幾乎沒有談論過書和數這兩項技能，因為孔子並不專門研究文字學和數學，他後期鑽研的高深學問都跟這兩項沒什麼關係，那些新弟子來求學的，可以讓老弟子教他們這些基本功，孔子就不用專門關注了。

以上「六藝」，是孔子早期教學生的必修課，也是士的基本技能。

隨著孔子和弟子們年齡越來越大，社會地位和學術水準越來越高，課程就不再局限於基礎的「六藝」，而是提高到了更專業的「六經」。或者說，孔子教弟子，前期主要是六藝，後期主要是「六經」，我們到孔子晚年再介紹「六經」。

---

10《禮記·曲禮上》：「君車將駕，則僕執策立於馬前。已駕，僕展軨。效駕，奮衣由右上，取貳綏；跪乘，執策分轡，驅之五步而立。君出就車，則僕並轡授綏，左右攘辟。車驅而騶，至於大門，君撫僕之手，而顧命車右就車。門閭、溝渠必步。」

11《論語·鄉黨》：「升車，必正立，執綏。車中，不內顧，不疾言，不親指。」

12 見《禮記·曲禮上》《論語·鄉黨》。

# 第八章　孔子思想的起點：周文化

## 禮區別階級身分——仁喚起人類共性——無神的道德基點——周文化的革命性——跟鬼神保持距離——被隱藏的哥哥姊姊

孔子喜歡思考社會規範、政治秩序，提出過很多主張，還形成了「儒家學派」，有眾多追隨者、後繼者。從漢代開始，儒家學說被欽定為官方意識形態，孔子的思想開始深入影響中國社會，這種影響力一直持續到現當代。可以說，孔子和儒家學派，是華夏文明、中國傳統文化最典型的代表。

但後世人不太瞭解的是，孔子思想有它產生的社會土壤，那就是周朝的文化（春秋也屬於周朝），許多思想的發明權並不屬於孔子，他只是總結、提煉者；從這個角度說，後世人對周文化還缺乏足夠的瞭解，孔子個人的形象很大程度上代表了、也遮蔽了這個偉大的文化。

周朝取代了商朝，當我們借助當代考古成果認知了一些商代文化之後，就更能發現周人的創新和偉大之處；孔子從不吝嗇對周公、對周文化的讚美，但出於某些特殊考慮，孔子很少說明讚美的具體原因，導致後世人對其涵義多不甚了了，本章就將揭開這些歷史迷霧，展示周人對於華夏文化肇始的偉大意義。

## 口頭上維護世襲社會

先來看孔子關於階級身分的學說。

孔子生活在身分世襲的時代，關於階級劃分、階級身分是否合理，孔子有自己的思考。先來看一個事例。

在《論語》裡面，孔子遇到過和階級身分有關的問題，就是一個叫樊遲的學生提出要求，說想跟孔子學種莊稼、種菜。但孔子說：這方面我不如老農民和老菜農。這就是委婉地拒絕了樊遲。

當樊遲不在身邊的時候，孔子就表示不滿了，他對別的學生說：樊遲真是個底層人啊！胸無大志，沒有上進心，你如果成為一個有禮義、有信用的上層人，老百姓都會尊敬和崇拜你，甚至從外地趕來投奔你，他們就能把你養活得好好的，哪裡用得著你自己去種糧食呢？

在這個事例中，孔子贊同階級差別，覺得下層人就應該做種莊稼、種菜這些低級勞動，來養活上層人，所以他承認貴族主導的社會等級秩序。但另一方面，孔子對於自己的學生又不搞階級歧視，哪怕是樊遲這種出身下層、有點「不思進取」的學生，孔子也希望他能夠學習上層貴族的文化知識，擺脫底層生活狀態。

從樊遲這個事例能看出來，關於階級身分差異，孔子的理論和實踐並不一致，而是互相矛盾：理論上，他承認階級差別、階級不平等，但實踐上，他又在幫助下層學生擺脫這種不平等。

先看理論層面，孔子最主要的工作，就是明確各種階級、階層的差別，他喜歡談「禮」，這是最主要的內容。

前面已經介紹過，在西周和春秋，從天子、國君到士大夫，構成了一個金字塔形的世襲貴族階級，但是到了孔子時代，開始出現各種問題，比如，天子早已沒有實權，有些國君被寡頭們架空了，有些寡頭甚至又被陪臣架空了，整個貴族階層人口增長過快，邊緣小貴族很難獲得必要的地位，生活困頓。

面對這些亂象，孔子在《論語》裡面有過一些批評，但他沒能提出什麼新的建議，他的理想還是回到古代理想的秩序，諸侯國君服從周王，大貴族能夠國君，小貴族服從大貴族。大家都克制一下自己的欲望，做到一層層尊卑有序，這就是所謂「克己復禮」，本質就是維持貴族階級內部的世襲等級差別。

眾所周知，孔子很重視「禮」，他整理和編寫了很多關於「禮」的著作，這些「禮」的最主要內容，就是劃分貴族內部的等級區別：天子、諸侯、大夫、士，這四個世襲的等級，都有配套的待遇，比如天子吃飯要用「九鼎八簋」，鼎是盛肉食的，有九個，簋是盛素餐的，有八個，葷素搭配，八和九的數量代表了天子級別。當天子死了，也用這套「九鼎八簋」陪葬。下面的貴族等級依次遞減，諸侯是七鼎六簋，大夫是五鼎四簋，士是三鼎二簋，等等。

不止是吃飯的排場，其他衣食住行各方面，比如住的房子、坐的馬車，都有和等級對應的規格，甚至坐的墊子有幾層，都有專門的規定。這些規矩還要管到死後葬禮、祭祀的規格。

孔子熱中研究這一套禮儀規範，最反對下級僭越，就是冒用上級的排場。所以在《論語》裡面，孔子經常批評三桓家族藐視國君、非禮僭越的行為，像「八佾舞於庭」這類負面現象。後來他有了當官的機會，最主要的工作也是要恢復經典中的等級尊卑差別。

## 貴族和賤民區分的合法性

除了貴族階級內部的等級差異，還有更大的區別，就是貴族和被統治階級的關係。孔子又是怎麼看待貴族和賤民的關係呢，他會提倡人人平等嗎？

可惜在這方面，孔子的思想同樣保守。他認為貴族和賤民的地位區別，就代表了知識水準和道德水準的差別，他在這方面最經典的話，就是「唯上知與下愚不移」，[1]意思是說，上層人聰明、有文化，下層人愚蠢，這道理永遠不會改變。這麼推導下去的結論就是，貴族上層人要永遠過好日子，下層人就要永遠過窮日子。

在《論語》裡面，孔子還說過很多賤民必須服從貴族、養活貴族的道理，比如「民可使由之，不可使知之」，[2]意思是，讓底層民眾糊裡糊塗聽從命令就行了，不能讓他們懂得太多；孔子還說過，「小人學道則易使也」，[3]意思是，底層人也可以學一點道理，但這還是為了讓他們尊重貴族老爺，服從貴族的統治。

在孔子的話語裡面，經常出現小人和君子這兩個詞，它們是一對相反的概念，主要指世襲身分的賤民和貴族。有些現代學者為了拔高孔子，說君子和小人的區別主要是有沒有道德，和身分無關。這並不準確。如果查一查《論語》就能看到，在多數情況下，孔子都是從身分貴賤的角度來區分君子與小人。

比如「小人學道則易使也」這一句，和它相連的，是「君子學道則愛人」，意思是，君子學了道理就會體諒下層人。這句話說明，孔子默認君子和小人這兩者都可以不懂「道」，那麼，兩者之間的本質區別還是身分差異。

上面是孔子的思想學說，但他的實際行為卻跟他的學說不一致。

1《論語．陽貨》。
2《論語．泰伯》。
3《論語．陽貨》。

## 行動上否認階級壁壘

孔子的教育事業向一切人開放，所謂「有教無類」，[4] 不管什麼階級的人，只要掏得起學費，都能跟著孔子學習，孔子還盡量幫窮弟子在大貴族家裡找工作，讓他們取得準低級貴族的身分，像孔子母親顏氏家族的那些窮親戚就是例子。孔子號稱有三千弟子，這些學生不可能都是貴族身分，大多數還是底層民眾。

孔子學生裡面，還有相當一部分是沒落小貴族，這是貴族階層人口膨脹而出現的「邊緣人」，孔子給這些人提供受教育和找工作的機會，也能讓他們改變階層身分，和高級的大夫一起共事。比如著名的子貢，是孔門弟子裡面官當得最大的，還有子夏、宰予等學生，後來都晉升得比較高。

在階級方面，孔子的理論並不成功，但他的「有教無類」的行為，給有志求學的下層人提供上升通道，卻代表了歷史發展的方向。再晚一點，到戰國初期，各國都搞變法消滅了貴族階級，建立起君主集權和官僚制，占社會大多數的普通民眾都不再受世襲身分的限制，有了向官僚制上層流動的空間，從這個角度說，孔子又是官僚制的開山始祖。

關於世襲的階級差異，為什麼孔子的理論和行動如此矛盾，這是個很有意思的話題，目前學術界還少有研究。但應該注意的是，在這方面孔子並不是特例，西周、春秋的整個上層社會，雖然都很重視等級身分的差異，但是，他們沒能建立起一整套為這個不平等體系辯護的系統終極理論。

因為能夠為世襲身分提供理論支持的終極力量，只能是神學，就是認為神創造了人間的等級秩序，凡人沒有能力改變。在幾乎所有的古代人類文明裡面，都是這麼為世襲階級辯護的，比如古印度形成的種姓等級制度，有古印度教的理論支持；歐洲中世紀的貴族制度，又和羅馬基督教會的權威聯繫在一起，有了神的首肯和保護，人間的世襲階級才是合理合法，不容置疑（當然，不是所有的神學教義都包含對人的階級劃分，但在古代的宗教政權統治下，信不信特定宗教自動就會跟階級地位掛鉤）。

在這方面，周人算是一個特例，他們只是把等級差異當做一種現實的存在，沒有動用神來證明等級制度、世襲身分是天經地義的，所以到春秋晚期、孔子這個時代，貴族制度就開始搖搖欲墜，到戰國就被徹底廢除了。

歸根結柢，周人文化排斥神對人間的主導能力，造成了貴族世襲制度沒有足夠的理論合法性。

## 己所不欲，勿施於人

在中國的漢文明之外，其他的人類古典文明都是宗教文明，比如猶太教、基督教、伊斯蘭教、佛教等等。那些宗教文明裡面的道德原則，都是傳達的神的命令，宗教經典裡面白紙黑字寫好的。

比如，在猶太教的《舊約》裡面，有所謂「摩西十誡」，就是上帝向摩西傳達的宗教道德標準，一共有十條，前面四條是關於宗教信仰的，不許信別的宗教，後面六條是規範人際關係的，比如，要孝敬父母、不許殺人、不許通姦、不許偷竊等等。後來的基督教、伊斯蘭教，也繼承了《舊約》裡這些神頒布的道德原則。

4《論語．衛靈公》。

再比如佛教的戒律，是佛祖釋迦牟尼頒布的，有所謂「五戒」「八戒」「十戒」的說法，比如不殺生、不偷盜、不邪淫、不妄語、不飲酒等等。

既然這些宗教的道德原則都是神頒布的，一條一條很清晰明白，信仰的人照著做就可以了。而且有宗教信仰的人經常擔心，那些不信宗教的人，他們沒有神制定的行為規範，想做壞事怎麼辦？

恰好，中國的儒家文化裡就沒有這些神創的道德律，所以經常被人懷疑，你們拿什麼來保證道德規範？

如果我們翻一翻關於孔子的著作，確實能看到，孔子從來沒對他的學生們說過，你們不許殺人、不許偷東西、不許通姦……他從來沒引用、轉達過神創的道德戒律，也沒有用神定的標準批評過、評論過任何人。

孔子只用一個字來定義人和人之間的道德標準：「仁」。

那位想跟孔子學種莊稼的學生，樊遲，曾經問孔子仁的涵義，孔子只說了兩個字，「愛人」，意思就是對別人好，善良仁愛。[5]

看起來像是心靈雞湯，天下人畢竟有好有壞，千差萬別，怎麼能無原則的愛別人呢？

關於怎麼貫徹這個仁愛的原則，孔子還有可操作的方法，那就是「恕」，具體做法就是「己所不欲，勿施於人。」[6]只有八個字，也很簡單。

但不要小看「己所不欲，勿施於人」這八個字，人類的一切道德原則和行為規範，都可以從這八個字推導出來。比如說，你不想無緣無故被人殺掉，那你就別去殺人；你不想自己的東西被人偷走，你就別去偷別人的東西；你不想被別人誹謗，你也就別去誹謗別人……

從這個簡單的「己所不欲，勿施於人」，能推導出人類社會的一切道德準則，它比牛頓三大定律還簡潔，用處更大。所以，孔子不需要整天教育學生們不許殺人、不許偷搶……這都在「己所不欲，勿施於人」的原則裡邊了。

孔子還說：你如果想富貴，就應該也幫助別人富貴，你如果想成功，就應該幫助別人成功，這就是仁。孔子給它叫「能近取譬」，就是推己及人，設身處地為別人著想，這就是實踐「仁」的學說的方法，原話叫，「能近取譬，可謂仁之方也已。」[7]

## 「仁」很容易做到嗎？

這麼說來，「仁」的原則太簡單了，就是所謂「能近取譬」，站在別人的角度考慮問題，似乎誰都能做到。但事實可不是這樣。

比如，一個學生問孔子：如果有個人能夠造福天下的億萬民眾，這種人可以叫「仁」嗎？孔子回答說：這跟「仁」還沒什麼關係，這叫「聖」，就算是堯和舜那樣的聖人，也未必能永遠符合「仁」的標準！

5《論語．顏淵》。
6《論語．衛靈公》。
7《論語．雍也》：「子貢曰：『如有博施於民而能濟眾，何如？可謂仁乎？』子曰：『何事於仁！必也聖乎！堯舜其猶病諸！夫仁者，己欲立而立人，己欲達而達人。能近取譬，可謂仁之方也已。』」

所以，古代傳說裡的聖人，也未必稱得上仁人。孔子還評價過他自己，他說：仁和聖的境界，我怎麼敢奢望呢？原話是「若聖與仁，則吾豈敢？」[8]

既然孔子都不敢自稱能永遠做到「仁」，他的學生們就更困難了。比如孔子晚年的時候，一位大貴族問他：子路、冉有、公西赤這幾個學生，能做到仁嗎？

孔子說：他們的行政能力都不錯，有的人擅長搞軍事，有的擅長搞外交，但他們在仁這方面做得怎麼樣呢，我還真不敢說。原話就是「不知其仁也」。[9]

如果這些著名的學生都很難達到「仁」的境界，那誰最有希望呢？

孔子說，那就是顏回，他學習最勤奮，物質欲望最低，也最受孔子喜歡，但孔子也只是說，顏回能夠堅持三個月不違背「仁」的原則。[10]言下之意，如果超過三個月，顏回也難免做不到。

為什麼仁的道理說起來很簡單，真的做起來卻很困難呢？孔子沒有說，我們可以推測一下。就說宗教的戒律，都很清晰明白，哪些事情不能幹，一二三四寫得很清楚，照著做也不難，標準明確嘛。但「仁」就不一樣了，它是活的、動態的，你接觸的每一個人，個性、愛好和道德觀念可能都不一樣，要在這些複雜個案裡面運用「己所不欲，勿施於人」的原則，當然不那麼容易，沒有十全十美。所以，仁的理論很簡單，但做起來是永無止境。

## 從「仁」到「仁政」

上面這些關於「仁」的思想，只是兩個個體的人相處的原則。但孔子還關注政治、階級層面的宏大問題，比如，統治者和被統治的老百姓應該如何相處？

在這個宏觀層面上，孔子還是使用類推原則，把「仁」的概念推廣成「仁政」思想。這對後世中國影響也非常大。

舉個例子。在孔子晚年的時候，季氏族長季康子向孔子詢問，說：最近盜賊越來越多，社會沒有安全感，該怎麼辦？

孔子說：這些人偷的、搶的，都是值錢的東西吧，這些東西您也喜歡啊。那些您不感興趣的東西，賊人也沒興趣，就算白給，他們也不會要的。[11]

孔子這麼說是在提醒季康子，你們季孫氏聚斂的財富太多了，所以有些老百姓日子就過不下去了，只能鋌而走險，去偷去搶。這種論證方式，正是所謂的「能近取譬，仁之方也」，就是讓統治者設身處地為底層百姓考慮，讓窮人有條活路。

孔子的仁政思想很著名，但也顯得有點平凡，很沒特色。但不要忘了，在孔子生活的時代，貴族和底層民眾那是天淵之別，有很深的階級鴻溝。孔子讓季康子站在盜賊的角度想問題，就是承認大家都是人，都有同樣的需求，這是「仁政」思想的出發點，把所有的人當人對待，底層民眾雖然是被統治、被管理的對象，但也不是毫無尊嚴的牲畜。

8《論語．述而》。
9《論語．公冶長》。
10《論語．雍也》。
11《論語．顏淵》：「季康子患盜，問於孔子。孔子對曰：『苟子之不欲，雖賞之不竊。』」

如果按照孔子的這個思路推導下去，那就是現代西方的人道主義了。但孔子還沒能那麼超前，他不可能脫離他生活的時代；在承認人能夠互相理解、互利的基礎上，他還要維護貴族社會的統治秩序，希望底層民眾不要造反，要老老實實為貴族老爺們服務。

為什麼孔子能夠相容這種矛盾，就要從他的經歷來解釋了。他是作為底層賤民出生和長大的，後來又認祖歸宗成了貴族，所以，他對於兩個階級都有所瞭解和同情，面對貴族統治者和底層百姓的矛盾，孔子希望在兩方之間當一個調解人，讓兩方互相體諒，大家日子都過得下去。

從這個角度，就能理解孔子在春秋大環境裡的可貴之處了。他的觀念不可能十全十美，因為他不可能完全否定他自己生活的時代。

孔子的仁和仁政思想，不需要借助上帝神仙頒布的戒律，就建立了人間道德原則，也找到了社會規範的起點。這是中國古代文明最獨特的地方。

這好像顯得孔子很偉大，居然能開創這麼超前的現代文明理念。但其實這並不是孔子開天闢地的獨創，而是在周人文化裡面早已有之。從周朝建立到孔子時代，已經過了五百年時間，周人都是按這種非宗教的、推己及人的世俗道德標準來生活的。

## 和鬼神保持距離

來看看周人正統的鬼神觀念。

在《詩經》的〈小雅〉部分，有一首叫〈巧言〉的詩，裡面有一句說：這個偉大的秩序啊，是古代聖人規畫的，別人心裡怎麼考慮的，我設身處地想一下，也就知道了。原文就是：「秩秩大猷，聖人莫之。他人有心，予忖度之。」

請注意，這個「他人有心，予忖度之」，就是設身處地考慮別人的想法，和孔子的「己所不欲、勿施於人」意思完全一樣，但這首詩是西周晚期的作品，比孔子早了近三百年時間。

周朝人為什麼有這種思維方式和道德規範呢？這就涉及到周朝和商朝的區別了。

商朝人什麼樣子，其實史書的記載很少，也不太可靠，但現代的考古發掘工作提供了很多信息，特別是商代後期都城的殷墟遺址。從發掘出來的甲骨文和遺址來看，商朝文明很奇怪，和後世的中國幾乎完全不一樣，特點就是：

第一，崇拜鬼神，最大的神就是「上帝」，不要以為這是基督教的詞彙，它最早出現在商朝人的文獻裡面，後來的基督教傳教士在翻譯《聖經》的時候才借用了這個詞。上帝的「帝」和「商」，上半截部首是一樣的，這個部首的涵義就是神聖、神靈，因為這些字都是商族人造的，商人認為他們是得到神佑的民族。除了上帝，商人還有很多神，比如山川湖泊之神，死去的歷代商王也都成為神。這些神都很有法力，能夠主宰人世間的一切。

第二，商人覺得鬼神有非常大的能力，還喜歡主宰現實世界，商人就用祭祀的辦法討好鬼神，就是給鬼神奉獻各種吃的。舉行祭祀最多的人是商王，因為只有他有資格祭祀最高的鬼神，這是一種壟斷權力。除了給鬼神奉獻各種食物，還要有人肉，也是按照加工食物的各種方法做出來，這種殺人祭祀的行為，學術界叫做「人祭」。

從甲骨文裡可以看到，商王遇到大大小小的事情，都要進行人祭，比如商王牙疼或者感冒，對外打仗、王后生孩子等等，都要殺人獻祭，祈求神靈的幫助，所以殷墟遺址的殺人祭祀坑很多，裡面是各種人的骨架和殘肢，現在的殷墟博物館還能看到一部分。而且有些展品很驚悚，比如在青銅鍋裡面蒸熟的人頭，殷墟考古工作裡面，已經出土過兩次這種清蒸人頭，都是裝在蒸鍋裡面，保存得很完整。當然，除了商王，下面的各級貴族搞祭祀也要殺人，實在窮得沒人可殺，就殺狗祭祀。

第三，商朝人眼裡的鬼神都很現實，誰給他奉獻吃的，他就會保佑誰心想事成，這也是為了讓人能一直祭祀它。所以商朝人根本不講什麼仁義道德，他們相信誰拳頭大、誰有能力賄賂諸神，誰就能得到神的保佑，就最厲害。

像仁義的「仁」字，道德的「德」字，在商人的甲骨文裡面都有，但它們還不是後世這種意思，商朝的「仁」字指的是某個地域的特定人群，而商人的「德」字，指的是人的情緒、心理，都沒有利他主義的、對別人好的意思。

商人的道德觀確實令人震驚，古代的多數文獻都沒這麼寫，只有到了現代的考古發掘，才展示出了商朝人這血腥殘暴的一面，由於它太顛覆了，現在的學術界還沒能充分探索它的涵義。

本來，周只是一個很小的西方部族，在很長時間裡向商朝臣服，他們可能也受到過商人的殘暴統治。所以周人發展出了一套和商朝完全不同的道德文明。

比如，周人也承認上帝和各種鬼神的存在，但在周人的解釋體系裡面，這些神靈不像商人想像的那麼自私。周人認為，神的使命是保護人間「有德」的人，就是維護人世間的道德秩序，周人覺得自己比商人有道德，所以能夠得到上帝的幫助，成功滅亡了商王朝。在周朝建立之後，就徹底禁止了商朝那套殺人獻祭、殉葬的恐怖行為。這很可能是周公推行的重要政策，從這時候，中國才真正開始進入文明時代。

當然，生活中總會有些過於迷信鬼神的人，但在周人的政治傳統裡，這種人都被輿論瞧不起。

在孔子之前一百年，曾經有一個「神」降臨到虢國某地（今河南省三門峽市一帶），很可能是當地某人出現了被「附體」的表現。這消息傳到洛陽王室，周惠王問內史（主管王室文獻的官員）：這是怎麼回事，該怎麼處理？

內史說：神降臨到人間，是來考察人間統治者的「德」，看政治是不是搞得好。陛下平時是怎麼祭祀上帝的，現在怎麼派人去祭祀就行了。

周王按照內史的意見辦了。這是對神「敬而遠之」的態度，不指望神給自己辦什麼具體的事情。虢國的國君就更迷信，他也派大臣去祭祀這位神，還提出了一些具體的「祈願」要求，神（被神附體的人）很滿意，承諾將賜給虢君更多疆土。

虢君這麼做就有點違背周人的理念了。代表他去祭神的大臣私下說：「國將興，聽於民；將亡，聽於神」──如今我們國君搞各種混亂的政策，又迷信鬼神，快要亡國了！

周王室的人聽說了虢君的作為，也都覺得虢要亡了。不久，虢國就真被晉國吞併了。[12]

「國將興，聽於民；將亡，聽於神。」這句諺語的意思是，如果國君聽從民眾的意願，這個國家就會興盛起來；如果國君只聽從神的命令，國家就會滅亡。它居然把神和民眾對立起來了，民眾代表了正義和勝利的一方，神卻成了非正義和注定失敗的一方，簡直是對神大不敬。

12 見《左傳・莊公三十二年》。

其實它不是真的要反對神，因為沒人能親眼見到神，都是些凡人打著神的旗號、自稱能傳達神的旨意，周人覺得不能任由凡人來代表神，這是用現實主義的方法來處理神的命題。

「國將亡，聽於神」這句諺語，代表了孔子之前周人的普遍觀念。那孔子自己又是怎麼看待鬼神的呢？

在《論語》裡，學生樊遲向孔子請教，什麼是智慧。孔子說：履行你作為一個人的各種責任，尊敬鬼神，但要和鬼神保持距離，這就是智慧了。原話是：「務民之義，敬鬼神而遠之，可謂知矣。」[13]孔子並不直接否定或肯定神的存在，他也不主張在這上面花費精力，只是按照傳統儀式完成祭祀鬼神的活動，而且，不允許藉口鬼神來干預現實生活，所謂「敬鬼神而遠之」，人在世間的各種行為標準，都是理性原則指導下的義務，跟神沒有關係。

關於祭祀活動，孔子還說：「祭如在，祭神如神在。」[14]意思是，你祭祀的時候，就要表現得祭祀對象真正降臨了一樣，祭祀神，就像神降臨了，要恭敬。這裡用的是表示假設的「如」字，「如神在」，那麼神到底存在嗎？孔子拒絕討論。

在《禮記》裡孔子說：古代那些賢明的王者，都會例行公事祭祀各種神明，但不會因為自己的個人私事去求助上帝，原話是「不敢以其私褻事上帝」。[15]其實這也是周文化的共識，就是向神靈求助私人問題是可恥的。

論語還記載過孔子的生活習慣，所謂「子不語怪、力、亂、神」。[16]就是從不談論怪異的、鬼神的、難以驗證的東西。孔子不愛說的這四個字，只有「力」（暴力）和鬼神關係不大，但在商朝人那裡，暴力也是鬼神世界的一部分。

孔子這句話只有七個字，但它的信息量非常大，因為《論語》是在孔子去世後、由他的學生們寫的，這句話總結了孔子一輩子的行為特徵。俗話說，「說有容易說無難」，孔子一輩子肯定說過很多話，隨便記錄一句很容易，但他不愛說什麼，可就不是那麼容易總結的，需要對孔子非常熟悉才行。《論語》的作者特意記載了這一句，絕對不是泛泛而談，而是非常重視，他有種使命感，必須把孔子的這個立場記載下來，傳達給後世。

## 說到做不到的「孝悌」

眾所周知，孔子有很多關於家庭關係的重要思想，它們是儒家思想的核心，對後世中國影響非常大。但是，孔子自己的家庭生活，又未必符合他自己的思想主張，這也是理論和實踐的矛盾。

對於家庭關係，孔子最重要的主張是「孝悌」，孝是孝順，對父母恭敬順從；悌（弟），是對兄長恭敬順從。這是儒家學說的品牌。

但孝悌的理念也不是孔子發明的，而是周人幾百年來的傳統，因為周人一直是貴族政治，貴族政

13《論語．雍也》。
14《論語．八佾》。
15《禮記．表記》。
16《論語．述而》。

治的本質就是世襲的家族政治，最重要的秩序自然是家族裡面的長幼尊卑。而且，周人把家族秩序逐層放大，變成了一整套封建政治秩序：王太子繼承周王的位子，其他的兒子、也就是太子的弟弟們要分封成諸侯國君，以此類推，諸侯國君和大貴族都要這樣一層一層分封下去，家庭關係就這樣變成了封建政治關係。

「孝悌」的原則雖然不是孔子發明的，但孔子確實很重視它，他在《論語》裡經常強調它的意義，比如他說，孝悌應該是仁的根本，「孝弟也者，其為仁之本與」。[17] 人要先學會處理好家庭裡面的長幼尊卑關係，才能走進社會，繼續按照君臣尊卑原則從事工作。在《論語》裡，孔子講過很多關於孝的道理，這裡就不多說了。

和周人「孝悌」的家族觀念配套的，是所謂「喪服」制度。按照周人的禮俗，親人死了要服喪，就是一段時間裡要披麻帶孝，不能參加喜慶活動，不能過夫妻生活，最好連肉都不要吃。

孔子也很熱中這套喪服制度，他專門研究，不同的親人死了，要服喪多長時間呢？研究的結論就是，根據親屬關係的遠近，分成五個檔次，最長的是三年，其次是一年、九個月、五個月、三個月……等等，這就是所謂「五服」，在後世，它還變成了親屬關係的計算方法。這一套服喪的制度，主要是孔子創造出來的。

給父母服喪時間最長，要三年。當然，古代人都是按虛歲計算，不是三周年，而是剛進入第三年就是三年了，事實上是二十五個月。

在《論語》裡面，宰予曾經給孔子提意見，說，三年的服喪期太長了吧？會耽誤各種事情，一周年就足夠了！

孔子解釋說：人剛生下來，要讓父母抱三年，才能自己走路，所以父母死了，孩子要用三年時間來悼念，這才符合人的天性！[18]

從這段師生問答能看出來，給父母服喪三年是孔子的獨創，至少在他那個時代還不是普遍的做法，所以才有學生質疑。從史書裡也能找到這方面的證據，比如，編年史《春秋》和《左傳》裡面常記載，有些老國君死了，兒子剛繼位就結婚給自己娶老婆，如果給父親服喪三年，這三年裡邊是不能結婚的。

但孔子提倡的這些孝悌倫理，他自己能實踐嗎？

先來看孔子自己怎麼說。在《論語・子罕》篇裡，孔子說：「出則事公卿，入則事父兄，喪事不敢不勉，不為酒困，何有於我哉？」

這是孔子抱怨自己平生的幾個缺憾、沒法實現的心願，只看這第二條「入則事父兄」：伺候爸爸和哥哥，孔子居然說他沒做到，就顯得很奇怪。

前面已經介紹了，孔子從小沒父親，所以沒能給孔紇老爺盡孝服喪，很正常；孔子是母親去世以後，才認祖歸宗、成了貴族，然後才有學文化的機會，在這之前可能也沒有有意識的講究。比如，少年孔子曾經穿著孝服去季孫氏參加宴會，結果被陽虎趕了出來。按照孔子後來的理論，服喪期間絕對

17《論語・學而》。

18《論語・陽貨》：「子曰：『予之不仁也！子生三年，然後免於父母之懷。夫三年之喪，天下之通喪也。予也有三年之愛於其父母乎？』」

不能參加宴會社交，可見他小時候還不在意這一套講究。

沒能給父母按規矩服喪還可以理解，但世人都知道孔子還有個哥哥，孔子俗稱「孔老二」，前面自然還有個老大，這老大可能不姓孔，是他同母異父的哥哥，叫孟皮，這個名字最早出現在《禮記·檀弓》篇，然後出現在王肅偽造的《孔子家語》裡面，王肅說孟皮腿有殘疾，但沒有其他的史料印證。

對這位孟皮大哥，孔子完全可以實踐「孝悌」裡面的「悌」，就是伺候好哥哥。但孔子居然說，自己沒有父親和哥哥可以侍奉，這就很難解釋了。

而且如果查閱史書，別管是《禮記》《論語》這些可靠的早期文獻，還是後來的各種史書，乃至杜撰的孔子故事裡，我們都找不到孔子和他哥哥打交道的任何紀錄。我們至少知道，他這哥哥並不是很早就死了，因為《論語》提到孔子給哥哥的女兒辦婚事，把她嫁給了自己的一個學生，說明這哥哥至少是活到了生兒育女的年齡。

而且，這位哥哥如果死在孔子前面，就得由孔子主持料理喪事，但史書裡絲毫也沒提到。在《禮記·檀弓》篇，記載和孔子有關的喪事非常多，連孔子給姊姊服喪都提到過，但唯獨沒有記載過孔子哥哥的喪事。

不僅如此，關於同母異父的兄弟死了該怎麼服喪，孔子也沒有留下任何指導意見。他死後，弟子卜商和言偃兩人才研究了這個問題。[19]

除了這位同母異父的哥哥，孔子還有一個同母異父的姊姊。《禮記·檀弓》篇記載，孔子晚年的時候，一次和學生們見面，孔子站立的姿勢有點不一樣，學生們感到奇怪，孔子解釋說：你們不太懂吧，因為我剛給姊姊辦了喪事，所以跟往常有點不一樣。

從這個記載能看出來，這個姊姊不是貴族身分，所以她死了大家都不知情，孔子也沒為她穿喪服。如果她是孔紇老爺的女兒，會嫁個正式的士人貴族，孔子也就會有個體面的姊夫，貴族夫人去世，喪事會辦得很隆重，不用等孔子解釋學生們也要去弔唁。事實顯然不是這樣。

所以，孔子的哥哥、姊姊應該還是母親家族的賤民身分，跟他同母不同父，一輩子都生活在顏家莊那個底層農民圈子裡，孔子認祖歸宗之後，就和哥哥姊姊們的生活世界拉開了距離。他喜歡講「孝悌」，恰恰是因為父母死得太早，哥哥姊姊太卑賤，導致生活裡沒有實踐「孝悌」的機會，這是一種補償心理，越是沒有的東西就覺得越好。

俗話說，「家家有本難念的經」，「孝悌」理念解決不了很多現實問題，因為孔子自己都應付不好。這是儒家理論和現實脫節的地方。

瞭解了孔子家庭的這些背景，才能理解他和陽虎貌似對立、但又若即若離的奇怪關係，那是孔子對於家族親情保留的最後一點憧憬，但他又一直被敏感的自尊心和「政治路線」左右著，只能站在陽虎的對立面。

關於孔子和妻子、兒子的關係，本書後面會做介紹。

19 見《禮記．檀弓》上「公叔木有同母異父之昆弟死」條。

## 孔子代表的人類共情

上面介紹了孔子最有代表性的思想：關於鬼神的觀念，「仁」的道德，「孝悌」的家庭理念。可以發現，它們都不是孔子的獨創，而是對周文化的繼承總結，這更說明了周文化的偉大，孔子是站在周文化肩膀上的思想者。

另外，「己所不欲、勿施於人」的理念，也不是孔子或者周人壟斷的，它其實表達的是人類的一種共性，只要是人，就有可以分享和溝通的情感。只是孔子把人類都具有的這種情感歸納了下來、並且賦予了很重要的方法論意義。這是孔子思想超越宗教文明的地方。

在這個問題上，要看到周文明和孔子的獨特之處，也要看到人類的共性，不能無限誇大宗教信徒和無神論者的區別。

就像孔子說，沒人能夠連續三個月完全按照「仁」的標準生活，其實任何宗教的信徒，也不可能都一直完全按照宗教經典的要求生活，他們都有人類共性的一面。所以，宗教信徒在和別人相處的時候，包括和不信他這種宗教的人相處的時候，大多數情況下，都會本能地運用「己所不欲、勿施於人」的原則。

## 「述而不作」的低姿態

和一般人理解的「聖人」、或者創立一個學派的大思想家不同，孔子的學說其實沒有什麼「革命性」，或者說，沒有太多原創性的內容。他主要是把周人社會裡那些早已成熟的觀念講授給學生，並寫成文字、系統保存了下來。他自己加進去的新東西少之又少。

孔子說自己是「述而不作」，只陳述以往的歷史和慣例，不創作新思想、新學說。據說他還說過：我想寫一些空洞的道理，但又想了想，還是讓事實來說明一切更好。[20]可見他是有意識地不搞新理論、新學說。

既然孔子學說沒有多少獨創性，為什麼他在後世有那麼大影響，甚至被尊為「聖人」呢？

這主要是靠孔子自己的行動。他一輩子宣導這些盡人皆知的大道理，這種角色恰恰是很少見的。在孔子那個時代，這些大道理誰都懂，但多數人都知道它們難以落實，生活中管用的還是各種實用的小道理、潛規則。孔子認死理兒的地方就在這，他真要把這套大家表面上都信奉、但實際上又都不當回事兒的理念給落實

20《史記・太史公自序》：「子曰：『我欲載之空言，不如見之於行事之深切著明也。』」

**明清時人畫的魯定公初年孔子講學圖**

注：這是陽虎在魯國掌權的時期。案上的線裝書畫錯了，因為孔子時代只有竹簡木牘。

了，他講學授課要宣講這些，趁著在魯國當官推行過，行不通還要周遊列國，到處推銷。

當時有人評價孔子，說他是「知其不可而為之」，[21]知道成功的概率幾乎是零，但還是忍不住要嘗試。從政治上講，孔子不算成功，沒哪個國君或者寡頭採納他的治國意見，真採納了也不會成功；但從思想學派的角度，孔子又成功了，他畢竟整理出來了一大套教材，帶出來一群弟子，這些弟子有些還算事業有成，讓他這學派的觀點可以一代代傳承下去。

## 附錄：「尸位素餐」的來歷——神靈與食物

商周時代的人認為，天上最大的神是上帝，此外各種名山大川、海洋湖泊也都有自己的地方神；人死了之後變成鬼去往天界（那時還沒有地獄的觀念），偶爾也會到人間來逛一逛。這屬於人類早期「萬物有靈」的觀念，覺得各種自然現象背後都有神靈，各種鬼神都可以暫時性「附體」在活人身上，借助活人的嘴表達自己的話。這種原始宗教形態被稱為「薩滿教」，屬於早期人類很樸素的自然神觀念，它沒有統一的教義，但都有鬼神「附體」的活動儀式。

在人類進入工業化時代之前，都處於食物匱乏狀態，就是糧食生產永遠跟不上人口增長，只能靠饑荒控制人口總量，英國學者馬爾薩斯的《人口論》就專門探討這個問題。傳統時代，全社會裡面能夠穩定吃飽的只是極少數上層人，絕大多數人都擺脫不了半飢餓狀態，所以那時候的人非常重視食物倫理，人類傳統時代宗教思維的大背景，也是這個食物匱乏現象，但又分成了兩個截然不同的流派：

一派是人要向各種神靈獻祭，貢獻吃喝，這是還難以擺脫食物匱乏陰影的現實派，中國古人的宗教觀念屬於這一種，默認天堂裡沒吃的，要靠地上的人送飯（祭祀），不然諸神和鬼都得餓肚子；

另一個流派更理想化，認為神靈世界就徹底不用發愁吃喝了，那些產生較晚的主流宗教，比如基督教、伊斯蘭教屬於這一種，他們認為人（好人）死了會升天，而且那裡什麼都不缺，比地上生活都好，自然也就不用活人去搞祭祀。基督教的前身是猶太教，古代猶太教也祭祀上帝，奉獻各種吃的，和中國古代的祭祀很像，但基督教把這些都取消了。

在周人的禮俗裡面，為了祭祀自家祖先，天子要有七座宗廟，諸侯有五座，大夫三座，普通的士有一座，士人的其實就是家裡的一個單獨的小院或一間屋子。宗廟裡的祖宗牌位叫「主」，祭祀活動必須在宗廟裡面。別的地方不行，祖宗不肯去。那時貴族逃亡，離家時有個重要程序，就是到宗廟跟祖宗告別，送上最後一頓飯，向祖宗道歉說：子孫不孝，以後沒法按時給您送飯了，肚子餓您就忍著點兒。有聰明懂變通的，把祖宗牌位裝在車上拉走，到哪兒都能祭祀。但當時多數人不認可。

祭品擺在供桌上，又沒變少，祖宗怎麼吃的？

古人認為，神靈享用祭品不是用嘴吃，是用鼻子聞，叫「歆」。祭品主要是豬、牛、羊，做得好，

---

21《論語·憲問》。

味道香，祖宗的靈魂飛來，在天上聞一聞就飽了，然後就會保佑地上的子孫。反過來，祖宗挨餓就會生氣，地上子孫們的日子就不好過了。

自己不在家，請別人來祭祀行不行？不行。祖宗只吃自己子孫送上的東西，外人送的不吃。

當年季平子趕走了魯昭公，國內就沒有國君了，但魯國歷代先君不能餓肚子，季平子就幹起了祭祀歷代先君的工作，這是政治僭越。當時晉國人趕來調停，魯昭公還賭氣不肯回國，范獻子就對季平子說：你們國家這事一年半載調解不了，祭祀先君的工作你就先代理著吧（別讓你家老祖宗們餓著）。這是宗主國也承認了季平子的「代理國君」身分。

周人要祭祀鬼神，但沒人能看到神和鬼，這怎麼辦？

後世的辦法是造神像。從佛教開始，道教和儒家跟著學，都給祖師塑造聖像，給像獻上祭品，燒香磕頭。普通人家祭祖宗造不了像，也要畫像，都是穿著官服正襟危坐的標準像，掛在牆上接受子孫祭祀行禮。

但在先秦時代，還沒有給神靈造像的習慣，考古也很少見到那個時代的神像。沒有神像，用什麼來代表祖宗神靈呢？

周人有兩個辦法：不太隆重的祭祀，用寫字的牌位；隆重的，就要用活人代表鬼神，這種活人叫「尸」。

選擇「尸」有講究：要選被祭祀者孫子輩的後代，或者孫子的孫子，孫子的孫子的孫子，奇偶順序不能搞錯。

為什麼有這講究呢？有學者解釋，可能是從母系部落時代傳下來的遺風。那時還不是夫權的小家庭，男女關係比較隨意，但為了防止出現親屬亂倫，對代際輩分非常敏感，上下兩代人交往有很多禁忌，隔代（爺爺輩和孫子孫女輩）反倒沒啥禁忌，經常生活在一起。

後來周人的祭祀制度，就保留了很多這種「隔代親」的遺風。比如祖先牌位的擺放，最輝煌的那位老祖宗放在正中間，他的兒子放在左邊，孫子放在右邊，孫子的兒子又放到左邊……以此類推，都是隔代的親人們在一起。祭祀的時候，同宗的男女老少都要參加，在宗廟裡分左右兩邊站立，也是隔代在一起的原則。這左右兩邊的人，分別叫「昭」和「穆」，這就是周人的昭穆制度。

當尸的人必須父親已經去世，小孩符合這條件也可以，孩子太小，可以讓大人抱著充當尸。尸也不能是主持祭祀的族長，因為他不能同時擔任兩個角色。如果在同宗裡面實在找不到合適的人，可以擴大範圍，同姓的也行。像孔子這種早年喪父的，如果他們孔家還有別的家支，他可以被選擇去充當尸、接受祭祀。但史書裡沒有這方面的記載，可能真沒什麼別的傳人了。

如果祭祀女性先祖，尸也必須是女性，而且不能是她生養的後代，必須從家裡的妯娌、兒媳裡面選，跟本家人不能是同姓。

在祭祀祖先之外，天子或國君還要祭祀上帝、山川等諸神，是不是也要選個人充當「尸」？目前的文獻不是太清楚。從一些蛛絲馬跡來看，可能也是要選活人當尸，而且是在君王的宗室親屬裡面選。

周王、國君祭祖，朝廷裡同宗的後人都要參加，異姓的大臣也要參加。士大夫祭祖，全家人、各種親戚以及奴僕都參加，如果有關係要好的異姓同事朋友，也可以列席觀摩。

祭祀之前，參加者要齋戒，就是不喝酒，不參加娛樂和社交活動，不過夫妻生活。22齋戒的原則是節制自己的欲望，用一種虔誠、潔淨的狀態和神明打交道。齋戒前七天還比較鬆散，可以參加必要的工作和社交，這叫「散齋」，後面三天就很嚴格了，要關在自己家裡靜心思索，嘗試與神明提前進行心靈溝通。體面人家都有齋戒專用的安靜居室，還有專門的衣服。

當然，祭祀活動要準備各種酒肉飲食，安排邀請賓朋，這些要靠管家來做。主人夫婦必須齋戒靜思。

祭祀開始的時候，祭品在宗廟裡擺好，賓主都入座。然後奏樂，音樂聲裡，尸被隆重請進來。尸一般要穿著被祭祀的那位祖先留下來的禮服，代表祖宗。陪伴尸的就是祝，主持人，他負責尸和祭禮主人（族長）間交流的工作。

尸登上接受祭祀的位子，坐下（那時都是席地跪坐）。司儀人員把準備屠宰祭祀的牲畜牽進來，請尸過目。一般是頭牛，級別低的也有豬或羊，往往要披紅掛彩，表示喜慶。尸看過表示同意，然後牽到門外宰殺。

按照周人原始部落時代的傳統，應該由主人親自動手宰殺祭牲。後來的周人文明些了，貴族不想親自屠宰，就由屠夫和廚師代勞了。但在祭祀活動裡，必須由族長——周王、國君或貴族親自動手、向尸供奉吃喝（獻祭），不能讓別人代勞，女主人（王后、國君夫人，以至各級貴族的夫人們）也必須出場，和丈夫一起操持獻祭。

在主持人（祝）的指揮下，主人夫婦先端上一些點心、涼菜，親自盛好給尸品嚐。這種吃法很像西餐，是單人份的，而且分成很多道程序，每道只嚐一點點，不能一下子就吃飽。

外面宰殺的牲畜，不同部位或燒烤、或燉煮，也按程序依次端上來。除了主人夫婦，其他家庭成員、來賓也要依次給尸上菜、上飯、敬酒。

菜主要是豬牛羊的內臟、蹄膀（前腿，要連著骨頭）、里肌肉、鯽魚等。主食是蒸飯，要搭配調料醬和素菜。喝酒的時候，要用豬羊的肝蘸鹽下酒。

尸依次吃喝，同時誇菜做得好吃，酒也好喝。然後尸給主人、主婦、賓客賜酒，這是祖先也要自己的孩子們吃好喝好。

尸最後吃飽喝足，祝高聲宣布：「神已經喝醉了！」這是祭祀結束的標誌。於是尸起身，再次發言表揚孩子們的孝心：所有的祭品都很豐盛，我吃得很開心，這就先回去了，下次再來看你們……然後在音樂裡，祝陪同尸離開宗廟。

尸退場後，其餘的人才正式開始吃飯，尸在的時候，別人都是象徵性地吃喝。飯食準備得多，尸只能吃很少一部分，別的都算他吃剩下的；後人吃祖先的剩飯，便得到了祖先的賜福保佑。主人夫婦先吃，然後是其他親屬、賓客，最後是家裡的奴僕家童，一個人都不能少，象徵祖先保佑了全家老小上下。

如果宗族成員因為某種原因被族長剝奪了參與祭祀的資格，那是非常嚴重的懲罰，幾乎就是被

22 關於上古齋戒期間能不能吃肉，儒家經書沒有明確的說法，從其他文獻看，可能食肉的種類或數量有限制，但並非完全不食肉，比如唐宋類書引《漢舊儀》，漢代皇帝齋戒的禮儀是：「齋則食丈二尺旋案，陳三十六肉，九穀飯。」

「趕出家門」了，走到哪兒都抬不起頭來。

祭祀過程中會有突發事件。比如衛國某位國君正在祭祖，中途接到報告說，一位德高望重的大臣剛剛去世了；衛君要趕去死者家中弔唁，就對尸做了兩次「稽首」長拜，請假說：「我國有個叫柳莊的大臣，他不是寡人私人的臣，而是衛國的社稷之臣，我聽說他剛去世，請您允許我趕去弔唁一下。」[23]

周人祭祀祖先，一般是祭祀夫妻倆，比如祭祀周文王，就連他的夫人太姒一起祭祀。那麼在確定尸的時候，應當也是選擇男女兩位，他們一起出場扮演祖先夫妻。而且這兩位扮演者可能年齡差距比較大。所以在具體操作中，應當有很多有趣的現象，可惜經史文獻對當時的祭祀細節記載太少了，今人難以靠想像復原。

孔子經常主持喪禮、祭禮，就是和鬼神、和尸打交道。他對鬼神的態度眾所周知，敬而遠之，不信仰也不懷疑，和鬼神世界保持距離，自己只管把人間的事做好，其餘的聽天由命。

這些觀念，與其說是對鬼神的態度，不如說是對充當「尸」的人的態度，因為鬼神都要附在尸身上。祝和尸，實質是話劇導演和演員的關係。祭祀活動前，祝要教尸如何舉動、發言（背誦臺詞）；祭祀過程中，祝更要保證一步步行禮如儀，不能出偏差，更不能讓尸自由發揮，不然那麻煩可就大了。

孝子們供奉尸的時候有一個特點，就是要先上菜、上飯，一定讓尸吃飽，然後再敬酒。這可以避免尸空著肚子喝酒，不然容易喝醉，後面的程序就難以圓滿完成了。祝要控制尸喝酒的量，看尸喝醉了，要馬上宣布祭祀結束，陪尸出門回家。如果尸已經醉得厲害，就由祝代為致辭告別，避免出意外。

尸雖然扮演的是祖宗鬼神，但說什麼、做什麼沒有任何自主權，都要聽祝的指揮，最後吃一頓飽飯，所以會有「尸位素餐」這個成語。

對充當尸的人來說，忽然變成了祖先的神明，接受子孫們的拜祭，這是一種全新的體驗。特別是對那些未成年的孩子，或者容易接受心理暗示的人，往往會真有神靈附體的感覺；以後的生活裡，他們可能也還會有附體的表現。春秋時常有「降神」的記載，這不是神真的自己顯靈了，而是附在了什麼人身上。後世直到近代，這種附體、降神在民間都很多。薩滿教的巫師也是靠作法使鬼神附體，通過被附體的人發布指示。

在孔子去世後，他的孫子還非常年幼，弟子們為了紀念孔子，也找了長得像他的學生來扮演他，接受眾弟子的禮敬，本書後面會介紹。

23《禮記．檀弓》下：「衛有大史曰柳莊，寢疾。公曰：『若疾革，雖當祭必告。』公再拜稽首請於尸曰：『有臣柳莊也者，非寡人之臣，社稷之臣也，聞之死，請往。』」

# 第九章　大司寇：爲寡頭們工作（五十—五十三歲）

在三桓和陽虎之間——人生從五十歲開始——很快進了中央——學生們也有好日子——驚悚的外交傳說——謀畫「東方反晉聯盟」

陽虎之亂徹底改變了孔子的命運。

內戰還在進行，孔子發現，自己忽然成了兩派都想爭取的對象。

這是孔子五十歲的年末，他說自己「五十而知天命」，覺得終於可以幹一番大事業，實現畢生的理想了。

## 「五十而知天命」

陽虎撤離曲阜之後，還占據著他的大本營、魯國北邊的陽關一帶頑抗，同時聯絡國外援助，伺機發起反攻。費城宰公山不狃是陽虎的同黨，現在也在割據費城對抗三桓。

公山不狃甚至祕密聯絡孔子，邀請他來費城一起執政，其實就是拉他加入對三桓的戰爭。前面說過，當時人都有點陽虎和孔子同父的猜測，這種情況下，陽虎並不願拉孔子參與冒險，怕連累了他，但陽虎的同夥就沒這麼多顧慮了。

費城一直是季氏家族的大本營，如果孔子倒向陽虎一方，像當年的南蒯一樣割據作亂，三桓的麻煩就更大了。

《論語・陽貨》篇記載了孔子的這次心路彷徨，他在考慮倒向陽虎。

這一條開頭的原文是：「公山弗擾以費畔，召，子欲往。」公山弗擾就是公山不狃，公山是氏，不狃和弗擾，可能分別是名和字，《左傳》都寫作不狃，《論語》都是弗擾。

收到公山不狃的邀請之後，孔子就想趕往費城。老學生子路很不理解，說：這恐怕是最壞的選擇了！除了公山那裡，您難道沒別的地方可去了嗎？（關鍵他還是陽虎的同黨！）

孔子的回答是：現在公山不狃處境不妙，他真缺一起幹事的人，這當然是我的機會；現在是能幹大事業的時候，就像西周亂了，周平王遷到了洛陽重新立足，不是也把東周維持起來了嗎？我到了費城，也能幹出這樣的事業！[1]

《史記》關於這段更詳細一些，孔子的說法是：當年周文王、周武王在西方的時候，靠著豐、鎬一小塊地方，就滅商統一了天下。如今費城雖小，同樣能幹一番事業！

這儼然又是他三十五歲時候立志投奔魯昭公的心態了，孔子膽子大起來，真敢站到三桓對立面造反。

但如果仔細品味一下孔子和子路的對話，可以發現兩人都在暗示——除了陽虎的黨羽那邊，孔子還有另外的選擇，就像子路說的：「難道沒別的地方可去了嗎？」而且，這個另外的選擇應該更安全、更有前途。這當然就是三桓寡頭們。

其實在內戰中，陽虎一方已經處於下風，投奔公山不狃並不是孔子的首選，真要那樣他早祕密出發了，不會這麼磨蹭。放出這種消息來卻不動身，也是在給三桓開價，讓他們重視自己。

這一幕，和十五歲的孔子把母親的喪停在大道上、謀求去孔家認祖歸宗頗為神似：先把輿論造出來，引起對方重視；同時請中間人疏通、斡旋，直到對方開出滿意的價碼。到了有所作為的關鍵時

1《論語・陽貨》：「公山弗擾以費畔，召，子欲往。子路不說（悅），曰：『末（蔑）之也，已，何必公山氏之之也？』子曰：『夫召我者，而豈徒哉？如有用我者，吾其為東周乎！』」

刻，孔子就不是書呆子了，他有自己的一套人生智慧。

現在的三桓裡，孟懿子資歷最老，功勛最高，當年又跟孔子讀過書，這就是通融、彌合的敲門磚。

從三桓的立場看，放任孔子投奔陽虎當然不是好事，而且在當下，孔子的利用價值也很大。除了要戰勝陽虎，三桓還希望魯國維持穩定的秩序，防止再次出現陽虎式的叛亂。孔子的一貫主張，就是遵照周人滅商後建立的那一套政治規範，上下尊卑有序，這套道理掌權者都懂，也都不願實踐。但如今，陽虎之亂嚇壞了三桓，他們害怕這種下層貴族造反的趨勢，需要孔子幫他們教育不得志的士人們，讓大家安分守己。當然，三桓不願把權力都上交給國君，這是他們不能完全接受孔子的地方，但現在病急亂投醫，只能走一步算一步了。

剛過去的幾年裡，陽虎在魯國掌權，而孔子一直在拒絕他當官的邀請，還發表言論批評「陪臣執國命」，這種作為陽虎對立面的政治形象，對三桓很有價值。

還有，三桓家族現在有點青黃不接：季孫氏和叔孫氏的當家人物，季桓子和叔孫武叔，都剛上臺不久，難以控制局面；孔子學生多，這些人有文化，一直想當官，有些人地位也不低，作為一個群體，能量不可忽視。

於是，和陽虎的戰事還在進行之際，掌權的三桓家族匆匆做出了決定：聘用孔子。

史書沒記載這次決策的內幕，但可以想像，這三個家族的領袖，季桓子、孟懿子和叔孫武叔，曾經如何焦慮地在一起開會研究，就像一個連年虧損、險些破產的企業，幾位股東湊到一起，試圖物色一位得力的新經理人，扭轉生意場上的敗局。

但是，利用孔子來對付他疑似的同父異母兄弟，三桓能放心嗎？

其實在春秋的時候，這個擔心倒是不必要的。因為世襲貴族政治就是各種親屬之間的政治，魯昭公、三桓、陽虎，這些人算起來都是親戚，往上追溯幾代就是同一位祖宗：魯桓公，這種情況下親情恰恰最不重要。春秋的政治鬥爭裡面，別說同父異母的兄弟，就是同胞兄弟、乃至親生父子，打得你死我活的比比皆是，不足掛齒。這和後世的皇權時代、官僚政治很不一樣。

當然，孔子本人很重視親情，越是見不著的親人就越掛心，這是他和一般的貴族政客不同的地方，也是他的人生歷程最特殊的地方。

## 來自叛黨的賀禮

孔子和三桓一番接觸後，終於出山做官了。他出身不夠高，又沒有當官的履歷，按慣例還不能直接進朝廷中央，而且上面是一個蘿蔔一個坑，得騰個缺才能安置孔子。孔子也不可能接替陽虎的季氏大管家職務，那名分不高，對他太屈才了。

孟懿子等人的辦法是先給孔子安排個過渡職務，讓他擔任「中都宰」，可能是都城曲阜的市長（也有人說是另一座城市）。名義上說，曲阜還沒被三桓家族瓜分掉，還是國君能管轄的地盤，孔子擔任了中都宰，就是比士高一級的「大夫」了，但還不是高級的大夫，只是「下大夫」。

孔子在中都宰任上幹了沒一年，也沒什麼太出名的政績。《禮記》記載他發布過關於葬禮的規範，要求棺材板不能薄於三寸，春秋的寸短，三寸大約是今天的七公分，也不算太厚。那時「禮不下庶人」，這是對貴族葬禮的要求。

之後，孔子就被提拔成了司空，這是大司空的副職，嚴格說應該叫小司空，大司空就是他當年的學生孟懿子。

前面說過，司馬遷曾經搞糊塗過孔子的經歷，以為他三十來歲就當過朝廷級別的「司空」，其實那時孔子還只能給季氏家裡當小職員。

三桓還解除了世代擔任大司寇的臧孫家族的權力，給孔子準備位置。當年魯昭公想除掉三桓，臧孫家的臧昭伯參與其中；三桓趕走昭公、穩住陣腳後，讓臧昭伯的堂弟臧會當了這個族長，臧會人品卑劣，三桓也看不上眼，現在正好給孔子騰缺。

不久，孔子正式升任大司寇，主管魯國政法工作，這就成了「上大夫」，也就是「卿」，相當於後世的宰相，能和三桓一起開國務會議、決定國策了。

能接受孔子這種低階貴族進中央，三桓也是破例了，魯國幾百年歷史真沒開過這種先河，陽虎掌握過魯國的實權，但他沒有正式名分。

可是孔子畢竟不是大貴族出身，所以他當大司寇，卻沒有得到世襲的封邑，只能拿俸祿。他的大司寇待遇是每年六萬斗糧食，折合成現在的標準是三十萬斤左右，能養活七八百口人，收入也非常可觀了。當時還不流行錢幣，薪俸、報酬主要是給糧食，在北方一般是小米（粟）。

孔子知道自己是靠什麼發達起來的，天下沒有白吃的午餐，他要給雇主提供回報。入朝參政以後，他和孟懿子等三桓領袖一起規畫，努力抹去陽虎在魯國的痕跡，改弦更張。

首先是安排孔子的弟子們當官。陽虎一黨逃跑後，三桓的很多管家職位都空缺了，現在正好讓孔門弟子填補。孔子教學生最強調思想品德，學生裡少有野心家，三桓自然放心；比如孔子的老弟子子路，現在當了季氏首席大管家，這是陽虎以前的職位。

在孔子飛速晉升到魯國中央的時候，陽虎那邊的形勢卻每下愈況。三桓武裝（等於是朝廷正統勢力）把陽虎的地盤壓縮得越來越小。

有趣的是，在孔子五十一歲這年的夏天，大概在他剛剛就任大司寇的時候，陽虎那邊做出了一個出人意料的舉動。

去年陽虎從曲阜逃走的時候，釋放了他手裡的魯定公和叔孫武叔，但帶走了魯國宗廟裡的重要國寶，是一副寶玉、一張大弓，都是當年周王室賜給周公的寶物，現在陽虎派人把這兩件文物送回了曲阜，這件事也正式寫進了魯國朝廷的官方檔案《春秋》，對於剛進權力核心的孔子，這是件很長面子的事，因為他是魯國政壇的新角色，輿論很容易把這功勞歸在他身上。

至於陽虎那邊，他已經無力抵抗三桓的攻勢，不久之後就逃到了齊國，他跟齊國打了很多年仗，齊國人當然記仇，立刻把他逮捕了，但陽虎又逃了出來，去晉國投靠了趙簡子，受到重用。前面說過，這步棋趙簡子已經想到了。

這關係就複雜了，晉國的范獻子和三桓關係好，趙簡子卻收容了三桓的叛逆，范、趙矛盾也逐漸公開化。

## 主導外交轉向

孔子的下一個舉措，是推動魯國的外交轉向。

陽虎時期的魯國，是靠著晉國的支持打齊國；如今陽虎逃到了晉國，還指望靠趙簡子的支持殺回來，所以魯國外交要整個改弦更張，跟晉國為敵。

這個轉向不簡單。從一百多年前的晉文公開始，魯國一直追隨晉國，從沒有過二心，但到孔子這時候情況變了，晉頃公已經控制不了國內的六大寡頭，搞得中原列國無所適從。

但晉國還是太強大，魯國根本沒實力對抗，所以必須跟齊國恢復關係，兩國抱團取暖，和趙簡子、和陽虎作對。

到這時候，孔子的作用就凸顯出來了，三桓要拉攏孔子，很大的用處也在這裡，因為自從當年魯昭公逃亡到齊國，三桓和齊國就一直在打仗，到這時已經連續打了十六年，兩邊都死了不少人，如今想跟齊國實現和解，雙方都有點放不下面子。

這恰好是孔子的優勢，他當年追隨魯昭公跑到齊國，和齊國的國君、丞相都打過交道，那時候的孔子雖然地位不高，但畢竟跟齊國有私人層面的交情，現在他在魯國掌權，齊國那邊更容易接受。

所以，孔子最適合充當這個外交轉折的破冰人。他要推動齊魯和解，第一步就是派自己學生代表魯國出使，做前期試探、溝通工作。

《論語》裡記載，孔子派他一個弟子出使齊國，這弟子叫公西赤，字子華。

孔子的另一個弟子冉有，這時在擔任孔子的私人助理，他向孔子請示：公西赤的老母親被一個人留在家裡，應該給她老人家發點補貼吧？

孔子說：可以啊，就按每天五斤小米（粟）發吧！

前面說了，當時給報酬都是糧食，孔子當大司寇也是用糧食發年薪。

冉有提意見說：您這給的有點少了吧？

孔子說，那就再多點兒，給十五斤。

最後，冉有給了這位老母親多少小米呢？他總共給了九千斤。

這就明顯太多了，雖然《論語》沒記載公西赤這次出差用了多長時間，但齊國和魯國相鄰，馬車往返、加上中間工作，正常也就一個月左右，最多兩個月，按孔子定的標準，就是該給九百斤。冉有至少多給了十倍，這明顯是慷國家之慨，照顧自己同學。

孔子事後才知道，很不高興，說：公西赤這次出差，國家給的待遇已經不低了，他坐的是好馬拉的好車，穿的是高檔皮袍子，還值得為老娘多要這點兒好處嗎？所謂錦上添花，不如雪中送炭！[2]

這就是《論語》的完整記載，很生動，也很真實。可以看到，孔子對這次和齊國建立外交關係很重視，捨得花錢；冉有擅自做主多發津貼，也是因為這次任務圓滿完成了，不然孔子這麼古板、節儉的人肯定要翻臉，把多餘的開支追回來。

不過要說明一下，在《論語》的原文裡面，孔子給的補貼標準不是五斤或者十五斤，而是當時用

2《論語．雍也》：「子華使於齊，冉子為其母請粟。子曰：『與之釜。』請益。曰：『與之庚。』冉子與之粟五秉。子曰：『赤之適齊也，乘肥馬，衣輕裘。吾聞之也：君子周急不繼富。』」

的度量衡單位，都是很生僻的詞彙，後世學者的解釋也有好幾派，眾說紛紜、沒有定論，這裡直接採用其中一派的解釋，又折算成了現在的重量單位。其實給的糧食數量多或者少一倍並不重要，知道這件事的原理就可以了。

另外，公西赤這次出使到底發生在哪一年，《論語》並沒有說，根據《史記》的記載，公西赤年齡比孔子小四十二歲，那麼，孔子五十一歲這年和齊國通使，公西赤還年幼，沒法參加工作，只能是孔子七十來歲的時候。

但問題是，孔子只有五十多歲的時候當過官，而且從這段《論語》看，孔子明顯是當官在位的狀態，花的是國家財政，他不可能用自家財產給公西赤家人發津貼，冉有也不可能這麼坑自己老師。所以以前學者們為這段內容有過爭議，也許《史記》對公西赤的年齡記載有誤。

不過換個角度看，即使公西赤的出使齊國不是在這一次，它也能幫助現代人還原歷史，再現一下孔子是怎麼和齊國恢復關係的，比如，怎麼派遣自己當官的學生出訪，外交人員怎麼領國家津貼，老同學怎麼幫助同窗以權謀私多撈一點好處，其生動真實，猶在目前。隔著兩千五百年的歲月鴻溝往回看，這麼一二十年的時間差也就微不足道了。

且不管當初負責外交破冰的人到底是哪個弟子，孔子推動齊魯關係正常化的工作開局順利。

## 「夾穀之會」的真與假

到了孔子五十歲這年（魯定公十年，西元前五〇〇年）夏天，齊魯兩國的國君正式舉行會見，宣告兩國結束敵對狀態，實現關係正常化，而且還做出了軍事互助承諾。

齊魯這次兩君會見，孔子全程擔任主持人，從事先的籌備，確定日程、地點，到兩位國君見面會談，再到達成一致以後的盟誓程序，都是在孔子的計畫和主持之下完成的。孔子是專門研究禮儀的學者，而且他親手推動實現了這次和解，由他擔任主持人順理成章。

孔子上一次見到齊景公，還是在十餘年前、他在齊國的高昭子家裡打工的時候，那時孔子還是個流亡異國的年輕人，如今他已經過了「知天命」之年，成了魯國執政者的之一，老齊景公看在眼裡，應該頗有些感慨。

這次齊魯外交會見，是孔子人生中濃墨重彩的一筆，它也因為孔子而名垂千古。

但是，後世人對這場外交活動有很多誤解，把它描寫得很凶險，好像齊國人要搞一場鴻門宴、把魯國君臣都一網打盡；現代人拍攝的孔子影視劇裡，這場會見就像動作片一樣驚險刺激。

其實真實的夾穀之會沒這麼戲劇，齊國人也沒那麼險惡。至於那些傳奇版本的來歷，一是因為魯國人自己緊張，二是因為有孔子出席，後世人自然有獵奇心態，添加了很多文學創作。

先來看《左傳》的記載。

這場會見被稱為「夾穀之會」，也寫成「頰穀」，這是兩君會面的地點，至於夾穀在什麼地方，一般認為在今天山東省萊蕪市，當年在齊國境內，離兩國邊界不太遠。

在會見之前，齊國有個貴族向齊景公建議，說：魯國的大司寇孔丘這次當主持人，他是個書呆子，只知道禮儀規矩，膽子很小，我們可以讓當地土著武裝動手，把魯國國君抓起來，他們就不得不答應我方的談判條件。齊景公批准了。

到了兩位國君會見的時候，孔子發現勢頭不對，有全副武裝的人群在靠近，立刻命令隨行的魯國衛隊提高戒備，然後義正辭嚴批評了這些土著一頓，說，現在兩位國君舉行友好會見，你們這些蠻夷要識大體，不要來破壞規矩，這只會給齊國國君丟臉！

經過孔子的抗議，蠻夷和齊國人都老實了，會談按計畫舉行，一切順利。

從這一段《左傳》來看，齊國那邊明顯沒安好心，魯國君臣處境很凶險，全靠孔子一個人的大智大勇給化解了。但這段記載未必可靠。

首先，這次兩位國君會見，是因為兩國都有搞好關係的願望，不然也沒必要會見，直接上戰場打仗就行了。齊國和魯國這次走到一塊兒，大背景都是跟晉國有矛盾，晉國是超級大國，誰都輕易不敢得罪，齊國去年已經跟晉國開戰了，今年還要繼續打，它當然壓力很大，希望跟自己的南鄰魯國搞好關係，不能腹背受敵。

至於魯國這邊，目前還沒跟晉國公開翻臉，但只要晉國支持陽虎，兩國關係就會持續惡化，魯國人需要早做準備，所以齊魯兩國是急於建立戰略同盟，各取所需，沒那麼誇張的風險。

當然，事情還有另一面，就是兩國畢竟已經打了十幾年仗，都會有點緊張情緒；兩國關係裡面，魯國相對弱小，也就更敏感，對有些小變動可能反應過度。而且《左傳》提到，想給會談添亂的只是一些土著勢力「萊人」，這些人到底怎麼想的，有什麼前因後果，史書都沒記載，就根本搞不清了。

可以肯定的是，齊國官方包括齊景公本人，都沒想把會談搞砸，不然這畢竟是在齊國的地界上，齊國人真的翻臉動手，魯國君臣沒有反抗的機會，但這不是春秋的國際規矩，也不符合貴族社會的習慣。

齊國人性格比較隨便，大剌剌，不拘小節，按司馬遷的說法叫「寬緩闊達」。[3]像孔子師徒這種書生自然不適應，難免大驚小怪。二十多年後，魯定公的兒子哀公，和齊景公的孫子平公舉行會見，魯哀公也在禮節上束手束腳，很不配合，讓齊平公很憤怒，還自編了首歌，罵魯國人都是唯讀儒書的呆子，讓平公氣得跳腳。[4]

《左傳》這本書不是孔子師徒寫的，但它的推廣流傳，確實經過了孔子師徒之手，他們又往裡面增加了很多孔子家庭和孔門弟子的事蹟，也許是孔子弟子中間已經有了一些「夾穀之會」的口頭故事版本，而把它增補到《左傳》裡面去的，是那些沒親身參與過這次會見的弟子，他們為了獵奇、也為了誇大自己祖師的功業，就留下了一段稍有失實的孔子事蹟。

再說會見本身。兩位國君會談順利，隨後舉行了盟誓，就是天神監督之下的友好宣誓，齊國人提的條件是，如果齊國以後和敵國開戰，魯國應該提供三百輛戰車的軍隊助戰。

孔子代表魯國提出的條件是：齊國人先要歸還這十幾年來占領的魯國國土，魯國才能答應齊國的條件。齊景公表示同意，立刻歸還了魯國土地。所以齊、魯兩國迅速結成了軍事同盟。

《左傳》記載，齊景公對這次會面非常滿意，最後還想增加一道程序：用最隆重的國賓宴會招待魯國君臣。當時頂級國賓的歡迎宴會叫做「享禮」，排場很大、時間很長，在宴會過程中，賓主雙方

---

3《史記．貨殖列傳》。

4 見《左傳．哀公二十一年》，這首歌詞是：「魯人之皋（愚蠢），數年不覺，使我高蹈（氣得跳腳）。唯其儒書，以為二國憂。」

會分幾輪互贈禮物，還穿插著射箭、賦詩等比賽專案，是大型綜藝聯歡活動。

齊景公舉辦「享禮」的動議，由齊國方面負責禮儀的大臣通知孔子，因為孔子是這次的總主持人，需要他定奪。

但孔子表示不同意，他堅持按照周禮，尊重禮儀的嚴肅性，對齊國大臣講了一通道理，大意是：臨時增加這種項目，是給我們這些管事兒的大臣添麻煩；享禮需要各種豪華設施、禮儀團隊，來不及從你們都城臨淄運過來；如果沒有那些設施，草率辦一場享禮，就是給咱們雙方丟人，還不如不辦！

主持人不願意增加項目，國君也沒辦法，這叫縣官不如現管。總的來說，「夾穀之會」很成功，齊魯兩方的目的都達到了。

再後來，到了戰國的時候，有些儒家著作把「夾穀之會」寫得更戲劇化了。比如它說，在會間休息的時候，齊國人故意敗壞氣氛，讓一群侏儒小丑登上會場，在魯定公的休息室外面唱歌跳舞，場面滑稽；孔子很生氣，命令衛士把侏儒都抓起來、砍成了兩截，而且這些被砍成兩段的侏儒，下半身都從一個門拖出去，上半身都從另一個門拖了出去，「首足異門而出」，這場面不僅怪異，還血腥，像是魔幻文學了。

司馬遷寫《史記》的〈孔子世家〉，可能是為了追求戲劇性，把這段內容也收進去了，其實它完全是虛構的；但因為《史記》裡這段離奇的故事，才讓「夾穀之會」在後世變得名氣很大。

雖然缺乏經驗、跌跌撞撞，孔子這個叛晉親齊的外交轉向還是完成了。從大趨勢看，這是晉國寡頭並立、內耗增加之後的必然結果。

## 「東方反晉聯盟」

齊魯結盟不足以對付晉國的威脅，還要爭取更多的盟友。很巧，衛國這時也跟晉國鬧翻了，已經和齊國結盟，反晉一方現在就成了三國同盟。

而且，衛國和晉國的反目更有戲劇性，責任也全在趙簡子。

一百多年來，魯、衛一直老實服從晉國的領導，但到孔子這一代，特別是陽虎掌權的幾年，衛國君主靈公也對晉國越來越不滿。在孔子五十歲時（陽虎發動政變的那年），晉國執政趙簡子帶著軍隊去和衛靈公會見，趙氏家族原來和衛國關係疏遠，趙簡子想借這機會給衛國施加壓力，讓衛靈公更服從自己。

衛靈公本來已經害怕了，準備再向晉國屈服一次，但趙簡子狂妄過頭，他派手下一個叫成何的貴族和衛靈公舉行盟誓，晉和衛都是出自周王室的封國，如今晉國一名中下級貴族居然和衛國國君平起平坐、舉行神聖的儀式，顯然過於無禮。

當雙方歃血——向神靈敬獻血酒時，成何要顯示自己尊貴，搶先向神靈敬酒，居然伸出一隻手拽住衛靈公的手腕子，雙方幾乎發生肢體衝突。

衛靈公這時已是在位三十三年的老人了，實在嚥不下這口氣，他向衛國大夫們表態說：「寡人無能，羞辱了衛國的社稷，請各位占卜再選一位國君吧！我和各位一起服務這位新國君。」[5]

---

5 見《左傳・定公八年》。

衛靈公這人個性並不囂張，而是頗為隱忍，而且春秋的君主遠不是口含天憲的極權至尊，衛靈公沒法直接命令貴族大臣們背離晉國，只能用這種半是哀求、半是要脅的方式。但衛國這時也沒有敢公然無視君主的大貴族，於是衛國上層決心和晉國決裂，倒向齊國。

齊景公、衛靈公兩個老人一拍即合，組成聯軍，一度和晉國開戰。現在加上新加盟的魯國，就變成了三國反晉聯盟。

不久之後，三國聯盟又增加到了四國。

當初陽虎掌權的時候，魯國曾經替晉國攻打過鄭國；如今，鄭國看到三國抱團反晉，也派使者到三國拉攏關係。這樣，齊、衛、魯、鄭四國正式結盟，聯合對抗晉國，這個組合可以叫做「東方四國反晉聯盟」，因為它的核心國家齊、衛、魯都在中原的東邊，而晉國在西邊。

組成這個聯盟和晉國對抗，確切地說，和掌控晉國的趙簡子、趙簡子手下的陽虎作對，是孔子在魯國執政的主要事業。

# 第十章　高官的生活（五十——五十六歲）

春秋的朝廷很寒酸——在自己家辦公——沒有成文法的大法官——子路是個好助手——各種訪客——吃好穿好住好

## 在權力中心工作

孔子當大司寇的這幾年，這是他人生中最得意的一段時光，這段歷史在後世也比較著名，算是文化人「得君行道」夢想成真的最早事例，當然，他真正的雇主是三桓寡頭。

既然大司寇負責政法工作，今天的人就難免把他想像成最高法院院長，每天坐著專車去衙門上班，像戲劇裡面的縣太爺一樣，坐在大堂上審案子。其實這還不是春秋官場的樣子，那時候是世襲貴族政治，還沒有很發達的國家機構，像司徒、司馬、司寇這些中央要員，並沒有自己專門的衙門、辦公廳，下面也沒有很多司、局辦事部門；孔子這種高級官員的工作，就是在每個工作日去「上朝」一次，帶領百官給國君拜見行禮，然後和三桓一起商量國家大事。

那時的「朝廷」跟後世也不太一樣，當時還是小國寡民，社會總體發展程度很低，現在考古發掘的西周、春秋都城遺址，建築規模都比較有限，不像明清故宮有那種宏偉的、能容納成百上千人的「三大殿」，春秋的王室或者諸侯國朝廷，都只是些稍大的四合院，正常上朝的官員規模可能不會超過一百來人，古代叫所謂「百官」，那時已經覺得很盛大了。

朝廷的這個「廷」字，本意就是庭院的庭；在庭院裡朝拜天子或者國君，就是「朝於庭」，簡稱「朝廷」。國君坐在有屋簷的敞廳（堂）下面，列隊的大臣們就站在庭院裡面行禮。當時禮儀典籍記載的國家活動都會註明：什麼人站在東廂房下面，什麼人在西廂房下面，什麼人在庭院裡……

開始「上朝」的時候都很早，冬天裡一般天還不太亮，「百官」儀式性拜見完國君之後，多數人就散了，各自去忙自己的事情，作為宰相的幾位核心大臣留下來就坐（春秋時候還不叫宰相，而是叫

「卿」或者「上大夫」），聽取下級報告各種大事，一起商量解決方案，這就是在朝堂舉行的宰相辦公會。國君本人也可以主持或者旁聽這種辦公會，日本近代給這種國君參加的國務會叫「御前會議」。這幾位宰相商量決定的事情，由文書吏寫成初稿、呈送國君同意之後，正式發布出來，就是朝廷的國策了。當然，國君的批准也可能是走形式，像魯國這種三桓專權的格局，國君是純粹的傀儡，他基本不敢否決三桓的決議。幾位宰相這麼商量著，基本就把每天的國家大事處理了。

如果沒有特殊情況，宰相們每天一大早去上朝，上午就散朝回家了。朝廷可能會給宰相們提供一頓上午飯，當時一天只有兩頓正餐，早點和消夜屬於富貴人家的自選項目，並不普遍。

《左傳》記載過齊國的宰相公務餐，可能因為齊國比較富裕，其他國家有沒有就不知道了。齊國這頓宰相工作餐的規格是燉兩隻雞，不是每人兩隻，是一共兩隻。有段時間宰相們不太和諧，疏於管理，廚子趁機克扣偷竊，把雞換成了鴨（看來當時鴨子更便宜），然後負責端飯菜的侍者偷吃鴨肉，剩的只有骨頭湯了，讓宰相們感到很尷尬。[1]

在朝見儀式中，要有宮廷樂隊的音樂伴奏，所以朝廷廂房檐下有一塊屬於宮廷樂隊。當時的宮廷樂師都是盲人，史書記載，有一位宮廷盲樂師被鄭國朝廷送給了宋國，樂師自己不喜歡搬家，就在宋國朝廷院子裡小便，助手提醒他：「這裡有人！」樂師堅持說：「沒人！」因為他反正也看不見。經過這麼鬧脾氣之後，鄭國只好又把他請回去了。[2]

1《左傳・襄公二十八年》。
2《左傳・襄公十五年》。

這位樂師活得頗有點肆無忌憚，因為春秋的宮廷盲樂師是個高深莫測的群體，非常團結，能量很大，不能得罪的程度甚至超過了廚師。孔子別管到了哪國，都要優先討好當地宮廷樂師，本書後面會介紹。

《論語．鄉黨》篇記載了一些孔子當官上朝的表現，主要是對國君、同僚和上下級的關係，基本特徵是恭敬、慎重：和比他低的「下大夫」談話，表情和藹、隨意；和同級的「上大夫」（卿）談話，就比較鄭重了；和國君在一起時，就恭敬而慎重。[3]

這麼看，孔子像個悶葫蘆的時候居多，但他有愛說話的時候，就是魯國太廟裡舉行祭祀典禮，這是他最拿手的領域，所以很樂於發表意見。[4]

孔子進國君宮殿的大門時，手持笏（一片寫字記事的竹板，寬如手掌），弓著腰、縮著身子，他身材高大，所以更注意收斂；他不走大門的正中央，不踩門檻，很低調地進門。進了庭院，要先上朝堂拜見國君，因為他級別高，要先跟國君見個面，看有沒有什麼需要單獨交代的。

孔子走過庭院裡眾官員的隊伍時，表情莊重，輕手輕腳地快步過去，說話也不敢高聲。然後是上臺階、進朝堂，還要做鞠躬狀，兩手把朝服的前襟提起來一些，以防上臺階的時候踩住摔跤，呼吸也幾乎要屏住……

面見完國君、走出朝堂，下臺階時，他呼吸就比較自如了，手還要提著前襟，表情放鬆、開心；到最後一級臺階，變成小步快走——「趨」，然後放下前衣襟，兩臂朝外平伸一下，朝服的袖子肥大，這動作就像鳥張開了一下翅膀，「翼如也」，再拱手到胸前，雙手持笏。然後是回到百官隊伍，站在自

己的位子，又要像來時一樣恭敬謹慎……[5]

此外，孔子還有為國君祭祀祖先、招待外國使者的工作，都是謹慎恭敬加必要的放鬆，和上朝大同小異。

看《論語》這些記載，無非是孔子表現得非常敬重國君、尊卑有序，似乎都是理所當然的人臣之禮。但不要忘了，魯國的三桓一直凌駕於國君之上，在禮儀問題上，他們經常故意不給國君留面子，如今孔子作為魯國第四號大臣，在重大場合表現的很尊重國君，正是要身體力行、樹立起應有的君臣規範，這是他對三桓專權的一種委婉、初步的矯正。

## 大司寇和春秋的法

在上朝和國務會議之外，每一位宰相還要分管具體工作，比如孔子這大司寇主管司法，這些工作在哪裡做呢？

其實就是在孔子自己家裡，他在曲阜城裡的府邸，就相當於魯國的大司寇衙門，只要是不上朝的時間，他就可以在家處理分管工作。

3《論語．鄉黨》：「朝，與下大夫言，侃侃如也；與上大夫言，誾誾如也。君在，踧踖如也。與與如也。」

4《論語．鄉黨》：「孔子於鄉黨，恂恂如也，似不能言者。其在宗廟、朝廷，便便言，唯謹爾。」

5《論語．鄉黨》：「入公門，鞠躬如也，如不容。立不中門，行不履閾。過位，色勃如也，足躩如也，其言似不足者。攝齊升堂，鞠躬如也，屏氣似不息者。出，降一等，逞顏色，怡怡如也。沒階，趨進，翼如也。復其位，踧踖如也。」

同樣道理，季桓子擔任大司徒職務，他的宅邸就是魯國的司徒府，就像現在的國務院。那時沒有專門給政府機構建的衙門，高官的宅邸就等於後世的「三省六部」辦事機構。

孔子的職務是「大司寇」，這是主管治安、刑法、訴訟、勞役犯等事務的最高長官。用現代社會的標準來劃分，這是一個非常龐大的體系，涵蓋了立法、司法、員警、獄政等等，但春秋時候沒這麼複雜，朝廷的大司寇主要負責貴族內部的法律糾紛，工作量就小多了。那時列國的朝廷不會直接管理老百姓，都分封給貴族了，老百姓不能跟貴族打官司，百姓之間的糾紛、案子，都由封主貴族來管，實際是封主任命管家「宰」處理。

而且在孔子時代，從周王朝到列國的朝廷都沒有成文的法典，判案子或者處理糾紛，都是依據不成文的所謂「習慣法」——這是現代人的說法，古代統稱為「禮」，內容龐雜包羅萬象。

孔子當司寇審判案子，主要依靠前代傳下來的各種慣例，而且要靈活運用。孔子說過：「審判案件的時候，我就像當事的原告、被告一樣，把自己放到他們的立場去揣摩，才能真正理解案情和雙方的感受。這工作的最高境界，就是讓雙方都服氣，再不會上訴繼續鬧。」[6]

當大官的大貴族都有自己的工作助手，就是各種親戚、封臣、奴僕等等，他們替大貴族跑腿辦事，相當於完成下屬機構的工作，然後從大貴族那裡獲得一份報酬。

當然，孔子沒有很大的家族，但他學生多，那些聰明能幹的學生，就相當於孔子的私人助理，可以協助他處理大司寇工作。孔子辦理的很多案件，其實都學生們做前期的預審、文案工作，擬定好判決意見，孔子最後簽字批准就行。

他的大弟子子路幹這工作很出色，別看他出身不高，但很有頭腦，處理行政事務的能力很強，而且效率很高，當天的事情都能處理完，不會拖到第二天。孔子誇獎他：「幾句話就能把一個案子說明白的，也只有子路了！」[7]孔子一當官，脫穎而出的就是子路。

在孔子的時代，也有個別國家嘗試過頒布成文法律，這裡也介紹一下。

第一次是在孔子十六歲時（魯昭公六年，西元前五三六年），鄭國的「當國」（國務總理，猶如魯國季氏擔任的大司徒）子產下令「鑄刑書」，就是把若干刑法條文鑄造在一件青銅器上。

當時列國都不習慣這種搞「成文法」的行為，批評意見很多，晉國的大貴族叔向和子產是好朋友，還專門寫信批評子產，大意是說：搞好政治，主要靠正面的教化，勸人向善；如果發生什麼案子，大家開會分析討論就夠了，而你現在把刑罰都定出來，還向社會公布，這是鼓勵人們用法條互相爭鬥，也就沒有敬畏之心了！

子產的回信先是致謝，又為自己解釋說：太長遠的事情我也考慮不到，但眼下我是為了救急，「救世」，您的意見我雖然不能採納，還是要感謝您的關心！

第二次是在孔子三十九歲時（魯昭公二十九年，西元前五一三年）。晉國執政的兩位卿——趙鞅（趙簡子）和荀寅，也鑄造了一個「刑鼎」。這個鼎是用鐵做的，那時鐵應該比青銅還貴，這些鐵是向全國貴族的封邑均攤徵收的。鼎上鑄的刑法條文，卻不是這兩人編寫的，而是三十五年前去世的范宣

6《論語・顏淵》：「子曰：『聽訟，吾猶人也。必也使無訟乎！』」
7《論語・顏淵》：「子曰：『片言可以折獄者，其由也與？』子路無宿諾。」

子（名士匄），他也曾長期擔任晉國執政的卿。據說孔子也很不看好晉國這次鑄刑鼎，說這樣反倒會引起亂子，論調和當年叔向批評子產一樣。

鄭國和晉國這兩次發布的法律條文，都沒有保存下來。有現代學者推測，說這是戰國「變法」的先河，因為戰國時期列國變法，一般都要頒布成文法典，最早的是李悝在魏國搞變法，頒布《法經》，那是孔子之後近一百年的事。

但是如果對春秋歷史瞭解得多一些，就會知道鄭國、晉國這時所謂頒布法律，和戰國變法制定的法典不是一回事。

為什麼？因為戰國變法、制定成文法的大前提，是國君搞了君主集權，把貴族勢力壓制下去了，靠文官來管理國家，這些文官只是國君的雇員，不是老百姓和土地的主人，所以國君最擔心這些人貪污受賄，這就要頒布統一的法條，不給文官們自由裁量的空間，防止他們借機受賄，還要有一套機構來監督這些文官，這是中國法制產生的基礎。

但孔子那時還不行，那時列國還沒搞君主集權，都是大貴族寡頭協商「共和」治理國家，他們不會給老百姓制定法律，靠貴族或管家的口頭裁決就足夠了。

那晉國和鄭國為什麼會出現最早的成文法？因為這兩國的特徵，都是幾家大貴族世襲壟斷了國家政權，鄭國是七家，晉國是六家，這些大貴族之間為了爭奪權力、地產，矛盾越來越激烈，經常發生宮廷政變，甚至會升級成內戰。范宣子和子產制定法條，是要規範貴族之間的秩序，主要是防止有人多吃多占、引發矛盾，甚至動手打內戰。

就在孔子這個時候，晉、鄭這幾國不光頒布法律，還有很多貴族們的集體盟誓，就是一致向神明發誓：要搞好團結，公忠體國，不能搞內部糾紛，類似陽虎當年帶著魯定公和三桓搞的盟誓。晉國和鄭國盟誓更多，鄭國都城遺址（在今河南新鄭）發掘出來很多春秋晚期的祭祀坑，裡面埋的是盟誓的時候獻給諸神的祭品，豬牛羊。晉國故地發掘出來的，則是盟誓的文書，寫在玉片上埋在祭祀坑裡，在山西侯馬出土，叫「侯馬盟書」。

《詩經》裡說：「君子們經常搞盟誓，可越這樣亂子越多啊！」[8]因為團結的時候不用盟誓，頻繁盟誓恰恰說明已經不團結了，晉和鄭發布成文法，跟這些盟會的意義差不多。而且，這法條能鑄造在鼎等銅鐵器上，內容肯定不會太長，最長也不超過一千字，這麼點篇幅，不可能像戰國的法律那樣方方面面規定很細，只能是約定一些貴族間的政治規範，和違規的處罰標準。

鄭國、晉國用法條規範大貴族的關係，孔子和當時列國貴族的輿論都普遍不看好，從後來的歷史看，也確實沒起到什麼作用：晉國的幾大貴族還是繼續爭鬥，打到最後剩三家——韓、趙、魏，分裂成了三個國家；鄭國倒基本穩定住了，沒打起來，算是寡頭共和制度維持比較好的，但國力卻越來越弱，最後被晉國分出來的韓國滅了。

在歐洲中世紀，國王們和貴族也有分權的矛盾，他們一般是貴族們和國王搞盟誓，訂法條，規定各自的勢力範圍和權利義務，英國這個現象最明顯，就是八百年前的「大憲章」，主要是貴族們防範國王權力擴張。當然，到十六世紀之後，英國的王權還是慢慢擴張了起來，收繳貴族的權力，把貴族規訓成服務王權的角色，所以英國貴族淡出政治的歷程比較平緩，也很漫長。法國和俄國就不是這種

8《詩經・小雅・巧言》：「君子屢盟，亂是用長。」

順利的漸進，而是發生底層革命，國王和貴族們被革命者一網打盡（就像陳勝那句名言：王侯將相，寧有種乎？）。所以十七世紀到二十世紀初的歐洲歷史，和中國戰國的大變革時代有點神似。

孔子後來還到過楚國，跟楚國上層交換過對法制問題的看法，他的一貫立場就是反對制定整齊劃一的法條，判案子要根據當事人的各種具體關係來定奪，比如，普通人之間有揭發犯罪的義務，但親人就沒有。

從戰國開始，列國搞變法都頒布法典，完全不是孔子這套理想。秦漢時候，法律不考慮親屬關係問題，再到魏晉南北朝、隋唐的時候，儒家的影響越來越大，朝廷立法也受影響，覺得應該把親屬關係考慮到量刑裡邊去，這一下子就搞複雜了，因為案情不同，親屬的尊卑、親緣遠近都不相同，排列組合起來就太多了，導致後世這方面的法條越來越多，但新問題還是層出不窮。其實這從開始就錯了，因為孔子反對搞成文法，想在成文法條裡面體現孔子的思想，那就是緣木求魚、南轅北轍。現代學術界稱唐宋以來的這個變化為中國法律的「儒家化」，可惜他們沒想到，孔子一直反對制定書面法律。

## 貴族的社區生活

孔子早年生長在農家，成為貴族後才搬家到都城曲阜裡面，當了大司寇以後，他也過上了卿大夫的上流生活，家大業大。大貴族家裡主要是各種親戚，幫族長工作，獲得封邑或者領取報酬；但孔子父系孔家這邊沒什麼親人，母系顏家那邊多是不上檯面的底層人，給他幹活、充門面的，主要是學生們。

家裡人多事多、開支大，也需要一位管家（宰）來操持家務，孔子為此選了一個叫原憲（字原思）的學生，給他的年薪是九百斗糧食，相當於孔子年俸的百分之一．五。原憲本來不富裕，有這點收入就算很可觀了。

但原憲覺得，給老師工作是自己的分內事，想推辭掉這份收入，孔子勸他說：別不要啊，可以分給你的鄰居街坊們！[9]

當時多是聚族而居，街坊鄰居也是同族的親戚。原憲的特點是非常廉潔，道德標準很高，確實最適合給孔子當家理財。相比之下，冉有在公務上幫孔子管帳，就很大手大腳了。

《論語．鄉黨》篇記載了一些孔子在「鄉里」（社區）生活的言行，而且是和他從政時的各種言行放在一起的，所以孔子當了大司寇之後，可能搬了新宅院，這兩種記載就放一起了。

這裡說說孔子在「社區」的生活，這屬於社交生活和鄰里關係。

春秋時階級劃分明顯，「士、農、工、商」是最主要的世襲階層。其中士是貴族，其餘的都是平民；能居住在曲阜城內的農民很少，主要是士、工、商三個階層，或者說職業。

那時的居住區劃分比較嚴格，各階層的人各有城區，不會雜居。商人居住的城區是「市」——市場，那時大街上不能隨便開門店做生意，都要在「市」的街區裡面；手工業者也有專門的城區，現在考古發掘出一些西周春秋的城址，都能看到這種手工作坊集中的城區，因為像冶金、製陶、製作骨器

9《論語．雍也》：「原思為之宰，與之粟九百，辭。子曰：『毋！以與爾鄰里鄉黨乎！』」

這類作坊，遺址很容易分辨。

士大夫等貴族，也集中在自己專門的城區裡面。當然，高級貴族會有好幾個「家」：都城裡有一處主要的家，供在朝廷上班用，大貴族的宅院很大，有很多層院落，往往要占一個街區甚至更多。此外，貴族在都城郊外往往有一處鄉間別墅，供假日裡家人、同僚們休閒聚會。然後，在自己的封邑還會有一處家宅，如果犯了錯誤、得罪了國君，貴族往往要辭職回封邑居住，表示閉門思過。大貴族的封邑很大，像三桓家族瓜分了魯國，他們都要營建一座城池做自己的封邑中心。

都城裡士、工、商分城區居住，這是普遍情況，但也有例外。比如齊國的老丞相晏嬰，他家就住在市場附近，而不是貴族城區。他解釋說：這樣買東西方便。但魯國是很重視傳統禮儀的諸侯國，按階層分區應該比較嚴格。

那時不僅農村裡有鄉，城裡的城區也叫「鄉」，跟貴族生活有關的鄉，都是指都城裡面的城區。比如，貴族禮儀裡有專門的「鄉飲酒禮」「鄉射禮」，有人誤會成在鄉下野餐喝酒、射箭，其實這是貴族們在城內宅邸的社交宴會。

城裡同鄉（城區）的街坊鄰居、宗族親戚是「鄉黨」，比如《論語》裡有一卷的篇名就叫「鄉黨」，這可不是農村老鄉的意思。

比鄉再小的街道、社區叫「里」。孔子說：選擇安家的「里」，一定要有仁人做鄰居才好，這樣便於求知。[10]從這條能看出來，孔子在城裡搬過家，應該是當了大官換大宅子。

對於不務正業、屢教不改的貴族子弟，當時有「強制搬遷」的懲罰措施：第一次懲戒，先強制搬遷到相鄰的城區（鄉），離開家族、宗族的聚居地；如果還不改悔，就強制搬到郊外；再不改，搬遷到邊境，直到最後放逐到化外蠻夷之地，後世的流放刑罰就是從這來的。

鄉飲酒和鄉射，是貴族們主要的社交聚會，孔子師徒編輯的《儀禮》中，對它們的程序有詳細記載。古代注釋家說，這是管理鄉的大夫組織的活動，按時令舉行，其實不一定，有影響力的貴族可以隨時召集，像孔子少年時，季氏宴請所有「士」以上的貴族，就算是一次大型的鄉飲酒禮。孔子成了大夫，肯定常參加這類宴會，他家也可以舉辦這種聚會。

鄉飲酒禮，或者比較正式的社交宴會，一般是主人家擬好需要宴請的賓客名單，派發請帖，還要請一位擅長社交、懂禮節的貴族擔任司儀。客人到了以後，按照年齡在堂內依次就座。古代中國不像現在坐椅子、沙發，那時都是「席地而坐」，地上鋪一張大席子，上面有每個人坐的小墊子，賓主登堂入座，要脫鞋、脫襪子，跪坐在墊子上，具體說就是先跪下，再坐在自己腳後跟上。成語「正襟危坐」，這個危坐就是跪坐。孔子坐有講究，「席不正，不坐」。[11]

中國古人習慣用「磕頭」表示尊敬，跟這種坐姿有關，因為那時坐著就是跪著，弓腰低頭表示初步的敬意，這叫「拜」，其實就是跪著鞠躬；更高的敬意，就要把手放到席子上（左手在右手之上），躬身把額頭磕到手背上，這叫「稽首」，類似於後世的磕頭。唐宋以後，中原人不再席地而坐了，磕頭就成了很特殊很隆重的禮節。

10《論語．里仁》：「子曰：『里仁為美。擇不處仁，焉得知？』」
11《論語．鄉黨》。

如果席間表示恭敬、致謝，就跪著把身子直起來，這叫「作」。孔子在社交場合，如果見到穿喪服的、穿禮服的（正式的冠冕，上朝的裝束），哪怕是很親密的私交或者比自己年幼的，都要表情嚴肅，跪起來「作」一下，表示尊重。見到盲人經過也是，這種人一般是宮廷樂師。如果穿喪服、禮服的或者盲人已經落座了，孔子經過他們面前就小步快走（趨），這也是表示尊重。[12]

## 宴會社交

貴族的社交宴會有一套複雜程序。主家僕人先請客人洗手，有專人端著溫水壺（匜）和接水的銅盤伺候，洗完有人奉上手巾。商周青銅器裡面，有很精美的「盤」，比如著名的「虢季子白盤」，都是接洗手水的。當然，只有在很隆重的社交宴會上，才會用這種精美銅盤。

這麼洗手的時候有講究，就是手上的水不能亂甩，要等主家人奉上手巾擦手，不然就是對主人的不尊重。晉文公重耳早年流亡時，一次沒在意這規矩，就惹下了麻煩。

席地而坐吃飯時，沒有共用的大餐桌，而是每個人面前擺幾隻盛菜肴的高足盤（古代叫「豆」，字形就像個高腳盤），搭配酒樽和盛主食的器皿，比如盛米飯的小竹籃——「籩」。

吃飯前，賓主一般先舉一下酒和肉，表示敬一下天上的神明，然後每一道菜肴湯品，都有主持人安排的順序。正餐有各種燉熟、烤熟的肉和內臟，頓頓吃得起肉，是貴族最主要的特徵，他們也叫「肉食者」，這種人大都長得白白胖胖，普通農民粗糧野菜都吃不飽，就又黑又瘦了。

餐具有類似西餐的餐叉，主要是吃肉用，還有勺子和筷子。這些餐具有竹木質地的，也有銅或骨製的。

除了肉食，還有主食——主要是蒸飯和稀飯，佐餐的調料醬，醃菜，米酒（那時沒有白酒）。醃菜和調料醬的種類很多，各種蔬菜、野菜、肉類乃至水產品都可以做醬、醃菜。《禮記》裡說，吃飯時不能用手把米飯捏成飯糰（毋摶飯），說明當時人可能還有用手抓飯吃的做法，只是不能搞得太隨意。

吃到一半，會有樂師登場奏樂，樂曲順序都是定好的，宴會不同階段演奏不同的曲子，還有歌手演唱《詩經》裡的篇章，一般都是和宴會有關的內容。演奏完畢後，主人還要向樂師敬酒、上飯菜。

光看《儀禮》這些程序，會覺得太拘謹了，其實到宴會的後半場，這些儀式性的活動就少了，氣氛更加自由，主人或賓客可以互相敬酒，起身唱歌、跳舞，《詩經》裡這叫「式歌且舞」，就是又唱又跳。[13]跳舞的人，還要用動作邀請坐著的人來一起跳，「坎坎鼓我，蹲蹲舞我」，[14]「蹲蹲」不一定是往下蹲，而是跳來跳去的樣子，在鼓點伴奏下翩翩起舞。唐宋以後，漢人基本都不會跳舞了，其實之前曾經很流行。

喝過三輪酒之後，往往就有人開始醉了，入席時還很正經，頗有風度，這時就大喊大叫，灌別人

12《論語．子罕》：「子見齊衰者、冕衣裳者與瞽者，見之，雖少，必作；過之，必趨。」《論語．鄉黨》：「見齊衰者，雖狎必變。見冕者與瞽者，雖褻，必以貌。」
13《詩經．小雅．車舝》，這首詩是描寫一場迎親的宴會。
14《詩經．小雅．伐木》。

酒，說些讓人難堪的胡言亂語，跳舞也站不穩，經常摔個跟頭，把盤、碗餐具踢翻了，甚至帽子都掉了：「賓既醉止，載號載呶。亂我籩豆，屢舞僛僛……」這時主人就感到麻煩了，主持人會試圖控制醉漢，但也不容易，因為他很可能是地位高的人物，不敢得罪；要是醉酒的人再多一些，宴會就可能以打鬥收場了。[15]

宴會正式結束，要長者先離開。那時六十歲的老人可以在公共場合拄拐杖，孔子每次宴會，都要等持杖的老人都離開了再退場。[16]當然，這肯定是他六十歲以前的事，以後就和老先生們一起拄杖離場了。主人家主僕要關照客人離開，特別是喝醉酒的，要哄著扶他上車，老實著別摔下來。

按禮儀，參加宴會的客人，第二天還要到主人家答謝，再一起吃一頓，這次的禮節就不那麼嚴格了。

鄉射禮，是比賽射箭的聚會，它的起源應當是周人早年的習武操練，到春秋時也變得文質彬彬了。鄉射禮的前半段和飲酒禮差不多，都是主人招待客人進家，吃喝，奏樂，然後開始比賽射箭，有專門的主持人兼裁判，而且不止一位，各有分工。

參加射禮的人多，要選出兩個「代表隊」，一個隊裡要兼有主人家的人和客人，也要兼有不同等級的貴族：大夫和士。比賽一般進行三輪，每次每人射四支箭。代表隊射完後，主人和地位高的嘉賓射，再由其他賓客射。

要選一個人報告射箭命中的靶數，他躲在箭靶附近的一塊牌子後面，避免被誤傷，這塊牌子叫「乏」，所以那時有個「承乏」的習語，是擔任某種職務的謙稱。

在射箭的時候，射手是「袒」的，就是把上衣褪下來塞到腰間，裸著胳膊便於拉弓開弦。有些地區風氣開放，比如齊國，或者更南方的陳、蔡等國，貴婦人也會參加社交宴會，喝多了氣氛就比較曖昧了，常出各種豔遇乃至醜聞，但史書中還沒有女人參加射箭的記載。

每一輪比賽結束後，射手退場回到坐席，計算兩隊的成績，輸的一方要喝酒，由贏的一方倒酒，端給輸家喝。所有賓主都射完後，入座吃喝、奏樂。然後可以再比賽一輪。最後既有個人成績，也有代表隊的全體成績。

在這種社交場合，孔子一般都比較低調，很少高談闊論，「恂恂如也，似不能言者」，[17]連射箭的機會也盡量推讓。

射禮包含了很多吃喝宴會的內容，而在正式宴會裡，還可以舉行簡化版的射箭遊戲，就是「投壺」，把箭投到一個長頸陶壺裡，這種壺一般高一尺多，口徑大如拳頭，壺肚子裡裝滿豆粒。比賽投壺也分主、賓兩組，有專門的主持人，規則比射禮簡化了很多。

孔子對射禮的評價不錯，他說：君子沒有什麼要爭的，非要說有的話，就是射禮了吧！雙方互相揖讓，再登上射位，下場後又互相敬酒。這才像君子的爭法。[18]

孔子時代搞射禮的時候，古希臘小城邦的男人們正在光著身子競技：賽跑、摔跤、扔標槍。相比

15《詩經・小雅・賓之初筵》。
16《論語・鄉黨》：「鄉人飲酒，杖者出，斯出矣。」
17《論語・鄉黨》。
18《論語・八佾》：「子曰：『君子無所爭。必也射乎！揖讓而升，下而飲。其爭也君子。』」

之下，周人的競技比賽項目確實太少，而且沒有對抗很激烈的。

孔子當了官，想跟他拉關係、套近乎的自然多了起來，無非是想獲得提攜，多撈點資源。孔子已經在貴族隊伍下層活了大半輩子，見識過各種人的謀生小技巧，這方面比較清醒。

當時貴族社區有個年輕人（闕黨童子），老想在孔子周圍找點兒事情做。有人對孔子說：「看來這人很上進啊！」孔子說：「我觀察過，他專門往大人物身邊湊，走著路都想跟先生輩的搭話，這不是想上進，是想往上爬的快一點而已。」（非求益者也，欲速成者也！）[19]

孔子的交往圈子裡也有些比較「出格」的人物。比如一個叫原壤的，他是孔子的老朋友，但不是顏家莊那個環境的，應該是他認祖歸宗後在孟氏貴族社交圈裡結識的。這個原壤的風格很像魏晉名士，不遵守禮法，任性放蕩。

據說原壤母親病逝，孔子盡朋友的義務，去原家幫助操辦喪事，給屍體入殮。原壤卻不動手，他爬到了院裡一棵樹上大喊：我好久不唱歌了啊！然後唱了一首情歌。孔子只能自己該幹啥幹啥。

有人問孔子：他自己家的喪事都不關心，你何苦忙活呢？孔子說：我就是把我該幹的幹好。[20]

在社交場合，原壤也經常放蕩不拘禮節，比如在宴會上，他公然把兩條腿伸直了坐席子上。那時正規姿勢是跪坐，把腳伸到前面很不禮貌，孔子有次拿手杖敲原壤的小腿，一邊罵：你小時候不尊敬家長，大了沒什麼作為，老而不死，這就是賊人！[21]這時的孔子和原壤應該都是五六十歲的人了。

魯國還有個叫「互鄉」的士人（也許是他住的街區的名字），大概有比較嚴重的潔癖和自閉症，甚至還有憂鬱症，很難和人交流。有一次，他居然到孔子家登門拜訪了，可能是覺得孔子學問名氣大，能幫自己解決一下心病。

陌生士人結交，有一套「士相見禮」，最重要的是，第一次登門拜訪時，要有一位起引薦作用的中間人；如果沒準備，可以讓自己的僕人在前面敲門、遞送名片和禮物，反正不能自己一個人登門，那樣太冒失。這個互鄉來訪，卻只帶了一個小孩子當介紹人，大概是他的兒子。

孔子的弟子們都很納悶，不知道該不該接待他。孔子說：既然人家來了，還挺按禮節辦事的，就見見吧，反正到家裡就算咱們的客人，離了我家，他幹的事情就和我無關。[22]

兩個人見面後怎麼聊的，《論語》沒記載，可能還是尷尬收場，因為孔子不是心理醫生，不會應付這種事。這算是孔子經歷裡面比較無厘頭的一次，他當官以後，見識各種人和事的機會都多了。

## 富貴生活的享受

當了大司寇，孔子的車馬也升級了。有次孔子下朝回家，聽說家裡失火把馬廄給燒了，他急著問

19《論語・憲問》「闕黨童子將命」條。

20《禮記・檀弓》下：「孔子之故人曰原壤，其母死，夫子助之沐槨。原壤登木曰：『久矣予之不托於音也。』歌曰：『狸首之斑然，執女手之卷然。』夫子為弗聞也者而過之。」

21《論語・憲問》：「原壤夷俟。子曰：『幼而不孫弟，長而無述焉，老而不死，是為賊！』以杖叩其脛。」

22《論語・述而》：「互鄉難與言，童子見，門人惑。子曰：『與其進也，不與其退也，唯何甚！人潔己以進，與其潔也，不保其往也。』」本節文字歷代注家多有歧解。

傷人了沒有，卻沒問馬的損失，這是他在乎人的安全：「仁」，馬倒不重要，這也說明孔子已經有比較像樣的馬廄了，馬的數量應該不會太少。[23]

孔子本來是窮苦人出身，後來當職員，當教師，生活水準也不算高。但當了官以後，待遇高了，生活立刻變得精緻起來，衣食住行都有一套講究。

吃飯的講究程度最高，「食不厭精，膾不厭細」，就是米磨得越精越好，魚和肉刀工切得越細越好，沒有上限，追求極致。魚或肉腐敗、變味、變色的不吃，這些符合養生之道，還說得過去，後面的就有點過分了：烹調技術不好的不吃；魚和肉切得刀功不好，不吃；沒有搭配的調料醬，不吃……孔子小時候估計飯都吃不飽，肯定是有啥吃啥，可一旦富貴了，就講究得有點過分。

還有，外面食品店買來的酒、肉，一概不吃，這可能有安全的考慮，也關乎身分形象。[24]

怎麼吃飯也有規矩，必須在固定時間開飯，吃飯還不能說話，也不能愁眉苦臉、唉聲歎氣：「當食不歎」。[25] 很多人類族群都有這種靜默進餐的傳統，可能是食物匱乏年代的普遍現象——覺得吃飯是很神聖的事情，隨便說話就對不起老天賜給的這口飯了。人類的多數宗教，都有進餐之前或之後的祈禱經文，感謝神靈賜予食物，也是同樣的道理。只有進入工業時代之後，食物變得普遍充足、過剩，人類才逐漸忘卻了這些風習（其實動物的「護食」行為，也是來自對食物的極端重視）。

關於對食物的尊重，孔子還有個習慣，就是每當有豐盛的飯食端上來，必須「變色而作」，[26] 就是沉默、表情嚴肅，跪坐著把身子直一下；哪怕吃不太講究的粗糧、蔬菜，他也要面色凝重，表達恭敬之情。

西周和春秋的貴族，還有「佩玉」的講究，就是在腰帶上掛一些小玉飾，主要是為了聽聲音：當人走路、乘車的時候，玉佩會隨著步伐節奏碰撞出叮叮噹噹聲，一派雍容華貴氣象。

貴族讓下人伺候著穿衣打扮好，要先看看是否一切齊備，還要走幾步，聽聽佩玉的聲音是否滿意，這叫「觀玉聲」，確定都沒問題了才能出門。玉佩有環、玦、璜等不同的造型，要用它們的碰撞聲製造不同的音響效果，發聲的頻率、音階、音色都不一樣，很有講究。

為了達到好的音響效果，人的活動必須舒緩自如，四平八穩，不能火急火燎的毛躁，那樣響聲就亂了，這也是階級身分的體現。一大群顯貴人物雍容閒雅、寬袍博帶、叮噹作響地走過來，就更有效果了。

不同身分的人，佩玉規格也不一樣，《禮記．玉藻》這方面的記載比較多，比如天子用黑絲帶佩白玉，公侯用紅絲帶佩「山玄玉」，大夫用白絲帶佩「水蒼玉」等等；還有些關於孔子佩玉習慣的紀錄，孔子肯定有不止一套玉佩，他還有個象牙環，直徑五寸（約十二公分），繫雜色絲帶，也是和玉佩掛在一起聽聲的。

「君子無故，玉不去身。」佩玉是端架子的行為，自然會有不適合的場合。比如守喪期間不佩玉。在大臣上朝、士人伺候上級、晚輩侍奉長輩時，甚至翻臉動手打架時，也不能端著四平八穩的架子，

---

23《論語．鄉黨》：「廄焚。子退朝，曰：『傷人乎？』不問馬。」
24《論語．鄉黨》：「沽酒市脯不食。」
25《禮記．曲禮上》。
26《論語．鄉黨》。

這時要把佩玉塞進腰帶裡，叫「結佩」，那時的腰帶是布帶子，寬，正好可以做這個用。27

孔子穿衣服的講究，首先是不穿太花俏、太豔的顏色，夏天的衣服不能太薄太露，冬天的皮袍子不能皮毛外翻，可能是覺得這樣顯得粗野，所以要配織物外罩，罩袍和皮裡子必須同色搭配，比如黑羊羔皮配黑罩袍，白鹿皮配白罩袍，黃狐狸皮配黃罩袍，這也說明當官的孔子有了很多裘皮大衣。

當年齊國的老丞相晏嬰，一件狐狸皮袍子三十年不換，小氣的名聲傳遍了列國。孔子當官沒幾年時間，吃穿的講究都比晏嬰高很多。

古人大衣的衣服袖子都長，但孔子要求把右邊袖子截短一點，便於拿筆工作，這是實用的標準；去國君的宮殿上朝，都

**明清人畫的兩張孔子當司寇的標準像**

左邊這幅把孔子畫得太凶了，畫家可能想表現法官的威嚴，結果卻像個門神。真正的孔子可能更像右邊這幅。

有專門的禮服（朝服），齋戒的時候也有專門的衣服。

坐墊也很有講究，那時席地跪坐，席子上還要放單人坐墊。孔子喜歡狐狸皮或貉皮的墊子，毛厚舒服，冬天暖和。

民國學者林語堂說，孔子吃穿講究太多，孔夫人伺候不過來，兩人就離婚了。孔子晚年確實和夫人離婚分開了，但顯貴家裡，伺候吃穿這種事都有專門的下人，不用家主母自己動手，孔子當了官，孔夫人正好能跟著享受，兩人當年的窮日子都過來了，離婚未必是因為生活講究，至於兩人怎麼過不到一起，後面會談到。

對於孔子來說，當官不止是為了吃好穿好，他還有些費力不討好、得罪人的工作要幹，最重要的就是解決三桓專權問題，這有點像與虎謀皮，但孔子有他的一套博弈方法，最終拿出了自己的實施方案。

第一幅把孔子畫得太凶了，畫家可能想表現法官的威嚴，結果卻像個門神。真正的孔子可能更像第二幅。

---

27《禮記・玉藻》：「君在不佩玉。左結佩，右設佩。居則設佩，朝則結佩。」

# 第十一章　與國君結盟的可能性（五十四—五十六歲）

和三桓的大交易——又被打進了曲阜——孟懿子最狡猾——陪魯定公說暗語——也瞧不起書呆子

外交轉向成功之後，孔子還想整頓魯國的內政，魯國最大的、最需要改革的問題，當然是三桓寡頭專權。

在孔子這一輩子裡面，已經經歷過魯昭公的內戰、陽虎的內戰，它們都是因為三桓專權引發的，都以除掉三桓為目標，但都失敗了。孔子和魯昭公、陽虎不一樣，他只是個被三桓提拔起來的職業經理人，沒有自己的政治勢力，也沒有用武力消滅三桓的可能性，而且孔子不喜歡戰爭，他推崇和平的改良運動，希望三桓主動放棄一些特權，向國君「奉還大政」。

讓三桓放棄自己的特權，而且是已經延續六七代人、長達一百多年的世襲特權，看上去很不現實，孔子能從哪裡下手呢？

他找到了一個切入點，就是勸說三桓削弱自己的軍事實力，讓它們沒有能力搞武裝割據、對抗朝廷。

這工作的第一步，是勸說三桓拆掉自己封邑的城牆——季孫家的根據地是費城，叔孫家是郈城，孟孫家是成城，這是三桓家族的大本營，比都城曲阜都牢固，這也是他們敢蔑視國君的實力基礎。史書給這工作叫「墮三都」，「墮」也寫成「隳」，都是拆掉的意思。

## 「墮三都」的籌碼

這個倡議，是孔子五十四歲這年（魯定公十二年，西元前四九八年）、也就是他當大司寇的第三年實施的。

但三桓也要考量自己的利益，拆毀城牆、自廢武功，他們能接受嗎？從公開層面孔子可以解釋：拆掉城牆，不僅削弱了三桓對抗國君的能力，也是防止有管家造反、威脅三桓，只要政治有秩序，對大家都有好處。

而另一方面，「墮三都」其實也是一樁政治交易，孔子需要交出自己的後路，來換取三桓的讓步。孔子的籌碼就是：這時季桓子還沒能控制自家的費城，陽虎那位同黨，公山不狃，還在占據著費城對抗朝廷，四年前他還邀請過孔子；孔子如今提出「墮三都」方案，就意味著先要幫季桓子奪回費城的控制權，這就斷絕了孔子的退路，讓他和公山不狃、和陽虎徹底決裂了，不能再當騎牆的中間派。

所以，「墮三都」不僅是削弱三桓勢力的舉措，它也是孔子給三桓交出的最後一份「投命狀」，本質上是一樁政治交易，孔子和三桓方面都要做一些妥協。

孔子拿自己後路交換的不是個人利益，而是國家的整體秩序，至少是重建國家秩序的可能性。如果他是只顧自己利益的政客，給三桓提出的條件就應該是：給自己一塊世襲的封邑產業。但孔子沒有那麼做，他是用權謀家的手段去實現理想主義的目標。

另外，今天人不要把春秋時期的「城牆」想像得過於壯觀。從考古發掘看，春秋列國的城牆基本都是黃土夯築結構，很少有外面包覆磚石的，這還不是明清時期那種灰色磚牆。純粹的夯土牆拆除起來也容易，召集臨時工用鏟、鎬刨開就行了。

孔子提出「墮三都」倡議之後，第一個付諸實施的是叔孫武叔，在三桓權力排名裡，叔孫氏位列第二，他和孔子沒什麼私人關係。

叔孫武叔這個人還年輕，頭腦也很簡單。而且，他還有一點切膚之痛：兩年前，他的大本營郈城也發生過管家割據叛亂，當時，魯國官方部隊圍攻了好幾個月，又從齊國請求援兵，才驅逐了這個叛亂的管家。所以他首先相信了孔子的宣傳，把自家的郈城城牆拆了。

孔子的事業取得了第一步成功。

再說費城那邊，公山不狃得到消息，他被孔丘這個兩面三刀的傢伙出賣了，朝廷軍隊馬上要來（替季氏）收復費城，他可不想坐以待斃，於是魚死網破，鋌而走險，帶費城兵力主動出擊，長途奔襲曲阜，魯國朝廷還沒反應過來，叛亂武裝已經打到城裡了。公山不狃的首要目標是控制國君魯定公，然後再清君側，除掉跟他作對的人。

孔子和季桓子、叔孫武叔、孟懿子這四位權力核心，這時真正站到了一起，他們簇擁著魯定公躲到了季孫氏家裡的一座高臺上，因為季氏家比國君的宮殿還堅固，易守難攻。費城人包圍了高臺攻打，差點把魯定公搶過去，所幸孔子徵調的援兵及時趕到，打敗了費城人，解了圍。

和當年的魯昭公、陽虎動亂一樣，經過一場短暫的巷戰，叛亂武裝被趕出了曲阜，朝廷軍隊趁機反攻，占領費城，公山不狃等叛亂者逃往國外。陽虎為首的這場叛亂延續了四五年時間，到這時才徹底宣告肅清。

占領費城之後，孔子的大弟子子路立刻執行孔子命令，帶人拆除費城城牆，子路現在是季氏的首席大管家，拆除費城城牆這件事，他能在季桓子和孔子中間擔任溝通角色，同時充當執行人。

現在公山不狃逃跑了，費城管家的職位就空缺出來了，子路當即指定小師弟高柴當費城宰。高柴這時才二十四歲，身高五尺，折合現在的一百公分多一點點，是個侏儒，他跟隨孔子學習的時間還不長，學術上沒什麼積累。

孔子對這個決定很不滿，批評子路說，高柴那麼年輕，沒經驗，你讓他幹這麼重要的職位，不是害他嗎？

子路不服氣，說，可以邊幹邊學啊。費城有百姓，可以學治理；有宗廟社稷，可以學祭祀禮儀，不一定非等書念熟了再出來當官。

孔子聽了很生氣：我就煩你這種油嘴滑舌之徒！[1]

其實子路比孔子現實，更能放得下面子，他急於用自己人占位，所以孔發了頓脾氣也沒用，高柴還是繼續當費城管家，而且他幹得不錯，後來的時間裡，他一直是大師兄子路的左膀右臂，最受信任。

孔子的「墮三都」事業現在貌似很順利，叔孫、季孫兩家都拆了，就剩孔子當年的私家學生孟懿子了，他家的成城，就是現在山東省的寧陽縣，在曲阜市西北二、三十公里。

孟懿子這個人心計頗深，他經歷過魯昭公和陽虎的內戰，都扮演了力挽狂瀾的角色，現在孔子搞「墮三都」，孟懿子表面上裝的很支持，私下裡和自己的大管家商量對策，這個大管家很厲害，前幾年

1《論語．先進》：「子路使子羔為費宰。子曰：『賊夫人之子。』子路曰：『有民人焉，有社稷焉。何必讀書，然後為學？』子曰：『是故惡夫佞者。』」

三桓和陽虎打仗，他出力不小。兩個人決定演雙簧對抗孔子：管家在成城發動叛亂，拒絕拆城牆，孟懿子就假裝局勢失控，管不了。

果然，季孫、叔孫兩家和孔子、魯定公看到成城造反，不執行中央的政策，都很惱火，魯定公親自帶兵攻打成城，但有孟懿子在高層暗中作梗，仗也打不起來。孔子家一直是孟家老部下，現在也不好把事情做絕，這事只能不了了之，成城就保住了。

費城到這時拆了一半，沒能繼續拆下去，包括被拆掉的郈城，後來又都修上了。「隳三都」的事業從此半途而廢，孔子的後路已經斷了，卻沒能換來任何成果。

孔子這次不成功的事業還產生了另一個結果，就是讓國君魯定公產生了好感；當三桓對孔子開始失望的時候，魯定公的期望值卻越來越大。

## 國君的野望

關於魯定公這個人，史書記載不多，只知道他是那位倒楣的魯昭公的弟弟，名叫公子宋。從史書的記載推斷，魯定公的年紀可能和孔子差不多，現在也過五十歲了。

作為堂堂國君，魯定公當然也不想當三桓的傀儡，在孔子進朝廷參政以後，經常提倡尊重國君，還試圖「隳三都」，魯定公當然知道這是為自己好，所以他很想拉攏孔子，但又不能讓三桓產生警覺。所以魯定公只能很謹慎的試探，看能跟孔子合作到什麼程度。

一次，定公問孔子，君臣之間應該怎麼相處，他的問題是：「國君能夠指揮大臣，大臣應該侍奉國君，這個道理該怎麼落實呢？」（君使臣，臣事君，如之何？）

孔子回答說：「國君應當在『禮』的指導下使喚大臣，大臣應該抱著『忠』的態度侍奉國君。」[2]

初聽起來，會覺得這一問一答都平淡無奇，但放在三桓專權、孔子努力推行「隳三都」的歷史背景下，就能夠理解它背後的深意了：魯定公表達的理想，是希望自己有足夠的權力指揮大臣，大臣們也應該無條件服從自己。

而孔子的意見，是在尊重君權的大前提下，強調雙方權利、義務對等，國君也不能為所欲為，要符合傳統的禮法精神；放到魯國的語境裡，就是國君應該尊重大貴族的存在，不要試圖跟大貴族翻臉、把他們斬草除根。

## 更露骨的試探

另外一次君臣對話，可能發生在更私密一些的場合，沒有外人在場，魯定公對孔子的試探更大膽了一點，這段對話的內容更多。

還是魯定公先發問：「聽說，一句話就能讓國家興盛起來，所謂『一言興邦』，有這回事吧？」

這話乍聽不知道什麼意思，在當時的語境下，還是暗示國君和三桓的關係，讓孔子表態站在哪邊。在定公看來，興邦喪邦，就在孔子這一句話。

2《論語．八佾》：「定公問：『君使臣，臣事君，如之何？』孔子對曰：『君使臣以禮，臣事君以忠。』」

為什麼說它是暗示君臣關係的呢？因為後面孔子的回答，就把這意思挑明了。孔子說：「話不能說得這麼容易。有句俗語叫『為君難，為臣不易』，您要能好好體會當國君的難處，也就有點『一言興邦』的意思了。」

孔子傳遞給魯定公的意思是：您這國君也不能夢想為所欲為，把不順眼的都掃蕩一空。君臣互相忍讓一些，理解一下對方的難處，這日子才能過下去。

魯定公還不滿意，要追問到底：「據說一句話就能讓國家垮臺，所謂『一言喪邦』，這話對嗎？」孔子還是模稜兩可的回答：「話也不能這麼隨便說。有句老話說，『我也沒覺得當國君有多麼享受，不過，看到我說的話沒人敢違抗，還是有點開心。』你想啊，您作為堂堂國君，如果說的話有道理，臣下沒人反對，那當然是好事兒。可萬一您說的沒道理，大家還是不敢違抗，一窩蜂照著去做，那不成了一句話搞垮國家嗎？」[3]

孔子這表面意思，是勸魯定公不要為所欲為，要說有道理的話，才不會給自己、給國家帶來災難，聽起來似乎都是很平常的道理。但回到兩人談話的大背景，魯定公只是個被三桓操縱的傀儡而已，他並沒有發號施令的權威，做好事和做壞事的能力，他都完全沒有，因為這個魯國根本就不是他的。

那兩個人又為什麼囉囉嗦嗦這麼多「興邦」「喪邦」，難道他們二位都是精神病嗎？

當然不是，魯定公還是在試探孔子，他說一言興邦、一言喪邦，都沒有主語，其實是在請孔子表個態，你要是跟我站到一起，我們合作就能興邦！你要是把我出賣給三桓呢，就是喪邦了。

孔子的回答還是跟上次一樣，把問題給魯定公推回去。而且孔子重點指出，國君如果權力太大、為所欲為，那對國家就是災難。這應該是在警告魯定公，不要重蹈你哥哥魯莊公的覆轍，不要試圖用武力消滅三桓，那對誰都是災難。

魯定公這位國君如果想放縱一下，這是唯一的可能性，其他的就真沒有了。

## 只想當個調和派

史書裡面孔子和魯定公的交流，就是上面這些。可以看到，魯定公是個不甘心當傀儡的人，一直試圖拉孔子跟自己合作，找機會跟三桓寡頭們一決高下。用更通俗的話說，就是魯昭公想給孔子一道「奉旨討賊」的衣帶詔，但孔子沒敢接受。

這不是因為孔子膽子小，而是不符合他的政治立場，他是貴族、寡頭和國君這三種力量之間的調和派，一直希望各方都遵守尊卑秩序，和平共處，而不是上下級撕破臉打起來。

孔子和魯定公之間的關係，可謂是微妙而且危險，稍微過線一點，都會引起三桓的警惕。後世人說伴君如伴虎，對孔子來說真正的危險，是陪伴這位生活在三桓嚴密防範之下的國君。

在當官的幾年裡，這選擇曾經不止一次擺在孔子面前，如果他沒那麼瞻前顧後，再急功近利一

3《論語・子路》：「定公問：『一言而可以興邦，有諸？』孔子對曰：『言不可以若是其幾也。人之言曰：「為君難，為臣不易。」如知為君之難也，不幾乎一言而興邦乎？』曰：『一言而喪邦，有諸？』孔子對曰：『言不可以若是其幾也。人之言曰：「予無樂乎為君，唯其言而莫予違也。」如其善而莫之違也，不亦善乎？如不善而莫之違也，不幾乎一言而喪邦乎？』」

點，和魯定公結成鐵桿主奴關係（後世人熟悉的「君臣」關係），一起下手算計三桓，也未必沒有成功的機會。那樣的話，魯國就開創了戰國「變法」的先河，戰國七雄裡就要多一個魯國了。

但為什麼孔子不敢和魯定公「合作」？

也許是他不想冒風險，但孔子也不是真膽小的人，他還想過和陽虎共事（反叛）呢。後來他周遊列國，不止一次遇到危險，他遠比弟子們沉得住氣。

也許，孔子預感到權力都集中到國君一個人手裡後，會出現另一種失控的局面：暴君專制，為害天下。在孔子時代，這方面的典型是兩位末代帝王：夏桀和商紂。這背後其實藏著別的歷史問題，不全是一個「暴君」造成的，但孔子時代的人還是習慣把它解釋成暴君現象。反過來，在寡頭共和制度下，倒沒有暴君為惡的可能。

在《禮記》裡面，孔子專門談過「專制獨裁」的危險：如果國君能直接指揮士（不經過中間的大夫），那國家的治亂，就全由國君的個人素質來決定了。如果國君是悖逆之人，他統治的國家就會走向徹底的失序、無道，《詩經》裡有一句「那個無良之人啊，偏偏做了我的國君！」就是對悖逆、專權之君的控訴。[4]

孔子腦子裡預存的歷史借鑑太多，就像下棋一樣，他看了好幾步遠，沒有盲目的樂觀。但這樣的從政心態恰恰建立不了什麼功業，沒法對歷史產生影響。真正在歷史上轟轟烈烈、有一番大作為的，往往是短視之輩，只爭朝夕，看到眼前一點點利益和建功立業的可能，甩開膀子就幹，最後確實改天換地了，但很可能把自己也斷送進去了。後來的商鞅、李斯是這種人，陳勝吳廣、劉邦項羽也是這種人。

從這角度講，後人又沒能完全理解孔子，要麼把他看成全知全能、不食人間煙火的聖人，要麼是完全不通時務的書呆子。其實這兩樣都不準確。

孔門弟子編寫《論語》、記錄下孔子和魯定公的對話，已經是這兩人死後的事情了。到那時，三桓還在掌控魯國，這些紀錄呈現的倒是一種乖巧姿態，畢竟，在國君的拉攏誘惑面前，孔子還是沒敢背叛三桓，對後來的孔門弟子，這會有點護身符的效果。

## 得意權力場

參政兩三年之後，孔子已經適應了政界高層的角色，他的工作和生活都完全融入了權力核心。在《論語》裡，孔子有好幾次拿自己和昔日的貧賤之交做比較，覺得自己收穫很多，而且很有道德操守。

孔子給當官叫「事君」，就是侍奉國君，這當然是名義上的，事實上他還是為三桓打工。

孔子曾經抱怨說：那些地位低下的人，怎麼能跟我一起當官、侍奉國君呢？他們只知道患得患失，什麼沒下限的事情都做得出來！[5]

孔子這是在罵誰呢？應該是跟著他發達起來的暴發戶。因為孔子是小貴族裡面的異類，有很多窮

4《禮記・表記》：「子曰：『唯天子受命於天，士受命於君。故君命順，則臣有順命；君命逆，則臣有逆命。《詩》曰：「鵲之姜姜，鶉之賁賁。人之無良，我以為君。」』」

5《論語・陽貨》：「子曰：『鄙夫可與事君也與哉？其未得之也，患得之。既得之，患失之。苟患失之，無所不至矣。』」

親戚，學生裡面也有不少窮人；等孔子當大官以後，有些窮親戚、學生也抓住了當官發財的機會，這裡面有子路這種能人，也有無德無能的勢利之輩，為了名利醜態百出，甚至可能打著孔子的旗號招搖斂財，所以孔子就破口大罵了。

《論語》裡，在和陽虎街頭對話那一條後面，緊跟著孔子的一句話：「性相近也，習相遠也。」性是性情，來自血緣上的共同遺傳基因，習，是後天的自我定位、個人選擇，近親也可以活得很不一樣。如果孔子這句話是從自己身上得來的體會，跟他有親緣的也就兩個人：一是陽虎這位疑似的同父兄弟，他們政治立場、行為方式確實很不一樣；另一個可能性，就是孔子的同母兄長孟皮，這位大哥顯然沒任何正面的、值得記錄的言行，如果有，孔門弟子肯定會記載下來的。

緊接著這一條，是孔子那句著名的「唯上知與下愚不移」，這就更像是對同母兄長孟皮的失望之言了，因為孟皮一點貴族血統都沒有，純粹的「下」（地位低下），所以愚也是命中注定的。有這麼兩個風馬牛不相干的兄弟，孔子就是中間的一個尷尬角色。

除了道德有問題的暴發戶，孔子還瞧不上另外一種人，就是讀書人裡面的假清高，只會發牢騷、什麼實際工作都不會做的人。

孔子說，有些人可以一起學習，但沒法一起做事兒；有些人呢，可以一起做事兒，但不能一起當官；還有些人可以一起當官，但不能一起搞點變通。原文是：「可與共學，未可與適道；可與適道，未可與立；可與立，未可與權。」

這是孔子的人生感悟：從求學到工作，從工作到當官，人生這幾個階段走下來，他覺得知心朋友越來越少，因為他當官以後很重視「權」，這個權不是權力，而是權變，成語「通權達變」之意，就是為了實現正義的目標，可能要走迂迴路線，所謂「曲線救國」，做一些必要的妥協，付出一些道義的代價，讓社會各方面都能夠接受。

孔子覺得，當初一起讀書學習、一起幹事業的老朋友，大都不懂當官的精髓，不理解通權達變的重要性，他們都太幼稚。

孔子還感歎：莊稼苗長起來，未必都能長穗子，就算長了穗子，也未必能長粒收糧食。[6]這是他早年當農民的經驗類比，可能是覺得很多學生當年功課都挺好，但現在不會當官辦事。跟那些人比，他自認為更懂權變，擅長實務。

總的來說，孔子不認為自己是書呆子和職業批評家，他覺得自己是成熟的政治實幹家。他還督促學生們超越老師、盡早建功立業：「後生可畏，你們到了我這年紀，肯定比我還成功吧？人要到四五十歲還沒什麼名氣，可就有點白活了！」[7]

這就是孔子在權力場上春風得意的一面。

---

6《論語．子罕》：「子曰：『可與共學，未可與適道；可與適道，未可與立；可與立，未可與權。』」「子曰：『苗而不秀者有矣夫！秀而不實者有矣夫！』」

7《論語．子罕》：「子曰：『後生可畏，焉知來者之不如今也？四十 五十而無聞焉，斯亦不足畏也已。』」

# 第十二章　從頂峰墜落（五十六歲）

傳說的「誅少正卯」——弟子裡面有叛徒——選擇女婿的理由——戀棧增加羞辱——又見齊景公——寡頭們的耳目

孔子五十六歲這年，暫時代理了國務總理，「由大司寇行攝相事」，算是到達了權力巔峰。魯國本來沒有丞相、宰相的說法，這是從齊國學來的。

季氏家族一直壟斷魯國的首席相位（大司徒），不知道為什麼要讓孔子暫時代行權力。也許是覺得「隳三都」半途中止，給孔子一個補償，大家面子上過得去。另外，這年夏天，魯定公要去衛國會見衛靈公、齊景公，商討對晉國趙簡子作戰的事，季桓子可能也跟著去了，留下孔子看家，就讓他代理一下國務。

孔子正想幹大事業，提升魯國的世道人心，他覺得有機會了。《史記》說，孔子剛代理丞相不久，曲阜就變得路不拾遺，市場裡沒人敢哄抬物價，大街上的男男女女沒人敢牽著手走路；列國的使者到了曲阜，也發現辦事效率提高了。[1]當然，這都是比較常規的工作。《史記》說，孔子代理丞相以後真正幹的大事，是殺了少正卯，原文是「誅魯大夫亂政者少正卯」，看來這個人的罪名是擾亂政治秩序，身分是大夫，屬於級別比較高的貴族。

## 「誅少正卯」疑案

但在孔子弟子們編著的《論語》、《禮記》裡面，都沒有殺少正卯這件事，甚至沒有這個人的名字。

如果追究一下這個說法的起源，是戰國後期的《荀子》，它記載，孔子代理丞相的第七天就下令殺了少正卯，並且宣布少正卯的罪名說：這人雖然沒有犯盜竊這類常見的罪行，但思想很危險：他的行為怪僻而堅定，言辭虛偽而有說服力，研究的都是荒謬的道理，而且涉獵很廣；他還喜歡召集很多人一起議論時政，會引起動亂，對社會的危害性很大，不能不殺！[2]

按照荀子的這個說法，少正卯就不是簡單的刑事犯罪，而是有一套政治理論，被孔子當成異端邪說和政治犯處死了。司馬遷寫《史記》，採用的就是《荀子》的說法。

到更晚的東漢時候，著名學者王充寫《論衡》，把少正卯案件描繪得更具體，說孔子還沒當官、還在曲阜辦學堂的時候，少正卯也在這裡招徒弟講學，唱對臺戲，把孔子很多弟子都吸引過去了，所謂「孔子之門三盈三虛」，就是孔門弟子好幾次都跑光了，投奔少正卯去了，只有顏回一直忠心耿耿追隨孔子。[3]按《論衡》的這個說法，少正卯不僅在思想方面跟孔子作對，在教育事業上也是競爭對手。

再到後世，「孔子誅少正卯」就變成了一個歷史典故，人們經常拿它來說，聖人不能光有慈悲心，該狠的時候也要狠一下。

但孔子真做過這件事嗎？恐怕未必。在《荀子》和王充的《論衡》裡面，少正卯的形象都是個反派學者，而且是很有社會影響力的反動學者，但這恰恰不符合歷史：

第一個原因，孔子生活在春秋時代，還沒有出現戰國的「百家爭鳴」，學術還沒繁榮起來，更沒

1《史記．孔子世家》：「與聞國政三月，粥羔豚者弗飾賈；男女行者別於塗；塗不拾遺；四方之客至乎邑者不求有司，皆予之以歸。」
2《荀子．宥坐》「孔子為魯攝相，朝七日而誅少正卯」條。
3《論衡．講瑞》「少正卯在魯」條。

有學術競爭，這時代特徵就對不上。

第二，如果少正卯真的是孔子學說的反對者，那把他處死還不算完事，孔門弟子還要繼續批判他的學說，徹底把他「批倒、批臭」。但事實卻是，孔子和他的弟子們的所有著作，包括《論語》《禮記》等等，都沒提到過這個人，更別提這個人的思想學說了。

第三，如果真的有過這麼一個少正卯，也真的被判了死刑，但他還有很多弟子，還會把他的著作和思想流傳下來，就算他們在魯國受迫害，跑到晉國去避難也不是什麼難事兒，但後來的歷史裡並沒有這些。比孔子晚一百多年，戰國思想家莊子特別喜歡譏諷孔子，給孔子學說挑毛病，但莊子的書裡也沒有出現過少正卯這個人。

而且孔子這人不喜歡暴力。他退休以後，季氏族長季康子（季桓子的兒子）曾經向他請教：我想殺個「無道」之人（就是離經叛道之輩），來教導民眾向善，這樣可以嗎？

孔子回答：您都是魯國的執政了，哪裡用得著殺人呢？只要您走正道，一心向善，老百姓都會跟著您學，您就像是風，老百姓就是草，他們不可能跟您頂著幹。這就是榜樣的力量啊。[4]

綜合上面各種證據，「孔子誅少正卯」這件事都不是真的，它更像是戰國後期學者們編造的故事。因為在荀子那個時候，「百家爭鳴」已經很激烈了，學者們不僅辯論學術，還上升到人身攻擊的程度；特別是荀子這人，是個戰國思想家裡的鐵腕人物，經常夢想靠國家政權來打擊反對派，很可能是他發揮想像力，創造出了少正卯這麼個倒楣角色，就為了說明儒家的反對派都應該鎮壓、應該殺頭。

「孔子誅少正卯」這件事的真實性，後世也經常有學者質疑，比如錢穆就認為是假的，他寫的《孔子傳》沒有記載這件事。

當然，歷史本身就很複雜，很多著名的歷史典故、傳說都是虛假的，但它裡面往往有那麼一點點真實的因素，然後在流傳的過程中被人增加了虛構成分。孔子已經幹了好幾年大司寇，專門負責司法工作，可能參與過判處某些貴族死刑的案件，但那都是單純的刑事或政治案件，和學術思想的爭論無關，後來這類案子也許變成了某些零星的傳說，傳到了戰國的荀子那裡，就被添油加醋、重新塑造成了一件鎮壓學術對立面的公案。

## 暗流湧動

對於孔子代理丞相，學生們比老師更冷靜，因為這些學生在政界的中下層工作，接觸到的小道消息更多。有些學生已經預感到，權力幻象背後隱藏著危機，這好運氣後面肯定有什麼圈套，就像後世說的塞翁失馬、禍福相依。

《史記》記載，孔子剛剛代理丞相的時候很高興，表現得喜形於色，有些弟子覺得不太正常，委婉提意見說：「據說啊，君子應該遇到危險不害怕，遇到好運不驚喜。」

孔子回答說：「你說的有道理，但我這樣開心，也是讓下屬、學生們都輕鬆一下啊！」

這位給孔子提意見的學生是誰，《史記》沒有寫，不過很明顯，這學生已經意識到，孔子到了一

---

4《論語．顏淵》：「季康子問政於孔子曰：『如殺無道，以就有道，何如？』孔子對曰：『子為政，焉用殺？子欲善而民善矣。君子之德風，小人之德草。草上之風，必偃。』」

個四顧茫然、高處不勝寒的境地，一旦跌落下來，會摔得很慘。

可能的危機會來自哪裡？

首先，是三桓對孔子開始失去興趣，這牽涉到魯國政壇乃至國際關係很多因素。

當初三桓急於提拔孔子，是為了對抗陽虎做出的妥協，那時的三桓青黃不接，權力基礎不牢固，需要找孔子這種外援來撐一撐門面。但五六年之後，三桓已經掌控了局面，比如，季桓子借著「墮三都」的機會奪回了自己家的費城，孔子在這方面已經沒用了，自然可以卸磨殺驢。

三桓不喜歡孔子的第二個原因，是他當官以來並沒有全心全意為三桓工作，他的政治理念裡，魯國最高權威是國君魯定公，而不是三桓。比如孔子搞的「墮三都」事業，本質是削弱三桓的實力，孔子搞的各種道德建設、政治教化工作，表面上看迂腐、不實用，但它們的本質都是抬高君主的權威，從長遠看對三桓很不利；再加上魯定公對孔子抱有期望，經常找機會拉攏試探一下，這種消息傳到三桓耳朵裡，他們自然會非常擔心。

孔子失寵的第三個原因，是國際形勢在變化，陽虎已經對三桓形不成威脅了，孔子也就沒用處了。

前面已經說過，晉國的寡頭趙簡子接納了陽虎，所以魯國和晉國變得敵對，孔子當官以後，先跟齊國實現了和解，又把衛國、鄭國拉進來，搭建了「東方反晉聯盟」，這是為三桓辦了一件大事。

就在孔子代理丞相之前不久，晉國爆發了內戰，六大寡頭互相打起來了，趙簡子這一方有四家，他們控制著晉國朝廷，算是正統勢力，他們的敵人是范氏和中行氏，這兩家寡頭就成了叛亂勢力。「東方反晉聯盟」當然要支持晉國叛亂的一方，也就是范氏、中行氏，因為這些國家都反對咄咄逼人的趙簡子，而且范獻子對三桓有恩，當年魯昭公被趕走，是范獻子帶著晉國軍隊來干預，他接受了季平子的賄賂，所以沒追究三桓的罪行。

如今，晉國內戰升級成了國際戰爭，對孔子又有什麼影響？乍看起來，這似乎顯得孔子更重要了，魯國這個外交大轉向畢竟是孔子推動的，他當然是頭號功臣；但事實恰好相反，魯國一旦和晉國開戰，孔子就變得沒用了，因為三桓最擔心孔子或者魯定公跟陽虎勾結，一起反對三桓，現在仗已經打起來了，在三桓操控之下，魯定公也要親自投身對晉國的戰事，反晉、反趙簡子成了魯國上下一心的國家意志，就沒人再敢勾結陽虎了，到這時候，大家都是一根繩上的螞蚱。

所以，拉攏孔子對抗陽虎的國際環境也變了，他對三桓最大的用處已經消失了，所謂兔死狗烹，鳥盡弓藏，就是五十六歲這年孔子的處境。

而且還有人要清算孔子，史書沒有寫這些反對勢力到底是些什麼人，但可以推測，孔子和弟子們這幾年上位當官，總會擠占一些貴族的利益，堵住別人的上升空間，讓他們懷恨在心，一旦三桓放棄對孔子的保護，或者做出一點暗示，這些人就會對孔子師徒發起攻擊。

這場鬥爭來得很快，也很激烈，一上來就是你死我活的局面。

最早的衝突是在孔門弟子內部發生的，自己人先鬥起來了。其實放在貴族政治的大環境裡這很正常，那時的政治圈就是熟人圈，同一個家族裡面的親戚、乃至父子兄弟都會成為敵人，何況師生同學關係。

孔子的大弟子子路，現在給季桓子當大管家，在關鍵位置上掌權，有人就向季桓子告狀，說子路對季孫氏不忠，有成為陽虎的趨勢。

《論語》記載，暗算子路的這個人叫公伯寮，是孔子一個不太著名的弟子。公伯寮的這個「公」字，是春秋後期（就是孔子這個時候）魯國興起的一個風氣，國君後人形成的家族，氏的第一個字是「公」，所以這個公伯寮也是遠支公族。

孔子當官的學生很多，有人聽到了公伯寮反水的信息，急忙給孔子報告，這個人叫子服景伯，子服是氏，景伯是諡號，他叫子服何，屬於孟孫氏家族的一個分支，到孔子晚年和孔子死後，子服景伯官當的更大，主管魯國的外交工作，參與過很多次重大外交事件。

現在，子服景伯悄悄向孔子報告說：季孫大老闆聽信了公伯寮的話，恐怕對子路不利；不過呢，我現在是主管這方面的官，可以先下手，把公伯寮法辦，判處死刑。

看來子服景伯不僅有執法權，還有查辦公伯寮的直接證據，所以很有信心。但是孔子很不在乎地說：我的政治事業是成是敗，都是天命決定的，世間凡人影響不了。他區區公伯寮就能改變天命嗎？[5]

孔子這是大人大量，不想跟小人計較，完全不是「誅少正卯」的那種形象。但從這條記載還能看出來，公伯寮不是簡單的和子路有仇，而是在反對孔子的政治事業，這應該不是他一個人在戰鬥，背後還有一個不小的集團。

由於孔子這個表態，公伯寮並沒有受到懲辦，他對子路的攻擊也暫時沒有什麼結果，但孔子的對手們不會善罷甘休。

在《論語．公冶長》篇裡，有兩條孔子的語錄，涉及的事情都比較悲催，是孔子的兩個弟子吃官司、進了監獄。

## 弟子入獄

第一個被逮捕的學生叫公冶長。《論語》裡孔子對他的評價是：「公冶長嘛，我可以把女兒嫁給他，他雖然進了監獄，但沒有犯罪，是無辜的。」而且孔子真這麼做了，公冶長後來就成了孔子的女婿。[6]

另一個學生叫南容，孔子把自己的侄女，就是哥哥的女兒嫁給了南容，還談了對他的評價：「如果國家有秩序，南容這個人不會被埋沒；如果國家沒有秩序，他也不至於被判死刑。」[7]這句話的重點顯然是在後半句，就是南容吃了官司，有被判處死刑的危險，但最後還是倖免於難。

在《論語・先進》篇還有一條，也是關於南容吃官司、娶孔子的侄女的事。這條說，南容多次重複「白圭」這幾句詩，孔子就把自己的侄女嫁給了他。[8]白圭就是白玉，它來自《詩經》裡面的一首詩。這首詩好像很神奇，能讓南容逃脫死刑，被無罪釋放，它的內容是什麼呢？

5 《論語・憲問》：「公伯寮愬子路於季孫。子服景伯以告，曰：『夫子固有惑志於公伯寮，吾力猶能肆諸市朝。』子曰：『道之將行也與，命也；道之將廢也與，命也。公伯寮其如命何！』」
6 《論語・公冶長》：「子謂公冶長，『可妻也。雖在縲絏之中，非其罪也。』以其子妻之。」
7 《論語・公冶長》：「子謂南容，『邦有道，不廢；邦無道，免於刑戮。』以其兄之子妻之。」
8 《論語・先進》：「南容三復白圭，孔子以其兄之子妻之。」

這首詩很長，有六百多字，大意是對貴族們的告誡，讓大家謹慎處理各種政治問題，遵守道德，管理好家庭和家族，不要荒廢自己的政治責任，這其中和「白圭」有關的只有四句、十六個字：「白圭之玷，尚可磨也。斯言之玷，不可為也。」意思是說：白玉上面的污點，還能磨掉，人要說了什麼錯話，那就是一輩子的污點，永遠洗不掉了。[9]

所以，當南容受到指控，被刑訊，甚至被死刑威脅的時候，他唯一的交代就是這麼幾句話。逮捕審訊南容的人想從他身上打開缺口，收集證據來整倒孔子，但南容的反應就是打死也不說，讓對手們無可奈何，最後只能把他給放了。

跟南容相比，公冶長就損失更大，可能他沒南容這麼聰明，急於澄清自己，言多必失，最終被抓住把柄、進了監獄。

雖然孔子是個正面人物，清白坦蕩，但他的學生們未必都無懈可擊，前面已經介紹過，孔子師徒當官這幾年裡，頗有些學生借機貪污受賄、虛支冒領，比如冉有給公西赤家裡多發十倍的差旅補貼，這類把柄很容易被政敵盯上。

還要補充一點，就是後世有些學者，把南容當成了孔子以前的貴族私家學生，南宮敬叔，就是孟懿子的同胞兄弟，這是錯的。南容的姓名信息在《禮記》裡面更詳細，能確定和南宮敬叔不是同一個人，而且，南宮敬叔是地位很高的大貴族，並沒有吃官司的歷史紀錄，孔子也沒資格跟他攀親。

從這事也能看出來，孔子不怕風險，有擔當。同黨被人整肅，膽子小的政客要趕緊劃清界線、自保為上，甚至要落井下石，踩上一腳證明自己清白。孔子卻不僅不避嫌，還要結親。

所以孔子後來丟了官，周遊四方很多年，弟子們照樣追隨他，吃苦受累甚至擔風險，班子一直沒散掉，還越來越大，這非常難得，不但之前沒有，後世也再沒有過這麼堅定團結、能折騰的師生團隊（除了戰國的墨子一夥人，可關於墨子的記載太少，我們不瞭解詳情），這跟孔子的個性很有關係。用現在的話說，孔子不是個出色的行政官僚，但是個合格的政黨領袖。

另外值得注意的是，公冶長和南容這兩個學生，雖然成了孔子的女婿和侄女婿，非常親的親人，但他們在孔子弟子裡面並不算很著名，被記載的次數很少。

再後來，孔子丟了官周遊列國，我們從各種史料裡面，都找不到公冶長和南容陪伴在孔子身邊的記載，看來，他們娶了孔子的女兒或侄女之後，都在家裡老老實實過日子，沒再追隨孔子顛沛流離，也許是因為他們在政治上都惹過麻煩，只能放棄從政和公共活動，並且和孔子團隊保持距離，這樣對大家都有好處。

《論語》裡還記載過南容的一段話，他說：「像后羿這種很厲害、多才多藝的大人物，都不得好死；大禹和后稷很低調，只是埋頭種莊稼，結果能安享天下。」孔子當面沒表示贊同，後來等南容不在場的時候才表揚：這才是君子，道德高尚！[10]

從南容這段話能看出來，他已經有意識地跟政治保持距離了，孔子對此也非常欣賞。這應該是南

9《詩經・大雅・抑》。
10《論語・憲問》：「南宮適問於孔子曰：『羿善射，奡盪舟，俱不得其死然；禹稷躬稼，而有天下。』夫子不答，南宮適出。子曰：『君子哉若人！尚德哉若人！』」

容娶了孔子侄女之後的事。

孔子自己熱中搞政治，但盡量不讓自家親屬參與，他的兒子孔鯉也從不接觸孔子的事業，甚至從未替孔子當家管帳，本來到孔子當官的時候，孔鯉已經三十多歲了，正是幹事業的年紀。孔子這種避嫌的心態非常現代，倒不是春秋時代的慣例。

## 黯然下野

季桓子實際在暗中縱容反孔子的一派，但鬧到一定程度，三桓就要有個最終意見了：到底還用不用孔子？兩派鬥得已經不可開交，必須有一方出局才行。

偏偏孔子又很一根筋，都鬧到這種程度了，他還不願識趣地告退，因為孔子覺得自己不是在為三桓工作，而是為國君和魯國工作，三桓不能為了私利就把自己趕走。那季桓子還得費一點心思，在不撕破臉皮的前提下把孔子踢出局。

後世的皇權時代的遊戲規則，是雷厲風行、令行禁止，動輒株連九族、滿門抄斬，讀讀《漢書》就能感受到這種殘酷；但貴族寡頭政治不一樣，鬥爭方式是溫溫吞吞、百折千回，鬥而不破、藕斷絲連，很少把事做絕。

這時候，齊景公給魯定公送來了一個女子舞蹈團，都是最頂級的美女，季桓子就拉上魯定公、帶著這個舞蹈團去郊外遊玩，借這個機會不讓孔子見到國君，朝廷也進入了休假狀態。

子路是季桓子的大管家，他把老闆的想法傳達給孔子：「您看來是幹不下去了，最好是出國走走，換換環境吧？」《史記》裡的原文是：「夫子可以行矣。」這是勸說孔子主動辭職，到國外過渡一下，從魯國政界淡出。

但孔子還在犯倔脾氣，就是不肯讓位。季桓子就採取冷處理的辦法，把孔子閒置起來，永遠不去理睬。

比如，魯國朝廷有祭天儀式，按慣例，儀式結束以後要把祭祀的肉食送給大臣，這是高官的身分待遇。可這次孔子等了好幾天，也沒等到本該分給自己的那塊肉，肯定是季桓子給管事兒的人打了招呼。

這讓孔子很沒面子，再拖延下去，就意味著更大的羞辱，人家可能連工資都不給發了。所以孔子只好找了個藉口辭職，從此告別了權力。

他名義上是自己辭職，實際上是被三桓很不體面地趕出了魯國政壇。在代理丞相的巔峰上，孔子只坐了短短三個月時間，從他開始當官算起，這段從政生涯接近六年時間。

孔子的官位是被「一擼到底」，徹底沒有了，但從當大司寇開始，他就屬於大夫階層了，這是比士人高一等的上層貴族，那時候默認，當過朝廷高官的人都是大夫。但認真追究起來，孔子並沒有世襲的封邑，一旦沒有官位，他就沒有任何收入來源，這還不能算真正意義的大夫。

所以，孔子獲得的這個大夫身分，和他小時候認祖歸宗獲得的士人身分一樣，都不是那麼理直氣壯，經常有人懷疑，有人瞧不起。他一直是貴族圈子裡面的另類人物。

至於孔子那些當官的學生，他們沒有跟孔子一塊被撤職，但此後不久，也大都相繼丟了工作，比如著名的弟子子路、子貢等等。所以，他們慢慢又聚集到了孔子身邊。

還要補充一點，齊景公送美女，《史記》說是因為怕孔子掌權讓魯國強大、威脅齊國，故意用的反間計。這有點過分了。老齊景公不會把孔子放在眼裡，孔子那一套政策充其量是搞了點思想教育，離富國強兵還差得遠，而且魯國掌實權的是季桓子為首的三家，孔子只是點綴而已，這誰都明白。

## 失敗的政治家更可貴

孔子這幾年的從政生涯不算成功，當被逐出政壇之後，他兩手空空沒撈到一點利益，好像注定是魯國政壇上的匆匆過客。不過，如果我們放下事後諸葛亮式的自作聰明，設身處地考察一下孔子當時的環境，就會發現，如果只想實現世俗意義上的成功，孔子完全可以走一條不一樣的道路，他其實從來不缺乏選擇的機會。

比如說，如果孔子放棄他那套理想化的的政治理念，只關心自己的現實利益，老老實實替三桓當政治代言人，處處為三桓效忠，一起架空魯定公，他就能一直在魯國政壇占據高位。

孔子是學者，最擅長搞理論建設，這是他對三桓最大的用處，他可以論證寡頭共和、集體領導的歷史合法性，首席大貴族才是周禮的真正代表，這方面正好有周公作先例，放在當下就是三桓的領袖季桓子。三桓最缺乏、也最需要這種理論層面的支持。

孔子在魯國還有個優勢，他是外來的異姓貴族，可以和魯國公室通婚，如果他把老婆換掉，從季孫氏迎娶一位新夫人，所謂貴易交、富易妻，已經長大的兒子、女兒也和三桓家族攀親，建立起盤根錯節的親戚網路，就讓自己的家族永遠躋身魯國上層，甚至變成三桓之外的第四家政治寡頭。

這些道理孔子並不是不明白，他已經五十多歲了，在魯國上層歷練了幾年，什麼規矩都懂，但他不願去做。他為了自己的理想、自己所謂的「道」，放棄了很多個人利益。

孔子是個「有所不為」的人，所以沒有在權力場上實現自己的終極輝煌，沒能變成俗人眼裡最成功的歷史人物、帝王將相，但這才是孔子的真正偉大之處，和真正的歷史意義。他留給後世的不是世俗意義的成功，而是個人道德與社會功業兩者兼顧，互相妥協，又都不失去底線。

子路這人也值得一說。以前人評價子路，都覺得和《水滸傳》裡的李逵差不多，很實誠的粗人武夫，其實不全是，孔子自己都不這麼看，他對子路的評價是：可以治理一個「千乘之國」——有一千輛兵車的國家，在春秋早期算一流大國，在春秋後期也是二流的大國，就是魯國、衛國這樣的規模。比如孔子罷相、辭職這事，背後有很凶險的鬥爭，也顯示了三桓對孔子的失望和不滿。子路替孔子辦事最多，他當著季氏首席管家，這是風口浪尖上的位子，想不得罪人都很難，但他就是沒被捲進去，季桓子照樣要用他，這需要非常高超的頭腦和手腕。

不過子路這人平時有心計，到生死關頭就容易犯衝動，他的登場和謝幕都有點像李逵，這造成了後世的普遍觀念。

## 齊國到衛國

不當官了，孔子要出國。大概因為落差太大，一下子不好適應，也怕被人指指點點說閒話，需要出去走走，緩衝一下。

他選擇了去齊國，這也容易解釋，因為他四十歲以前曾經在齊國生活過幾年，最近當大司寇的幾年裡，和齊國的關係也一直不錯，這些年來，齊國的國君一直是老齊景公，和孔子已經很熟悉了。

在這裡要澄清一點史書的誤區。按照《史記．孔子世家》的記載，孔子丟官以後直接去了衛國，並沒提到齊國。但本書前面已經介紹過，《史記》對孔子生平的記載有些顛倒錯亂，其實孔子這次出國的第一站是去齊國，但這部分內容被司馬遷放到孔子三十多歲那個階段了，現在要把它還原回來，放到孔子五十六歲這年，剛剛被撤職之後。

為什麼要放在這個時段，而不是別處呢？

因為《史記》的這一段提到了一件事，就是齊景公考慮應該用什麼標準接待孔子：如果按照接待孟懿子的標準，就是孔子的老學生，三桓裡面排序第三的，就顯得有點低了；按照接待三桓老大季桓子的標準呢，又有點高了；所以齊景公決定，應該按低於季、高於孟的標準，安排孔子食宿。

孟懿子和季桓子，本來官位都比孔子高，但孔子剛當過三個月的代理丞相，就顯得比孟懿子高那麼一點點，齊景公這麼算帳，時間背景非常清晰。

當然，現在的孔子已經不在職了，這還是享受了超標待遇，不過齊國一直有這種傳統，厚待來本國討生活的外國貴族。

如果是孔子三十多歲的時候，他還是沒有任何官位的普通士人，怎麼可能受到和三桓一樣的國賓待遇，那是根本不可想像的。所以對於《史記》裡的記載要保持警覺，進行必要的辨析，糾正它的錯誤。

孔子這次到齊國，還是想找機會繼續當官，他已經很習慣當官的生活了，突然丟了官沒法適應。按照春秋的慣例，大貴族可以到外國謀發展，這種先例很多。

但孔子有點樂觀了，老齊景公雖然提供了很好的接待條件，但沒打算給他任命什麼實際職務。因為孔子在魯國沒有太深的根基，對齊國用處不大，他和三桓關係鬧僵了、丟了官才來齊國，如果太重用，肯定影響當前的齊魯關係。

其次，孔子提倡「君君臣臣」的政治理念，也沒法在齊國推行。齊景公在位已經五十多年了，他早年扶植了一些勢力不大、比較聽話的貴族，有老牌的國氏、高氏，有外來的異姓陳氏，這些人一直比較恭順，但到齊景公晚年，他們的勢力已經很強大了，互相盤根錯節，結下了不少宿怨，也非常排斥外人；孔子在魯國搞尊君、墮三都，這些貴族看在眼裡，都知道於己不利，他們也不能容忍孔子在齊國得勢。

這時，齊國老丞相晏嬰已經去世了。孔子當年不太喜歡晏嬰，現在卻有點懷念這個人，可能是因為在官場上歷練了一番，他體會到了晏嬰彌合君臣上下的辛苦。晏嬰為人詼諧大度，不拿架子，在列國的貴族圈子裡很少見。孔子說：晏嬰這人擅長和人交往，開始覺得沒什麼，但相處時間越長，就越尊敬他。[11]

發現齊國沒有當官的可能性之後，孔子決定離開。

---

11《論語・公冶長》：「子曰：『晏平仲善與人交，久而敬之。』」

《史記》說，孔子這次離開齊國，是因為接待標準不夠高，他接受不了低於季孫氏的待遇。這說法當然不對，孔子怎麼敢奢望高過大老闆季桓子，他是因為沒找到發揮自己能力的崗位。

孔子這次離開齊國，打算去衛國試試。這背後的原因，是這幾年魯衛關係不錯，還有，孔子當大司寇的這幾年裡，孔子身邊的家人、學生，大都當官發財了，還有些人當了移民，把家產都轉移到了國外，主要是西鄰的衛國，比如子路的大舅子顏濁鄒，現在已然不是顏家莊的泥腿子了。

這未必是孔子授意的，他不一定都知道，知道也未必管得了。現在他去衛國謀發展，那裡正好有人接待，算是無心插柳，歪打正著。

齊魯關係密切，來往多，但去衛國就是「探索未知世界」了，孔子還沒正式去過衛國。他二十多年前陪南宮敬叔去洛陽，經過了衛國，但沒跟當地政界人物打過交道。這次去，不知有什麼際遇在等待他。

## 盲人情報網

從齊國去衛國的話，還要經過他的家鄉魯國，孔子正好順路料理一下家務，然後再出發。

三桓也在關注退職後的孔子，防範他心有不滿，做出什麼對三桓不利的事來。孔子這次出發去衛國時，季桓子派了一位宮廷盲樂師——師己送行，師就是樂師，這是以職業為氏，他名叫己。

師己很同情孔子，說您雖然免官了，可幹得挺好，魯國上下都想念您。

孔子聽了感動，即興作了支歌，師己伴奏，孔子自己唱。歌詞大意是：「那女人的口舌啊，能把人趕走；那女人的活動啊，能敗壞事業。算了，我還是遊遊逛逛，安享晚年吧！」[12]兩人同行了一天，又住了一晚，第二天師己才告辭返回，他一回去，就向季桓子如實報告孔子的言行。季桓子感歎：這老頭子太實誠，他還真以為我是為了女人啊！

孔子很容易把自己表現成迂腐書生的形象，這也很符合社會公眾的預期，其實他當然知道，季桓子不是因為女人才把自己一腳踹開，而且師己是季桓子派來試探自己的，不能亂說。

孔子那個時代，宮廷樂官都是盲人。季桓子為什麼選了個盲人當自己的耳目，是個很有趣的問題，因為那是個「明眼人」完全不瞭解的世界，暗藏著一個溝通列國的信息網路。

在春秋時代，王室和各諸侯國朝廷都要有一個宮廷樂團，負責在朝會典禮、祭祀儀式上進行音樂伴奏。這種宮廷樂官都是盲人，因為他們音感和記憶力好，有音樂天分。這也是西周春秋通行的慣例，應該有更古老的起源，比如人類早期社會的天然分工。

朝廷典禮使用的音樂叫「雅樂」，從器械到曲調都非常複雜，樂隊規模也比較大，民間或者貴族私家的小樂隊完全比不了。這就帶來一個問題，即使是盲人，也要經過很專業、長時間的學習，才能成為一名合格的宮廷樂師，這個培訓的工作量很大，單獨一個諸侯國很難完成。

可以參考一下現代，今天中國的音樂學院數量很少，還到不了一個省一所；春秋時期的中原諸侯國，領土面積跟現在的一兩個地級市差不多大，人口又要比今天少上百倍，在這麼個小範圍裡選盲人培訓成樂師，幾乎是不可能的，這就需要各國的宮廷樂隊有密切聯繫，互相交流人員，甚至組織「聯

---

12《史記·孔子世家》：「孔子曰：『吾歌可夫？』歌曰：『彼婦之口，可以出走；彼婦之謁，可以死敗。蓋優哉遊哉，維以卒歲！』」

合師資培訓」。

比如在《論語．微子》篇，記載了八位宮廷樂師，名叫太師摯、亞飯干等等，他們分別去了八個不同的地方謀生：齊、楚、蔡、秦、河、漢、海。這八人可能原來是一個樂隊，或者一起接受訓練的，他們四散天下之後還有聯繫；這些信息記載在《論語》裡面，說明孔子對他們的動向很瞭解。

宮廷樂師在國家的最高權力中心工作，最容易聽到上層政治動向，各國朝廷裡的盲樂官都是師生、師兄弟、師叔侄關係，他們聽到的消息，自然很容易傳到需要的地方去，這就構成了一張聯絡整個華夏世界、外加一些蠻夷國家的情報網。

季桓子擔心孔子出國後有危險舉動，所以收買個盲樂官打探一下，外國的樂官體系自然也要跟著連動，回饋孔子在各國的動態。但孔子也不是等閒之輩，他當過大司寇，主管過政法工作，也見識了一些大國博弈、縱橫捭闔，對這些不算陌生。所以他後來周遊列國，都盡量主動結交當地的樂官，拜師學習，以前學者們只知道孔子喜歡音樂，不恥下問，其實這只是一方面，他也是主動和樂官們維持好關係，盡量減少不利於自己的信息傳播，同時探聽自己需要的信息。

讀過《史記．孔子世家》會發現，孔子和盲人樂官結交，從他三十多歲、在齊國高昭子家工作的時候就開始了，當時孔子向齊國宮廷的「太師」拜師、學習演奏音樂，這位「太師」應該是宮廷樂隊的隊長。那時孔子追隨過魯昭公流亡朝廷，又擔心國內的三桓對自己下黑手，所以要和齊國的盲樂官搞好關係。

在《論語．衛靈公》篇，專門記載了孔子接待盲人樂官的情景，可以看到孔子和這些人交往的細節，包括孔子對他們的尊重。

這段內容是，在孔子主辦的一場宴會上，請了一個叫「冕」的盲樂官，他走到客廳的臺階前面時，孔子會提醒他「到臺階了！」走到入座的席子前面，孔子又提示「到席子了！」等樂官和其他賓客都入座了，孔子會告訴他：你左邊坐的是哪些客人，右邊和前邊又是哪些人。因為樂官自己看不見，都要靠主人來介紹。

最後宴會結束，孔子把這位樂師送出門，一個叫子張的學生問孔子：「這就是和盲樂師談話的方式嗎？」孔子回答：「是的，不光是說話，行動上你也要幫助他們啊。」[13]

孔子這是以身作則，給弟子們傳授必要的社會技能。當然，在和盲人情報體系打交道的考慮之外，孔子對盲人的尊重也很值得學習。

我的老家是河北保定，有盲人當算命先生的傳統，這些盲人也有自己的傳承體系、信息網路。據老家鄉親回憶，「文革」以前，冀中地區的盲人還有若干年聚集一次的慣例，方圓數百里甚至臨省的盲人算命師都會參加，他們在一起幹什麼，外人不太清楚；聚會的時間、地點如何確定，參會的信息如何傳達，外人（甚至包括這些盲人的家人）都不太知情。現在的社會學、人類學都還沒發掘到這些層面的課題。

13《論語．衛靈公》：「師冕見，及階，子曰：『階也。』及席，子曰：『席也。』皆坐，子告之曰：『某在斯，某在斯。』師冕出。子張問曰：『與師言之道與？』子曰：『然。固相師之道也。』」

# 第十三章　衛國緋聞多（五十六—五十七歲）

衛靈公的家務事——被當做了陽虎——移民的顏家人——貴婦的娛樂精神

——對男女關係很警覺

孔子的從政生涯結束之後，就進入了他人生的另一個階段：周遊列國，就是體制外的旅行生活。

現代人常說，少年人要去流浪，看看外面的世界，孔子正好相反，他是老年才開始流浪，開始見識很多不同的人和生活方式，還有貴族官場之外的江湖世界。

## 衛國的復活

五十六歲這年下半年，孔子啟程去衛國，弟子子路、子貢還在魯國當官，沒跟著他，陪他的有冉有、顏回等人。

貴族出門是面子事，重點就看有多少輛馬車，孔子已經當過卿，應該有不止一輛馬車，有些弟子也跟著當過官，能掙到輛馬車。孔子出行的這個車隊大概有十幾輛車，當然還有徒步隨行的窮弟子。

這時的齊、魯、衛、鄭「東方聯盟」正在和晉國打仗，或者說，正在介入晉國的內戰：晉國內部范氏、中行氏兩家在東方聯盟支持下，正和趙簡子開戰，這兩家軍事上節節失利，只能退保以邯鄲、朝歌兩城為中心的黃河北岸，這裡挨著齊、衛兩國，可以獲得東方聯盟的軍事援助。孔子當官的時候規畫參與了東方聯盟，但現在的局勢已經跟他沒什麼關係了。

衛國的都城帝丘，在古黃河南岸（今河南省濮陽市，春秋的黃河河道和今天不太一樣，更偏北）。孔子進了衛國，就離朝歌戰場不遠了，只隔著一條黃河。朝歌是殷商故地，距離商朝都城遺址不遠，孔子是商人後裔，如果不是那邊打仗的話，他肯定要去懷古憑弔一番。

這一路上，冉有為孔子駕車。孔子看到道路兩旁的衛國市鎮，感歎這裡人口眾多。

冉有問：「人多了該怎麼辦？」
孔子說：「讓他們致富啊。」
又問：「富了以後呢？」
答：「教化啊，讓他們守規矩。」[1]

這就是不當官的孔子，整天想的還是怎麼當官。孔子說「不在其位，不謀其政」，其實不然，他太熱心當官了，但他當官的樂趣不是撈錢，而是立規矩。

孔子現在到的衛國，其實不是當初被周公分封的衛國故地。衛國最早被分封在了黃河北岸的朝歌一帶，統治殷商王朝的核心區，在那裡立國三百餘年。到春秋中期，太行山裡的狄人（中原人眼裡的野蠻人）強大起來，打進了朝歌城，多數衛國人被殺、被掠走，當時的衛國國君也被殺，幾百名倖存者逃過黃河，靠著齊桓公等列國的保護在河南岸重新立國，這是孔子出生前一百年的事。衛國舊地被狄人洗劫之後，又逐漸被晉國擴張吞併了，直到現在變成戰場。

所以孔子感歎，一個國家從幾百人繁衍起來，經過幾代人，又變成了人煙稠密的大國，這是很驚人的恢復能力。當年齊桓公充當霸主，帶領中原諸國抵禦野蠻人的入侵，實在功不可沒。如今，中原

1《論語．子路》：「子適衛，冉有僕。子曰：『庶矣哉！』冉有曰：『既庶矣，又何加焉？』曰：『富之。』曰：『既富矣，又何加焉？』曰：『教之。』」

已經沒有霸主了，晉國寡頭們把局面搞得一團糟，還有誰能代表周王維持局面？新的國際秩序還要在戰爭中慢慢摸索。

孔子有信心，覺得自己的學說就是當前列國政治的解藥，但關鍵還得有國君讓他當官，給他實踐理想的機會才行。

到了衛都帝丘，孔子先安頓在老鄉顏濁鄒家，然後找機會見衛靈公。

衛靈公及時接見了孔子。對這個曾在魯國掌權的大學者，衛靈公很尊重，因為孔子讓魯國加入東方聯盟、反抗晉國，對衛國是重大幫助，衛靈公跟趙簡子幾乎是有私仇，所以他對軍事盟友很看重。

衛靈公問孔子：在魯國的時候領多少俸祿？孔子照實說了。於是衛靈公也給他六萬斗的年薪。

衛靈公年紀應該和孔子差不多，他剛即位時，曾因為得罪了國內的大貴族，被趕出國，和當年魯昭公出逃差不多，但後來在列國的斡旋下，他又回國為君，慢慢削弱了勢力過大的貴族，提拔了一些忠於他的人，使衛國這些年政治比較穩定。孔子在魯國試圖提高國君權威，調和大貴族之間的關係，衛靈公也很贊同，這也是他願意用高規格接待孔子的原因。

但要不要讓孔子當官掌權，就是另一個問題了，衛靈公還沒想到那一步，衛國朝廷也沒有適合孔子的空缺。

孔子到衛國這年秋天，衛國發生了一起內亂，起因是宮廷桃色事件，導致衛靈公和太子反目，太子出逃晉國，和父親對峙多年，再後來衛靈公死了，這件事情還在影響衛國政局。孔子的後半生，還有他眾多弟子的工作機會，都和衛國的局勢有關係。

## 南子夫人和蒯聵太子

衛靈公這時候已經一大把年紀了，但還很風流。民間傳聞，他有三個年輕漂亮的夫人，四人經常在一個澡盆裡泡澡，同時還接見大臣。[2]這肯定是比較誇張的流言，但也應該有點來歷。

而且，靈公現在的正房夫人——南子，生性比靈公還風流，關於她的緋聞更多。南子來自宋國宗室，她還沒嫁到衛國的時候，在娘家有個相好的情人公子，叫公子朝，也叫宋朝，這人是當時有名的美男子。

這種姊弟或者堂兄妹的戀情，在那時是非禮的，但時有發生。比較著名的，是孔子出生前一百五十多年，魯桓公的夫人文姜和她哥哥齊襄公，當時文姜夫人陪丈夫出訪齊國，和哥哥舊情重燃，搞得魯國的史書都很尷尬，不知道該怎麼記載；後來齊襄公看妹夫魯桓公實在礙眼，趁一次外交宴會把他暗殺了，導致齊魯關係長期不和諧。

如今的南子想念情人，還不用回娘家，因為衛靈公很大度，主動邀請宋朝搬家、來衛國定居，搞得列國上層議論紛紛，衛靈公本來不在意風言風語，但有人受不了了，就是衛靈公的太子。

孔子到衛國不久，衛國太子蒯聵出國訪問，路過宋國，有個農夫唱民謠小調故意讓他聽見，大意是，你家的小母豬滿足了，該把我家的良種公豬送回來了吧？

蒯聵太子覺得受了奇恥大辱，決心除掉這個風流後媽。他回國後和一個心腹約好，等他去拜見後

2《莊子·雜篇·則陽》。

媽時，以轉頭為號，動手殺了南子。可惜這個心腹太不中用，也許是被南子夫人的風度給迷住了，到時不肯動手，還把太子的計畫招供了出來。南子跑到靈公那裡哭鬧，太子只好逃跑了，輾轉一番，去晉國投奔了趙簡子，徹底和老父、後娘翻臉為敵。衛靈公的家務事又給國際戰爭澆了一瓢油。

孔子剛到衛國就趕上了這齣鬧劇，孔子祖上是宋國人，大概有人覺得他和南子、宋朝有什麼牽連，在衛靈公前面說了壞話，衛靈公一時沒主見，派人到孔子的住地搜查過兩次，當然是打著別的旗號，聲稱不是針對孔子。孔子出門，還常有不明身分的武裝人員盯梢，他覺得人身安全無法保障，決定出去躲一躲風頭，等衛靈公家的這些亂事消停了再說。[3]

## 「子畏於匡」難言之隱

孔子車隊出了衛國都城，往南才走上幾十里路，就遇到麻煩了。這裡是鄭國東北部的匡城（今河南省長垣縣）。九年前，陽虎在魯國掌權，曾經帶兵占領這裡，大搞破壞，當地人對他恨之入骨。現在孔子經過匡城外，弟子顏刻趕車，他用馬鞭指著匡城的城牆，跟孔子說：「看城牆上那個缺口，當年陽虎攻城，就是從那兒進去的。」[4]顏刻大概早年從軍，跟陽虎到過這裡。

城牆上有人看見，發出了警報。因為孔子和陽虎一個模樣，他們以為陽虎回來了，立刻把孔子一行都抓了起來。消息傳開，被陽虎禍害過的當地人都跑來報仇，孔子師徒越來越危險。

《史記》記載，當時局勢混亂，有些學生被趕散了，比如顏回，孔子以為他已經被當地人殺了，可以想像當時的緊張氣氛。

這種被囚禁的狀態下，孔子卻懶得向當地人解釋誤會，他的態度就是聽天由命：匡城人能把我怎麼樣？

這很奇怪，換誰被外人錯認，都要急於澄清，要證明自己是自己、不是別人，這本來不是太難的事，孔子也不是無名之輩，他官當得比陽虎高，在列國也算有點名氣的人了。但孔子偏不肯幹，以前讀書人沒察覺孔子和陽虎的特殊關係，只能猜測孔子是天生無畏，不怕死。

其實知道了他和陽虎的疑似親緣，就很容易理解孔子這時候的心態——他是不想和別人提起這個話題，哪怕澄清自己不是陽虎、是陽虎的政治對手，對孔子也是一種折磨。

這幾年孔子能當大官，靠的是跟陽虎為敵的政治立場，這對孔子是情感上很大的犧牲，是他不願觸及的難言之隱。在孔子看來，自己已經背叛了陽虎一次，如果還要在大庭廣眾之中揭自己這個傷口，還不如被人當成陽虎打死呢。

這個心結，真沒人能幫他解開。

當然，孔子的弟子們不願糊裡糊塗代陽虎受過，被拘押之後，肯定會有學生私下向匡城人做解釋，所以匡城人也心中疑惑，沒敢立即對他們動手；但旁人的說法畢竟不夠權威，這時候最缺的就是孔子本人開口，而事態恰恰卡在了這個地方。

---

3《史記．孔子世家》：「居頃之，或譖孔子於衛靈公。靈公使公孫余假一出一入。（《索隱》注：謂以兵仗出入，以脅夫子也。）孔子恐獲罪焉，居十月，去衛。」

4《史記．孔子世家》：「將適陳，過匡，顏刻為僕，以其策指之曰：『昔吾入此，由彼缺也。』」《正義》引《琴操》云：「孔子到匡郭外，顏淵舉策指匡穿垣曰：『往與陽貨正從此入。』匡人聞其言，告君曰：『往者陽貨今復來。』……」

孔子遇險的消息傳回了衛國，讓衛靈公君臣臉上很掛不住，一個衛國貴族受命向當地人解釋：這是在魯國當過大司寇的那位孔丘先生，大學問家，陽虎的老對頭，這次在我們衛國做客，沒事出來走走，請大家不要拿親人當仇敵，幹親者痛、仇者快的事情！

匡城人才發現弄錯了，就放了孔子一行。對於匡城人，這是一次荒誕的事件，他們可能猜不透，這個長得跟陽虎一樣的老頭子為什麼像精神有障礙，從頭到尾都一言不發。

孔子這次被扣押了五天。史書把孔子這次遭遇叫「子畏於匡」，畏就是受威脅。《論語》裡有兩處「子畏於匡」的記載。[5]

這樣一來，衛靈公覺得沒招待好客人，面子上有點過不去，孔子也欠了衛靈公一個人情，為了顯示他和衛靈公沒有芥蒂，就帶著弟子們返回了衛都。

## 更換「主人」

匡城回到衛都帝丘，就大半天路程。這次回衛國，一位本地大貴族蘧伯玉派人來，邀請孔子到自己家住。

蘧伯玉比孔子年紀至少大三十歲，到這時已經九十來歲，他這輩子見過的國君流亡、大臣被逐的事情太多了，對孔子也很有好感。

孔子問蘧伯玉派來的使者：你們主人是位什麼樣的人呢？

使者回答說：我們主人總想少犯錯誤，但一直做不好。

孔子覺得這個回答太好了，既謙遜，又委婉地說出自己的主人重視修身。[6]

那時列國都沒有商業性的高檔賓館，只有供下層人住宿的「逆旅」，朝廷公事有國賓館，大貴族因私事出國，沒理由住國賓館，又不願住低檔旅店，一般都要在當地貴族裡面找一位「主」，就是房東兼朋友。這位「主」的身分和社交圈子，對客人有重要影響，因為客人是通過主人接觸當地的圈子。比如，以前魯國的三桓去晉國，多是住范獻子家，范家就是三桓在晉國的「主」，後世的「做主」這個詞，就是這麼來的。

孔子上次來衛國，事事不順利，部分是因為他沒認真找「主」家，圖一時方便，住在了老親戚、子路的大舅子顏濁鄒家裡。顏濁鄒這人社會地位低，是靠孔子當官致富的暴發戶，又料到孔子一旦倒臺自己沒好下場，悄悄搬家到了衛國，自然聲譽不佳。不過他好像有門祖傳的手藝，能治「癰疽」，這是衛生條件不好引起的體表惡性感染，傳統時代比較常見，顏濁鄒移民到衛國，主要靠這醫術立足，但當時醫生不屬於貴族階層，衛國上層人普遍瞧不起他，這也帶累了孔子。

蘧伯玉老人這次主動結交「做主」，對孔子在衛國的形象很有提升。所以孔子後來總結：當君子，一定要持重，這樣才有威嚴和學術地位；到外地做客，要選忠信之人「做主」；不要跟不如自己的人交朋友；犯了錯誤，不要怕人指出和改正。[7]

---

5《論語．先進》、《論語．子罕》。

6《論語．憲問》：「蘧伯玉使人於孔子。孔子與之坐而問焉，曰：『夫子何為？』對曰：『夫子欲寡其過而未能也。』使者出。子曰：『使乎！使乎！』」

7《論語．學而》：「子曰：『君子不重，則不威；學則不固。主忠信。無友不如己者。過，則勿憚改。』」

這些總結，可能和他在衛國兩次選擇「主人」的經歷有關。

孔子在衛國頭次選擇「主家」失敗，弟子們大概不好意思往《論語》裡寫，但口頭傳聞還是保留下來了，到三四代人以後的孟子，就有學生問：當初孔子到衛國，由「癰疽」之家做主，是怎麼回事？孟子為了維護先師的面子，只能努力遮掩一番。[8]後世的學者，再沒人能猜透這樁公案。

只有瞭解孔子出身老顏家的背景，顏家人這些發達、遷徙的歷程，才能揭開這段塵封兩千多年的舊事。

## 子見南子

房子安頓好，第二個問題又來了，還是衛靈公那位寶貝夫人，南子，這次她想見孔子，而且是衛靈公不在場，單獨會見。

衛靈公這時家裡消停了，派人來傳話說：各國來的君子，只要不嫌棄跟寡人做兄弟的，都要（單獨）見見賤內，而且賤內久聞您的大名，一直想請教您呢。老衛靈公覺得孔子跟南子夫人有什麼誤會，才賭氣出走，現在兩人需要當面談談，以釋前嫌。而且，他就要故意不在場，顯得自己大度，也堵住那些流言家們的嘴。

主人態度誠懇，推脫不了。當時輿論都默認，只要跟南子夫人單獨待過的，肯定有曖昧關係。孔子的弟子都捏著把汗，怕老師的名譽從此毀了。

這次會見，《史記》有一點記載，說兩人隔著層很薄的布簾子，互相跪拜行禮。那時坐就是跪，所以跪拜不算什麼大禮節，隔著簾子這句話，以前人沒認真揣摩，其實它的潛臺詞，可能是說兩人還是坐在一張席子上。孔子看不清南子夫人，只能聽見她身上的佩玉叮噹作響。

關於兩人的對話，《史記》只記載了孔子的一句話，原文是「吾鄉為弗見，見之，禮答焉。」大概意思是：我之前沒見到夫人您，這次見到了，就要按禮節互相拜見一下。

看來是南子先詢問孔子了：您到了衛國這麼久，怎麼沒來看看我？

他們都是宋國宗室，屬於同宗的遠房親戚，在異國他鄉見面敘敘親情，也很合理。

子路本來還在給季氏當管家，聽見孔子在匡城遇難，請了假著急趕來了。他已經聽到了些孔子和南子的傳聞，很不滿，說：您老這次搞不好，就跟宋朝公子一個名聲了。

孔子急得發誓，說我要幹了什麼壞事，老天也不會放過我！

在後世，「子見南子」也成了一樁歷史公案，很多人都懷疑這背後有文章。其實時間能證明孔子是被冤枉了，因為南子是個藏不住祕密的女人，當時貴族的圈子又很小，她真要和孔子有什麼不可告人之事，早晚會傳得滿城風雨，盡人皆知。

那麼，南子為什麼要見孔子，而衛靈公也願意撮合呢？

其實還是為了逃亡在外的衛國太子，他現在加入了晉國的趙簡子和陽虎一方，衛靈公和南子擔心太子殺回來奪權，需要盡量找外援，孔子當過官，弟子們也有些影響力，值得爭取，這叫「統一戰線」

---

8《孟子・萬章上》：「萬章問曰：『或謂孔子於衛主癰疽，於齊主侍人瘠環，有諸乎？』」另外，這裡提到，孔子在齊國也住過卑微的「主家」，很可能是他追隨魯昭公流亡那次在齊國的經歷。

政策。特別是衛靈公現在已經老了，身體越來越差，需要盡量維持好列國的關係，保證在自己身後夫人還能過得下去。

當然，南子也是用自己的方式處理問題，她是生活在眾星捧月中的美女貴婦，習慣了跟各種男人用搞曖昧的方式打交道，有一套誘惑他們給自己辦事的小技巧，也預留了繼續發展關係的餘地。

這次會見之後，孔子也產生了一些很複雜的、一言難盡的感受。他說：如今在衛國，如果長得像公子朝那麼美貌，又沒有祝鮀的奸猾，肯定沒有好下場。[9]祝鮀是衛國的太祝，主管祭祀禮儀的，知識淵博，能說會道，但孔子覺得他陰險狡猾。

見過南子一個多月，衛靈公夫婦又邀請孔子一起行樂，這次他們要出門逛街，靈公興致很高，親自駕著一輛馬車，南子夫人坐在身邊，還有個宦官同車伺候。孔子坐第二輛車，待遇也不低。

靈公夫婦這次要逛的是市場。那時貴族看重身分，不會親自去市場買東西，衛靈公卻偏要陪南子享受一下這世俗的樂趣，滿足她拋頭露面的欲望——南子處處和現代女影星很像，喜歡被大眾關注，也喜歡故意製造緋聞，增加知名度。如今的「招搖過市」這個成語，就是從《史記》的這一段記載來的。

滿街男女都在圍觀國君夫婦，也看到了後面車上這位大個子的老先生，指指點點的不少。因為南子的花癡名聲太大，孔子面子上很過不去，他還從沒被人跟「後宮」聯繫起來過，結果卻成了伺候國君夫人的弄臣。他不理解，這些掌權的，老如衛靈公，小如季桓子，怎麼都離不了女人？自己這種賢人怎麼就沒這麼大吸引力？「吾未見好德如好色者也！」[10]他覺得南子那個位置才是他該坐的。

孔子這就有點過於拘泥了。對男人來說，美色和美德是不能互相替代的東西，用現代科學的術語說，這都不是同一區域大腦皮層管的事。

在不得志的心態之下，孔子不想在衛國住下去了。他要離開東方聯盟的圈子，去看看更外面的世界。衛靈公雖然給他的待遇不錯，但孔子閒不住，他還想找一個能管事兒的實職。衛靈公這時要會見齊景公，也沒時間理孔子。孔子帶著弟子們出發了。

他這次出行，主要的弟子都陪在身邊，比如顏回、子路、子貢、冉有等。子路已經辭掉了季氏宰的工作，可能由師弟冉雍繼任，冉雍個性謹慎，沒什麼作為，好像任職時間也不算長。

可能就在孔子厭倦了衛國生活的時候，魯國那邊傳來了消息：魯定公去世了，太子公子將繼位（魯哀公）。那時中原列國都有「赴告」的制度，本國發生的大事，要及時派使者通知有外交關係的諸侯國，以魯、衛兩國的距離，發生什麼大事，四五天後就通知到了。

魯定公中年即位，在位十五年時間，也算盡了天年。他在位期間，經歷過陽虎、孔子兩人參政，這兩人都曾試圖結束三桓家族的專權，但都成了泡影，所以在孔子離職之後，魯定公的精神狀態也很差。

他臨死前幾個月，曾經接待邾隱公來覲見。邾國是山東土著小國，已經淪為魯國的附庸，在兩君會見儀式上，魯定公表現得委靡不振，甚至有點低三下四——可能他被三桓管束的有點過分，已經有

9《論語．雍也》：「子曰：『不有祝鮀之佞，而有宋朝之美，難乎免於今之世矣。』」
10《論語．衛靈公》《論語．子罕》。

點拿不準自己的身分了。

子貢這時還在魯國供職，他參加了這次會見，說看國君這精神狀態，估計離死不遠了。果然，定公在四個月後就去世了。

好像有人追究子貢的責任，說他口無遮攔把國君咒死了。子貢只好到衛國來投奔老師，順便帶來了魯定公去世的細節。

孔子曾經給魯定公當過大臣，他是不是應該回去參加葬禮？

這就有點講究了。身在國外的大臣，如果還在任就應該回去，這叫「奔喪」；如果是被國君解雇、驅逐的，就不用奔喪。孔子事實上是被三桓解雇，但形式上是他自己辭職，估計還有稱病之類的託詞，這種情況可以回去奔喪。

但孔子沒回去，他對魯定公沒太多感情，或者說，還沒對當年的魯昭公感情多。

## 關於女人和家庭

和南子夫人的交往，算是孔子生平唯一一次和女性交往的記載，他後來還出席過魯昭公夫人的葬禮，但生前是否有過交往就不知道了。

關於女人，孔子有句很著名的話：「唯女子與小人為難養也，近之則不孫；遠之則怨。」[11]意思是：女人和小人都不好蓄養，跟女人親近，她就想要平等，還要操控丈夫（那時默認男女是不平等的）；跟她疏遠了，她又一肚子怨氣。

關於小人，孔子說過很多話，但關於女人，好像就這一次。拿女子和小人（地位低下的人）相提並論，是對女性的歧視，很多人都批評過，這裡不用多說。

有人為維護孔子形象故意作曲解，說孔子的意思是，女人要是嫁給了小人，就沒好日子過了。還有人更有創意，說是孔子感歎女人生孩子（小人）太困難了，還推測孔子夫人是難產死的。這些都是過度發揮。

孔子自幼跟著單親媽媽長大，上邊有姊姊，成家了還有女兒，他生活的環境裡不缺女人，不過他照樣對女人很隔膜。他拿女子比小人，更多是從夫妻關係得來的，他和夫人過不到一起。

孔子夫人很不幸。《禮記》記載，孔夫人去世後，兒子孔鯉服了一年喪，然後有時還哭。一次孔子聽見家裡有人哭，問身邊學生：這是誰在哭呢？

學生說：你兒子孔鯉啊。

孔子說：哎呀，這也太過分了吧！

孔鯉聽說了，就不敢哭了，也不敢穿喪服了。[12]

按孔子自己宣導的規矩，兒子得為母親服喪三年，哭又有什麼不對？

朱熹有注解：「伯魚之母，出而死。」「出」是被趕出家門——孔子已經和夫人離婚了。孔夫人沒

11《論語．陽貨》。

12《禮記．檀弓》上：「伯魚之母死，期而猶哭，夫子聞之曰：『誰與哭者？』門人曰：『鯉也。』夫子曰：『嘻！其甚也！』伯魚聞之，遂除之。」

死在孔子家裡，這夫妻倆最後是徹底過不到一起了。孔鯉為被趕出家門的母親服喪一年，大概也是孔子制訂的變通規則。

孔子和夫人離婚，夫人在外面去世，具體時間不清楚，大概是在孔子當官的那六年裡。因為後來的孔子就很少在魯國定居了，他兒子沒陪著他周遊列國。

孔子不是貴易交，富易妻，喜新厭舊，他是忍受不了女人在身邊，影響他幹事業。所以孔子沒再婚，也沒小妾小老婆，晚年周遊列國一點牽掛都沒有。在傳統時代，這絕對是標準的另類人士，那時只要家境稍微過得去的人士，都要討上一兩房小妾。後世很多道學先生，嚷著這也學孔子，那也學孔子，但這一條無論如何也學不來。

孔子家族連續幾代人，都有離婚的家風。孔紇那輩離沒離過，史書沒記載，但從孔子開始，連著三代人都離過婚，所謂「孔氏三代出妻」。

孔子的兒子孔鯉，死於孔子去世前兩年，他正房夫人沒生兒子，有個妾生了兒子孔伋（字子思）。然後這個妾就被趕出家門，到衛國去了，很可能是被正房夫人賣掉了。當時，正房夫人是有權賣掉妾的。[13]孔鯉這個正房夫人好像很凶悍，孔子爺兒倆也拿她沒轍。

後來孫子孔伋長大了，那時他父親和爺爺早已不在世了，衛國又傳來消息，說他的親生母親死了，孔伋就在自己的家廟裡面哭喪。結果還在世的那些孔子弟子（曾參等人）提意見說：這女人跟你們孔家已經沒關係了！孔伋就不敢在家廟裡面哭了，改到了別的房子裡。[14]

孔伋到後半輩子，又把自己老婆趕走了，而且這個老婆也死在了他前邊。孔伋兒子孔白，字子上，想給這被趕出家門的母親服喪，被孔伋禁止了。孔伋的學生不懂，問為什麼。孔伋說：她是我老婆，才是孩子他娘；如今不是我老婆了，就不是孩子他娘，當然不能服喪！[15]

孔鯉當初還給母親服喪了一年，到他孫子這代，連一天都不能服了。

孔子弟子曾子，也因為「梨蒸不熟」把老婆休了。[16]孟子「惡敗而出妻」，怕事業失敗，先把老婆趕出家門。[17]直到宋朝司馬光，寫《家範》告誡子孫後代，說遇到「悍妻」一定要趕出家門：「昔孔氏三世出其妻，其餘賢士以義出妻者眾矣，奚虧於行哉？苟室有悍妻而不出，則家道何日而寧乎？」其實司馬光沒搞明白一個小細節：孔鯉家被趕走的是小妾，真正的悍妻是趕不走的。

到了晚清民初的末代孔府，已經是大富大貴的豪門家族，比《紅樓夢》裡的賈府都顯赫，但還是被這些最基本的夫妻、親子問題困擾。民國孔府的嫡女孔德懋，寫過一本《孔府內宅軼事》，回憶當年的家庭生活，把舊式家庭的黑暗、壓抑寫得淋漓盡致，她們姊弟的生母是個小妾，被正房夫人種種虐待，最後慘死，據說是被正房夫人毒死的。看過這書的讀者才能理解，儒家倫理為什麼不能原封不動搬到現代社會。

13 孔鯉的母親是妾，且死於衛國的事，見《禮記・檀弓》下「子思之母死於衛」條；生過兒子的妾也是可以被賣掉的，參見《禮記・檀弓》上「子柳之母死」條。
14 見《禮記・檀弓》下「子思之母死於衛」條。
15 見《禮記・檀弓》上「子上之母死而不喪」條。
16 《白虎通・諫諍》。
17 《荀子・解蔽》。

孔子不是十全十美的聖人，他的家庭生活很失敗，他那套「孝悌」家庭倫理學說也問題多多。究其原因，可能就因為他是個哲學家，哲學研究問題靠抽象、化繁為簡，這恰恰不能用來指導家庭生活。

對男女關係，或者說比較風流的男女兩性關係，孔子戒心更重。

這有他幼年時候家庭的影響。孔子從小在農村裡跟著單親的母親長大，農村人沒那麼多上層人的道德忌諱（上層貴族也不是不亂搞男女關係，更有一套說辭而已），鄉下人家窄門小戶，很多事情躲不開孩子，所以孔子對兩性關係的排斥，大概從小時候就種下了，後來佛洛伊德總結過這種童年心理陰影問題。

當孔子認祖歸宗、成為貴族之後，他母系的低微出身、父母的非禮之戀，也會是社交圈內躲不開的話題，這都會讓孔子對兩性關係高度敏感，他在這方面的謹慎程度，遠遠超過了那個時代的普遍水準。

比如他說：如果朋友的媽媽是寡婦，在沒有第三人在場的情況下，你不能到人家隨便串門。[18]潛臺詞是，免得讓人說你和朋友的媽媽有染。以前有人把孔子這話理解錯了，以為他歧視寡婦的兒子，認為寡婦的兒子不配做朋友，其實不是，因為孔子自己從小沒爹，就是寡婦的兒子。寡婦門前是非多，這背後有他不太愉快的回憶。

再者，孔子的先人當初為什麼從宋國的大貴族流落到了魯國，淪落成最低級小貴族，也和女人有些關係，那是二百年前了。

那時，孔子的先祖孔父在宋國當大司馬，位高權重。孔父的夫人極有風姿，也愛拋頭露面。一次，孔夫人上街，迎面是太宰華督的車過來，宋國太宰相當於國務總理。華督被這美女吸引住了，緊盯住不放，從兩車迎面駛來，到會車一瞬，到各自遠去，華督脖子轉了一個大圈，都在看同僚的老婆，然後做了一個評語：「美而豔！」

春秋人形容女子，經常用美豔二字，這兩個字意思好像有點區別，可能一個形容相貌、一個形容風姿神情之類。之後華督念念不忘，整天尋思怎麼搶到這女人，第二年初，他發動一場小型政變，殺掉了孔父，把孔夫人搶到了自己家做老婆。[19]

國家總理為搶女人殺了國防部長，宋國國君（當時是宋殤公）很憤怒，華督索性連國君也殺了。

孔子見衛靈公（清代焦循畫）

古人畫得孔子，這幅比較好，場景、人物姿態都很逼真，畫家還借鑑了西洋畫的透視技法，地板的線條不平行。可惜他正好畫反了，線條不是向遠方匯聚，而是擴散。

18《禮記・坊記》：「子云：『寡婦之子，不有見焉，則弗友也，君子以辟遠也。』」

19 見《左傳》桓公元年、二年。

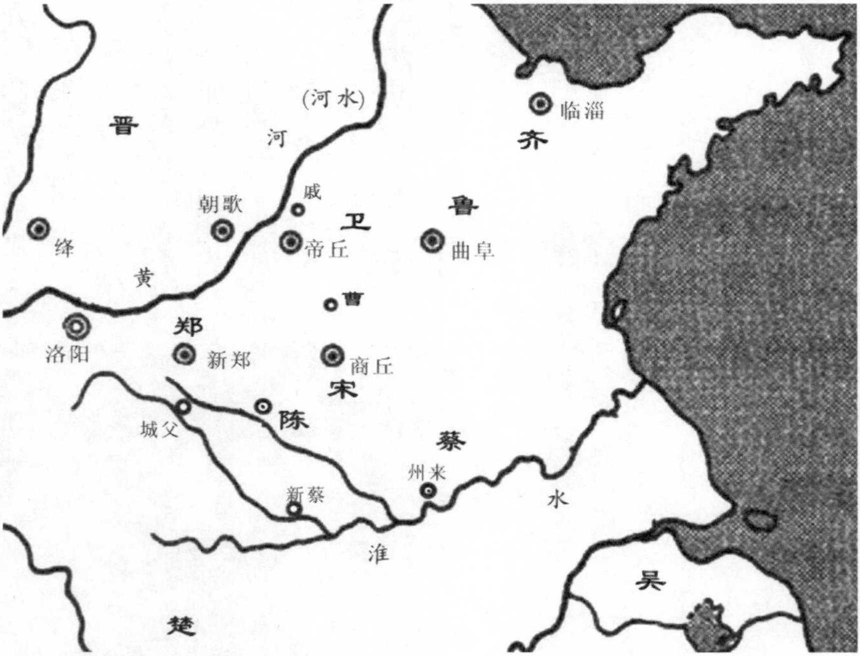


孔子周遊所到國家簡圖

孔子一生的足跡，都在黃河和淮河之間。黃河北邊是晉國，淮河南邊是楚國，孔子和這兩個強大的國家沒有緣分。

這事太大逆不道，引起魯、齊、陳、鄭的聯合干涉，華督趕緊給各國國君行賄送禮，給魯君的禮物是一個大青銅鼎，又立了鄭國公主所生的一個公子做國君（宋莊公），鄭國也沒意見了，仗才沒打起來。

這次動亂後，僥倖逃生的孔氏子弟流亡到魯國，定居下來。華氏家族則長期在宋國掌權。動亂幾十年後，華督的後代華耦當宋國大司馬，來魯國訪問。魯君安排宴會招待他，華耦不敢參加，說：我先祖華督當年作亂，諸侯的史書裡都記載著，這是我們家族的恥辱，現在不敢享受這麼高規格的接待。[20]

孔父的後人就在魯國，華耦到魯國，心理包袱很重。孔子對女人印象不好，也跟他這段家史有關。那場動亂孔夫人沒責任，但不少人總愛把禍端算到女人頭上，說女人是紅顏禍水。

西周和春秋時候，男女關係還不像後世那麼保守，貴族婦女拋頭露面、參加社交場合也很多。比如諸侯國君出國訪問，就時而帶著夫人，接待國的國君夫婦也會一起舉辦歡迎宴會，兩位夫人會和對方的國君敬酒、碰杯，甚至有「交爵」的儀式，也許像後世的「交杯酒」。

孔子說，以前曾經因為這種「交爵」曖昧發生事故：一位「陽侯」看上了「穆侯」的夫人，就把穆侯殺了，把他夫人搶了過來。所以此後諸侯國君的典禮上，就很少讓夫人出席了。[21]可惜這兩位國君在史書裡都沒有記載，細節問題搞不清了。

---

20 見《左傳．文公十五年》。
21 見《禮記．坊記》。

關於孔子和兒子孔鯉的關係，我們後面會介紹。

古人畫的孔子，這幅比較好，場景、人物姿態都很逼真。畫家還借鑑了西洋畫的透視技法，地板的線條不平行。可惜他正好畫反了：線條不是向遠方匯聚，而是擴散。

孔子一生的足跡，都在黃河和淮河之間。黃河北邊是晉國，淮河南邊是楚國，孔子和這兩個強大的國家沒有緣分。

# 第十四章　被追殺的喪家狗（五十七歲）

宋國有危險——結怨的疑惑——逃命也是智慧——初民時代的旅行——鄭國寡頭很沉默——情詩無辜

孔子離開衛國，想去的地方是宋國，那是他祖先的故里，他五十七歲了，可能有落葉歸根的想法，回那個他還沒有到過的故鄉。

按照孔子的預想，他這次到宋國，應該能找到比衛國更好的機會，這也意味著孔子對之前的政治事業看得淡了，因為他在魯國時參與了「東方反晉聯盟」，而宋國的立場一直是追隨晉國，和東方聯盟為敵。如果孔子想在宋國謀職，就等於是站到了東方聯盟的對立面，至少是從昔日聯盟的立場跳出來了。這算是他失望之後的另一種選擇。

## 國防部長的敵意

宋國在衛國南邊偏東，途中先要經過曹國（今山東省定陶縣）。五百年前，周公搞大分封，封了自己的弟弟振鐸到曹這地方建國，這樣算來，曹國在諸侯裡面輩分不低。

在孔子之前一百來年，曹國國君共公得罪過流浪的晉國公子重耳，後來重耳當了國君（晉文公），召集諸侯懲辦曹國，曹共公差點被處死，很多國土都被割讓給了鄰國，所以在孔子的時候曹國已經很弱小，淪為了三流小國，經常被宋國、鄭國控制。

孔子一行沒有在曹國停留，直接到了宋國都城商丘（今河南省商丘市）。這時距離先祖孔父被殺那次政變，已經有二百一十五年、八九代人了。

當年的華氏家族殺了孔子先祖，在宋國長期顯赫，但在孔子年輕的時候，華家捲入了宋國貴族內鬥，徹底失敗，沒死的也都逃往國外，所以孔子這次到宋國不僅沒有親族熟人，連老冤家世仇也沒有了。

但孔子還是難以打開局面，別說宋國國君，甚至沒有貴族願意接待他們，因為正在當權的大司馬（國防部長）不喜歡孔子。

孔子一輩子有過不少對立面，但一般不會鬧到你死我活的程度，只有這位大司馬桓魋對孔子動了殺機，而且，桓魋還是個具有女性氣質的年輕貴族——那時還沒有同性戀這個詞。

孔子到宋國的時候，國君宋景公在位二十二年了，政治還算穩定，宋景公很寵愛同宗的桓魋，這個桓氏是從宋桓公的一位公子繁衍出來的，比孔子家族產生得晚。

桓魋到底為什麼記恨孔子？史書沒有記載，後世的史家也都找不到答案，這也算孔子生平的若干個謎團之一。

孔子在魯國當官時，固然屬於東方聯盟陣營、跟宋國對立，但按照春秋上層社會的規矩，貴族一旦從職位上淡出、到外國謀發展，以前因公的恩怨也就翻篇了，不值得計較；如果非要找私人層面的事由，就是孔子當官期間，曾經庇護過桓魋的對手。

那是在孔子到宋國的五年前，宋景公有個弟弟叫公子地，有四匹白色駿馬，桓魋非常喜歡，求著宋景公要馬——春秋貴族都喜歡好馬，是奢侈品和身分的象徵——宋景公不好意思說是給桓魋，只說自己喜歡，向公子地討了過來，轉送給桓魋，桓魋又怕公子地認出來，就把馬尾巴、鬃毛都染成了紅色。

這種掩耳盜鈴的伎倆很難瞞住人，公子地發現後大怒，帶人把桓魋打了一頓，馬也牽了回去。桓魋受了委屈，找宋景公撒嬌哭訴，說自己在國內待不下去了，要出國流亡，兩人傷心得不行，關起門來哭，四隻眼睛都哭腫了：「閉門而泣之，目盡腫」，宋景公決心替桓魋報仇。

公子地聽說勢頭不好，自己先跑了，另一個公子原本居間調停，現在看自己搞得裡外不是人，就占據了宋國邊境上的一座蕭城，和桓魋對抗。

這些事和孔子都沒什麼關係，唯一沾點邊的，是那位居間調停的公子，在蕭城撐不住以後逃到了魯國避難，那時孔子還在當官。但貴族因內亂出逃，各國都有接待的義務，只要不提供武力支援，就不會造成兩國翻臉。

《禮記》記載過孔子對桓魋的一個評價，當時桓魋給自己做了一口玉石棺材，孔子覺得奢侈，說：與其這樣，還不如死了早點爛掉呢。

這話當然很得罪人，但從常識判斷，這不像是兩人結怨的原因，倒像是事後的結果，因為孔子不至於主動挑釁不相干的陌生人，更何況是當權的顯貴。

桓魋喜歡搞男男戀，孔子的學說確實沒有為這個預留空間，他把男女關係看作人性的基礎、社會關係的基礎，承認人最基本的需求就是吃飯和男女之事：「飲食男女，人之大欲存焉」，[1]男女要有尊卑，也一定要搭配在一起，這才能生盡量多的孩子，由此再發展出父子兄弟等家庭倫理原則；另外，孔子對君臣關係界定很清楚，就是嚴格的契約勞動關係，老闆不能是朋友，「君使臣以禮，臣事君以忠」，他反對把君臣關係和私人感情扯一起。桓魋肯定不喜歡這些理論，但那時候的同性戀人群還沒有自己的權利主張，而且多數也要成家生兒育女，沒發展到理論對立的程度。

另外，孔子剛從衛國過來，他在那邊的時候和南子夫人、宋公子朝有些交往，衍生出了一些豔情緋聞，已經在列國上層圈子裡流傳開了。也許桓魋和南子、公子朝這兩個宋國宗室有私仇，由此引發了桓魋的敵意？

這些都是猜測，缺乏可靠證據。當然，桓魋的邏輯也許用常理不好解釋，純粹是任性，「就是看你不順眼」。而且孔子長得又怪又醜，可能在桓魋眼裡還有點凶，反正孔子這位老年直男一直沒能想明白，他遠道而來，正好就撞在桓魋大司馬的「不喜歡」上面了。

孔子一行到了宋國，沒人肯做「主」接待。桓魋已經放出話來了，本地貴族也沒人敢來拜訪。好在孔子一直用寵辱不驚的標準要求自己，他不甘心就這麼灰溜溜離開自己的祖先之國，還整天給弟子們開班上課，如果能吸引來一些年輕人拜師求學，他就慢慢建立起本地的關係，一切都有機會。

## 商朝的隱約記憶

孔子到了宋國，很容易喚起對祖先商朝歷史的追憶，因為宋國是商朝人的後裔，這個來歷也很曲折。

據說在夏朝後期，商族人就居住在商丘這一帶，從這地名也能看出和商人的聯繫。後來，商族首領商湯起兵滅了夏朝，建立起商朝。但商朝前期有很多次遷都，直到盤庚遷到殷地才算穩定下來（今天看到的殷墟遺址）。

商人文明最大的特色是鬼神崇拜，而且是嗜血的鬼神崇拜。後來，周武王在西部崛起，攻滅了

1《禮記・禮運》。

商，然後是周公輔政，大搞分封，殷都被周人徹底破壞和廢棄，商朝的核心區被分封給了衛國。紂王有個兄弟叫微子啟，早就投降了周人，周人允許他建立一個諸侯國、延續商朝的血脈，地點就選在商人滅夏前的龍興之地，由此建立了宋國，國都商丘。

宋國國君祭祀的祖先就是歷代商王，《詩經》裡有一部分「頌歌」，是王室和諸侯祭祀祖宗時演唱的，其中有一組〈商頌〉，是宋國專用的史詩，從商人部族的始祖開始，唱到他們怎麼滅夏建立商朝。[2]

周王朝給宋國的待遇最高，叫「於周為客」——做周朝的客人：宋國國君到京城朝見周天子，天子要用平等的禮節招待，這是周王室對昔日商王朝表示尊敬。其他諸侯國就沒這待遇，他們到京城朝見天子是覲見上級，尊卑有序。

商族人曾經建立王朝，人口很多，生活在宋國的只是一部分，其餘的都被周人拆散、分配給了自己的各諸侯國，魯、衛等國建立時，都分到了若干家族的商族人。一部分比較溫和的商人被遷到了關中，那裡是西周統治的中心，他們在那裡給周人朝廷做文書吏等工作。最頑固的商族人被遷移到了洛陽城，這裡遠離殷都舊地，靠近周人統治中心，可以防範他們造反，「分而治之」。

這樣七分八拆，還有一些商人沒有著落，生活也不好過，就在列國間做起了生意。商人以前統治中原，對各地的情況比較熟悉，又見過大世面，生意做得好。今天做買賣的「商人」這個詞，就是從這部分商人來的。到春秋的時候，這些商人的商會總部可能設在鄭國，他們和鄭國國君世代都有協議：商人不干涉鄭國的政局，鄭國國君、貴族也不能給商人強行攤派收錢。春秋時鄭國的位置在中原中央，做生意比較方便。

從地緣上講，商人崛起於東方，周人的故里則在西方的關中平原，兩種文化從根基上完全不一樣。周人雖然信鬼神，但不殺人祭祀、殉葬，連牲畜也不願多殺。周公規定：招待、祭祀天子（周王），只能用十二頭牛，諸侯、卿大夫依次遞減。周滅商之後，嚴禁再搞殺人殉葬和祭祀，商人慢慢也把這種習俗改了，甚至可以說是忘了。

到孔子的時代，殷商時代的殺人祭祀已經是很野蠻、很不上檯面的事情，春秋人的史書裡甚至已經完全沒有這方面的記載了。但血腥獻祭的陰魂也沒有全散，春秋時某些地下邪教式的巫師裡面可能還有些殘留，宋國人偶爾返祖，還是會抓俘虜獻祭。那時人們私下覺得，對於某些特殊的、邪門的神，殺人來獻祭很有效，可以辦成一些正常管道實現不了的事，但總的來說，沒有商朝那麼盛行了。

商周貴族婚姻的講究也不一樣。商人本來沒有「姓」的概念，也無所謂同姓不婚，盛行族內婚，不願和外面的蠻夷通婚。周人相反，他們認為自己都是姬姓，必須和異姓（異族）通婚。像魯國，歷代國君習慣和姜姓的齊國、子姓的宋國通婚，還有周邊一些姓風、曹的小國。周王室也是這樣，常有齊國或宋國的公主嫁到洛陽當王后。這樣做的結果就是民族融合，商人本來婚姻封閉，他們統治河南、山東一帶數百年，各部族的小方國眾多，混合不起來，而周王朝用了幾百年時間，就基本實現了列國上層社會的一體化，這裡面通婚的功勞很大。

商人的思維方式也很有特色。他們建立王朝、統治中原的時候，對周邊小國（部族）很殘酷，動輒討伐、劫掠，抓了俘虜都送殷都獻祭，但他們被周人打敗之後，卻很老實地接受了這個命運，周人

2 這組詩在《詩經》的最後一卷，有五篇，分別是：〈那〉、〈烈祖〉、〈玄鳥〉、〈長發〉、〈殷武〉。

的很多禮俗他們也全盤學了過來，文化上、政治上完全認同周王朝。到了春秋前期，齊桓公、晉文公充當霸主維護國際秩序，抵禦周邊蠻夷的進攻，他們最忠心的盟友和支持者一直是宋國，而不是那些同宗的周人諸侯，這顯得有點諷刺。

由於來歷比較特殊，宋國人的個性也有點不一樣。比孔子早一些，有個楚國貴族說過宋國人的特點：「鄭昭、宋聾」，就是鄭國人精明伶俐，宋國人愚鈍木訥，認死理兒，就像聾子一樣不可理喻。[3]戰國的諸子百家都喜歡創作成語故事，搞地域歧視，這些成語故事裡的宋國人形象，一個是守株待兔，一個是揠苗助長，還有個是「智子疑鄰」，都是傻呵呵、缺心眼兒。有人說，這是一種老貴族的氣質，很傻很天真，就是因為養尊處優時間太久了，不會耍小聰明。

當然，宋國貴族打起內戰來，也絕對是不要命的角色，為了別人家老婆（就像孔子家先祖），甚至為了幾匹馬，都能消滅掉一個顯赫的貴族世家。所以宋國政治生活總帶著一種荒誕感，孔子此行的經歷也有點近似。這也算是一種老貴族氣質，面子高於一切，衝動就是榮譽，就像歐洲中世紀的貴族，為了一點雞毛蒜皮的小事就要決鬥，來個你死我活。

孔子能認識到商朝文化的特殊和血腥嗎？這個問題可能很複雜。

孔子那個時代，黃帝、炎帝的傳說還是野史，沒變成正統。那時候正統歷史裡最古老的就是堯舜禹，然後是夏商周，之前都是野蠻的部落時代，沒有文明的歷史。

對夏、商、周這三個朝代的文化，孔子認為大同小異，在這個基礎上有一點點進化，到周朝發展得最好。舉個例子，每年過年的日子，如果用今天的農曆做標準的話，夏朝在一月一日，商朝在十二月一日，周朝在十一月一日。其他各種禮儀制度，孔子也都認為大同小異。他說：夏朝的曆法最好（從西漢開始，果然又用夏曆了，直到現代）；商朝的馬車技術最好（在考古上，確實是從商朝後半段的殷墟才有馬車的，之前的所謂夏朝沒有，商朝前半段也還沒發現馬車）；周朝的禮服冠冕制度最好。

商朝人對夏朝禮儀有些改造，周朝對商朝的也有些改造。孔子認為，這些改造幅度都不大，很容易說清楚，至於以後的歷朝歷代，也不會有多大變化。

商朝的傳人是宋國，夏朝也有傳人，比如山東的杞國，這就不好考證了，因為考古裡面真正的夏文化核心區，是河南西部（洛陽）到山西南部（運城）這一帶，沒延伸到山東。孔子考察過宋國和杞國的禮儀制度，他的結論是，這些都不是夏朝、商朝的舊制了，已經混進去很多周人的文化元素，而且他覺得文獻記載太少，沒法細究——別看孔子推崇古代，他不是盲目地神化、理想化古代，有時甚至有「疑古」的治學理念。

當初三桓想用孔子，但魯國人是周公之後、周文化的嫡傳，他們擔心孔子是商人後代，恐怕對周人政權有什麼意見，這就需要孔子做一個表態。孔子說：周朝吸收了夏、商兩代的好成果，最有文化，我擁護周朝。[4]這種姿態才會讓三桓放心。

孔子這種「三代大同小異」歷史觀，其實完全繞開了商朝文明的血腥殘暴，末代商王紂成了替罪羊，王朝的一切罪惡都歸到了商紂頭上。這倒不是孔子的創作，而且很可能是周朝開國者周公的國

3《左傳．宣公十四年》。

4《論語．八佾》：「子曰：『周監於二代，郁郁乎文哉！吾從周。』」

策；只是這段歷史的文獻太少，今天已經難以如實復原了。

孔子尊重祖先，對商、對宋，都有很強的好感，他常掛在嘴上的幾個仁人、賢人，伯夷、叔齊、微子、箕子、比干，都是商人。孔子說自己學習的榜樣是「述而不作，信而好古」的老彭，也是商人。[5]

今天看來，商人的血祭文化是千古之謎，西周和春秋人怎麼刻意把這些歷史記憶抹去的，則是更大的謎團，只有一部來源不明的《逸周書》，裡面記載周武王剛滅商的時候大搞殺人獻祭，過程非常詳細，完全是甲骨文裡面商人的做法，這說明周人當初不是不知道商文化，他們甚至一度很想學習這一套文化，真正的革命也許是從武王死後、周公掌權「制禮作樂」開始的。

孔子晚年專門整理各種古代文獻，他不大可能不知道《逸周書》這些篇章，但他編輯的《六經》卻刻意沒有收錄《逸周書》。周人用陶俑取代了商人殺人殉葬的習俗，這是文明的進步，孔子卻惡狠狠詛咒說「始作俑者，其無後乎」，好像作俑都是件不能容忍的事情。這種過敏心態的背後，可能是知道更多事情才會產生的隱憂——比如對周公的不滿：你要廢除就全廢除掉，還留個作俑的「尾巴」幹什麼？這種事兒遲早會被後人翻出來的……

所以我們今天很難揣測古人的心理，也許他們的知識範圍比我們想像的大，但又刻意隱瞞了其中的一部分，構成了一套不公開書寫出來的「暗知識」（就像藏傳佛教裡的所謂「密宗」知識，有自己的祕密傳承途徑），只是到戰國秦漢改天換地的社會革命運動之後，這些「暗知識」才真正被遺忘，如果不是借助現代考古發掘，這些被隱藏的古史也就徹底湮沒了。

**周道倭遲**

回到現實中的孔子。

這時是夏天，商丘天氣熱，孔子住處簡陋，連個像樣的庭院都沒有。他要帶弟子們操練「禮儀」，就像儀式彩排一樣需要空間，碰巧，他住處臨街有棵大樹，孔子就帶著弟子們在樹蔭下排練禮儀。

以桓魋的官職和勢力，想給孔子找麻煩很容易，但他表達敵意的方式也很陰柔，先派人砍了這棵乘涼的大樹，然後聲稱，下一步就要孔子的性命。

到這地步，不走也不行了，不過孔子故意慢慢收拾東西，從容出發，不能丟了身分。弟子們緊張，勸老師趕緊離開這是非之地，因為桓魋要找麻煩，肯定先拿學生們開刀。孔子還端著架子：生死自有天命，「桓魋其如予何！」——「桓魋（那麼個不男不女的傢伙），他能把我怎麼樣！」[6]

孔子嘴上不怕，因為桓魋真在商丘城裡動手的可能性不大，那樣太丟宋國的面子。《孟子》記載，桓魋準備對孔子師徒「要而殺之」，「要」就是攔截，在半路上設下埋伏，就像是劫匪圖財害命，無可對證。

孔子這些天堅持在商丘講學授課，終於有了收效：桓魋有個堂兄弟叫司馬牛，他被孔子的學說吸

5《論語・公冶長》：「子曰：『伯夷、叔齊不念舊惡，怨是用希。』」《論語・微子》：「微子去之，箕子為之奴，比干諫而死。孔子曰：『殷有三仁焉。』」《論語・述而》：「子曰：『述而不作，信而好古，竊比於我老彭。』」

6《史記・孔子世家》、《論語・述而》。

引，偷偷拜訪過孔子，透露了桓魋的計畫，孔子師徒因此逃過一劫。他們打扮成一群窮苦的流浪漢，加速逃離了宋國，「微服而過宋」，微服是窮人的衣服。看來出了商丘城之後，孔子就改變了策略，保命要緊。[7]

按照正常的思路，孔子應該是向北走、回衛國，但孔子這次是朝西走，去往未知鄭國。他為什麼做這個決定，史書裡沒寫，推測有兩個原因，一是他既然離開了衛國，還是放不下面子；第二，桓魋可能判斷孔子要原路返回，所以在那邊設下了埋伏，孔子師徒改道去鄭國，就躲過了這一劫。

從衛國到宋國、再到鄭國，其實是走了冤枉路，鄭、衛之間本來有大路；而宋、鄭兩國之間的交通就不那麼方便，這裡有一片荒原無人區，就是現在河南的睢縣、杞縣、通許縣一帶，《左傳》記載，兩國曾有約定，誰也不能開發這片荒地，留著做緩衝區。[8]

在孔子那時代，今日中國範圍內的總人口超不過一千萬人，還不到今天的百分之一。還可以呈現得更直觀一點：現在能看到一百個人的地方，春秋時候就只能見到一個人；如果現在連一百個人都沒有，在當時就是無人區了。這可以幫助我們設身處地想像一下春秋時候的生活和旅行。

孔子一行離開商丘不遠，就進入了荒野之中。

這裡是黃河週期性改道「奪淮」的淤積地帶，有好幾條流向東南方的黃河分流，形成無數濕地沼澤和沙荒地。馬車行駛在荒原上，能見到人煙村落的時候少，都是叢林和蘆葦蕩，有各種野生動物出沒其間：梅花鹿、麋鹿、野豬、狐狸、熊、狼、豹子、老虎，甚至還有野生水牛。孔子常常提到野生動物「兕」，就是野生水牛。

在周朝之前，氣溫比現在高，水牛的棲息範圍都能到河北省中部的石家莊地區。商朝人的始祖擅長馴養水牛，甚至能馴服大象，他們驅趕著水牛群在蠻荒的、熱帶風情的黃淮平原上遷徙游牧，最後滅亡了茫昧中的夏朝。[9]孔子這時候氣溫已經比商朝降低了，但河南境內還棲息著很多野生水牛。

人煙雖然稀少，但還有溝通列國的道路。周人占領中原以後，修築了連接各諸侯國都城的大道，叫「周道」。《詩經．小雅》裡歌唱：「周道如砥，其直如矢。」[10]大路像磨刀石一樣平，像箭射出去一樣直；也有迂迴彎曲的，叫「周道倭遲」；[11]哪國政治混亂，境內道路失修，就會「踧踧周道，鞫為茂草」。[12]

夏日的驕陽之下，孔子的一隊車馬穿行在草野之間，不時要涉過小河，穿過溪水漫流的濕地。當馬車陷入泥水、浮土，學生們就要一起用力推車。

孔子站在顛簸的馬車上，看著隱約穿過荒原、通向天際的殘破周道。他提倡諸侯們遵守得也是「周道」，就是周人開創的模範統治秩序，可既得利益誰也不願放手。對孔子的說教，那時沒人公開反對，但都不往心裡去，孔子只能自己去探尋那荒廢已久的周道。

---

7《孟子．萬章上》：「孔子不悅於魯、衛，遭宋桓司馬，將要而殺之，微服而過宋。」
8《左傳．哀公十二年》：「宋鄭之間有隙地焉。」
9 考古發現的比較偏北的商代水牛骨架，可見河北省博物館，《槁城台西商代遺址》，文物出版社，一九七七年。
10《詩經．小雅．大東》。
11《詩經．小雅．四牡》。
12《詩經．小雅．小弁》。

路上偶爾駛過笨重的牛車、驢馬馱載的商隊，或者諸侯、貴族出使的馬車隊。貴族馬車上有旗幟，上面的族徽顯示主人的等級和家族名號。大國的大貴族國際知名，他們的族徽很多人都認得，他們出門或者是忙公事——國君的家事，或者是自家的私事，無非都是婚喪嫁娶之類，相識的親戚、朋友死了，要去哭喪弔孝；自家娶媳婦要去說親、接新娘；這是貴族最主要的社交事務。

唯獨孔子一行，既不像商，也不像官，最像是政治鬥爭失敗的逃亡者。

那時旅館、飯店很少很少，在外面趕路，遇到村野人家可以投宿，沒有人家就只能露宿。體面人出門，車上都帶著帳篷、席子、墊子，預備露宿用。窮人連帳篷都沒有，只能在主人的大車下面鋪點草，和衣而睡。《詩經》裡，一位駐防回家的士兵，就是一路蜷在車下面睡覺，他想起了草叢裡盤成一卷的蟲子，覺得自己和那蟲子一樣。[13]露宿的人身上經常凝滿露水，蜷縮在濕冷的夜色中，聽著草叢裡的蟲鳴，這是旅人最想家的時候。[14]

孔子當過大官，是退職大夫級別，總會有頂帳篷睡。但弟子們就未必有這待遇了，特別是家境不好的弟子，露營的時候，他們要紮起帳篷，飲馬砍柴，打水生火，架鍋做飯，伺候老師吃完，最後擠在馬車下面睡覺。

出遠門的人要帶乾糧，方便路上吃。一般是炒熟的小米，古代叫「糒」，有時還磨成粉，叫做「糗」。還有脯或脩，就是肉乾。古代沒有冷藏保鮮設備，殺了豬牛羊，都要晾肉乾保存，孔子教學生常收一捆肉乾當學費，正好帶著路上吃。

遇見農家就可以投宿，那時的農民都怕貴族，別管是哪國的，看見駕著馬車、前呼後擁的體面人，就會盡量好好招待。但農民一般說的都是口音很重的各地方言，和貴族老爺們的中原「雅言」很不一樣，難以交流。

農家條件差，一般都是跑風漏雨的茅草房子。那時還有很多農民住半地洞式的草棚子：先在地上挖半公尺多深，四壁支起木棍，蓋上茅草，從外面看就是個窩棚。「屋裡」中間一般是火塘，屋角地上再挖兩個小洞，就是保存糧食的地窖。考古學上稱這種為「半地穴式房址」，從新石器時代一直沿用到戰國時期。

春秋農民使用的農具、工具還有很多石器，這可能讓今天人很不理解，畢竟青銅器已經出現在西元前兩千年的中原地區了。但中國銅礦分布很少，銅的價格一直高昂，只能給貴族使用，普通農民很少用得起，他們生活中還離不開石頭、骨頭、蚌殼製造的各種工具，以及陶製炊具。考古發掘的商代、西周、春秋時期村落遺址基本都是如此。

可以說，中國「銅石並用」的歷史時期很漫長，整個「青銅時代」裡，社會上層用銅器，下層用石器，上層少數人代表了下層多數人。直到戰國時期，冶鐵技術發展起來，才把石器、骨器、蚌器徹底取代了。鐵的熔點比銅高，所以冶鐵技術出現、普及得晚，但鐵礦分布多，成本低，這個鐵器革命才能影響到全社會每個人，而不是僅限於上層。

出門的孔子大概寧可住帳篷，也不住石器時代的這種農家窩棚。但他幼年在顏家莊，可能也是在

---

13《詩經・豳風・東山》：「蜎蜎者蠋，烝在桑野。敦彼獨宿，亦在車下。」

14《詩經・召南・行露》：「厭浥行露，豈不夙夜？謂行多露。」

這種房子裡長大的。

如果有村落或小鎮，孔子一行會打聽：本地的貴人是哪家？這種人家，或是大貴族派在鄉間的管家，或是本地的小封主，能說點上層通用的「雅言」。打聽明白了，就先派弟子登門，向主人介紹：我們先生，魯國退職的大司寇孔丘先生，從這裡路過，來拜訪貴主人。還要奉上禮物，按禮節一般是臘肉、雞、鵝、小豬、小羊，比較常見，容易買到。各地禮節都差不多，就是所謂周禮。

按習慣，主人得謙讓，說：我這就去門口迎接！學生說不用，讓我們先生自己來。然後推讓禮物，主人不肯收，學生堅持要給。爭一番，主人暫時放下禮物，到庭院迎接孔子。按照周禮，如果陌生人主動登門求見，哪怕是大夫紆尊去拜訪士人，作為士的主人也不需要出大門迎接。

賓主相見，互相謙讓著進入堂屋，主人還要堅持退還禮物，又客套一番，才算收下。雙方落座在墊子上，再次做自我介紹，再互相介紹各自國家最近的動態，客人講講來時一路見聞，主人講講本地風土人情，話題可以一直持續到飯菜擺上來，然後賓主互相敬酒，用餐。

主人家的下人也招待孔子的隨從、傭人吃飯；或者這些人自己打火做飯，還要給馬餵料。飯後，主人安排客人住宿安歇。古代人出門一般自帶被褥甚至簡單炊具，因為那時的餐飲、住宿服務業還不發達。

第二天晨起，客人出發前，估算主人家招待的開支，留下適當的禮物，下次什麼場合再見了面，大家就是老朋友了。

這種路上借宿結識的主人家，當時叫「館人」，孔子在衛國就曾經結識過一戶「館人」。後來孔子又路過這裡投宿，發現主人剛去世了，孔子到靈堂哭了一次，又命令弟子從拉車的馬裡面選一匹，送給這家人做喪禮的份子錢。弟子們不理解：按照禮節，對「館人」這種交情不用送太重的禮物。但孔子覺得他和主人太投緣，還是堅持送了一匹馬。[15]

走過了宋、鄭之間上百里的林莽荒野，慢慢開始有農莊、人家。這是今天的河南尉氏縣，進入鄭國的地界了，道路開始變得寬敞平整，路邊也有像樣的行道樹了。

繼續走下去，人煙、農舍越來越稠密，時而還有小市鎮，有幾家攤販或小店鋪。然後人煙越來越密，房舍村落越來越多，小河上有了木頭或石頭的橋梁，開始有冒著黑煙的陶窯、炭窯和銅器作坊，遠遠能看見城牆的輪廓——快到城市了。

## 被徹底無視

鄭國都城叫新鄭，這個地名現在還在用，在河南省中部。從商丘到這裡，不走太快的話，要用十來天時間。

為什麼是「新」鄭呢？這要從鄭國的來歷說起。

鄭國分封晚，是西周倒數第二個王周宣王的弟弟封來的，開始時封在了關中的「鄭」地，今天的陝西省華縣。周幽王之亂以後，關中失守，王室東遷洛陽，鄭國也跟著東遷，滅掉了河南當地支持幽王、褒姒的兩個小諸侯國，安定下來，新遷的都城就叫新鄭。

15 見《禮記・檀弓》上。

還沒進新鄭城，孔子就遇到了一件荒誕的事情，似乎預兆著在鄭國也前途不妙。一路在馬車上顛得難受，如今旅途快要結束，孔子可以下車走走，活動一下身子。沒想到，還沒進新鄭城，孔子和弟子們走散了。

這東門外可不是一般的地方。《詩經》裡有一組鄭國的詩歌，叫做《鄭風》，風就是地方風情歌謠，其中一首唱道：「出其東門，有女如雲。」[16]新鄭的東門外面，女人多得擠滿了街道。因為在春秋的時候，鄭國的商業貿易比較發達，而新鄭的東門外又是最繁華的，一片商業大集。

孔子本人的生活基本跟商業無緣，他很重視貴族身分，不會輕易到商業場所去，也不會跟市井中人打交道，他在衛國的時候，就是因為跟衛靈公夫婦逛市場，感覺受到了羞辱，才憤然告辭。如今新鄭東門外熙熙攘攘，孔子自然不適應，慢慢就發現自己擠丟了，找不到學生了。

孔子的弟子們也被擠散了，這些學生裡子貢最聰明，他立刻想到，孔子他老人家不適應這種環境，需要趕快找到老師，他的辦法是向當地人打聽，因為孔子外貌特徵太明顯，容易識別。

果然，有人告訴子貢：剛才在東城門下面看到一個外地老頭，個子很高，長得奇形怪狀，又累又迷糊，像條喪家狗一樣轉來轉去。

子貢趕緊找過去，孔子看到子貢很吃驚：這麼亂的地方，你怎麼找來的？

子貢彙報說：本地人告訴我，說東門下面有個人，頭長得像誰，肩長得像誰，腰以下像誰，反正都像古代的聖人；整個兒看呢，就像條彷徨的喪家狗。《史記》的原文是「累累若喪家之狗」。

孔子聽了有點開心，笑著說：人的相貌不重要，不過說我像喪家狗，確實像啊！[17]

這時的鄭都頗為喜慶，因為他們剛打敗了宋國一次。如今東方聯盟和晉國趙簡子的戰事正激烈，宋國要援助晉國，派了一支部隊趕往黃河戰區，鄭國則履行自己在東方聯盟的義務，派兵北上截擊，把這支宋軍擊退了，戰場在「老丘」（今河南開封北），沒在孔子從宋國趕來的路上，不然孔子一行就可以觀摩一下戰場了。

孔子想看看鄭國有沒有當官的機會，結果不樂觀，本地沒有貴族願意給孔子「做主」，他遇到的是冷場和漠視。

在關於孔子的所有史書裡，都沒有孔子在鄭國的任何信息，連在宋國那種遭遇追殺的負面記載都沒有。孔子也很少對鄭國發表評論，如果說有，也不是什麼好話。

在《論語》裡，孔子和顏回聊天，嚴厲批評鄭國的詩歌，就是《詩經》的「鄭風」這部分，孔子說：鄭國的歌曲都很淫亂，奸佞的人敗壞道德，我執政的話，要嚴厲禁止鄭國歌曲，把奸佞之人趕走。[18]

孔子還說過：我討厭鄭國音樂，它們敗壞了正規的朝廷雅樂，就像搬弄是非、傾覆國家的小人。[19]

說到鄭國的詩歌，孔子總是拐彎抹角跟壞人聯繫起來，看來他對鄭國的印象非常差，幾乎到了指桑罵槐的程度。

---

16《詩經．鄭風．出其東門》。

17《史記．孔子世家》：「形狀，末也。而謂似喪家之狗，然哉！然哉！」

18《論語．衛靈公》：「顏淵問為邦。子曰：『行夏之時，乘殷之輅，服周之冕，樂則〈韶〉〈舞〉。放鄭聲，遠佞人。鄭聲淫，佞人殆。』」

19《論語．陽貨》：「子曰：『惡紫之奪朱也，惡鄭聲之亂雅樂也，惡利口之覆邦家者。』」

孔子為什麼對鄭國這麼有意見，但又吞吞吐吐不能明說呢？其實是因為鄭國上層對他的冷遇，沒人理睬他。

這顯得有點奇怪，因為孔子在魯國當官的時候，主導加入了「東方四國反晉聯盟」，這個聯盟裡也有鄭國。我們已經看到了，齊國和衛國都對孔子不錯，齊景公和衛靈公雖然沒讓孔子當官，但都挺給面子的，招待條件很好，有時還能接見一下。唯獨這個鄭國不一樣，對孔子一點情面都沒有。

至於這背後的原因，其實就是貴族寡頭政治。鄭國是個被寡頭壟斷的國家，這些寡頭們知道孔子在魯國當官幹的事業，知道孔子對寡頭共和制度不滿、想要搞變革，他們當然不能接納孔子。

## 寡頭的樂園

從一百年前開始，鄭國被鄭穆公七個兒子的家族壟斷了，簡稱「七穆」，是罕、駟、豐、國、游、良、印七家，都是用始祖那一代公子的字做氏。

和魯國的三桓一樣，七穆也是在和國君、老貴族、新貴族們的一輪輪鬥爭中抓牢權力的，而且鄭國的鬥爭更激烈、更血腥，七穆裡好幾家的家長都死在了政變中。

鄭、魯還有一個不同。魯三家的權力排名固定不變，別管哪代人，永遠是季孫、叔孫、孟孫的排序；鄭國這七家卻是輪流做莊，按資歷和能力相結合的標準，國務總理輪流當——鄭國的最高行政職務不叫丞相或司徒，叫「當國」，二把手叫「執政」。從孔子出生到如今，鄭國是罕、國、游、駟四家依次當國，如今當國的人叫駟歂；至於國君，完全是七家操縱的傀儡，如果七穆家族感到不滿，會直接殺掉國君換人。

在這種超級穩定且封閉的寡頭共和制度下，七家的當權者們肯定不會對孔子有好感，像「墮三都」這類政策，就是要了七家的老命，七穆在一代代貴族內鬥的血戰中站穩腳跟，可沒那麼見識短淺，他們把權力壟斷得滴水不漏，陽虎那樣的權臣都沒機會出現。

鄭國雖然加入了東方聯盟，和魯國一起對付晉國，但那是為了「國家」（七家）的利益，跟孔子沒私交。

比孔子早一代人，鄭國當國的是國喬，字子產，這時已經去世二十多年了。子產是「七穆」的第二代人（第一代人是公子，他這代是公孫），著名的政治人物，在列國影響很大。他當政的特點，是在七穆家族中宣導和衷共濟，避免因為利益分配不均而爆發內鬥，所以他處處（對另外六家）隱忍包容，高風亮節，一碗水端平，是個標準的「好總理」形象。

孔子早年也久聞子產的大名，很景仰，說過些衷心讚譽的話，就是因為子產隱忍、寬容的風格，但那都是為了「七穆」不內鬥，為了七個家族的長久利益，真不是為了平民百姓。

司馬遷寫《史記》的時候，沒太注意子產和孔子的年齡差別，以為兩個人年齡差不多，說孔子像對待兄長一樣和子產交往，「兄事子產」。其實子產在世、當國的時候，孔子還是沒什麼地位的年輕人，兩人不可能打上交道。

知道了鄭國的這些歷史背景，才能理解孔子在鄭國的經歷和感受，才能明白孔子在鄭國這段時間，為什麼慘得像條喪家狗，這背後有很多他們師徒說不出來的苦衷。

在七穆眼裡，孔子不過是個出身低賤而又野心勃勃的跳梁小丑而已，子產那套溫情和隱忍，都不是給他這種人預備的。說得出來的痛不算痛，說不出來的才是真痛，七穆的高傲冷漠，對孔子形成了絕對碾壓，一旦身分等級問題被定位、聚焦，孔子就像蛇被拿住了「七寸」，一點兒掙扎動彈的力氣都沒有了，一是他沒有那實力，二是那樣只會證實、宣揚了自己的低賤身分，最好就是悄沒聲兒趕快走人。

## 無辜的歌聲

如果孔子生在鄭國，會是什麼命運？可以肯定，他永遠不會有出人頭地的機會，中國歷史上也就不會出現孔子這個人物了。

旅行確實能拓展人的認知。當孔子在齊國享受著高於孟孫、低於季孫的生活待遇，或者在衛國拿著六萬斗的年薪當清客，他做夢也不會想到在宋國、鄭國的這番遭遇。多走一走、比較一下就知道了，他之前的日子還算足夠幸福。

很有趣的是，孔子經常批評衛靈公、齊景公和三桓，都保存在了《論語》裡面，用語很刻薄。比如，孔子說衛靈公「無道」，只知道好色，不知道重用有德行的高人；他還說齊景公生活奢侈，死了之後沒有任何好評。[20]但對最冷漠的鄭國和宋國，孔子從來不敢有什麼批評，他只能表達對早已死去的子產的景仰，以此淡化他在鄭國遭受的羞辱和悲憤，然後借鄭國詩歌做兩句含沙射影的抱怨。

新鄭城外有一條河，叫洧水。孔子在新鄭的時間裡，散步或者飲馬，常來河邊遊逛一下。

洧水是條浪漫的河，水流平緩，河道曲折，形成了很多湖蕩和回水灣，水邊有垂柳、香蒲、蘆葦叢，水中是睡蓮和搖曳神祕的水草。鄭國的青年男女喜歡在河邊幽會，或者駕著小船在河中遊蕩，那時鄭國的貴族和平民中，傳唱著很多關於洧水的情歌。

子惠思我，褰裳涉洧。子不我思，豈無他士！狂童之狂也且！

《詩經．鄭風．褰裳》

溱與洧，方渙渙兮。士與女，方秉蘭兮。女曰觀乎？士曰既且，且往觀乎，洧之外，洵訏且樂。維士與女，伊其相謔，贈之以芍藥。

《詩經．鄭風．溱洧》

孔子倒不是真的不喜歡鄭國詩歌、音樂。在他編輯的《詩經》裡，鄭國那些情歌都保留下來了，孔子沒捨得刪掉它們，甚至像「出其東門，有女如雲」這首，孔子讀到它的時候，肯定會回憶起在新鄭東門外獨自彷徨的經歷，但他還是保留了這首情詩。

後來的歲月裡，他只能借罵鄭國歌曲寄託他對七穆的反感，但那洧水邊的歌聲，大概才是他對鄭國最美好的回憶了。

20《論語．憲問》「子言衛靈公之無道也」條，及《論語．季氏》「齊景公有馬千駟，死之日，民無德而稱焉」條。

# 附錄：貴族社會的同性戀風氣

孔子抱怨衛靈公好色不好德，不全是針對南子的女色，那時男色也很流行。

貴族社會到晚期，同性戀風氣會流行，這好像是個人類共同特徵。春秋晚期到戰國時代，歐洲文藝復興以後，都是如此。英國寫童話的王爾德，法國寫《追憶似水年華》的普魯斯特，可能都算是這種風氣的遺韻。

早期的貴族都是軍事征服者，尚武好戰，沒女人氣。過了若干代人，習慣了安逸生活，尚武的精神消磨了，要靠文化標榜自己與眾不同，特別是到貴族社會晚期，下層出身的人逐漸威脅貴族地位的時候，貴族會更強調自己的身分，變得自我欣賞和顧影自憐——這就和女人心態很像了。貴族社會的同性戀風氣，大概都跟這個有關。

孔子時代，衛靈公有個著名的男寵叫彌子瑕，據說他和子路是連襟，都娶了老顏家姊妹，大概是顏濁鄒搬家到衛國後結的親。這樣算，彌子瑕可能和孔子也是姻親。[21]

《韓非子》記載，一次彌子瑕和衛靈公在果園遊玩，彌子瑕摘個桃子吃了一口，很甜，忙拿給衛靈公吃。衛靈公非常高興，一邊吃一邊誇彌子瑕好，知道關心領導。後來彌子瑕年紀大了，美貌不再，衛靈公不喜歡了，又想起了這回事兒，說：你當年多混蛋，居然把吃剩的桃給我吃？[22]

彌子瑕先跟陽虎打過交道。九年前，陽虎帶著軍隊伐鄭歸來，路過衛國，差點沒和彌子瑕打起來。漢朝人提到彌子瑕，多數是因為他和孔子的關係。據說孔子剛到衛國，想求見衛靈公沒門路，就先通過彌子瑕見到了南子，再通過南子推薦給衛靈公。漢朝人喜歡拿這個論證：聖人也有低三下四、通權達變的時候。[23]至於孔子初到衛國受過當地人猜忌，是不是和彌子瑕這遠房姻親有點關係；南子鬧著見孔子，是不是包含了和彌子瑕的什麼「宮鬥」因素，就說不清了，但至少在衛國，孔子也有過關係過得去的同性戀人士。

到戰國時期，像彌子瑕、桓魋這類女性化的貴族就更多了，最著名的要算魏國的龍陽君，後世稱同性戀為「龍陽之好」的說法，就是從他來的。

據說魏王和龍陽君在一條船上釣魚，龍陽君一會兒工夫就釣了一堆魚，卻眼淚汪汪哭起來，他跟魏王說：我釣到第一條魚，很高興，不久釣到條更大的，就想把前面那條給扔掉了。如今，我在床上伺候大王，天下的美男聽說您有這愛好，都得來找您，到那時候，我不跟最早釣上來那條魚一樣了？魏王聽得很是心疼，下令：再有來給我推薦美人的（沒說是男是女，大概都包括），一律滿門抄斬！[24]

楚國還有一位安陵君，是楚王的男寵，本來地位不高，一個說客給他出主意說：您以色侍君，以後色相衰老，難免失寵，不如您找機會跟楚王說，等楚王去世的時候您來殉葬，這樣楚王和您的感情就不一般了。安陵君照做了，楚王果然大喜，把安陵封給了他，也當了一個小國君。

戰國這方面最著名的人物是屈原，他和懷王是同宗，又是君臣關係，有點像桓魋和宋景公組合。在他的代表作〈離騷〉裡面，屈原毫不掩飾他作為女性角色對懷王的感情，還顯示他有女裝、女妝癖

21 見《孟子．萬章上》。
22 見《韓非子．說難》。
23 見《淮南子．泰族訓》《呂氏春秋．慎大覽》《鹽鐵論．論儒》。
24 見《戰國策．魏策》「魏王與龍陽君共船而釣」章。

好，並引起了懷王後宮的妒忌，流言說他有一套「善淫」的技能勾引楚王。更有趣的是，在被懷王遺棄之後，作為試圖對平王的報復，屈原努力嘗試和女子親近，有所謂「求女」活動，但最終也沒成功，他可能本心裡實在無法接受女人。

戰國這種風氣很普遍。墨子抱怨說，列國的王公大人，有喜歡的美男，就給他們封大官，不管他們有沒有本事。[25]荀子說過兩次：到亂世的時候，男人都喜歡穿花稍的衣服，打扮、舉止跟女人一樣。荀子更不滿的是，這樣的男人不光男人喜歡，女人也喜歡，「婦人莫不願得以為夫，處女莫不願得以為士」，跟他們私奔的女人很多。[26]

春秋之後，中國還有過一個不太標準的「貴族時代」，就是魏晉南北朝。這個時期士族門閥世代控制政權，現在人說魏晉「風流名士」，就是那批士族。

但士族不是像周人那樣，靠老祖宗軍事征服打天下的，他們沒有經歷過早期貴族武夫那個階段，所以魏晉還不算真正的貴族時代。正因為這樣，魏晉名士從一開始，就具有貴族社會末期的特徵，他們標榜文化，顧影自憐特別厲害，其中不乏女性氣質。

比如魏晉名士的老前輩、曹魏時的大名士(也是大官僚)何晏，他是魏晉玄學的開創者，關於《論語》最權威的注解就是他寫的。史載何晏「美姿儀而色白」，喜歡塗脂抹粉，最大的業餘愛好是穿女人衣服，走路都在欣賞自己的影子。

到西晉滅吳，國家統一，天下太平，士人都追求風流，以致男寵流行，美男子甚至比美女還受士大夫們追捧，那些不是士族的平民老百姓也跟著學這風氣。有些和男寵關係太親密的，甚至和老婆離了婚，兩個男人公然居家過日子。[27]這已經有點前無古人後無來者了，因為中國古代重家庭、子嗣，一般的男同性戀盡量也要娶老婆，生孩子。

古代的男同性戀，一般還要分男性、女性角色，比如《紅樓夢》裡的秦鐘、蔣玉菡就是女性角色，薛蟠、賈寶玉是男性角色，其實是雙性戀。這種男女角色，經常又和社會地位有關，一般男角都是社會地位高的，像衛靈公、楚王，他們的男寵都是臣下，負責扮演女性角色。美國學者蘇成捷專門研究中國古代的性與法律問題，就注意到了這個現象。但在魏晉時期，這個規律似乎也不太有效，有些高級士族，比如何晏，似乎喜歡充當女性角色。

中國古代男同性戀關係，還有一個和現代社會不太一樣的，就是現代社會裡，男同性戀往往會形成一個自己的社交網路，有特定的接頭地點、行為方式，形成一個「亞文化圈」；但古代沒有這些，因為那時是熟人社會，同性戀都是在君臣、同僚或者鄉里熟人社交圈內的個別行為。前面說過，傳統時代的盲人往往有自己的亞文化組織體系，但現代社會已經沒有了，這和同性戀的發展趨勢正好相反。

25 見《墨子．尚賢》。
26 見《荀子．樂論》《荀子．非相》。
27《宋書．五行五》：「男寵大興，甚於女色，士大夫莫不尚之，天下皆相仿效，或有至夫婦離絕，怨曠妒忌者。」

# 第十五章　悲情黃河（五十七—五十八歲）

推銷中原文化的新市場——弟子們不滿了——蠻夷滅國戰爭——不顧一切

回衛國——再次投奔陽虎——心理崩潰與故鄉

## 到蠻夷中去

在宋國差點遭遇殺身之禍，在鄭國又被「冷暴力」排斥無法立足。孔子還能去哪裡？現實的答案還是回衛國，不僅衛靈公給孔子的待遇優厚，弟子們在那裡也容易找到工作，因為衛國在對抗趙簡子的最前沿，需要人才，上次孔子在衛國的時候，已經有當地大貴族表示願意聘用他的弟子。[1]

但孔子不願回去，他對衛靈公夫婦已經表達過失望，所謂好馬不吃回頭草，他下不了這個臺階。四顧茫然，孔子甚至想到「蠻夷」之中謀發展，大概是他感覺走投無路，想用自暴自棄的方式來放飛一下自我，不走尋常路，反倒可能有意外的收穫。

《論語》記載，孔子想到蠻夷的地方定居，原文是「子欲居九夷」，「夷」指南方、東南方的蠻族，北方和西方的一般被稱為狄、戎，不叫夷。「九」不是具體數字，而是泛稱，泛指南方各種蠻族。

這個想法太大膽了，有學生勸他：那些人都「陋」，您怎麼受得了？陋，意思是沒文化。但孔子回答：只要有我這種君子，怎麼會沒文化？[2]

孔子有信心向蠻夷們推銷中原文化，這也是他準備開發的新市場，他有種「窮則變、變則通」的理念，所以經常爆出大膽的創意。

但學生們都覺得沒那麼容易，要讓蠻夷接納你，首先你還得入鄉隨俗、學會人家那一套，成功的概率不高，風險很大，所以沒人支持孔子的想法。

這可能是孔子第一次和學生團隊發生意見分歧，學生們用集體沉默回應老師的創意。

三十五歲時孔子投奔過流亡的魯昭公，那時他還不發達，也沒指望有學生追隨他；當過大司寇之後，他地位高、資源多了，身邊才聚攏起了一大群弟子，指望跟著他能找到好前途。但在外面周遊漂泊，學生們要自備旅行開支，自然會衡量投入的規模、產出的預期，行程也要大家商量著來，孔子一個人不能決定。

面對學生們的質疑，孔子更賭氣了，他說：既然沒人願意推行我的「道」，我就坐木筏子到海外去！願意跟我走的，大概只有子路吧？[3]

子路確實敢想敢幹，可以不計代價追隨孔子，當初在齊國流亡的那些年，也只有子路陪伴孔子，而且這不是「個人崇拜」，對孔子說話最難聽的也是子路。

從現實的角度看，孔子這時候還能去哪裡？

他已經到過了東部的齊、魯、宋，都感覺失望了；北邊是晉國，正在和東方聯盟打仗，也不用考慮；西邊是關中的秦國，有點異族色彩，而且秦國已經有近一百年沒和中原打交道了，對於孔子時代的人，秦國是個被遺忘的角落，他從沒想去秦國謀發展。

唯一值得探索的就是南方了。南方有吳、楚兩個大國，楚國主要在今湖北省，吳國在江蘇省南部，在中原諸侯的眼裡，這兩個國家都是蠻夷，即不入流的野蠻人，這定位有文化和政治兩層涵義。

1 《史記．孔子世家》載，願意聘用孔門弟子的是衛國貴族「寧武子」，但寧武子比孔子早了好幾代，孔子這時候衛國寧氏已經倒臺，所以應當是另有其人，被司馬遷記錯了。
2 《論語．子罕》：「子欲居九夷。或曰：『陋，如之何？』子曰：『君子居之，何陋之有？』」
3 《論語．公冶長》：「子曰：『道不行，乘桴浮於海。從我者，其由與？』」

先說文化方面，蠻夷就是和中原世界的語言、風俗不一樣的人群。比如吳國人，有所謂斷髮、裸體、紋身的習俗，就是剃很短的頭髮，不穿衣服，還在身上刺很多花紋。楚國的這個楚字，本意就是樹叢，中原對楚國還有一個稱呼叫「荊」，楚國人就是所謂「荊蠻」，生活在灌木叢裡面的野蠻人。

吳楚兩國都有自己的方言，和中原語言很不一樣，《左傳》裡，中原給楚國話叫「楚言」，給吳國話叫「夷言」，蠻夷的語言，似乎覺得連「吳語」這個詞都不值得用。

再說政治方面。按照中原人固有的觀念，蠻夷都還停留在部落階段，自然被人瞧不起；但近些年來，楚、吳、越這些蠻夷已經建立了強大國家，比如，楚國是在孔子之前一百年興起的，吳國更晚，只有幾十年時間，越國還要晚。它們有了國家，為什麼還被中原看做蠻夷化外？

因為中原國家認為，天下只能有一個王，就是周王，「普天之下，莫非王土」，吳、楚、越國大逆不道，他們君主都稱王，覺得自己和周王是一個級別，這是中原列國不能接受的，所以政治上要和他們劃清界線。

孔子想去蠻夷的地方謀發展，主要是吳、楚這兩個國家，而且吳國臨海，符合孔子想坐木筏出海的想像。但這也有兩個層面的障礙。

一個是上面說的文化，孔子能不能適應語言、風俗完全不一樣的環境？這個問題倒不太大，因為楚、吳強大起來之後，和中原打交道的機會多了，他們的上層貴族逐漸學習中原的語言和風俗，和中原貴族越來越像了。孔子就算到了蠻夷地區，也是和貴族上層人打交道，生活上應該不會有太大困難。

比如，比孔子年長一輩的吳國貴族季札，就知書達禮，在中原的聲譽很好。再如，楚國上層也在學中原文化，孔子二十二歲那年，當時的楚靈王跟人炫耀他王室藏書很多，都是古老的文獻：「《三墳》、《五典》、《八索》、《九丘》」；孔子四十來歲的時候，周王室內鬥，失敗的王子朝最後投奔了楚國，還把周王朝的很多珍貴文獻、典籍都帶過去了，讓楚國人很得意，孔子如果去楚國，說不定能借閱王子朝的圖書，這可是平時做夢都見不到的。

但政治上就是另一回事了，到了吳王、楚王的地盤上，肯定要服從人家的權威，這就意味著投奔了周王之外的王，是對周天子的背叛。從孔子後來的經歷看，這倒不是問題，孔子能接受換個王，只要這個王給的待遇足夠高。

眼下跟學生們達不成一致，孔子沒法走太遠，折衷一下的結果，就是去南方的陳國（今河南省周口市），那裡在淮河北岸，屬於中原世界的最南端，但已經是楚國人的勢力範圍內，這也算先期考察一下蠻夷世界的最外圍。

洧水向東南流去、注入淮河，從新鄭出發，沿著洧水往下游走三百里就到了陳國。在孔子時代，商朝的濕熱氣候還沒有完全褪去，淮河流域還很有南方風情，對於從魯國（山東中部）來的孔子師徒，這是在逐漸走進亞熱帶地區，這裡氣候更濕熱，溪水河流更多，植被豐茂常綠，水稻多過了耐旱的穀子，各種亞熱帶動物也越來越常見。

在西周的時候，周王朝一度比較強大，把勢力推進到淮河兩岸，在這裡分封了江、息、弦、黃、

六、蓼、陳、蔡等諸侯國，有些是周人宗室，有些是異姓。但一百多年前楚國強大起來，逐漸向北擴張，這些小國大都被蠶食吞併，剩下的是陳、蔡兩個老牌諸侯國。從那時起，陳、蔡一直生活在楚國的影響之下，政治上是楚國的附庸，這兩國發生內亂，楚國都要履行宗主的義務，出兵幫助平叛。

有時出現不講面子的楚王，會廢黜掉這兩個小國君，把它們兼併到楚國裡面。但隨著政局變化，新王上臺，為彰顯自己的仁德，又會恢復陳、蔡國君的國土。這裡太靠南了，以晉國為首的中原勢力很難影響到。而且最近幾十年來，吳國勢力又在朝這裡擴張，和楚國形成了強大競爭。

## 陳國堪避世

到了陳國，境遇和之前的宋、鄭大不一樣，這裡的人對孔子很熱情，陳國大貴族「司城貞子」主動做主，邀請孔子師徒住到自己家裡。

陳國的官名和魯國不太一樣，司空這裡叫司城，司寇叫司敗。這位司城大人還把孔子推薦給國君陳閔公，陳閔公也很尊重孔子，把他當成一位學術顧問，待遇很優厚，孔子師徒在這裡有足夠的白米飯吃。

為什麼蠻夷勢力之下的陳國，偏偏能接受孔子呢？

首先，因為陳國已經完全臣服於楚，而且已經被楚國又廢又立折騰過好幾次，所以國內沒有三桓七穆那麼強大的貴族勢力，君臣間的矛盾不激烈。

其次，陳國本來就不是周人的姬姓國，它是東方土著國家，被中原列國接納到文明國家之列，地理上又在南部邊緣，所以孔子擅長的周人正統文化，反倒對陳國有吸引力。

陳國來源於一個古老的東方部族，據說是舜帝的後代，族姓是「嬀」，擅長製造陶器。周朝建立後，陳族人服從周的權威，周武王就把自己的大女兒嫁給了陳族頭領，把陳從一個東方小部族提升為正式的諸侯國，所以陳和周人諸侯關係一直很好，互相通婚很多。當然，他們現在已經變成了楚國的政治附庸，在中原的政治地位就很尷尬了，但越是這樣，他們對中原越有文化親和力。所以陳國人願意接納孔子，也有些年輕士人拜孔子為師，成了他的新弟子。

反過來說，鄭、宋就不缺孔子這種文化人，周禮那一套對他們沒什麼新鮮的，而且貴族寡頭們都記恨他搞的「隳三都」那類政策。

至於孔子，還是有點不滿足於文化顧問的角色，他更想當有實職的官，在魯國當過大司寇之後，他嘗到了權力帶來的各種幸福感，已經很難戒斷了，至於他那套學說是不是適合其他國家的情況，人家是不是真需要他幹點什麼，倒是次要的問題。

所以他在陳國時，總是千方百計打聽各種政治內幕、人事動態，希望自己還有當官的機會。

一個在陳國剛投奔他的新弟子，十七歲的陳亢（字子禽），就有點奇怪，在他們陳國人看來，孔子本是個老學者和教書先生，怎麼這麼喜歡往朝廷官場上鑽呢？

陳亢問子貢：孔夫子到了本地，一心打聽政界動向，他老人家是想謀個官職吧？不過「君子」好像應該謙讓一點，等國君主動任命才好吧？

在師弟面前，子貢自然要維護老師的形象：我們老師當官，靠的是溫、良、恭、儉、讓，跟那些鑽營之輩可不一樣！[4]

陳亢名為孔子弟子，但他主要是跟著子貢學習，實際是子貢的學生。

## 凶悍的吳國人

孔子這次在陳國住的時間略長，《史記》說是三年，不過古人都是虛歲的演算法，實際可能才一年多點。他這次在陳國的最直觀感受，就是看到了吳國迅速崛起，它正和楚國爭奪對陳、蔡等小國的控制權。

十年前，吳、楚爆發了一次大規模的戰爭，楚國幾乎滅亡，那時蔡國倒向了吳國，和吳軍一起進攻楚國；當時陳國人也必須選邊站隊，國君就召集了一次國人大會，公開表決：想服從楚國的，站到會場西邊，想服從吳國的站到東邊——因為楚和吳，分別在陳國的西南和東南方。

結果陳國人的選擇是，封邑地產離吳國近的，都想服從吳國；反之，地產離楚國近的，都想服從楚國；沒地產的，就看自己家族親戚的立場。

表決結果勢均力敵，又辯論了一番，最後陳人決定遵循百年來的一貫立場，追隨楚國。這次表決也說明，陳國的大貴族勢力並不強，還沒有形成寡頭統治。

孔子這次在陳國時，楚國已經從上次戰敗中恢復過來了一些，要清算當年追隨吳國的蔡國。年輕的楚成王帶兵來攻打蔡國，陳國作為楚國的附庸，國君也要帶兵參戰，此外還有隨、許兩個小國的國君。

楚國聯軍包圍了蔡國都城新蔡（今河南省新蔡縣），楚人勢在必得，在新蔡城外築起了一圈夯土牆，寬一丈，高兩丈。楚國令尹子西做了工程預算，要求九天完成，結果進度完全符合要求。蔡國人看到沒有希望，就放棄了抵抗，全城男女分成兩列、出城投降。

楚國人提出的條件是：蔡國人必須向西南搬遷，到離楚國更近、離吳國更遠的地方重新建國。那時人口總量少，土地相對富餘，所以首先要控制的是人口，沒有人口的土地沒有用處。蔡國人接受了楚國的條件，於是楚王撤兵了。

孔子這時在陳國，聽到了很多戰事的細節，這對他影響很大。那時中原諸侯的戰爭沒這麼殘酷，國家的軍事動員能力沒這麼強大，而被視為蠻夷的楚國，卻有這麼驚人的戰爭實力，可以從地圖上輕易抹掉一個國家，一個有五百多年歷史的周人諸侯國！

不久，又有消息傳來：就在楚軍圍攻新蔡的時候，吳王夫差對越國發動了滅國之戰，越國軍隊被全部殲滅，越王句踐帶領群臣投降，成了吳王宮廷裡的僕役。吳國和越國之間的血腥戰爭已經進行了十幾年，這是一個階段性的終結，也是越王句踐「臥薪嘗膽」復仇故事的開端。

吳、越之間的戰爭比楚國還要殘酷，和中原貴族們那種講規則的、遊戲一樣的戰爭完全不同，比如幾年前吳越會戰，兩軍對陣，越王句踐居然讓一批死刑犯列隊走在陣前，依次嚎叫幾聲，自刎而

4《論語・學而》：「子禽問於子貢曰：『夫子至於是邦也，必聞其政，求之與？抑與之與？』子貢曰：『夫子溫、良、恭、儉、讓以得之。夫子之求之也，其諸異乎人之求之與？』」

死，趁著吳軍出神看熱鬧的機會，越軍發起攻擊，大敗吳軍，當時的吳王闔閭也受傷身死。在中原貴族看來，這哪裡是打仗，簡直是野獸在咬架，但這卻是歷史大趨勢。

吳越這些所謂「蠻夷」國家，君王的權威大，貴族沒有自行其是的能力，國家間的戰爭就是你死我活、贏家通吃，這已經是戰國的先聲了，中原列國那種溫文爾雅的貴族政治，終將被「蠻夷」風格的殘酷競爭取代。

幾個月後，這支傳說中的吳國軍隊來了——吳王夫差要報復楚國攻蔡，選擇了追隨楚的陳國作為目標。這就是大國政治裡小國的悲哀。

吳國這時剛剛滅越，兵鋒正盛，楚國也不敢正面對抗，所以沒有派兵援助陳國。弱小的陳國不敢應戰，只能封閉了國都城門，任由吳軍在境內大肆破壞，甚至巫師和痲瘋病人也被殺死（古代痲瘋病人常被視為可怕的賤民，不能和正常人住在一起，都是在偏僻地區設專門的安置點）。[5]

前面說過，陳國貴族的一次聚會上，陳國的司敗（司寇）曾問孔子，你們以前那位魯昭公人品怎麼樣？這涉及魯昭公娶同姓的吳國夫人的事，另一方面，陳國人對吳國又怕又恨，所以對魯昭公也沒好感，這讓孔子很尷尬。

夫差這次征討也是在給蔡國撐腰，掩護蔡國人搬遷。因為多數蔡國人並不願搬到楚國控制區，他們只能依靠吳國的軍事保護，搬遷到東方、更靠近吳國的「州來」（今安徽省淮南市）。

蔡國是很老資格的周人諸侯國，始封祖是周武王、周公的兄弟，在春秋前期的國際盟會上，它還是體面的中原諸侯之一，如今已然恍如隔世。在蠻夷戰爭的裹脅摧殘之下，蔡、陳這種老牌諸侯如秋風中的敗葉，飄搖無定。

陳國境內是兵亂，中原世界也不安定。

東方聯盟和晉國趙簡子的戰爭正在升級，齊、衛、魯三國聯軍渡過黃河，聯絡狄人部族一起攻入晉國，支援范氏、中行氏兩家叛亂者。這輪攻勢非常順利，趙簡子一方被連續擊敗，東方聯盟和范、中行兩家在河北的控制區顯著擴大了。

當黃河戰場的消息傳到南方，孔子卻突然決定回魯國，他這次表現得很衝動、很情緒化，說：回去啦、回去啦！老家的年輕人都是愣頭青，就喜歡長篇大論寫文章，需要人指導啊！[6]

這意思是擔心老家那些年輕學生，學業怕早都荒廢了。弟子們猜測老師已經進入暮年的倦怠，無心在外漂泊了，於是急忙收拾行裝。

## 忽然要過黃河

五十八歲這年的下半年（魯哀公元年，西元前四九四年），戰亂的消息滿天飛的時候，孔子師徒踏上了回家的路。

5《禮記・檀弓》下：「吳侵陳，斬祀殺厲。」「祀」可能和祭祀有關；「厲」通「癘」，是痲瘋病患者。

6《論語・公冶長》：「子在陳曰：『歸與！歸與！吾黨之小子狂簡，斐然成章，不知所以裁之。』」

北歸要經過衛國，衛國邊境上有個蒲城，當地貴族剛趁亂鬧獨立、反對衛靈公。孔子到了這裡，蒲城人知道孔子跟衛靈公關系好，想把孔子抓起來。

孔子的學生裡有個叫公良孺的，家境好，他帶著自家的五輛馬車、一群僕從追隨孔子，而且公良孺身高力壯，打過仗，僕人們也很能打鬥，上次孔子師徒被匡城人扣押，公良孺也吃了不少苦頭，他這次不甘心隱忍了，擺出架勢要和蒲城人決一死戰。[7]

蒲城人被這氣勢鎮住了，一時不能得手，只好跟孔子談判說：你只要不去衛國，我們就放你過去。孔子答應了，雙方向神舉行了盟誓。

然後孔子出了蒲城，徑直朝衛國都城帝丘趕路。學生們都很吃驚，因為從蒲城回魯國，本來可以不經過衛國的都城，那樣不僅繞遠路，也違背了誓言。

《史記》記載，子貢質問孔子：您和蒲城人舉行過盟誓了，還能反悔嗎？

孔子說：「要盟也，神不聽。」意思是，那是在被脅迫的狀態下發的誓，神知道我的苦衷，不會怪罪我的。

孔子在陳國動身的時候聲稱要回魯國，現在走到半路，變成了鐵了心去衛國，哪怕違反自己的誓言也在所不惜。他的學生多數是魯國人，都在想盡快回家，還沒人理解孔子的心思。

衛靈公聽說孔子回來了，專程到郊外迎接，給孔子一行安頓食宿。孔子年近六十，在政壇上活躍了近十年，這是最受國君禮遇的一次，平常沒有哪個國君會出城迎接他。衛國跟晉國的戰事方酣，衛靈公需要盡可能多的支持者。

衛都帝丘在黃河南岸，河對岸就是趙簡子和東方聯盟鏖戰的戰場。孔子在衛都住了下來，還經常向一位樂師「師襄子」學習彈琴，這也是打聽列國最新動向的管道。

這裡得到的前線最新消息是，雙方在戰場上難分勝負，還處在膠著狀態，而且，趙簡子一方還正在策畫反攻。

這時候還有一個突發事件。衛國有座叫中牟的城市，剛剛叛變投降了趙簡子一方，趙簡子派了一支晉軍進駐中牟；中牟長官叫佛肸，他祕密派人來策反孔子，鼓動孔子投奔趙簡子。[8]

孔子得到消息，立刻準備出發。

這很有戲劇性，六年前，孔子規畫魯國加入了反晉聯盟、和趙簡子作對，到現在，他居然要倒戈叛變？變化來得太突然，弟子們都接受不了。

子路膽子大，質問老師：「您一輩子講君臣道理，現在佛肸是叛逆小人，您要去投奔他，一輩子的事業不是都白做了？」

孔子說：「清者自清，濁者自濁。他們是不是小人，跟我無關。再說，我又不是匏瓜，總不能整

---

7 經史注家都沒有對公良孺的身分做過介紹。晚出的《通志．氏族略》說他出自陳國，可能覺得孔子此行剛從陳國出來，新收了本地的弟子。但這種說法忽視了一點，就是《史記》明確說，在之前「子畏於匡」的時候，公良孺就已經在孔子身邊了。本書前章已提及，春秋晚期，似乎只有魯國公族盛行以「公某」為氏的習慣，公良孺可能是魯國小貴族，但是否屬於三桓家族，或是出自別的國君後人，就不可詳考了。

8 古代經史注釋家已經指出，這個中牟不是後來的河南中牟縣，但具體在哪裡尚無定論，有人認為在黃河北岸。

天幹掛著，中看不中吃吧？」9

匏瓜是大葫蘆，這時候已經進入秋天，孔子大概看到了院子裡泛黃的葫蘆架，就拿來打個比方。

這段對話記載在《論語．陽貨》篇。孔子並沒有正面回答子路的質問，只做了一個虛與委蛇的推脫。

匏瓜其實是個更古老的典故，來自《詩經》裡的一首詩，叫做《匏有苦葉》，意思就是，匏瓜的葉子開始變黃了。這首詩出自《詩經．邶風》篇，是「邶」這個地方的歌謠，邶是衛國故地，在黃河北岸，現在已經是晉國的屬地了，趙簡子、陽虎正在那裡和東方聯盟作戰。

孔子很熟悉《詩經》，他心裡想的東西，很容易在《詩經》裡找到共鳴，他現在的心事沒法跟弟子們說——他想去黃河對岸，其實是想去找陽虎，因為趙簡子跟孔子沒有任何交集，在黃河彼岸，孔子唯一認識的人就是陽虎。

兩個月前，孔子還在陳國的時候，反晉聯盟聲勢很大，趙簡子和陽虎好像要馬上失敗了，孔子那時急匆匆北上，正是急於過黃河、見陽虎一面，不然這輩子可能再也沒機會了。

在孔子五十歲那年，他曾經想投奔跟陽虎一夥的公山不狃，但主要是當做給三桓施壓的手段，讓三桓邀請他當官；而現在孔子已經快六十歲了，在傳統時代，他和陽虎已經是十足的老人，剩下的時間不多了。

這時候的孔子更掛念親情，而不是政治，他急於見到跟自己長得一模一樣的陽虎，弄清楚他們的身世瓜葛，畢竟，陽虎可能比他知道的更多。

在帝丘住下來以後，弟子們也逐漸知道了孔子的這個念頭，孔子通過中間人跟陽虎那邊的祕密聯絡，很難瞞過身邊的學生。

在這個問題上，孔子不願點破，弟子們不敢點破，但他們無法接受孔子這個突然轉型，因為他們都是魯國、衛國這邊的人，屬於「東方反晉聯盟」的勢力範圍，如果這些學生跟著孔子去投奔趙簡子，就是叛國投敵，他們在老家就沒法做人了，這些年積累的社會資源也都作廢了；如果孔子扔下學生、一走了之，這些學生們沒了主心骨，團隊也就徹底散了。所以，學生們要想盡一切辦法挽留住孔子。

面對學生們的抗議和不配合，孔子也無可奈何。他焦慮煩悶，無處排遣，整天關在屋裡玩樂器，彈琴，叮叮噹噹敲磬。磬是一種打擊樂，用玉石做的，有點像編鐘。孔子懂音樂，這時候演奏的音樂也很悲傷。

《論語》記載，就在這個孔子最彷徨、最苦悶的時候，有個打扮得像農民、背著草編簍子的人從外面路過，在孔子門前停下來說：「這個擊磬的人，聽起來像是有心事啊！」

得知裡面住的是孔子，他走進來當面說：「你這麼噹噹噹的敲，是發愁沒人懂你心思，也太想不開了吧，有什麼大不了的？『水深游能過，水淺涉亦往。』不就是那麼條河嗎？」

這人真懂孔子的心思，他知道孔子在為過黃河而傷神。《論語》裡面記載的這種不知名的人物，以前讀書人都覺得是「隱士」，民間高人，其實這位背著草簍子的人物，更像是陽虎那邊派過來聯絡孔子的。

值得注意的是，這個人對孔子說的最後那句話，別管水深水淺、反正都能過河，這句話也來自

9《論語．陽貨》「佛肸召，子欲往」條。

《詩經》裡的〈匏有苦葉〉，原文是六個字，「深則厲，淺則揭」，都是渡過黃河的方法，《論語》引用的和《詩經》原文一模一樣。

孔子對子貢說自己不是匏瓜，不能光待在衛國不過黃河，用的也是同一首詩的典故。為什麼孔子和隱士都頻頻引用〈匏有苦葉〉這首詩？

因為這首詩的內容，就是主人公準備渡過黃河，他看到秋天黃河邊的各種景色，一邊在焦急的想，約他同行的朋友怎麼還沒來到河邊。這幾乎是陽虎那邊安排好接頭的人、趕來催促孔子了。

匏有苦葉，濟有深涉。
深則厲，淺則揭……
招招舟子，人涉卬否。
人涉卬否，卬須我友。
（葫蘆葉子黃，濟水渡口漲。
水深游能過，水淺涉亦往。
渡船飄搖搖，人過我獨留。
問我為何留，只為等朋友。）

面對這位背草簍的神祕人物的催促，孔子回答說：「確實是啊，最難邁出去的，就是這最後一步！」——「果哉，末之難矣！」[10]

孔子最終沒能邁開這一步。草簍客的這次出現，也許意味著陽虎那邊策畫的一次渡河接應行動，在孔子的遲疑不決中宣告失敗。

## 黃河畔的絕望

但孔子還沒有走出他心中的迷城。

一個霜冷的清晨，趁著學生們不注意，他居然轉悠出了帝丘城，夢遊一樣走了幾公里，到了黃河邊的渡口，就要等航船渡河。

秋汛期的黃河，水勢格外浩大，《莊子》裡描述：河對岸一群牲畜在喝水，遠的都看不清是牛是馬。[11] 這時令景色，和〈匏有苦葉〉裡唱的一模一樣：黃濁的河水拍打沙灘；灌木叢中野雞在鳴叫、在互相召喚；清晨的太陽剛剛升起，天上飛過一行行南歸雁，渡船飄搖，在天水之間越來越遠，別人都乘船過河了啊，我卻還在這邊……

學生子貢首先發現老師失蹤，一路小跑追了過來。他在黃河灘上找到的孔子，比當初在鄭都東門下更加蒼老、迷惘，失魂落魄。

10《論語．憲問》：「子擊磬於衛，有荷蕢而過孔氏之門者，曰：『有心哉，擊磬乎！』既而曰：『鄙哉，硜硜乎！莫己知也，斯已而已矣。深則厲，淺則揭。』子曰：『果哉！末之難矣。』」

11《莊子．秋水》：「秋水時至，百川灌河，涇流之大，兩涘渚崖之間不辯牛馬。」

兩人在河邊到底說了些什麼，外人不知道，但孔子確實回到了現實，不再堅持過黃河。孔子長歎：「壯觀的黃河水，一直奔流不停。我過不了這條河，也是天命吧！」[12]

每當無可奈何的極點，孔子就哀歎「命」。他從不談及神對人間的主宰，但又認為一切都無法掙脫冥冥中的「天命」。

他還有一句關於河水的名言：「逝去的歲月就像這流水一樣啊，日夜不肯停歇。」[13]可能也和這次有關。他也許在痛惜自己曾經喪失的機會，現在已經沒法挽回了。

《史記》說，孔子給子貢解釋，他為什麼決定不過黃河，是因為聽說趙簡子殺了兩個賢人：竇鳴犢、舜華，物傷其類，所以不打算去了。

被殺的這兩個人，別的史書都沒提過，不是什麼重要的人。這也許是孔子事後的說辭，但不是他停步的原因。史家錢穆也說：「此兩人絕不聞有才德賢行之稱見於他書，孔子何為聞其見殺而臨河遽返？疑此事實不可信」[14]。但錢穆也沒說清孔子渡河動機與半途而廢的原因。

這時候陪伴在孔子身邊的，是年輕的學生子貢，他是孔門弟子裡面最聰明、最現實的，後來也是仕途最成功的，他能夠在這時候出現在老師身邊，顯然對孔子有非常大的影響。

另一個阻撓孔子的因素，就是東方反晉聯盟，具體說，就是衛國人對孔子的監控。衛靈公不可能容忍孔子這麼大大咧咧叛逃出境，再和自己作對。

《墨子．非儒》篇有一條記載：「佛肸以中牟叛，漆雕刑殘。」佛肸這個人在中牟叛亂，投靠了晉國，還邀請孔子，這在《論語》裡寫的很清楚，他可能一度負責為陽虎聯絡孔子，那位草簍客則是他的信使。

那麼「漆雕刑殘」又是什麼意思？

漆雕是孔子的學生，名叫漆雕開，漆雕是他的氏，刑殘，就是受刑後落下了殘疾。當時對不太嚴重的罪犯，常採用砍掉一隻腳的刑罰，最輕的是往臉上刺字，最重的則是宮刑（閹割）。

《墨子》這條記載透露出來的信息是，佛肸叛變衛國之後，悄悄聯絡孔子，漆雕開充當了孔子這邊的聯絡人。這是東方聯盟很難接受的情況，有必要敲打警告一下孔子，因此漆雕開受到衛國的刑罰，落下了殘疾。

在《論語》裡面，漆雕開只出現過一次，是孔子想讓漆雕開當官，漆雕開說，「我還做不到守信用、讓人信服。」孔子聽了很高興。[15]

漆雕開和孔子的這個對話，和他的受刑悲劇沒有關係，它發生在受刑事件之前還是之後，都無法判斷。但從這個記載可以看到，漆雕開這個人很重視信用，在關鍵時刻，他為老師擔當了很多東西。

孔子止步於黃河。

對岸，趙簡子晉軍正發起一輪新的攻勢，包圍了叛軍固守的朝歌城，席捲黃河北岸。只要孔子渡

---

12《史記・孔子世家》：「孔子……臨河而歎曰：『美哉水，洋洋乎！丘之不濟此，命也夫！』」

13《論語・子罕》：「子在川上，曰：『逝者如斯夫！不舍晝夜。』」

14 錢穆，《孔子傳》，三聯書店，二〇一二年，第六章。

15《論語・公冶長》：「子使漆雕開仕。對曰：『吾斯之未能信。』子說。」

過黃河，立刻就能得到趙簡子軍隊的接應。但孔子永遠放棄了。16

如果孔子能夠渡河跟陽虎相見，會談些什麼呢，身世、家庭和事業？他們在大半生裡一直遙遙相望，但從未能走近，哪怕到垂暮之年，各自的生活還是牽絆住了他們，使他們遠隔黃河的滾滾濁流。

孔子這段人生歷程從未被後人猜透，但關於此事的記載，都出自他學生們編輯的《論語》，沒有任何爭議。孔子這次渡河嘗試之前、之後的各種舉止言行失常，都被《論語》記錄了下來，從這些信息看，弟子們知道孔子和陽虎的微妙關係，甚至知道兩人之間的祕密聯絡。

當然，在孔子死後，三桓依舊當權的魯國，陽虎是三桓對立面的反派形象，所以弟子們不敢在《論語》裡記載得過於直白。如果後人有心，現存的材料也足以復原這一幕孔子往事。

此後的孔子，一度非常委靡。

他離開了衛國，告別了學生們，回到了自己的家鄉，不是他在曲阜城內顯貴社區的家，而是老家陬邑，母親的顏家莊。

他大概想回到童年的天真和簡單，忘掉成年後的一切紛擾，如果沒有那次停棺認祖，他這輩子就是顏家莊一個憨厚樸實的農民，日出而作，日落而息，再沒有這些追求與夢想、希冀與絕望。

睡在顏家莊土炕上的孔子是何種心境，我們無法得知。小說《白鹿原》裡，主人公白孝文回鄉的心態，可能有點像孔子：

**母親織布的機子和父親坐著的老椅子，奶奶擰麻繩的撥架和那一摞摞粗瓷黃碗，老屋木梁上吊**

> 著的蜘蛛殘網以及這老宅古屋所散發的氣息，都使他潛藏心底的那種悠遠的記憶重新復活。尤其是中午那頓臊子麵的味道，那是任何高師名廚都做不出來的。只有架著麥秸棉稈柴禾的大鐵鍋才能煮烹出這種味道。白孝文清醒地發現，這些復活的情愫僅僅只能引發懷舊的興致，卻根本不想重新再去領受，恰如一隻紅冠如血尾翎如幟的公雞發現了曾經哺育自己的那只蛋殼，卻再也無法重新蜷臥其中體驗那蛋殼裡頭的全部美妙了……

孔子不是白鹿原上的白孝文。他老了，不會「更喜歡跳上牆頭躍上柴禾垛頂引頸鳴唱」，向鄉親炫耀自己富貴。他更留戀自己的蛋殼，雖然知道自己不可能再鑽回去。

孔子創作了一支悲哀的琴曲——《陬操》。他對命運的感激、哀歎與詛咒，都融匯在了這支琴曲裡。

陬邑，他少年時千方百計掙脫的貧賤之鄉，到遲暮卻發現，這裡才是自己逃避擾攘憂煩的最後角落。他在父親的成人世界裡傷痕累累，奔波終老，終於回到了殘留著母親氣息的靜謐茅屋。

16《左傳．哀公元年》：「冬，十一月，晉趙鞅伐朝歌。」

# 第十六章　爲楚國工作（五十九—六十三歲）

被葉公雇傭——淮河之濱的嘲諷——蔡國人很恐懼——楚昭王的禮物——為什麼沒去楚國

孔子在家鄉度過了殘冬，迎來了五十九歲的新年。

在陬邑故居的這段蟄伏，讓孔子慢慢恢復了過來。他似乎不再為陽虎掛心了，至少，趙簡子那邊的戰局越來越順利，來日方長，一切都還有機會。

孔子在家鄉也過不上安寧生活，他官當得大，名氣也大，是小村裡飛出的鳳凰，鄉親們會踩破門檻爭著來拜訪，請他辦各種事情。而且，光靠逃避解決不了問題，他的學生團隊不能失去導師，也不能失去孔子帶來的各種社會資源。

所以孔子在家鄉沒能隱居太久，他還要出來，繼續為自己的團隊尋找機會。孔鯉還是沒跟他出去。孔子拿他們夫妻也沒辦法，只能安慰自己說：士人應當心憂天下，戀家的人不配做士人。[1]出國第一站還是衛國，衛靈公還在擔憂他那逃亡的太子，希望孔子能幫自己和兒子作對。孔子不喜歡捲入別人家庭裡的爭鬥，他告辭了靈公，繼續去往淮河流域的陳國。他上次在陳國住得很安逸，但被關於陽虎的消息打斷了心情，現在還要重續這段生活。

孔子晚年這幾次南北往返，都需要經過鄭國或宋國，但史書沒有記載任何事件。這幾年裡，那位想殺孔子的桓魋一直在宋國掌權，所以孔子很可能要繞開宋國，走衛國—鄭國—陳國之路，至於鄭國的政界高層，應該和他第一次經過時一樣，根本沒理睬他，所以也沒什麼可寫的。

孔子這是第二次到南方，這次他總共住了四年，比第一次南遊時間長得多，史書對孔子這一段經歷的記載很零碎，後世都沒人猜透。其實，孔子這次和楚國建立了良好關係，為楚國做了很多工作，他為此差點送命，也幾乎得到楚昭王的最高獎賞：成為楚國的一個附庸小國君。

## 葉公好孔：楚國的拉攏

孔子回到陳國之後，再次受到陳閔公和大臣們的歡迎，在陳都安頓了下來。安閒生活了兩年之後，六十一歲的孔子遇到了新機會，他能接觸到楚國高層了。而且，和孔子打交道的這個人物很著名，他就是成語「葉公好龍」的主人公，葉公。

葉公名叫諸梁，出身楚國王室，負責駐防楚國北方重鎮葉城（今河南省平頂山市），他的爵位是公，跟中原的諸侯國君同樣名號。因為楚王是王，最高的級別，下面的貴族也跟著依次大了一級。「葉公好龍」的故事當然是虛構的，這位葉公以品行方正著稱，在列國間口碑很好，當時漢江、長江流域比較濕熱，還有很多鱷魚（揚子鱷），也許他有豢養鱷魚的習慣，被中原人以訛傳訛、說成喜歡養龍了。

葉公和孔子見面的機緣，是他帶兵來到蔡國故地，新蔡城。因為蔡昭侯為了逃避楚國的威脅，剛在吳軍掩護下向東南遷走了；但有些蔡國人親楚，不願意搬家，仍留在了老都城新蔡一帶，楚王就派遣葉公帶兵到新蔡，召集這些不願東遷的蔡國人，把他們帶回楚國邊境安置。

葉公是當時的南方政要，孔子肯定有所耳聞；葉公應該也知道孔子，因為他的職權包含管理陳國這種境外附庸國；孔子四年前第一次來陳國謀生，就受到了陳國君臣很好的接待，這背後會有葉公的知情和同意。

---

1《論語・憲問》：「子曰：『士而懷居，不足以為士矣。』」

所以，葉公趁這次到新蔡、離陳國很近的機會，給孔子發出了邀請，結果兩人很談得來。

葉公問孔子：從政，最重要的目標是什麼？

孔子說：行仁政，讓你統治的老百姓高興。這樣你的名聲傳揚出去，別人統治下的老百姓也會來投奔你。[2]

葉公正在收集新蔡遺民，這話是有針對性的。當時大背景是楚國、吳國正在爭奪蔡國人，孔子的建議是不要迷信武力，不要發動戰爭，要靠真正的軟實力贏得民心。

據《史記．孔子世家》記載，孔子受到了葉公的接納，還跟著到他管轄的葉地生活了一段時間，可能葉公希望通過孔子瞭解中原近期的動向——楚國的老對頭是晉國，其他中原國家它都不放在眼裡，近來晉國內戰，又夾雜著和東方聯盟的戰事，孔子在這方面能提供很多資訊；孔子則想進一步瞭解楚國的情況，看有沒有工作機會。這兩人在一起相處的時間不短，似乎謀劃過很多事情。

兩個人還談起什麼是正直的品行。葉公說：我老家有個正直的人，他父親偷別人家的羊，他把他父親告發了。

孔子說：在我們老家，正直不是這樣的。父親犯錯，兒子要替他遮掩；兒子犯錯，父親也要替他遮掩。這樣也是正直。[3]

孔子反對制訂成文法，主張依循舊習俗的習慣法，維護等級身分差異，這是周人封建制的老規範，前面大司寇的工作部分已經介紹過；葉公的觀念更新穎，法律面前人應該平等。這是蠻夷新興國家和中原封建禮法的區別。

至於兩人聊到的這個「父子相隱」話題，肯定不是真要談父子關係，從當時語境看，應該是涉及孔子的師生團隊，孔子覺得自己是領袖，大包大攬什麼都能管（他確實連學生娶妻都管），弟子們得服從他這個權威，萬一出點什麼問題，也得幫他藏掖著，像個受到封建法權保護的小幫會。

孔子和葉公交流很深，互相都不客套，也都覺得增長了見識。

葉公和孔門弟子也有所交流。有次他和子路談話，還問起來：你老師孔子先生，是個什麼樣的人啊？

子路不知道葉公什麼意思，沒正面回答，支吾過去了。

孔子後來聽說了，急著教訓子路：你就該說，他這個人啊，一用功就忘了吃飯，有事幹就不發愁，一點不覺得自己就要老了……諸如此類啊！——「不知老之將至云爾！」[4]

從兩人打交道的記載看，孔子對葉公、對楚國瞭解的越多，就越想在楚國尋找發展空間，所以他抱怨子路錯失了一些機會。不過楚國都城在郢，就是今天的湖北省荊州市，距離陳、蔡、葉這裡還很遙遠，孔子還沒下決心去那麼偏遠的地方。

在楚國北境做了這一番遊歷之後，孔子師徒又去往東南方，他要去蔡國人的新都城：州來。這段路程近一千華里，在孔子周遊歷程裡面也算比較漫長的了，幾乎是從葉地返回曲阜的距離。

---

2《論語．子路》：「葉公問政。子曰：『近者說，遠者來。』」

3《論語．子路》：「葉公語孔子曰：『吾黨有直躬者，其父攘羊，而子證之。』孔子曰：『吾黨之直者異於是：父為子隱，子為父隱——直在其中矣。』」

4《論語．述而》：「葉公問孔子於子路，子路不對。子曰：『女奚不曰，其為人也，發憤忘食，樂以忘憂，不知老之將至云爾。』」

這很有點奇怪：蔡國現在是吳國的附庸、楚國的敵人，而且蔡國人剛長途跋涉、遷到州來，正在混亂中，這年二月，有貴族害怕蔡昭侯繼續遷都，暗殺了他，州來又經歷了一番混戰。孔子本來號稱「危邦不入，亂邦不居」，[5]現在主動跑到這麼動盪的地方，而且是長期生活，很不好解釋。

以往學者都沒注意到孔子蔡國之行的可疑之處，覺得反正是周遊列國嘛，遊到哪裡不都一樣？其實這是對孔子那個時代不夠瞭解——歷史也是現實，各種利益攸關、掣肘因素很多，不可能無所顧忌，不然孔子早周遊到古希臘半島觀看奧運會去了——就在孔子團隊朝著淮河跋涉時，波斯帝國正在進行地跨萬里的軍事集結，大流士皇帝將要吞併希臘半島諸城邦；孔子到蔡國的第二年，雅典重裝步兵在馬拉松戰場擊敗了入侵的波斯大軍（西元前四九〇年，魯哀公五年）。

從此前孔子和葉公的深入交往看，兩個人似乎達成了某些默契，孔子下面要去蔡國嘗試謀職，並促使蔡國人背離吳國、倒向楚國；另外，蔡國這片新國土是吳國的勢力範圍，楚國人不太熟悉，急需瞭解，孔子可能要幫葉公考察蔡國搬遷後的動向。

《史記》說「孔子遷於蔡三歲」，這是古人的虛歲演算法，其實他在吳國控制下的蔡國住了整兩年。蔡國宮廷裡，孔子至少認識一位叫「三飯繚」的盲樂師。[6]但史書裡沒有孔子和蔡國大人物、高級貴族打交道的記載，看來他的親楚姿態沒能得到蔡國高層的接受。

楚國勢力太大，蔡國高層即使猜到孔子有楚國背景、在蔡國有所企圖，也不太敢怎麼樣他，最多是敬而遠之。當然，如果落到吳國人手裡就是另一回事了。

孔子年過六旬也閒不住，有事情做就身心舒暢、不怕勞累。史書記載，他在蔡國期間經常在鄉下奔波，甚至時而和弟子們走失、迷路，這到底是在忙些什麼，就說不清了。

他後來說自己「六十而耳順」，[7]就是過了六十歲，什麼消息都想聽聽，聽到什麼都覺得有點道理，這是見識的人和事足夠多了。

孔子也在蔡國收了些新學生，他說：「從我於陳、蔡者，皆不及門也。」[8]這話可以理解成，我在陳、蔡招收的新弟子都基礎不太好，學術上沒有什麼大成就；也可能是說，學生們跟著我在陳、蔡那段日子，沒人能找到當官的門道。

其實，如果沒有楚國的因素牽扯，孔子想在蔡國、甚至在吳國打開局面，也是有點門路的。因為他三十七歲在齊國那年，結識了吳國王族成員季札，至少是有過一面之緣、能搭上話。季札是現任吳王夫差的叔祖父（祖父的弟弟），年高德劭，他又是吳國少見的知書達禮之人，如果孔子走走季札的關係，就可能在吳國找到發展機會，蔡國作為吳國的附庸，也會對他非常重視。

但孔子沒想走這條路子。也許是他上次在陳國的時候目睹過吳軍的暴行，從此對吳國喪失了信心；也許是他跟季札的交情實在過於泛泛，人家過後再也想不起來了。

現在，孔子和陽虎這對疑似兄弟，一個給楚國當境外代理人，一個在晉國領兵打仗。早些年一個

5《論語・泰伯》。
6《論語・微子》。
7《論語・為政》。
8《論語・先進》：「子曰：『從我於陳、蔡者，皆不及門也。』」

蔡國貴族說過，楚國人才都喜歡去晉國發展，「雖楚有材，晉實用之」，[9]其實這兩個大國都很能利用外國人。

## 淮上多隱士

在《論語》和《史記》裡都記載，孔子在蔡國奔走忙碌，受到了很多「隱士」的嘲弄。蔡國這一百多年夾在大國中間，東搖西擺，整年戰亂，百姓顛沛流離，人們對大國政治都煩了。而且，淮河這一帶以前小國多，後來大多被楚國滅掉了，很多貴族都淪落成了老百姓，他們自然是憤世嫉俗，什麼都看不慣。

這些隱士都是在路上遇到的。他們都是在田地裡耕作的農夫，有的兩人一起拉犁，有的在除草。孔子的弟子過去問路，這些人聽說來客是孔子門生，都愛說幾句風涼話——他們早都知道孔子這人。

有的說，你家孔子，專門教別人行「道」的，還用得著找人問路？

有的說，現在這世道，就跟滔滔河水一樣，誰也改變不了走向。你們與其東奔西跑，找肯用你們的人，不如躲起來，眼不見為淨。[10]

有的說，他孔丘四體不勤、五穀不分，怎麼稱得上夫子！（夫子那時是尊稱）孔子小時候就在農村，當然能分清五穀。隱士是覺得孔子現在不幹農活了，就算脫離勞動人民了。

這位說孔子「四體不勤、五穀不分」的，是個在田裡除草的老漢，子路跟著孔子趕路，孔子坐車走得快，子路步行就落後面了，到路口不知道往哪邊走，向老漢問路，被老漢嘲諷了幾句，子路很恭敬，一直拱著手站在路邊。

老漢看天晚了，就帶他回家住了一晚，做了米飯，殺了隻雞招待，還把自己的兩個孩子介紹給子路，他們算子路的晚輩，都很恭敬。從這記載看，這老漢明顯是見過點世面的人物，懂上層社會的禮節，不像底層農民那麼不好交流。

要按這些隱士們的說法，孔子一輩子都白活了，六十多歲的人當然接受不了。但孔子又不敢以富貴自居，瞧不起這些人。這些人道德上都沒得挑剔，比祖上身分，人家也未必遜色。

孔子只能給自己打氣：人需要活在社會裡面，我當不了隱士，整天跟鳥獸為伍。天下亂，才需要人出來改變它吧？[11]

孔子師徒覺得委屈，其實他們不理解，隱士們最關注孔子。

9《左傳．襄公二十六年》。

10《論語．微子》：「長沮、桀溺耦而耕，孔子過之，使子路問津焉。長沮曰：『夫執輿者為誰？』子路曰：『為孔丘。』曰：『是魯孔丘與？』曰：『是也。』曰：『是知津矣。』問於桀溺，桀溺曰：『子為誰？』曰：『為仲由。』曰：『是魯孔丘之徒與？』對曰：『然。』曰：『滔滔者天下皆是也，而誰以易之？且而與其從辟人之士也，豈若從辟世之士哉？』耰而不輟。」

11《論語．微子》：「子路從而後，遇丈人，以杖荷蓧。子路問曰：『子見夫子乎？』丈人曰：『四體不勤，五穀不分。孰為夫子？』植其杖而芸。子路拱而立。止子路宿，殺雞為黍而食之，見其二子焉。明日，子路行以告。子曰：『隱者也。』使子路反見之。至則行矣。子路曰：『不仕無義。長幼之節，不可廢也；君臣之義，如之何其廢之？欲潔其身，而亂大倫。君子之仕也，行其義也。道之不行，已知之矣。』」

因為隱士們是身分跌落的人，孔子是往上爬的人，隱士們自然看不慣，要說風涼話。那些真正有權有勢的闊人，隱士們沒底氣嘲諷。人家吃香的喝辣的，輕裘肥馬，根本不在乎你說什麼，萬一真被你戳到痛處了，後果也很嚴重，嘲諷孔子就沒這顧慮，而且孔子真在意負面評論，這樣才過癮。

他們是孔子仕途最熱心的看客，就盼著孔子哪天落馬、失業，甚至身敗名裂，不得好死。後世有首元曲名作〈慶東原〉，裡面有一句：「他得志笑閒人，他失腳閒人笑」，也是孔子和這些隱士的寫照。

對於隱士們的批評，弟子比孔子急。子路爭辯說：有人，就分君臣；當臣子的，就得給君主服務，這是人倫大義！

孔子比子路想得開。當臣子也是個飯碗，謀生的工具，孔子承認這一層。他說，如果政治真混亂到無可救藥的程度了，我也就當個隱士（普通老百姓）了；要是政治還有希望，我就出來做官。[12]

政治是好是壞，其實沒有嚴格的標準，所以孔子這幾乎是詭辯的說辭，換個說法就是：肯用我當官的，就是政治有道的國家；不用我的，就是混亂無道的……

莊子比孔子晚一百多年，他也是淮北這一帶人，他對孔子的嘲諷和這些隱士們一樣，而且篇幅更大。淮北地區出道家人物，似乎是上古的風氣。

陳、蔡、葉這一帶屬於楚文化的邊緣，那時男女關係不那麼保守，而且南方又比北方開放，所以戰國時候楚國人的傳說裡，有些孔子南遊的浪漫故事（到戰國的時候，陳蔡都已經被吞併成了楚國的疆土，戰國人也分不太清陳蔡和楚的區別了）。

比如《楚辭》裡說，孔子一行到楚國，住在當地的旅店「路室」裡，店主的女兒在外面採桑，被孔子看見了，然後似乎有過一段曖昧故事。[13]

西漢人還有個更詳細的故事，說孔子一行到達楚國「阿谷」這個地方，看到有個佩玉的未婚女子在河邊洗衣服，於是孔子讓子路過去試探，先拿著杯子討水喝，又拿一張琴請這姑娘調弦，最後拿幾匹綢緞贈送，都被這姑娘用大道理拒絕了。[14]

這兩則應該是虛構的故事，因為到這時候，孔子和子路都是五六十歲的老人了，一大群弟子圍在身邊，肯定不會幹這種風流事。不過，那些年輕弟子們有點這類故事就很正常了，可能有些被移花接木、變成了孔子的豔史傳說。

## 陳蔡絕糧的痛苦

孔子六十三歲這年（魯哀公六年，西元前四八九年）夏天，吳、楚即將再次發生戰爭。起因是吳王夫差討伐陳國，楚昭王趕來救援，正在城父（今安徽阜陽）和吳軍對峙。

楚昭王聽葉公介紹過孔子，所以派人給孔子送信，請他到軍營做客。這是第一次有國君主動邀請孔子，而且還是個「王」，孔子非常重視，忙帶著弟子們出發了。

---

12《論語・泰伯》：「子曰：『篤信好學，守死善道。危邦不入，亂邦不居。天下有道則見，無道則隱。』」

13《楚辭・七諫》：「路室女之方桑兮，孔子過之以自侍。」

14《韓詩外傳》卷一，「孔子南游適楚」條。

蔡國人注意到了這個動向。蔡國屬於吳國陣營，當然很不滿孔子去見楚昭王，孔子師徒早把蔡國這邊的政治、山川地勢都摸熟了，要是透露給楚國人，會對蔡國很危險。

孔子師徒剛出了蔡國邊境、進入陳國，就被蔡人追上來包圍了，他們沒敢殺孔子，那樣就得罪了楚國，後果也很嚴重，蔡人只想逼孔子回蔡國，不要跟楚國人打交道。孔子不答應，就這麼對峙、乾耗著。

《論語》記載這次是「在陳絕糧」，[15]說明孔子已經進入陳國境內了，當時地廣人稀，國家間邊界不那麼明確，孔子師徒在陳蔡邊境上被圍，陳國人應該沒能及時發覺，不然他們要出手救援，至少也要給楚軍報個信。

孔子這次遭遇很著名，戰國諸子書《莊子》、《墨子》、《荀子》都有記載，而且內容大同小異，都說孔子「厄於陳蔡」、「困於陳蔡」，司馬遷的《史記》也沿襲了下來。但這些說法都搞錯了一點，就是以為陳國和蔡國都在找孔子麻煩，其實這時候，陳、蔡兩國分別服從楚和吳，正互相為敵，不可能一起對付孔子。[16]

《史記．孔子世家》還記載，孔子師徒這次被圍困在荒野裡面；這些敵人是陳國、蔡國大夫的私家武裝。經過辨析，剔除掉被司馬遷搞誤會的陳國人，這次實際包圍孔子的是蔡國大夫們的私家武裝。

總之，孔子這次遭遇發生在陳蔡邊境上，可能稍偏陳國一點，跟孔子作對的只有蔡人，沒有陳人。這個問題後世人一直搞不太清楚，至於蔡人要找孔子麻煩的原因，就更沒人知曉了。

回到被圍困的孔子師徒。最初他們還有點糧食，可能也有點溪水或積水可以喝，但沒法生火做飯，所謂「七日不火食」，[17]可能是沒有乾柴，或者遇上陰雨天沒火種了，古人取火也是很麻煩的工作。最後，能生吃的都吃完了，弟子們餓得動不了了，孔子還在強打精神，整天讀書、彈琴，因為他總還要有口乾糧吃。

弟子們意見越來越大，連最親的子路、子貢都不滿了：在野外風餐露宿沒吃的，很多人開始生病了，這樣下去怎麼行？

孔子其實也在揪心，主要是學生們跟著他受連累，讓他過意不去。他試圖反省：自己六十多歲卻混到這個地步，到底什麼地方出了問題？

他先把老徒弟子路叫進帳篷來，背了句詩，「匪兕匪虎，率彼曠野」（意思是，我又不是野牛，又不是老虎，整天遊蕩在這荒野裡做什麼？），又問：到現在這地步，子路你說說，是我推行的「道」有什麼問題吧？

子路也在懷疑：大概，是咱們還不夠「仁」吧？所以人家才不理解咱。或者，是咱們不夠「智」，沒法讓人家聽咱的話？

仁和智（知），都是孔子整天掛在嘴上的，子路這是懷疑孔子說到做不到，言和行有差距；或者

15《論語．衛靈公》。

16 關於陳、蔡兩國立場的區別，只有清人全祖望的《經史問答》較早注意到，但全祖望據此認為《史記》這段全是虛構，就否定過頭了，因為《論語》和戰國諸子書已經有了相關記載。

17《莊子．讓王》、《莊子．山木》、《莊子．天運》、《荀子．宥坐》。

說是眼高手低，沒能力實現自己的預期目標。
孔子不接受：話能這麼說嗎？子路啊，要是仁者就能受信任，那還有餓死的伯夷、叔齊嗎？要是智者都能成功，那還有被昏君商紂處死的比干嗎？
子路被趕出去了。

子貢又被叫進來。孔子把問子路的話又說了一遍，問子貢的意見。
子貢早就考慮這問題了，以前不好意思開口，現在總算有機會說出來，不過他比子路更委婉：老師您的道，是太偉大、太高深了，一般人理解不了，所以他們誤解了您……
那麼，子貢給老師的建議是什麼？他說得模稜兩可：「夫子蓋少貶焉？」——「也許您可以再放低一點標準？」
這個「貶」（放低）後面的詞省略了，它可以是「夫子」、即對自己的定位，也可以是「道」，學說。所以這句話有兩種理解：「也許您做事應該低調一點？」或者：「也許您可以把理論搞通俗一點？」這也許是子貢滑頭的地方。
結果孔子當即怒了：子貢啊，俗話說得好，種莊稼的種不好菜，手藝巧的不會伺候人。我們君子的使命，就是為天下人立規矩，不會低三下四討人高興！看看你自己，整天光想討好別人，子貢啊，你不會有什麼作為的！
子貢碰了一鼻子灰，出去了。
孔子在蔡國這兩年，其實活在自欺欺人的雙面生活中，用冠冕堂皇的「道」掩飾自己的現實目的，卻被子貢一句模稜兩可的話擠到了牆角，無處遁逃。所以他感到被戳到了痛點，情急中「認領」了第一種批評，就是建議他活動低調一點兒，別太招搖，這也讓他格外生氣，甚至情緒失控。

孔子在蔡國的工作並不成功，一直沒能打開局面，子貢在偷偷總結：他覺得孔子名為求道，實想道、術（現實功業）兩全，最後兩個都沒撈著。這本質是不甘當個寂寞書生、又不想擺脫矯情書生氣，所以搞不好社會工作。

最後進來的是顏回。孔子又重複了一遍問題，讓顏回說說想法。

顏回是發自內心的崇拜：老師您的道，真是太偉大了。您就這麼一直推行道，沒人用怕什麼？沒人用的才是真君子！道不好，那是咱們的恥辱；咱們的道好，在位者還不肯用，那就是他們的恥辱。沒人用怕什麼？沒人用的才是真君子！

孔子這下開心了：看你說的，真不愧是老顏家的孩子啊！你趕快富貴起來吧，我去給你當管家！[18]

孔子不想真質疑自己，他希望學生們把關注點放在他的「道」上面，只集中討論這個道好不好，別去想「道」之外是否有問題，所以他才會被子貢的一句話引爆。

顏回很單純，覺得孔子只有一個凜凜然的「道」，再無其他，幹什麼都是天經地義的問心無愧，這當然能讓孔子高興，暫時不去面對眼前的尷尬：為什麼會得罪蔡人。因為這個原因和「道」的層面

18 見《史記·孔子世家》。

無關。

顏回忠心赤膽表白一大通也解決不了問題，真想吃上飯還得靠子貢。

等孔子精神舒展點，終於答應讓子貢出去，找楚昭王救助；昭王聞訊，忙派兵來趕走了蔡國人，把孔子一行接到了自己的前線駐地。

需要注意，孔子跟幾個學生進行「單獨談話」，不僅是派遣一下焦慮，他也是想瞭解學生們的真實心態，互相溝通一下，如果學生們裡邊有真有了離心離德的，也可以趁早散夥走人，別積累到背叛老師、反戈一擊求生的地步。這次摸底證明，學生團隊還是可信、可靠，跟老師一起經受住了極端考驗。

另外，蔡國人圍得死死的，誰都出不去，子貢怎麼就能出去找救兵呢？很簡單，因為子貢是生意人，有錢，也知道怎麼用錢。孔子和弟子們整天以「道」自居，未必能想到，就是想到了，也拉不下臉來做，而且也掏不出錢來。

## 顏回和子貢的較量

顏回和子貢，是孔門弟子裡的年輕一代，二人年紀差不多，顏回這年三十三歲，子貢三十二歲。

顏回是孔子母親家的老親戚，應該是孔子的外甥輩。孔子最欣賞的弟子就是他，因為顏回老實勤奮，兢兢業業，孔子說什麼他都默不作聲記住，然後一五一十照著做。顏回還能受窮，住在破房子裡吃粗糧、喝涼水，整天努力學習。

孔子當大官那幾年，很多顏家人都找機會發財了，顏回卻一直過窮日子，沒靠孔子的關係發家致富。孔子下野以後，覺得這太難能可貴，對顏回的評價更高。

孔子有時候也說，顏回這孩子嘴太甜，說的都是我愛聽的。他還說：顏回對我沒什麼幫助，因為我說什麼，他都聽得高興，提不出意見來。[19]

話雖這麼說，孔子還是最喜歡顏回，沒人討厭順著自己的人。像被蔡人包圍的時候，孔子想聽聽意見，可最後讓他高興的還是顏回的奉承。當然，顏回的奉承也是發自內心的。

顏回這個人從沒當過官，也沒有留下著作，但孔子的很多學術成果應該都有顏回的工作。比如孔子晚年整理「六經」，顏回肯定做了很多抄寫、校對工作，這類事情勞動量大，沒名沒利，所以孔子一直很感激顏回。

子貢是字，他叫端木賜，端木是氏，賜是名，他是衛國人。衛國是周王室的封國，但統治著很多殷商遺民，有所謂「殷民七族」，其中有擅長做工匠的若干家族，[20]子貢這個端木氏可能是其中擅長做木器的，這麼算起來，他和孔子都是商朝人後裔。

孔子在魯國當大司寇的時候，二十出頭的子貢來拜師學習。《禮記》記載，當時孔子家有條狗死

19《論語．先進》：「子曰：『回也非助我者也，於吾言無所不說。』」

20《左傳．定公十一年》。

了，孔子讓子貢拿去埋了，這說明子貢的家境不是太好，要給孔子勤工儉學幹點兒活。

孔子很講究「因材施教」，子貢人聰明，口才好，喜歡社交，針對子貢這些興趣和特點，孔子就不教他那些太專門、太瑣碎的知識，重點培養他的社交能力。

子貢曾經問孔子：有可以奉行一輩子的名言嗎？

孔子說：那應該是「恕」，就是己所不欲，勿施於人——這其實是孔子人際關係和社會理念的精髓。[21]

子貢還問，怎麼做到「仁」？

孔子這次的回答，不是「愛人」那套空泛的道理，而是很實用的技巧，後來還變成了成語：「工欲善其事，必先利其器。」意思是你想幹什麼事業，就要做好前期的準備工作。具體方法就是：別管在哪個國家，都要侍奉好當地賢良的大夫，和當地仁義的士人交朋友。[22]用現在的話說，就是先把上層的關係網搭建起來。

可見孔子給子貢教得多是怎麼處理人際關係，而且是很實用、很靈活的方法。對顏回那種一心做學問的老實人，就不用教這一套。

子貢基礎好，學得也快，在孔子當官的後期，他已經在魯國朝廷裡謀了個小職位，很可能有子服景伯的提攜，這個職務和外交有關，因為他參加了魯定公接待邾國國君的典禮，這要有相關身分才能參加。

孔子被逐出魯國官場的時候，子貢並沒有跟他出來，還在魯國工作，後來子貢才到衛國去投奔孔子，此後就一直跟在孔子身邊，隨他到過宋、鄭、陳等國。這個過程裡面，孔子對子貢越來越熟悉，發現這個學生慢慢有自己的一套了，有些方面孔子甚至開始猜不透。

孔子喜歡拿顏回和子貢做比較，這兩人心裡也在摽勁兒。

孔子曾經直接問子貢：如果你跟顏回比，誰更強啊？

子貢忙說：我怎麼敢比顏回！他聽您一句話，自己能總結出十個道理來。我能總結一兩條就不錯了。

這話說得孔子高興了：確實，咱們是比不上顏回啊。[23]

跟著孔子周遊列國的時候，子貢也沒閒著，他開始做生意。這可不是孔子的本意，他從來沒想到自己的學生會變成生意人。

孔子和子貢聊天的時候，也會拿做生意開玩笑。在《論語》裡，子貢對孔子說：我手裡有一塊好玉石，是先收藏著呢，還是趁現在價錢高賣掉？

孔子說：當然是賣了啊！我就跟這塊玉石一樣，也急著找個好買家呢！[24]

從這對話能看出來，子貢主要是做玉石這類奢侈品貿易，因為體積小、價格高，容易販運，這種

---

21《論語．先進》：「子貢問曰：『有一言而可以終身行之者乎？』子曰：『其恕乎！己所不欲，勿施於人。』」

22《論語．衛靈公》：「子貢問為仁。子曰：『工欲善其事，必先利其器。居是邦也，事其大夫之賢者，友其士之仁者。』」

23《論語．公冶長》：「子謂子貢曰：『女與回也孰愈？』對曰：『賜也何敢望回？回也聞一以知十，賜也聞一以知二。』子曰：『弗如也。吾與女弗如也。』」

24《論語．子罕》：「子貢曰：『有美玉於斯，韞匵而藏諸？求善賈而沽諸？』子曰：『沽之哉！沽之哉！我待賈者也。』」

奢侈品的買家主要是列國的達官顯貴，孔子到各地周遊，都想結識當地的上層人物，這也是子貢推銷商品的機會。

春秋時期，中原有兩大商業中心：一個是前面說的鄭國，有殷商後代的老商幫勢力；一個是齊國，近兩百年前，齊桓公和管仲搞重商政策，使齊國的國力迅速提高，齊桓公的霸業基礎跟這有直接關係。

齊、鄭兩大商業中心，主要形成溝通東西方的貿易網路，東起齊國，西到秦國，但此外還有南北方向欠開發，就是中原世界和南方的淮河、長江流域的貿易，因為楚、吳興起較晚，政治上又一直被中原排斥，南北間貿易還沒發展起來，其實這兩端的貿易互補性更強，產品更不可替代。

一百多年前，晉文公重耳還是流亡公子的時候，曾經訪問過正在崛起的楚國，受到楚成王的接待，席間楚成王問重耳：公子如果回國當了國君，拿什麼報答寡人啊？

重耳謙遜地說：我們晉國怎麼能跟你們楚國相比！但凡值錢的好東西，各種高檔皮貨、珍禽翎毛、象牙犀角，都是你們楚國產的（商周時候，長江流域還有大象犀牛，現在都收縮到雲南甚至印度去了），最低檔沒用的才會流散到我們晉國一點點，我們哪有能報答您的東西！[25]

這番對話能看出來，在中原人眼裡長江流域的物產豐饒、價值高昂。如今子貢跟著孔子南下，感受應該和當年的重耳差不多，他做生意，在黃河和淮河流域之間販運商品，所以掙錢很快，孔子有些行程，比如去陳、蔡定居，很可能有子貢的攛掇，他是在開發市場。

蔡國新都城離吳國更近，吳國剛剛崛起，原來和中原沒什麼來往，所以經營吳國的產品是更大的商機。另外，吳、楚兩國勢不兩立，連年攻戰，互相間沒有經濟往來，這種情況下，在協力廠商從事吳、楚之間的貿易（從陳蔡地區中轉），會大有利潤。蔡國新都就是經營這些貿易的好據點。

比子貢晚二三十年，著名的陶朱公范蠡開始下海經商，他主要也是做中原和吳越（江浙）地區間的貿易，很短時間內暴富。但范蠡選了偏東一點的路線，接近後世的京杭大運河，因為再晚幾年，溝通長江、淮河的運河才被吳王夫差挖通。子貢這個時候，在蔡國這裡經營對吳貿易最合適。

孔子和子貢這師徒倆，一個全心找機會當官，一個沒官當就盡量掙錢，有點互補。周遊列國這些年，孔子沒能真正當上官，子貢卻發了財，他在商業上的成功經常讓孔子很困惑。

孔子還是拿顏回和子貢做比較，說：顏回這孩子事事聽我的話，可幹什麼都失敗，窮得要喝西北風；子貢不聽我的，到處做買賣，偏偏能賺大錢。[26]

這種比較讓孔子很尷尬，聽話的學生窮，不聽話的學生富，這讓我怎麼教育學生們？

孔子這個人的個性可以說比較複雜，既有理想主義的、學者氣質一面，也有現實功利的、實幹家的一面，兩者密切糾纏，有時難分彼此。子貢和顏回這兩個學生，卻分別代表了孔子個性裡面的一個側面，而且都推向了極致。

25《左傳·僖公二十三年》：「（重耳）及楚，楚子饗之曰：『公子若反晉國，則何以報不穀？』對曰：『子、女、玉、帛，則君有之；羽、毛、齒、革，則君地生焉。其波及晉國者，君之餘也。其何以報？』」

26《論語·先進》：「子曰：『回也其庶乎，屢空。賜不受命，而貨殖焉，億則屢中。』」

## 差點當個小國君

脫離蔡人的圍困之後，孔子終於見到了年輕的楚昭王，兩個人的感覺都不錯。

大戰在即，楚昭王最需要蔡國那邊的信息，包括蔡國和吳國人的關係，孔子團隊就像是天降的禮物，昭王感覺這次的對吳戰爭多了一份把握；而且，南方的蠻夷世界其實對中原更關注，對中原來的人物也更重視，這也算是一種「文化向心力」。

《史記》記載，楚昭王興奮之下，準備把楚國七百里的土地、連同上面的百姓都封給孔子，「昭王將以書社地七百里封孔子。」孔子這輩子奔忙到六十多歲，連個大夫的封邑都沒掙到過，現在忽然要坐擁幾百里的土地，當上一位小國君，簡直是夢想成真。

以前有學者懷疑這段《史記》的真實性，覺得這種天上掉下來的好事兒，應該是司馬遷虛構的，其實這是因為沒注意到，之前兩年裡孔子已經在給楚國人工作了，昭王這是要犒勞一下他。

另外，楚國這裡的資源條件、遊戲規則都跟中原很不一樣，因為楚王拿自己當「王」，一直喜歡冊封些小諸侯附庸，而且楚國地廣人稀，給孔子的不會是什麼富庶地段，七百里的土地也沒多少人，充其量是個跟葉公平級的「州來公」、「新蔡君」之類，這在當時並不算石破天驚。

但好事多磨，楚國令尹(就是丞相)子西提醒楚王：孔子弟子多，來自五湖四海，都是列國的能人，要在楚國邊上有這麼個國家，它早晚得強大起來，是楚國的後患。

楚昭王覺得有道理，就暫時擱置了這個想法。從當時局勢看，昭王未必是完全收回了冊封孔子的計畫，因為大敵當前，他先要打敗吳軍，之後自然需要重新處置蔡國，那時再從蔡國割出一塊封給孔子最合適；反過來說，如果下面這一仗打敗了，楚國會有大損失，也就不用提冊封孔子的事兒了。

但人算不如天算，楚昭王突然得了重病，就在楚軍攻勢剛剛開始的這天，昭王病死在前線。昭王一死，楚國要面臨王嗣的安排問題，在子西等將領的安排下，楚軍對敵人搞了個虛張聲勢的進攻，然後祕密撤離戰場，班師回國。給孔子封個附庸小國君的方案，自然沒人顧得上了。

而且楚軍這一撤走，陳國抵擋不住吳國的攻勢，也投降了吳國。孔子師徒這時候在陳、蔡都無法立足了。他這幾年的努力和期望，頓成竹籃打水一場空。

楚昭王是個有作為的君主，他即位的時候還是個幼童，當時楚國令尹昏聵，政治混亂，被吳軍接連打敗，國都郢城也失守，一個大臣帶著昭王姊弟二人逃命，在深山密林裡躲了很久，過夠了荒野求生的日子，後來靠著秦國救援，楚國才驅逐吳軍，重新立國。那年孔子四十六歲（魯定公四年）。復國後的楚昭王勵精圖治，整頓國內秩序，又逐步征服了周邊不服從的各小國和蠻夷部族，使楚國慢慢恢復了元氣。

所以孔子感歎，楚昭王是「知大道」的人，要不是英年早逝，能有更大的作為。[27]

楚國人對昭王的去世也十分痛惜。一個有瘋瘋癲癲名聲的貴族，接輿，唱著歌從孔子車前走過：

鳳凰啊鳳凰，就這麼飛走了！以後再沒有這樣的君王了！

27《左傳・哀公六年》。

孔子急忙下車，想和接輿說話，接輿卻跑走了。[28]

但對令尹子西，孔子就有保留了。子西也是個有作為的丞相，他幫助昭王整頓內政外交，很出色，但他把孔子差點到手的小國君搞得雞飛蛋打，孔子師徒沒法不在乎，一方面是富貴問題，另一方面孔子非常想當「哲學王」，過一把治理國家的癮。

有過這次經歷之後，孔子就對當國君一直有點掛心。他喜歡誇出身貧賤的弟子冉雍（字仲弓）：「冉雍就是當個『南面』的諸侯也夠格！」[29]這個「南面」就是當國君，因為只有王和國君上朝，才坐北朝南；其他貴族在自己家，都是坐在東牆下，西邊留給客人，後世給主人叫「東家」，管客人叫「西賓」，就來源於此。

後人常覺得孔子這個表揚有點大逆不道，其實是不瞭解春秋的規矩，大國之君隨時可以分封出附庸小國，沒什麼忌諱。孔子覺得冉雍有資格當個諸侯國君，那他自己當然更有資格，他的這個理想曾一度觸手可及，所以後來也老念念不忘。

《論語》記載，後來還有人問孔子：子西那人怎麼樣？孔子說什麼也不是，只能說：哎，那個人啊，那個人啊！[30]

從這也能看出來，孔子曾經跟子西君臣當面打過交道，而且對子西有莫大的遺憾，但又實在是說不出口。

關於這個時期的楚國君臣，現存的史書記載都比較正面，包括《左傳》和《論語》，楚昭王、葉公，甚至是令尹子西，都被描寫成了很出色的人物。這些文獻都是孔子師徒撰寫或改編過的，可見在一切塵埃落定之後，他們對這段給楚國蠻夷當「帶路黨」的經歷還印象不錯；當然，這本質上不是什麼光明正大的事兒，也不宜口無遮攔地誇耀。

## 夷狄之有君

另一方面，孔子遲疑了很久，也沒能下決心到楚國定居。孔子在陳、蔡住了好幾年，跟所謂楚、吳這些所謂蠻夷打過了一些打交道，他發現蠻夷也不是不講信用，正常人該有的道德規範他們都有。所以他跟弟子們說：你只要說話有信用，做事踏實，在野蠻人的地盤也照樣能成功；你要是說謊話，幹壞事兒，就算在你老家能行得通嗎？[31]

而且跟吳、楚人打過交道之後，孔子發現，這些所謂「夷狄」國家，往往比中原國家還有規矩，因為吳、楚的王比中原的君王們有權威，貴族們不敢自行其是。

以楚國為例，在商周易代的時候，就已經有這個小國（或者說部族）了。幾百年發展下來，它的歷代君王也繁衍出了很多「王族」家族，有些很顯赫的老牌貴族，比如後來屈原所屬的屈氏。但在楚國朝廷裡，歷代楚王最重用的還是自己的叔伯、兄弟輩，由他們當令尹、掌兵權，老貴族家庭不能侵

28《論語・微子》：「楚狂接輿歌而過孔子曰：『鳳兮鳳兮！何德之衰？往者不可諫，來者猶可追。已而，已而！今之從政者殆而！』孔子下，欲與之言，趨而辟之，不得與之言。」
29《論語・雍也》：「子曰：『雍也可使南面。』」
30《論語・憲問》：「問子西。曰：『彼哉！彼哉！』」
31《論語・衛靈公》：「子張問行。子曰：『言忠信，行篤敬，雖蠻貊之邦，行矣。言不忠信，行不篤敬，雖州裡，行乎哉？』」

奪國君近親的地位，這就不會出現像三桓、七穆那樣的寡頭，架空國君世代專權。

孔子提倡得君臣尊卑，搞的「墮三都」那類舉措，目標也就是建立起和現在楚國一樣的政治秩序，但是行不通，寡頭的勢力太強大，已經積重難返了。楚國明顯更適合孔子。

但那樣一來，就有了更大的「道義」問題。因為他要是給楚王做事，就是承認了在洛陽周王之外還有個對等的王，更何況，歷代楚王的夢想是取代洛陽的周王，統治整個中原世界。孔子給楚王服務，就是站到周人政治理念、文化傳統的對立面了，偏偏他研究、傳承的，又都是周人的政治文化，孔子遲遲沒能下決心去楚都郢城，可能就是無法處理這個矛盾命題。

要是楚王能直接劃給孔子一小塊土地、立國傳世，像楚昭王打算過的那樣，孔子也能放下那些虛名的顧慮，踏踏實實替楚王服務：把周人那套理論改頭換面一下，就說楚是繼承夏、商、周的第四個天命王朝，也不是什麼難事兒，但現在沒這機會，楚人還不知道立個什麼人做新王，新王能不能再封他做小國君也是未知數，孔子沒勇氣去探索。

他已經六十三歲，可以嘗試的時間不多了，萬一實惠沒撈著，把自己前半輩子辛辛苦苦弘揚周文化的形象也給毀了，那才是逮不著狐狸惹身騷呢。

思前想後，孔子下不了決心去楚國，他決定還是回北方，去衛國。他說：「夷狄雖然有國君，有君臣秩序，還不如中原沒有君主（政在寡頭）的局面呢。」[32]這像是對自己幾年來空忙一場的安慰，或者解嘲。

32《論語・八佾》：「子曰：『夷狄之有君，不如諸夏之亡也。』」

# 第十七章　和陽虎越來越遠（五十九—六十三歲）

能指望孔子打仗嗎？——陽虎奇襲衛國——季孫家換代——東方聯盟瓦解——給衛靈公的孫子服務

回到衛國，迎接六十三歲孔子的，是一個早已物是人非的中原世界，四年之間，這裡變化太大，孔子已經認不出來了，特別是當年他參與構建的東方聯盟，已經煙消雲散。這要從孔子結束在故鄉陬邑的療傷說起。

## 衛靈公祖孫糾葛

回到四年前，五十九歲的孔子告別家鄉、返回衛國的時候。

老衛靈公對孔子還很親熱，經常請他參加自己的宴會，甚至列席朝會。衛靈公最關心和晉國的戰爭，衛國是對晉國作戰的最前沿，他年紀大了，得考慮繼承人問題，而且還放不下南子夫人；太子蒯聵投奔了趙簡子，衛靈公很擔心自己萬一撒手西去，趙簡子支持蒯聵打回來，南子的日子就不好過了，至少是在衛國當不成主母了。

衛靈公曾經跟另一個兒子公子荊商量，想立公子荊為繼承人，但公子荊不敢答應，說正式的太子應該是哥哥蒯聵啊，您還是早點跟哥哥和解，讓他回家來吧。衛靈公不同意，他跟太子已經徹底決裂了，決心冊立蒯聵留在國內的兒子做繼承人，自己死後直接由「太孫」上位，把蒯聵太子這輩跳過去。

萬一蒯聵和太孫這父子倆和解、串通起來怎麼辦？衛靈公不擔心，他和蒯聵是父子反目，孫子跟蒯聵肯定也合不來，國君這個位子、這點權力能讓人忘掉父子親情，老衛靈公有自信，這就是「不是一家人不進一家門」。

但太孫還是少年，需要得力的人輔佐，孔子也是人選之一，他學生多，以後幫著太孫跟趙簡子、蒯聵那邊打仗，要指望他們出力。已經有消息傳來，趙簡子那邊正在策畫新的行動，準備讓蒯聵太子打回衛國、奪取君位，靈公需要加強軍事準備，所以他把孔子請來，重點談和晉國打仗的問題，他希望孔子能給自己幫忙，大家各取所需。按說，孔子一直嘮嘮叨叨想當官，這下他該滿足了吧。

但孔子現在對東方聯盟已經一點興趣都沒有了，他不想再跟陽虎那邊公然作對。

而且，衛靈公家裡事太亂，爸爸跟兒子鬧，還要鬧到孫子那輩去，一點人倫規矩都沒有了。孔子最缺父系家庭生活，看別人家都是羨慕，可衛靈公為個小老婆，反倒祖孫三代打成一團，孔子永遠不想摻和這些。

他跟衛靈公說：我是個讀書人，學的都是典禮祭祀，布陣打仗的事從來沒學過，您還是另請高明吧。[1]

這是表態不願再參與衛靈公、東方反晉聯盟的戰事。

於是衛靈公也對孔子沒了興趣。第二天他又見到孔子，兩人有一搭沒一搭說著話，天上又飛過一群北歸的大雁，老衛靈公仰頭看著大雁出神：這大雁是往蒯聵那邊飛的，哪天蒯聵要是回來了，南子可就……

孔子也知道靈公對自己沒興趣，就決心告辭了，他躲開了魯、衛的聯盟和戰爭，又到南方生活了四年。

---

1《論語．衛靈公》：「衛靈公問陳於孔子。孔子對曰：『俎豆之事，則嘗聞之矣；軍旅之事，未之學也。』」

孔子這次離開衛國不久，衛靈公就去世了。南子夫人還想讓公子荊做國君，因為公子荊年紀大，撐得住局面，但公子荊死活不答應，最後還是靈公的孫子、蒯聵太子的兒子繼位，他就是衛出公，名衛輒。

## 陽虎的黃河之戰

衛靈公的死訊讓趙簡子一方看到了機會，他們要趁機拿下衛國。

靈公死後一個多月，趙簡子親自率領晉軍出征衛國，除了蒯聵太子，陽虎也在軍中。現在的黃河戰場上，趙簡子、蒯聵太子、陽虎這三個人，就是組成晉軍前線指揮部的三駕馬車。

晉軍選擇了衛都下游幾十里處涉渡黃河，為了出敵不意，他們在半夜悄悄渡河，準備占領附近的一座城市：戚城。但凌晨時分大霧瀰漫，晉軍迷路了。陽虎路熟，他說：「只要我們右手邊是黃河，一直走下去就能到。」

一路摸到戚城下，陽虎給蒯聵太子駕車，又選了八個人，都穿上喪服，化裝成從齊、魯那邊來給衛靈公奔喪的。這三輛車先駛到戚城門下，這裡臨近戰區，城門平時都關著，陽虎等人謊稱奔喪，叫開了門，直接開了進去。

城裡人發現來客是蒯聵太子，沒敢反抗，而且晉軍主力立刻跟著衝進了城門。這樣，趙簡子一方就占領了戚城，讓蒯聵太子駐紮在這裡。晉軍在黃河南岸建立了這個行動據點，就可以阻斷齊魯方向對叛軍的聯絡，還能伺機奪取整個衛國。

不久，齊國人要援助反晉前線，給河北岸的范氏、中行氏兩家運輸糧食；鄭國軍隊趕來匯合，給運糧車隊護駕，協助把糧食運到黃河對岸。

趙簡子不能讓這批糧食送達。他現在占領著戚城，正好截擊齊、鄭聯軍。陽虎分析說：我們戰車比對方少，需要發起出其不意的攻勢，開戰時，主帥您先帶少量戰車衝鋒，再敗退下來，鄭軍看到您的帥旗後撤了，會全線追擊。那時我再帶主力包抄上去，鄭國人見了我都要害怕，我們這樣夾擊一下，肯定能打敗敵人！

前面說過，陽虎和孔子一樣，長得怪而且個頭高，在戰場上很搶眼。另外，他在魯國時曾經和鄭國打過仗，鄭國人對他一直心有餘悸。

趙簡子同意了這個計畫。他這輛指揮車要衝到最前面誘敵，負責給他擔任衛士（車右）的是蒯聵太子，蒯聵還沒上過戰場，但春秋時候默認國君（包括國君繼承人）戰鬥力最強，經常安排在戰鬥第一線。

雙方軍隊逐漸接近，趙簡子的戰車駛上一個小土丘眺望，看到鄭軍戰車隊浩浩蕩蕩駛來，太子蒯聵嚇得有點神志不清，一度想跳車逃跑，不過還是努力克制住了。

然後，趙簡子視察己方戰陣，進行戰前動員講話，承諾給戰勝立功的重獎：上大夫獲得一個縣作為封邑，下大夫獲得一個郡（那時晉國縣比郡大），士人獲得方圓十里之地（田十萬畝），平民身分的獲得當官從政資格，奴僕賤民賞給平民身分；如果畏戰失利，卿大夫也要處以絞刑，不能享受正常的喪禮，只能用薄棺材入殮，破馬車拉著下葬，不能埋到祖墳裡……

訓話完畢，開始衝鋒。趙簡子的戰車衝在最前面，和敵人的第一輛戰車交匯而過時，他被戈迎頭打了一記，摔倒在戰車裡。蒯聵太子揮戈保駕，擋住了敵人的繼續砍殺，他還跳下車阻擊靠近的敵人，掩護自己的戰車掉頭回撤。

鄭軍追擊趙簡子時，陽虎的主力衝上來了，上千輛戰車在黃河邊的沙地裡追逐廝殺，鄭軍的戰車佇列逐漸被衝散。

趙簡子可能沒有被戈的刃部砍中，牙被打掉了幾顆，吐了不少血，但沒性命危險，他一直在指揮車上敲鼓，這是保持進攻的號令。最後，鄭軍損失慘重，撤出了戰場，齊國的一千多輛運糧車都被晉軍俘獲。

河北的范氏、中行氏叛軍得不到援助，大勢將去了。從此，戰爭形勢發生逆轉，趙簡子從守轉攻，開始清除國內的叛亂者，東方聯盟則轉入守勢。

衛國的戰況迅速傳開，震撼了孔子團隊。

孔子雖然這時住在陳國、不想操心衛國的事，但弟子們不行，他們很多是衛國人，或者在衛國有產業，很擔心小國君出公立不住、蒯聵殺回國，所以他們千方百計攛掇孔子回衛國、幫忙撐一撐場面，讓學生們也有當官的機會。冉有和子貢兩人為此謀畫得最起勁兒，但孔子堅持住在陳國，弟子們也沒法把他抬回衛國去。[2]

但孔門弟子這時和衛國聯繫很密切，大家都要考慮後路，孔子這年紀在古代已經算高壽了，萬一哪天離世，學生們還是要面臨找工作的問題，他們師生團隊早和東方聯盟綁在一起了，利益牽扯太多，剪不斷理還亂。

其實當初老衛靈公看人挺準的，雖說孔子搖搖擺擺、老有投奔趙簡子的衝動，但靈公知道孔子邁不出那一步：書呆子臉皮薄，想的多做的少，真轉變立場沒那麼容易。再後來，孔子的大徒弟子路，就是為了保護衛靈公這個孫子，和蒯聵那邊打仗死的。

## 冉有出仕

孔子再次到陳國的第二年（魯哀公三年），他六十歲這年秋天，魯國掌舵人季桓子病重了，之後發生的一系列風波，讓孔子學生們有了工作機會。

季桓子的長子季孫肥已經成年，本該當繼承人，但季桓子又有個寵愛的小老婆正在懷孕，他掛心這個小老婆，就想立她的孩子繼位，給大管家囑咐後事說：如果生的是男孩，就立做繼承人，你輔佐他長大；生的是女孩，就由長子季孫肥來繼承。

結果季桓子死後不久，小老婆生了個兒子。管家知道季孫肥不會善罷甘休，急忙報告魯哀公：「我家主人的遺腹子是個男孩，按照先主的吩咐，這孩子應該是季孫家的繼承人，請國君發布冊命！」管家擔心被季孫肥報復，做完報告就逃到國外去了。

魯哀公派人去季孫家看看這個新生的繼承人，結果孩子已經死了，顯然是季孫肥做了手腳。沒辦法，朝廷只能承認季孫肥正式繼承季氏家業，他就是後來的季康子。

2《論語・述而》：「冉有曰夫子為衛君乎」條。

季康子埋了父親，要安頓國內、家內的局面，大管家都跑了，各種事情一團亂，他想起了孔子師徒，考慮把孔子請回來。

當年季桓子把孔子攆走了，現在兒子又要用他，大家總要有個臺階下。季康子提出了一個說法：「父親在病重的時候，一次坐著轎子出門，看見魯國的城牆，歎息說：『當年，魯國差點就強大了，可惜我得罪了孔子，魯國才沒興旺起來。』他因此囑咐我，讓我掌權以後，先把孔子先生請回來。」[3]

這可能是季康子編造的，只有當權者新老交替、不穩定的時候，才會想起孔子來。因為到這種當口，他們才會覺得「道德」有用：要死的擔心接班人不孝，妄改自己的路線；剛上臺的怕別人不聽話，只好提倡尊卑道德。孔子上次掌權也是這麼個契機。

有人提醒季康子：孔子那一套實際上對您家沒好處，咱們已經見識過一次，讓人家看笑話了，就別再來第二次了。

季康子覺得有道理，但他實在缺得力的人幹活。孔子學生子路、冉雍都給季氏當過管家，幹得不錯，所以這次，季康子想叫冉有回來當大管家。

信使到了陳國，冉有興匆匆準備上路。孔子也說，季家少主剛上臺，正缺人出力，冉有這次回去，能有大作為。

子貢看出了孔子的心思，送冉有出發時偷偷囑咐：等你在魯國站住腳了，記得把咱老師請回去，給他謀個職務。

## 弟子紛紛掌權

孔子六十二歲、居住在蔡國的第二年（魯哀公五年），老齊景公去世了。孔子和他相識二十多年，但沒什麼懷念，孔子對他的評價就是沒作為、沒出息，再加生活奢侈。

果然，景公一死，國內貴族的矛盾立刻爆發出來，大貴族都想擁立和自己關係好的公子，貴族內鬥不休，導致國君更迭頻繁，齊國國勢衰弱，無力再與晉國對抗，東方聯盟瓦解了。

晉國內部，趙簡子挫敗了齊、衛的最後一波攻擊，同時平定國內叛亂，先後攻占朝歌、邯鄲，一統黃河以北，叛亂的中行氏、范氏逃奔狄人或齊國。趙簡子取得了內戰最後勝利。

這時的晉國只剩下趙、智、韓、魏四家大寡頭共同執政。趙簡子和東方聯盟作戰的幾年裡，那三家都躲在後面觀望，智氏更趁機要脅趙家，擴充自己的地盤，所以趙簡子在打完仗以後發現，智氏是真正的贏家，現在他的勢力成晉國最大了。四家共治局面又維持了四十六年，然後是一場大內戰，趙、魏、韓三家聯合滅掉了智氏，變成了三個獨立的諸侯國。

次年，孔子在楚昭王軍營經歷了大喜悅和大失望，動身返回了衛國。衛靈公年幼的孫子、衛出公輒，此時已經在位四年，出公輒的父親蒯聵太子還在晉軍占領的戚城，等機會奪兒子的權。

現在實際掌握衛國政權的，是大貴族孔文子，孔文子還娶了蒯聵太子的姊姊，也就是衛出公的姑姑。孔文子這個孔氏和孔子沒關係，他們是姞姓，來自一個非常古老的土著部族。

3《史記・孔子世家》。

孔子一行回到了衛國，受到了孔文子的歡迎，他還請子路做自己家的大管家（宰），子路的師弟兼學生高柴，也跟著在孔文子家做事。

子貢回了魯國，負責外交工作，史書沒記載他的官職，但可以肯定不是給三桓當家臣，而是在魯國朝廷任職。孔子那位非常忠心的顯貴弟子，子服景伯，這時是魯國主管外交的官員，他一直在用心提攜子貢，子貢對他的幫助也很大。

冉有已經在季氏家當了三年大管家，也在找機會安排自己的同學，比如，宓不齊（字子賤）當單父城的宰，言偃當武城宰。

為什麼現在孔門弟子都有機會了？

因為魯、衛都處在權力過渡期：季康子不想用父親的老臣，得重新提拔一批人；衛靈公死了，孔文子輔政當權，也需要得力的下屬，孔門弟子們趕上了這兩個機會。

現在，孔門弟子在魯、衛兩國都掌著大權，孔子說：「魯衛之政，兄弟也。」[4]這既是說歷史，兩國的先祖是親兄弟，也在說現實，兩國掌權貴族的大管家是孔門的師兄弟。

至於孔子，還是沒具體職位。大貴族們都知道，他那套東西太不實用，而且尊君、墮三都之類，寡頭們不喜歡。

剛到衛國的時候，子路問孔子：這次衛君（其實是孔文子）真想用您了，您要掌了權，打算先幹什麼啊？

孔子說：當然要先「正名」！

子路說：您可太迂腐了，如今這世道，能正誰啊？

孔子又生氣了，罵子路沒出息，講了一通「名不正，言不順」的大道理。[5]正名，就是分清楚上下尊卑。當今衛君的父親蒯聵公子，正在外面想奪權呢。從倫理立場出發，孔子希望這父子二人能達成諒解，名正言順變成一家人，但這裡面錯綜複雜的利益關係很難擺平，不是空喊道義就能解決的。

所以孔子還只能當顧問。

這是趙簡子和晉國貴族的盟誓文書，製作時間在孔子五十五至六十三歲之間。當時趙簡子一邊與齊、衛、魯、鄭的東方聯盟作戰，一方面和晉國的范氏、中行氏內戰。為取得其他貴族支持，趙簡子和他們頻繁盟誓，製作了大量盟書，儀式結束後盟書被埋入地下。

---

4《論語．子路》。

5《論語．子路》：「子路曰：『衛君待子而為政，子將奚先？』子曰：『必也正名乎！』子路曰：『有是哉，子之迂也！奚其正？』子曰：『野哉由也！君子於其所不知，蓋闕如也。名不正，則言不順；言不順，則事不成；事不成，則禮樂不興；禮樂不興，則刑罰不中；刑罰不中，則民無所措手足。故君子名之必可言也，言之必可行也。君子於其言，無所苟而已矣。』」

（左）考古發掘的趙簡子墓隨葬馬車，可見春秋的馬車車廂都很小
（右）趙簡子的用具「子作弄鳥」尊。鳥尊銘文顯示，這是主人手邊的玩物。這鳥尊或許見證了趙簡子和陽虎的很多次密謀

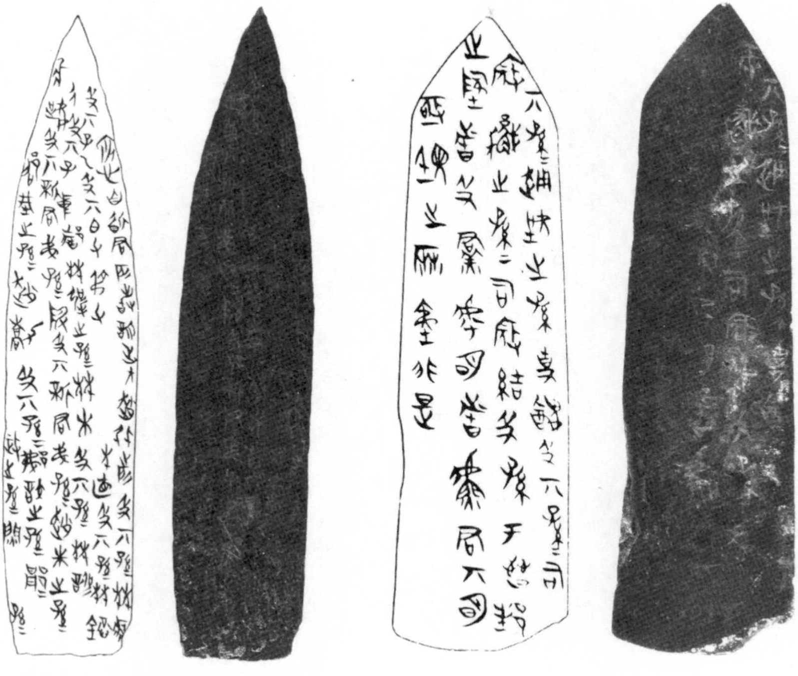

**趙簡子的盟書，出土於山西侯馬**

這是趙簡子和晉國貴族的盟誓文書，製作時間在孔子五十五至六十三歲之間。當時趙簡子一邊與齊、衛、魯、鄭的東方聯盟作戰，一方面和晉國的范氏、中行氏內戰。為取得其他貴族支持，趙簡子和他們頻繁盟誓，製作了大量盟書，儀式結束後盟書被埋入地下。

# 第十八章　年輕人的戰爭（六十三——六十八歲）

吳國染指中原——魯國屈服了——夫妻感情影響齊魯關係——兵臨城下

——青年的感動與矯情——齊國腹地的戰爭

孔子六十三歲回到衛國定居，這次在衛國住了五年（六十三—六十八歲）。

這五年裡衛國比較安定，沒什麼大事，事情多的是孔子的家鄉魯國：吳國勢力像夏日的雨雲匯聚，開始向中原世界籠罩過來，自一百年前的楚莊王霸業以來，這是南方蠻夷第二次染指中原。

孔子這時候已經老了，基本處在養老和著述事業裡，魯國政壇上活躍的是他的學生們。面對吳國勢力的北上，魯國完全沒有抵抗的實力，孔門弟子只能代表魯國向吳國示好、屈服，讓魯國獲得隱忍生存的機會。

在後人觀念裡，孔子是個堅持中原正統、嚴守「華夷之辨」的形象，其實事實並非如此。孔子在南方的幾年裡就在悄悄為楚國服務、試圖在楚王手下獲得發展機會，他回到北方後，弟子們也在用這種方式跟吳國人打交道。在蠻夷勢力如日中天的時代，孔子師徒也要適應現實主義的生存。

## 夫差新霸

春秋時期，中原諸侯國都認同「尊王攘夷」的口號，如果只看列國官方的正式檔案，比如魯國的《春秋》，或者孔子這種重視道義名分的思想家的言論，會覺得「華夷之別」簡直比天還大，中原諸侯跟楚、吳這種南蠻不共戴天。其實這只是表象，當時列國首先關注的還是自己的生存，說的和做的有很大距離，在更詳細的史書、比如《左傳》裡面，呈現可就不一樣了，中原列國都要為了生存見風使舵，道義正統的考慮遠遠排在現實安危後面。

在孔子之前一百多年，齊桓公死後齊國內亂，楚國的勢力迅速向中原擴張，當時貌似沒有什麼能擋住楚國人的力量，中原列國大都準備接受楚的霸主地位，老牌周人諸侯鄭、衛、曹早早向楚王表示屈服，魯國也沒敢拿架子，派出了一支部隊當楚國的僕從軍。

這時候，決心跟楚國人勢不兩立的是晉國，晉文公重耳剛剛當國君不久，正想有所作為；站在晉國一邊的，居然都不是姬姓的周人諸侯國：它們是子姓的宋國、姜姓的齊國、嬴姓的秦國。這支聯軍在城濮和楚軍決戰，一舉將楚國勢力逐出了中原。那些已經倒向楚國的周人諸侯急忙改變立場，表示服從晉國的領導，不放棄對周王尊重，魯國這個彎轉的尤其急迫，指揮僕從軍的那位親楚派貴族直接被暗殺了。

晉文公這次奠定的中原格局維持了一百多年，後來雖然出現過所謂楚莊王的霸業，但尚未能撼動魯、衛這些諸侯對晉國的追隨，更沒有挾持周王室的能力。

到了孔子晚年，國際形勢才發生實質性變化，晉國因內亂而日漸消沉，楚國在吳國的攻擊下忙於自保，吳王夫差的野心迅速膨脹，試圖成為中原的新霸主，再現當年晉文公的輝煌。

吳國在東南沿海，它要北上中原，走東線經過宋、魯地界最便捷，夫差決定先壓服宋、魯，再迫使齊國稱臣，掌控中原世界的東半部分，最後再和老牌霸主晉國一決高下。

孔子六十四歲這年（魯哀公七年），夫差帶吳軍北上和魯哀公會見，目標是讓魯國臣服，建立君臣關係。會見地點約定在魯國旁邊的一個小國，鄫（今山東省蒼山縣），這小國長期是魯國的附庸。

開始時，魯國人還沒能想像吳王的野心有多大。按周禮，諸侯款待國賓的禮節，要準備整隻全牛，一隻整牛叫一「牢」。天子級別最高，他到各地巡視，諸侯要貢獻十二隻「牢」；諸侯招待諸侯，用牛的數量看對方的國家大小、政治地位高低，提供五頭、七頭或九頭牛不等。這麼多牛肉，天子或國君肯定吃不完，主要是招待隨行的軍隊、臣僚，天子或諸侯分別有多少軍隊，出門可以帶多少，周禮都有說法。

夫差這次北上，有使者來打前站，提出：我們吳王要一百隻「牢」接待——比周天子高了七倍多。這是典型的蠻夷加暴發戶心態。

子服景伯負責接待吳國使者，他被這個要求嚇住了，說敝國從沒有過這種先例。

吳國使者說：這有什麼稀奇的，我們王這次北上，先經過宋國，宋國人就是用百牢招待的！你們魯國總不至於比宋國還差吧？而且我聽說，當年晉國一個卿來你們魯國，你們就用了十幾隻牢招待，現在招待我們吳王，用百牢不正合適嗎？

魯國人最講周禮，這下為難了。子服景伯和子貢商量著答覆：魯國招待晉卿那次，是魯昭公出逃，晉國的范獻子帶著軍隊來維持秩序，魯國的三桓招待他，用了十一牢。因為按照周禮，十二是「天之大數」，一年也只有十二個月，當年范獻子不講道理，好大喜功，敝國才按天子減一頭招待他——如果貴國人真不在乎周禮，一定要這百牛，我們也不敢有意見。（范獻子最近徹底倒臺了，所以魯國人才敢說他非禮。）

使者把意見報告到吳王那裡去了，很快答覆回來：就要一百頭牛，少一頭也不行。

魯國人看惹不起，只好宰了一百頭牛招待。

除了魯哀公，夫差這次還召集了附近的鄫、郳兩個小國的國君。在盟會上，魯國被迫承諾：如果吳王以後要和哪國打仗，魯國要派出八百輛兵車隨同作戰。之前，在齊魯夾穀之會上，魯國服從了齊國的盟主地位，到現在，吳國就取代了齊國的角色。

郳國比較小，也承擔了六百輛兵車的義務。其實按郳國的國力，根本沒能力提供這麼多兵車，也許要繳納一些財物代替，史書沒有詳細寫，就搞不清了。春秋時還有個說法：國君親自出戰，就等於己方戰車數量增加了一倍，也許郳國的國君要親自效力，折算成三百輛兵車。

這時掌權的季康子膽小，怕吳國人，躲在家裡沒參加這次會盟。夫差不太滿意，因為誰都知道魯君是傀儡，掌權的是季氏。吳國太宰（丞相）伯嚭派人到曲阜，請季康子來參會。季康子知道這是要找自己麻煩，更不敢去了，忙派人給會議現場的子貢送信，讓他好好替自己遮掩解釋一下。

子貢受命上門解釋，伯嚭很有意見：我們大王、你們國君不辭辛苦到這裡來，他季氏一個大夫，反倒端著架子不出門，這就是你們的周禮嗎？

子貢說：我們這是怕你們大國啊，你們都不按周禮跟我們打交道，我們怎麼敢堅持周禮？再說，我們國君來開會，總要留個大臣看家啊；你們吳國的祖先，是我們周文王的大伯泰伯、二伯仲雍，當初讓賢跑到了南方，被當地土著擁戴成了頭領；泰伯還穿著周人的衣冠，過周人的日子，仲雍就按你們南方人的習慣，把頭髮剃短，身上紋了刺青，裸著身子過日子，這還是禮嗎？因為現實需要啊。

吳國人就愛聽泰伯、仲雍的故事，他們很忌諱中原人說自己是蠻族，把泰伯、仲雍說成吳王祖先，吳人就是文明人了，至少是曾經文明過。季康子缺席的事就這麼不了了之。

這次魯君、吳王會見，魯國人抱著應付的態度，以為對付過去了。吳國人卻覺得魯國徹底臣服於自己了，從此就是吳國的附庸。

子貢說的泰伯、仲雍逃到東南開創吳國的事，可能是杜撰出來的。按商朝後期的環境，很難從關中遷徙江南那麼遠，泰伯、仲雍的後人很可能在周滅商以後被封在了「虞」國，在山西省最南邊的平陸縣，緊挨著黃河。到孔子出生前一百多年，晉獻公搞擴張，「假虞滅虢」，順便把虞國也滅了，吳和虞古音相近，所以再以後吳國興起，就移花接木，把自己和已經不存在的虞國聯了宗。

子貢提到吳人剃短髮、紋身、裸體，應當是當時江南的風俗。當然，吳國上層和中原已經建立聯繫幾十年了，穿衣服肯定會接受中原的影響，而且北方冷，他們裸著到北方也受不了，但吳國下層人紋身、短髮的習慣，到孔子這時候似乎還沒太大改變。

## 有若像孔子

參加這次會盟的邾國（在山東鄒縣），是山東本地的土著小國，曹姓，長期是魯國的附庸。季康子看到吳王回南方了，就想攻打邾國，顯示魯國的獨立地位，他沒有參加吳王的會議，覺得那對自己沒約束力。

季康子先舉辦了一個宴會，把國內在位的大夫們都請來，席間談起了進攻邾國的打算。子服景伯堅決反對，說這會招致吳國的報復，孟懿子卻支持季康子的意見。宴會不歡而散，伐邾的動議不可更改。

季、孟二人覺得吳國太遙遠了，不可能真影響到魯國，而且，以國君名義做出的承諾，在三桓眼裡沒有任何分量，故意踐踏國君的形象，提醒外界誰是真正的主人，這一直是三桓的本能。

郲國人沒想到魯國（三桓）會對自己開戰。那時國境都不設防，魯軍一直開進了郲國都城的城門，聽到郲君宮裡還在敲鐘作樂，應該是在宴會，郲君聽說魯國人來進攻，不許抵抗，他說：魯國離我們太近了，吳國還在兩千里外，指望吳國來抵抗魯國是不可能的！

郲國就這麼被魯國占領、吞併了。魯人俘虜了郲君，先押到土地神的廟宇裡，向神明敬獻了一下，又安置到了一個地方看押起來。魯國人的這個土地廟叫「亳社」，裡面祭祀的是東方的古老土地神，據說它是殷商之神，喜歡接受被殺的人做祭品。到春秋晚期，列國關係解體，商人當年的恐怖祭祀曾有零星的死灰復燃，郲君這次僥倖保了條命。

一位郲國的大夫逃到了吳國向夫差求援，他控訴魯國背信棄義，不尊重吳國的權威，夏天盟會時做出的承諾，到秋天就拋棄了，如果這次不好好教訓魯國，中原列國都不會把吳王放在眼裡！

夫差當即帶吳軍北上伐魯，他這次準備搞個出其不意的偷襲，找了個嚮導——公山不狃，當初他據守費城對抗季桓子和孔子，失敗之後沒去找陽虎，而是逃到了吳國。在他的帶領下，吳軍穿過山地，開進了魯國腹地，一路攻占城鎮，進軍到魯都近郊（據說公山不狃還是「愛國」的，特意帶吳軍走了一條最難走的路）。魯國人稍微抵抗了一下，發現自己完全不是吳軍的對手。

有位魯國大夫微虎，想趁夜偷襲吳軍的營地，他帶了自己家的僕從、農奴七百人，讓這些人集合起來原地跳高，看誰跳的時間長、體能好，這樣選出來三百壯漢，這裡面有個年輕人叫有若，字子有，他後來也成了孔門弟子，而且，有若模樣長得很像孔子。

魯國上層這時已經不想抵抗了，要服軟和談。所以有若這次當敢死隊員的願望沒實現，不然他很可能就死於戰場了，再沒機會當孔門弟子，也根本不會被歷史記錄下來。

接下來吳、魯談判，魯國正式（再次）承認夫差的霸主地位，雙方舉行祭祀，向天神盟誓，魯國還釋放了邾國國君，恢復了邾國的疆土。

## 齊魯反目

吳軍剛撤退，齊國和魯國的關係又鬧僵了。這時在位的是齊悼公（陽生），是齊景公的兒子，他和魯國的淵源太複雜，需要專門說說。

老齊景公臨死前，指定了一個年幼、母親地位又低賤的公子荼繼位，結果景公死後不久，大貴族們就內鬥起來了，陳乞（陳僖子）害死了小國君，驅逐了好幾個輔政的大貴族，需要重新考慮繼位的人選。公子陽生已過中年，他本來帶著兒子在魯國避難，被陳乞請回去當了國君，就這麼成了齊悼公。那是孔子在楚國拜見楚昭王時候的事。

陽生在魯國避難的時候，新娶了季康子的一個妹妹，季姬（意為季氏家的女子，姬是姓），悼公回國繼位的時候沒顧得上帶走，這時要派人接過來。但季姬在老家有個真愛的相好（好像還是她同宗的一個堂叔），不願去齊國當君夫人，揚言：敢把我送到齊國去的話，我就把這些事兒都抖出來，大家都別想過日子！

魯國人不敢送走季姬了。魯國人本來保守，女人的禮教也嚴，春秋幾百年裡，這麼敢愛敢恨沒心眼的魯國女人，真沒第二個。齊悼公陽生一怒之下，就派兵打了魯國一次，這時的齊國國力已經不強，他就想拉吳國做盟友一起教訓魯國，專門派了使者去吳國請兵。不久後，魯國人做通了季姬的工作，把她送到了齊國，齊悼公很高興，季姬過上了齊國的奢華日子，也回心轉意，跟合法夫君琴瑟和諧。齊悼公又派人到吳國，說我們又跟魯國和好了，上次說的聯合攻魯的事情就算了……

在吳王夫差看來，魯國已經臣服了吳國，「打狗還要看主人」，齊使第一次來談打魯國，夫差心裡已經有點不高興，但沒明確表態；幾個月後齊國人反悔，夫差更怒了，他覺得這是拿自己太不當回事，而且他要借機教訓齊國，讓它也承認自己的霸主地位。

夫差一面整頓軍隊，一面派使者到魯國，要魯國準備好兵力，等吳軍到了一起攻齊。因為季姬的關係，這時魯國已經和齊國和好了，但盟主吳王發話，魯國人不敢違抗，只好備戰。

吳越之人，就是現代的江蘇、上海、浙江人，在後世很文明，文化程度也高，明清兩朝一直是出狀元最多的地區，但春秋時代還不行，晚到秦朝和西漢，這裡人都有「剽悍輕躁」的名聲，就是脾氣不好，動不動就發火，打起來不要命，春秋列國都有點懼怕。

魯哀公十年（西元前四八五年），孔子六十八歲。這年年初的寒冬裡，吳軍開到了魯國，邾、郯兩個小國也參加了聯軍。

大戰在即，齊國內部先亂了，貴族們殺了齊悼公，遣使向夫差求和。

這時的夫差已經到過幾次中原，也接受了一點中原的觀念，比如不能「伐喪」，就是敵國國君去世、辦喪事期間不能攻打，他正在成為中原的霸主，也想按中原的道義辦事，就接受了齊人的求和，還在軍中給齊悼公舉行了三天祭奠儀式，然後班師回去了。

齊悼公被大臣們殺掉這件事，《左傳》記載太簡略，具體過程都沒有。《史記》倒是提到，這次殺齊悼公的是貴族鮑氏，大臣們又從悼公的兒子裡選了一位公子壬，立為國君，就是齊簡公。

夫差這次北上伐齊產生了一個新想法：中原諸侯習慣駕馬車，但吳國在江南，馬少，那裡是水鄉，人們更習慣駕船，如果能修一條運河，從江南連接中原，以後吳軍北上就方便了。於是他下令開鑿運河，從吳都（蘇州）貫通到長江，再從長江溝通到淮河。淮河有一條北方支流泗水從魯國發源，所以從長江到淮河、到泗水，吳軍乘著船就可以一直到中原了。如果把泗水上游改造一下，就能和濟水、黃河聯通起來，這就是後世著名的京杭大運河，現代人都以為它是隋煬帝開鑿的，其實在隋煬帝之前一千多年，很多河段就都陸續開通了。

## 春秋版《戰爭與和平》

齊簡公上位的第二年，為報復吳、魯聯軍攻齊，開始出兵攻打魯國。

齊軍正在開進的消息傳來，魯國人自然是向吳國求援，但遠水不解近渴。季康子沒了主見，向大管家冉有徵求對策，冉有說：您三桓留下一個人看家，另外兩個簇擁著國君、出境抵抗啊！

季康子不敢。

冉有說：那就在咱們國內部署抵抗。

季康子上朝，拿這意見跟孟懿子、叔孫武叔兩位商量，那兩人還是膽怯。季康子回來又跟冉有商量。

冉有說：他們兩位不願打仗，因為您季孫家才是真正在魯國做主的，齊國人要算帳，也是沖著您個人來的，他們兩位不用擔責任。這次您要是退讓不戰，就是終身的恥辱，以後在諸侯裡面都抬不起頭了。他們兩家不出面，您就一個人帶著軍隊出城，死保曲阜，不敢跟您出戰的，以後做人也沒面子。魯國先君留下來的公族家支這麼多，都比齊國戰車的數量還多了，一個家族對付一輛齊國兵車，應該綽綽有餘吧，您還擔心什麼？（可見國君家族繁衍的數量之多。）

季康子總算下決心迎戰了，但他還要走個程序，跟國君彙報一聲，就讓冉有陪自己一起去。兩人頭天約好，上朝前在某處大街碰頭。

結果冉有先到了碰頭的地點，季康子還沒到，叔孫武叔和孟懿子的車卻結伴過來了，他們也是去上朝。叔孫武叔老遠看見了冉有，朝他喊：聽說你們準備打仗了啊？

冉有說：這是你們君子的大事，我這種小人怎麼知道！

孟懿子停了車，非要問個究竟，冉有說：您二位問的是軍國大事，我這種小人物，別管是智力還是體力，都沒參與的資格。

孟、叔二人都知道冉有這是暗含褒貶，諷刺自己居高位沒擔當。孟懿子年紀大，老油條了，沒做聲，叔孫武叔年輕氣盛，大喊：你這是說我不像個男人！（是謂我不成丈夫也）[1]

於是他下決心參戰了，讓車夫打馬回家，朝也不上了，立刻徵集自家的武裝力量。

看到季、叔兩家都準備打仗，孟懿子不敢太立異，也召集自家的兵車人馬，準備參戰。

---

1 見《左傳・哀公十一年》。

魯國徵集的兵力編成了兩個軍：季氏家族的武裝構成左軍，冉有是主帥，有七百輛兵車，當時一輛兵車通常搭配十名步兵。

冉有還有一支三百人的獨立步兵，都是武城人，用長矛做武器。武城是季氏的勢力範圍，現在當武城宰的是孔門弟子言偃，字子游，他經常給武城的平民百姓搞教化、宣傳孔子的學問，所以武城人很有點啟蒙主義的氛圍，本來跟打仗無關的青壯年農民，這時也踴躍參戰。因為冉有、言偃這些人都是平民出身，但能改變命運出人頭地，這是榜樣的力量。

孟孫、叔孫兩家的武裝聯合構成了右軍，由孟懿子的兒子孟彘擔任主帥，他這時還沒到二十歲的成人年齡，被稱為「孟孺子」。孟家雖然同意參戰，但心裡還在遲疑觀望，集結時間比季氏的左軍晚了五天。

左右兩軍都是接近一萬人的規模，當時制度就是「萬人為軍」。魯國人尚左，就是以左邊為尊貴，所以冉有既是左軍的統帥，也是兩個軍的總指揮。魯君和三桓族長都沒有出戰。

左右兩軍的主帥都乘坐戰車，為主帥駕車的馭手、擔任衛士的車右，也要是出類拔萃的人物。冉有的車右就是他的同學樊遲（字子須），樊遲這時三十六歲，當初他曾經想跟孔子學種莊稼、種菜，現在卻站到了大夫的位置上，親歷一場貴族經典式的國運之戰。

樊遲長得瘦弱，季康子看見了，說：「子須當車右，也太弱了點吧？」因為車右從來都是選身強力壯的人。冉有說：「他打仗肯拚命。」關鍵時刻，他更信任老同學。

給右軍統帥孟孺子駕車的叫顏羽，他很可能是孔子母親家的封主，陬邑屬於孟孫家的勢力範圍，所以顏氏的人要作為孟氏的武裝參戰。

都城裡的老弱也調集起來，集結在國君的宮殿外面，預備著城外一旦戰敗，敵人衝進來時保衛國君，其象徵意義大於實際。

魯哀公的一位堂兄，公叔務人（魯昭公的兒子之一），也帶著一個少年孌童去參戰——那時同性戀的風氣已經介紹過了。馬車駛過國君宮外，他看到那些擔負起戰士職能的老弱百姓，感動得流淚了，說：本來就捐稅多，勞役繁重，老百姓還要為國家做這些，要是治國的卿大夫沒才智，士人不肯為國戰死，怎麼對得起老百姓呢？我話已經說出來了，就不會辱沒自己！

《左傳》裡的這段記載，頗有點像托爾斯泰的《戰爭與和平》，俄國貴族青年們告別了莫斯科或彼得堡的文藝沙龍，投身抗擊拿破崙的衛國戰爭……它雖然和齊魯之戰好像時間、空間距離太遠，但都是貴族社會晚期，上流社會小圈子的年輕人走向戰場的心路。甚至歐洲近代啟蒙主義、人道主義的一些萌芽，在孔子的時代也零星出現了。拿破崙戰爭那樣席捲全歐洲、洗蕩舊階級的大變革，在中國歷史裡類似的是秦的統一戰爭和滅亡秦國的大起義，「王侯將相寧有種乎」，它們雖然遠比歐洲的大革命時代粗樸瓠陋，但這兩千年的時差本身就是一個奇蹟。

齊軍這時已經開到了曲阜郊外不遠處。魯國軍隊集結完畢，開始前進，兩軍之間隔著一條水渠。齊國人不想主動衝鋒，準備守在水渠後面，他們判斷魯國人應該不敢主動迎戰，可能虛張聲勢一下就撤退了，到時齊軍在曲阜郊外做一點象徵性的破壞，也就可以回國交差了。

魯軍到溝前都停了下來，沒人敢帶頭衝過去。冉有一時沒了主意，樊遲說：「這溝不是過不去，是人們都懷疑你沒有權威。你派人重申三次紀律，再宣布進軍，還有畏戰不進的，軍法處置。」

冉有照著做了，魯軍果然開動起來，很快涉過了水渠。冉有看到齊軍採取守勢，魯國的戰車不容易衝過防線，就下車帶著三百名長矛步兵跑在最前面，他們破壞了齊軍設置的路障，直接衝到了敵軍佇列裡，這樣，魯國左軍和齊軍右翼混戰在一起。

孟孺子率領的魯國右軍也在接近齊軍，孟孫家族本來就不想打仗，裝裝樣子而已，看到離敵軍越來越近，想撤退又不好意思下令，他的車右知情，大喊：「把馬趕起來！」馭手顏羽會意，打馬掉頭朝後方逃去，孟孫家的人立刻都跟著他回逃；叔孫家的人隨大流，看孟孫家撤了，也緊跟著向後逃命。

左翼齊軍看對面的魯軍居然不戰而潰逃，開始啟動戰車追擊，無奈孟、叔兩家人早心有準備，別管駕車的、徒步的，早已經跑沒了。

齊國人也是應付公事，追出一段，只見到了一個扛著戈緩步「撤退」的魯國人。這是個叫林不狃的年輕士人，可能也跟孔子上過課，結果學得比較要面子，他的戰友們逃跑的時候，都招呼他快跑，但他說：那不是顯得我跟你們一樣了？

戰友說：那你就留在這抵抗吧。林不狃說：那不是顯得我比你們強太多了？

結果他就是慢慢往回走，被追上來的齊軍砍死了。這是左翼齊軍唯一的戰果。

孟氏有個叫孟之反的人也比較要面子，他故意駕車跑在最後面，逃進城以後他還謙虛：不是我不急著逃命，馬跑不快啊。

冉有左軍和齊軍混戰了一番，雙方逐漸都向後撤，又拉開了距離。魯軍班師回城，清點一下戰果，斬獲敵軍首級八十個，自己的損失大概也差不多。

四五萬人的一場大戰，戰死百餘人，雙方都覺得驚心動魄，產生了很多可歌可泣、著之竹帛的言行。這就是春秋晚期中原國家的一場典型戰爭，寡頭政治已經徹底走上了末路。

齊國人也覺得損失大得難以承受，從下午到入夜，營地裡都一片喧鬧混亂。半夜裡，魯國人悄悄派出了幾個偵察人員，他們回來報告：齊國人趁黑夜撤退了。

冉有要追擊齊軍，季康子不答應，冉有請示了好幾遍都被否決。季康子不想太得罪人，他這季氏家族還要一代代傳下去呢。

然後就是為戰死者操辦喪事，孔門弟子幹這個是老本行。多愁善感的公叔務人，和他的小男寵一起死在了戰車裡，這個男寵還沒成年，按習俗不能上戰場，也不能舉行成人規格的葬禮，孔門弟子專程派人到衛國，向孔子請教此事。

孔子說：只要能執干戈（盾牌和戈）保衛社稷的，就應該得到成年人的葬禮。於是魯國人按成人標準埋葬了他。[2]

齊魯這場郊之戰（曲阜郊外的戰役），在春秋不算什麼有影響的大戰，但對孔子師徒很有意義，因為弟子們都嶄露頭角了。魯國三桓專權的局面已經徹底沒有活力，危急關頭需要這些出身低微的小人物來挑大梁，冉有帶著步兵用矛衝鋒，也不是春秋貴族們的經典戰法，而是戰國戰爭的先聲。

---

2 見《禮記·檀弓》下。

郊之戰之後，季康子看到冉有這些人表現不錯，就問冉有：你這打仗的本領，是自己天生就會，還是跟人學的啊？

冉有說：這是跟我老師孔子學的。

季康子沒怎麼跟孔子打過交道，因為孔子離開魯國已經過十年了，那時季康子還小，他就讓冉有說說，孔子這人怎麼樣。

冉有說：我老師現在是國際有名的人物，您要用他，老百姓都服您，也對得起列祖列宗。而且，我老師最重視道德，要是想拉他幹壞事，就是給他一千個村子做封邑，他也不幹。

季康子表示可以考慮請孔子回國。但還沒來得及著手，另一場大戰就降臨了。

## 吳齊會戰艾陵

齊魯戰爭還沒結束，因為三個月之後，夫差帶著吳國大軍趕到了。他要徹底打垮齊國；吳國人這次來了上、中、下、右四個軍。魯哀公作為附庸國的國君，要與夫差同行，三桓族長和子貢也隨同出征。

魯國的軍隊基本沒有參與戰爭，夫差看不上他們那點戰鬥力，他也沒和魯國君臣舉行見面宴會，這套周禮對夫差太繁縟無聊了。

吳軍在曲阜準備完畢，溯汶水而上，穿越魯中山區向齊國腹地進發，沿途攻占了兩個齊國小城鎮，於周曆五月底、初夏時節到達艾陵（今山東萊蕪東北）。

齊國人在這裡集結了幾乎全國兵力：上、中、下三個軍。雙方安置好宿營地，選擇了開闊地勢作為戰場，戰車和步兵開始列陣，一場東方世界的霸主之戰即將爆發。

齊國人是中原習慣，上軍在左翼，下軍在右翼，中軍居中。吳國人卻是蠻夷的習慣，以右邊為上，所以從左到右依次是：下軍、中軍、上軍、右軍，吳王夫差親自指揮中軍。

雙方的兵力應當都是戰車兩千多輛，步兵三四萬人。吳國人兵力略多，所以吳國戰陣比齊國寬出來一些，從右向左看，吳國右軍對著齊國上軍；吳上軍對著齊中軍；吳中軍對著齊下軍，吳下軍前方卻是空白。

兩軍部署佇列的時間裡，夫差巡視中軍，和魯國君臣聊了幾句。叔孫武叔引起了他的注意，特意叫過來問：你的職務是什麼？

叔孫說：敝人是從司馬（副司馬）。

叔孫武叔本來是魯國的大司馬，主管全國軍事，但在宗主國的君王面前，就不能用魯國的官銜了，要降半級。

夫差下令賜給他一套盔甲、銅劍、長鈹（鈹似長矛，但矛尖造型是一把短劍）。叔孫武叔一時不知道怎麼回答，他這輩子沒朝覲過周王，不會應付這種場面。子貢在旁邊站著，忙走上去替他回答：「州仇我穿上這甲冑，從此追隨上君！」還替他向吳王答拜。

子貢這個回答，屬於貴族答謝上級禮物的規範用語，他用「君」來代替「王」，是不想落下背棄周王的口實。當然，這只是在特殊場合不想留下把柄，平常見了吳王肯定還要稱呼「王」。

齊國人那邊，全軍上下都籠罩在不安躁動之中。如今齊君沒有權威，幾家大貴族爭權奪利，很難形成統一意志，但作為老牌諸侯，貴族們又不願顯得畏戰丟了面子，所以參戰的貴族子弟們都做出了各種矯情、激烈的宣誓表演，比上次魯國人的言行還要誇張。

很多人聲稱，這次戰爭自己決心一死，還和朋友互贈禮物，相約一起戰死。

一位公孫夏讓自己的部屬唱起了送殯的喪歌；一位東郭書提前處理遺物，把自己的琴送給了老朋友；陳氏一個大夫讓部屬都準備好含玉（下葬時含在嘴裡，據說可防屍體腐爛）；一位公孫揮讓部屬每人準備條繩子，他說，吳國人頭髮短，砍了頭都不好提，只能用繩子串起來！

齊國的三軍，老牌貴族國氏構成中軍，統帥為國書，這次齊君沒來參戰，他就是最高指揮；老貴族高氏組成上（左）軍，統帥是高氏族長，這就是當年孔子曾經工作過的高家；其餘貴族家族的武裝組成了右軍，統帥是個名氣不大的宗樓。陳氏、鮑氏等相對新興的貴族武裝都在右（下）軍裡面。

戰鬥開始後，吳國的右軍迅速擊潰了對面的齊上軍；國書指揮的齊中軍卻一心決戰，迅速擊潰了吳上軍。吳中軍的夫差看到自己右邊的勢頭不好，已經被敵軍突破，便顧不上進攻對面的齊下軍，轉而進攻國書。齊中軍冒險突入太多，陷入了吳人兩軍的包夾之中，損失慘重，國書戰死，人頭也被割走。

齊右翼的下軍也沒太強的作戰意志，陳氏、鮑氏這些人狡猾，早知道對抗吳國是費力不討好，迫於面子來參戰，看到自己的中軍已被合圍，上軍已經潰逃，也開始不戰而逃。

戰鬥結束，吳軍清點戰果，俘獲齊兵車八百輛，斬首三千，除了主帥國書，還斬獲多名齊國大夫，比如那位唱喪歌的公孫夏，送琴的東郭書。

吳國人把這些人頭和戰利品集中起來，舉行了一個贈送給魯哀公的儀式，因為吳軍此次北上，就是要替受欺負的魯國復仇，找回公道。

魯哀公派人把國書人頭送回齊國軍營。人頭被裝在一個新竹箱裡，黑色布料做裡子，四周用絲帶填充固定，最上面是一封帛書，寫著：「天若不識不衷，何以使下國！」——如果上天無知、無心，怎麼能讓塵世的屬國敬畏呢？

這是慶幸自己這方戰勝，覺得受到了上天保佑。

這次吳齊艾陵大戰，讓魯國人真正見識了一下什麼是真正的戰爭。相比之下，孔門弟子們抗擊齊國的郊之戰更像一場集體遊戲。

吳國的霸主地位不容質疑，魯國不敢再有什麼非分之想，只能安心在南蠻保護傘下過附庸的日子。至此，孔子為相時代的外交格局已經徹底翻轉了，唯一保留的，是魯國和衛國的親密關係。

# 第十九章　在三桓的魯國（六十八—七十歲）

回家看孫子——顧問都是虛的——見到季氏還是緊張——可以批評一下三桓——夫差又來了——黃池之會

在孔子進入老年之後，他以前發起或者參與過的政治事業，都在隨著時間而新陳代謝、時過境遷。同時，他的學生們正在成長起來，變成政壇上的活躍人物，他們需要孔子的影響力，但在工作中必須適應環境，又不可能完全貫徹孔子的教導。所以，孔子晚年的政治時局就和孔子本人若即若離了。

其實不止是孔子，任何歷史大人物的一生，諸如秦皇漢武、唐宗宋祖，都有這種週期性的現象：早年間單打獨鬥、白手起家，個人的智慧和能力都發揮到了極致，史傳記載也相當精采；到了晚年，大人物也會難以掌控自己開創的局面，只能被晚輩、下屬們挾持著，做出一些身不由己的事情，甚至成為別人的旗號。英雄暮年，都難免如此。

如果只從敘事的角度考慮，沒必要完整展示孔子的一生，用他在黃河邊的悲劇場景作為結局，就是最精采、最簡潔的。

但如果要瞭解完整的孔子，他最後的幾年歲月也不能捨棄，除了他在這最後幾年裡編輯了「六經」，還因為這幾年他的學生們事業有成，整個師生團隊有了影響力，也更加團結。所以在孔子去世後，這些學生還能在一起總結、傳播孔子學說，整理編寫《論語》《禮記》等書籍，記錄下孔子的生平事蹟，傳遞給後世。

孔子不是含著金湯匙出生的貴冑，本來沒有被歷史文獻記載下來的機會，他只有完整經歷他的一生，才有可能和今天的我們建立起聯繫。

假設孔子在六十歲左右就去世了，他的學生團隊也會隨之瓦解，不會留下什麼關於孔子的文字記載，我們後世也不可能知道孔子這個人了。對於很多歷史人物，壽命本身就很重要。

## 老人歸來

艾陵之戰後，季康子要正視孔子問題了。現在孔子已經六十八歲，剩下的時間可能不多了。當初季桓子把孔子攆走，對季氏的形象有負面影響，如今孔門弟子在魯國、在季氏家族供職的人多，正好實現和解，把那一頁翻過去，不然等孔子死在國外，這疙瘩就不好解開了。

季康子先跟大管家冉有商量。冉有說：您要叫我老師回來當然好，但您別拿他當個能使喚的角色，別給他安排什麼具體的工作。

這個要求當然容易滿足，冉有其實是覺得孔子的理念太過時了，在現實裡完全沒用，只會惹大老闆生氣。

但還有別的問題，當初孔子當官的時候，有些人跟他作對，抓了公冶長和南容，這也有必要做個結論；冉有建議季康子給這些舊事平冤昭雪，把製造冤案的幾個人趕出魯國。《史記》記載，這幾個人叫公華、公賓、公林，可見都是公族成員。

季康子都照辦了，然後備了厚禮，派人去衛國請孔子。

孔子這時在衛國也有麻煩。這次是主政的孔文子和自己的女婿鬧僵了，就要變成內戰，還想拉孔子給自己助陣。孔子最不願摻和別人家裡的內鬥，正好落葉歸根，回魯國去。

而且，他的孫子孔伋剛剛出生——孔鯉的妾生的，孔鯉屬於老來得子，現在孔子回家，正好祖孫三代團聚。

魯國朝廷給他安排了個合適的工作：擔任了史官，負責編寫朝廷每年的「大事記」，這個工作很輕鬆，兼職就可以做，我們後面在「六經」部分還會介紹。

他這次回到魯國，就再沒有離開，直到七十三歲去世。

## 軍隊國家化

孔子最後生活在魯國的這幾年，季康子對他完全是國老、國師的待遇，但沒給他安排實職，不用管具體事。魯國朝廷可能象徵性給他發一點俸祿或補貼，但不會太多，晚年孔子過的還是相對清貧的生活。

孔子回國的時候，齊魯戰爭才結束幾個月，魯國還在擔心齊國的報復。季康子想擴充魯國的兵力，而且齊魯戰爭也暴露出來了問題：各家貴族都打小算盤，不願給國家出力打仗，都想擁兵自重保存實力，所以要建立國家軍隊。

這個動議，很可能是冉有向季康子提出的，具體辦法是：按貴族們封邑的地產數量收錢，用來組建國家軍隊。這種專用於軍事的稅收叫「賦」，它字形一邊是「貝」，海貝在上古到西周都是錢幣；另一邊是「武」，表示錢的用途。

這種辦法也不是魯國人發明的，晉國人以前曾嘗試過，但落實起來不容易。因為在貴族寡頭共和的體制下，軍隊都是幾大寡頭私家的，現在主政的頭號寡頭提倡「軍隊國有化」，各家貴族不再養私兵，別家難免會懷疑這位的動機：我們把錢交上去了，我們的私兵變成所謂「國家軍隊」了，但還是你這位執政官掌握的啊，會不會變成你一家獨大？

季康子想到了孔子，讓冉有去徵求孔子的意見，希望他能支持新政。孔子聽了冉有彙報，說：「這事我不懂。」冉有再問，孔子就不說話了。冉有著急：您現在是魯國的國老，國家大政等著您拿意見呢，您一定要表個態！

可孔子還是沒說話——他不想當著別的學生發表不同意見。等就剩他和冉有兩個人的時候，他就直說不贊同，因為他只認周公創立的那套制度；要強化國家政權，把貴族階層的權威和利益都剝奪了，他沒法接受。

季康子也顧不上孔子的意見，還是開始推行新政策了，這種所謂專家論證就是走個過場。當然，季康子這新政最後沒能成功，因為孟孫、叔孫兩家不肯配合，三桓下面那些小貴族也不願丟掉自己的利益。

如果這輪新政推行成功，魯國就算開創戰國變法的先聲了。形勢發展到這一步，國家政權該朝哪一步走，大趨勢已經很明顯了，無能如季康子也看得出來，但如果寡頭共和的均勢太強大，幾家互相掣肘，集權這一步就始終邁不開。

孔子雖然沒擔任實職，但他住在曲阜，朝廷有大事開會的時候也可以去列席一下，所以經常能見到季康子。《論語》裡記載季康子和孔子的對話很多，都是他向孔子諮詢問題。孔子講的一半是大道理，一半是推薦自己的弟子。

孔子和季康子談先朝舊事，說起過衛靈公。孔子對衛靈公印象不好：好色、近小人、怕老婆。季康子問：要是這樣，衛國怎麼沒亡國？

孔子解釋：衛靈公手下有幾個能人，有人擅長外交，有人擅長打仗，有人專管祭祀，這樣，國家就不至於垮臺了。[1]

這對季康子有吸引力。誰都想自己過得舒心，還能江山永保。他問孔子，您這幾個弟子，子路，子貢，冉有，他們從政的本事怎麼樣？

孔子說：子路果敢，子貢世故，冉有懂實務，你讓他們辦事，肯定沒問題！[2]

## 三桓還是很囂張

孔子回魯國半年後，魯昭公的遺孀，就是從吳國娶來的那位同姓的夫人，去世了。孔子當年追隨過昭公，現在盡最後一次君臣之義，穿上孝服去弔唁了。弔祭完昭公夫人，孔子還要去季康子家解釋一下，希望季氏別對自己有什麼想法。

車到季家門口，孔子忽然想起來，把孝服脫下來，才進季氏家門。他想起了五十多年前，自己穿著孝服去季氏家赴宴、和陽虎的那次遭遇，那時季氏家長季武子，是現在季康子的四代祖父了。[3]季氏家的大門，對他曾那麼威嚴、神祕、不可逾越。現在，年近七旬的孔子也不敢掉以輕心。

孔子回國兩年後，他的老學生孟懿子去世了，孟孺子繼位（孟武伯）。孟懿子曾經請孔子當過一年半家庭教師，但他很忌諱孔子追隨魯昭公和後來搞的「墮三都」政策，對孔子很疏遠。

在季康子時代，孔門弟子們都給季氏工作，孟孫家族有所顧忌，擔心季氏獨大，孟武伯當家長後，也向孔子打聽幾個弟子的本領，問他們夠不夠「仁」的標準。

孔子說，仁的標準太高，不好說，但子路能給千輛兵車的大國管軍事，冉有能給百輛兵車的大貴族當管家，公西赤能搞外交，在朝廷上接待外賓，這些人都是搞行政的人才。[4]

孔門弟子這個時期紛紛當官，除了冉有、子貢、子路、高柴、言偃，還有卜商當莒父宰，宰予、樊遲等人也都有職位。

更厲害的是閔子騫，季康子想讓他當費城宰，他就是不答應。因為在他看來，費城宰是季氏的職員，不是國君的大臣，身分太低，還不如在汶河邊當個隱士。[5]孔子年輕時候就沒這底氣。

孔子的這些弟子當官，和孔子當大司寇的時候一樣，是只拿年薪，沒有封邑，職位不能世襲，雇主三桓家族不滿意了隨時可以辭掉他們。這和原來貴族世襲官職的做法完全不一樣，是官僚政治的雛形，所以閔子騫不能接受，他留戀的還是老貴族制度，有名正言順、世代傳承的爵位和封邑。

給季氏當武城宰的言偃出身平民，在武城也熱中搞平民教育。孔子有次到武城，聽見平民百姓家裡也在彈琴唱歌，練習禮樂，覺得有點好笑，說「殺雞怎麼值得用牛刀？」

言偃說：我以前聽您講道理，說君子、小人，都應該學點「道」，君子學了道就會行仁政，小人

1《論語．憲問》：「子言衛靈公之無道也，康子曰：『夫如是，奚而不喪？』孔子曰：『仲叔圉治賓客，祝鮀治宗廟，王孫賈治軍旅。夫如是，奚其喪？』」

2《論語．雍也》：「季康子問：『仲由可使從政也與？』子曰：『由也果，於從政乎何有？』曰：『賜也，可使從政也與？』曰：『賜也達，於從政乎何有？』曰：『求也，可使從政也與？』曰：『求也藝，於從政乎何有？』」

3 孔子歷經的季氏五代人依次是：季武子、季悼子（早夭，未繼位）、季平子、季桓子、季康子。

4《論語．公治長》「孟武伯問子路仁乎」條。

5《論語．雍也》：「季氏使閔子騫為費宰。閔子騫曰：『善為我辭焉！如有復我者，則吾必在汶上矣。』」

學了道，就容易使喚。

孔子也贊同言偃，他對其他學生說：言偃說得對！我剛才那句話是開玩笑，你們不要當真！[6]

孔子和他出身低的這些學生，對底層百姓還是有感情，這和貴族出身的人不一樣。之前齊魯戰爭，言偃治下的武城農民充當長矛步兵，幫著冉有打了勝仗，這已經不是貴族的戰爭遊戲方式了，但孔子師徒還沒有修改遊戲規則的能力。

孔子的學生們當了官，就要按三桓的意志行事，難再實踐老師當初教的「道」了。冉有給季康子當大管家，最有勢力，但孔子對他的不滿也最多。

季氏家已經是魯國最富的了，冉有還整天想辦法幫他搜刮賦斂、增加收入。這類消息經常傳到孔子耳朵裡，孔子發怒說：冉有不配當我的學生！學生們誰見了他，就替我罵他、打他！[7]

冉有被搞得很緊張，再和季康子謀畫什麼事，盡量瞞著不讓孔子知道。

在孔門弟子裡，冉有的身分比較模糊，我們不知道他出身於什麼家庭。從他的作為和受到的待遇看，應該不是貴族出身，他是孔門弟子裡面最善於鑽營的，有勇有謀，但最終也沒能真正進入世襲貴族的那個圈子。

這時的季康子完全不把魯哀公放在眼裡，季氏家裡的很多禮節都和國君一樣，甚至要和天子一樣。

比如，季康子要到泰山獻祭，按照周禮，泰山是天子才能祭祀的，這是僭越。孔子找冉有質問：這事兒你就攔不住？冉有說：我管不了。孔子氣得沒辦法，說泰山神有靈，不會保佑你們。[8]

季康子想吞併魯國緊鄰的一個小國，顓臾，孔子也不滿，對冉有和子路兩人講了半天道理（子路在衛國幹事，這次不知道為什麼來魯國了），想讓他們勸季康子住手。這倆人不聽，裝糊塗，孔子也沒辦法。[9]

不僅季氏，其他兩家也都僭越。本來只有天子祭祖收場時可以演奏〈雍〉這支曲子，它是王室專用，歌詞都是頌揚天子的祭祀場面如何莊嚴，諸侯公卿都來盡職。但是到孔子晚年，三桓家祭祖都演奏〈雍〉了。孔子說：你看那歌詞裡唱的，三桓家裡怎麼會有那麼大場面！[10]

看到三桓家族這麼壟斷權力、為所欲為，孔子也只能罵一罵，他現在人老、資歷深，和年輕時候不一樣了，就算說些不中聽的話，三桓就當沒聽見、隨他去，反正他罵了也沒什麼用；而且，孔子的學生們都是給三桓打工的，這讓孔子很為難，他就算自己已經無欲無求，但也不能把學生們的老闆真得罪了。

6《論語．陽貨》：「子之武城，聞弦歌之聲。夫子莞爾而笑，曰：『割雞焉用牛刀？』子游對曰：『昔者偃也聞諸夫子曰：「君子學道則愛人，小人學道則易使也。」』子曰：『二三子！偃之言是也。前言戲之耳。』」

7《論語．先進》：「季氏富於周公，而求也為之聚斂而附益之。子曰：『非吾徒也。小子鳴鼓而攻之，可也。』」

8《論語．八佾》：「季氏旅於泰山。子謂冉有曰：『女弗能救與？』對曰：『不能。』子曰：『嗚呼！曾謂泰山，不如林放乎？』」

9《論語．季氏》「季氏將伐顓臾」條。

10《論語．八佾》：「三家者以〈雍〉徹。子曰：『「相維辟公，天子穆穆」，奚取於三家之堂？』」

## 夫差霸業巔峰

孔子返魯後，魯國仍然生活在吳國霸權之下。越王句踐的「十年生聚」已經完成，正準備開啟對吳國的復仇戰爭，但吳國和中原列國還沒有察覺到。

孔子回魯國的第二年（魯哀公十二年），吳王夫差準備再次北上，召集會盟，他這次的目標是讓衛國臣服，先派了一名使者到衛國傳達此意。衛國的貴族們分歧很大，有人堅決不願服從吳國，還暗殺了吳使。

不久，夫差帶著吳軍北上了。到這時，吳國人溝通江、淮的運河體系可能剛完工，因為他們是趁著夏天雨季北上的，這是為了在北方行船方便。魯哀公得到通報，先趕到淮河邊迎接夫差，這次出行比較遠，子服景伯和子貢作為外交官員隨行。

吳國太宰伯嚭轉達吳王的旨意：準備和魯國再進行一次盟會宣誓，重申魯國對吳王的附庸關係。魯國人自然不願意重複這種屈辱的儀式，哀公讓子貢把這件事推掉。

子貢向伯嚭說明：向神宣誓一次就夠了，如果再有第二次，說明第一次的已經失效了，第二次的效力也未必能持久，而且按照周禮，不應該向上天重複彙報同一件事。聽了這個解釋，吳人放下了再次盟誓的念頭。

接下來，夫差帶著魯哀公北上，進入衛國境內，並再次邀請衛出公來參加會見。年輕的衛君輒只好硬著頭皮來了，他知道抗命的後果很嚴重。宋國迫於壓力，也派了一位大臣皇瑗參會。

衛出公、魯哀公和皇瑗先私下舉行了一個盟誓，沒敢讓夫差知道，主旨大概是為了生存、先要維持好和吳王的關係，但是衛、魯、宋三國應該保持中原傳統的團結，把蠻夷當道的這段日子熬過去，期待以後出現轉機。

吳人不會寬恕使者被殺事件，衛國人在會盟場地安置好帳篷之後，吳國軍隊就在衛出公的帳篷外打下了一圈籬笆，把他監禁起來了，也不按國君的標準招待他。顯然，下面等待衛出公的是一場審判。

衛國人不是沒經歷過這種國際審判。當年晉文公稱霸前，衛國國君擅自滅了同姓的邢國，又投靠楚國，晉文公戰勝楚國之後召集諸侯開會，對衛君進行審判，證詞都對衛君不利。晉文公讓一個巫醫毒死衛君，結果巫醫受了賄賂，把毒藥調得比較稀，衛君上吐下瀉折騰了半天，沒有死。後來晉文公的火氣小了點，覺得再殺掉一個同姓國君也不太好，才把衛君放回去了。

這次，子服景伯和子貢商量：衛君被吳王懲戒，對我們魯國和孔門子弟都不是好事，因為子路等師兄弟在衛國很受重用，萬一衛君倒臺了，他父親蒯聵太子殺回去，同學們在衛國的工作和家產就都沒了。

子貢於是以私人身分去拜見伯嚭，按照士大夫初次相見的禮節，還帶了一捆絲綢作為禮物（之前他們的見面是公務，不是私人結交）。兩人先聊了一些公務以外的話題，慢慢說到了衛國的事情上。

伯嚭說：「我們君王一直想拜見衛君，可衛君這次來得太晚，我們君王怕有什麼不測，就先把他保護起來了。」這是春秋外交語言，盡量自謙，對嚴重的事態輕描淡寫。

伯嚭家本來是晉國卿族，他祖父在寡頭內鬥中失敗，逃到了楚國安家，到伯嚭這一代，又因為楚國內部的爭鬥逃到了吳國，很受重用，所以他懂中原這套外交辭令。

子貢說：「衛君這次來參會前，跟國內大臣們會商，大臣們有的贊同，有的反對，所以來得晚了點。那些贊同國君來的，都是親吳的，反對的，都是反吳的。現在您抓了衛君，是讓親吳的一方丟臉，給反吳的一方打氣啊。這樣對待諸侯，恐怕就不好樹立霸主形象了！」

伯嚭對子貢的解釋很滿意，下令釋放了衛出公。然後吳、衛舉行盟誓，確立了宗主和附庸關係。[11]

衛出公這時可能還不到二十歲，以前沒見過南方蠻夷。這次見到服飾、習俗都很不一樣的吳國人，讓他很開心，甚至學了些吳國語言（吳國宮廷上層人可能會說一些中原語言，但也沒丟掉吳語，下層人則都是說吳語），回到衛國之後，還經常把一些吳國詞掛在嘴上，大臣們開始緊張，覺得這位國君會有更出格的舉動。

次年，夫差再次北上中原，在黃池舉行盟會，這次他向周王室和晉國發出了邀請。黃池在鄭、衛、宋三國之間，今河南省封丘縣，是標準的中原腹地，夫差希望通過這次盟會，正式確立吳國在中原的霸主地位。

近百年來，晉國一直和楚國分享霸主地位，現在楚國衰弱，晉國內戰初平，無暇外顧，也不希望和吳國翻臉，執政趙簡子特意陪晉定公來參會，隨行的晉軍也很多。

夫差倒沒奢望讓晉國承認自己的「王權」，他只是想取代楚國的地位，和晉國分享霸權。因為這次夫差不是要強調自己的王權，周王室覺得面子上能接受，也派了一位大臣單平公參會。單是這位大臣的封邑，平是諡號，王室的大臣雖然封地不大，但級別高，和諸侯國君一樣也稱為「公」。

會見的關鍵環節還是盟誓儀式。夫差為了顯得自己聲勢壯大，想讓魯哀公以附庸的身分隨同參會。魯國其實已經承認了這種關係，但是在老霸主晉國和周王代表面前以這種身分出場，就太丟面子了。子服景伯和子貢商量了一番，對吳國人說：「這次大會，你們吳王是以霸主的身分出席，霸主還是諸侯，而不是王，所以這種情況下，我們魯國還是你們附庸的話，我們的身分就被壓得太低了，甚至比小小的邾國還低。以前我們盟誓：吳王一旦有事，魯國要提供八百輛兵車參戰，但我們身分被壓低以後，就不能提供八百輛了，只能是邾國的一半——三百輛，這才合乎我們的新身分。您覺得這樣對吳國有好處嗎？」

夫差和伯嚭商量了一下，同意了子服景伯。

最後是盟誓儀式，最關鍵的「歃血」環節，就是用祭牲的血敬獻上帝，然後由盟誓者喝下，象徵上帝已經聽取了、保佑了盟誓內容。

盟誓先要在地上挖一個長方形坑，南北走向，在坑邊殺一牛、一馬，用盤子盛血，還要割下牛的左耳朵，由盟主握在手裡（成語「執牛耳」就是當盟主的意思），先端盤子敬天神，然後自己喝下一口血，再遞給排第二的盟誓者，依次敬上帝、飲血……與會者都喝完之後，一起念誦盟誓的誓詞。最後把牛馬屍體在坑內擺好，上面放盟誓的帛書、玉器（也有直接寫在玉器上的），填土埋好。

這個儀式，應當來自周人部落時代的結盟典禮，還保留著「茹毛飲血」的原始風尚。到春秋時候

11《左傳・哀公十二年》。

它也進化了一些，一般不大口喝血了，只是象徵性抿一小口，或者用手指蘸一下，舔一下，甚至是用手指把血抹在臉頰上就行了。

吳、晉盟誓的時候，為誰第一個「歃血」的問題又爭起來了。

吳國人說：我們始祖吳泰伯，是周文王的大伯，你們始祖是周文王的孫子，我們輩分在前面！

晉國人說：我們晉國是上百年的霸主，周王室都承認了的。我們應當是第一個！

雙方僵持了半天時間，趙簡子甚至考慮索性和吳國人打一仗，分個輸贏。

這時的夫差剛剛得知後院起火：就在他帶大軍離開吳國之後，越王句踐發起了進攻，打敗了吳軍，吳太子也戰死，但吳都城暫時保住了。求援的使者接連趕來，夫差擔心消息洩漏軍心動盪，下令祕密處死這些使者，一晚上就在帳篷外殺了七個人。

最後晉、吳雙方還是舉行了盟誓，至於誰「執牛耳」在先，史書有不同的記載，有的說晉定公在先，有的說夫差在先。事實可能是晉國占優勢，因為晉國人還耗得起，吳國人耽擱不起了。

在準備班師的時候，夫差已經有點精神不正常了，他想起子服景伯推卸掉魯國附庸身分的動議，覺得傷了自己面子，想把他抓回吳國去。子服景伯說：「我這次出發前，已經在家裡指定了繼承人，沒什麼牽掛了。吳王要扣押我，我就帶兩輛車、六個人一起走，什麼時候出發都行。」

吳國人帶著子服景伯走了一段，覺得這麼做沒什麼實質意義，又把他放了。夫差想到宋國人對自己不太老實，又想順路滅掉宋國，把男人都殺掉，女人孩子都擄到吳國去。臣下感覺他有點精神失常，好歹把他勸住了。[12]

這次夫差南歸之後，吳國在越國的攻勢下越來越削弱，再沒有能力顧及中原。夫差十餘年北上求霸，有虛名而無實利，最終斷送了新興的吳國。

這也是春秋史一直上演的一幕：「蠻夷」國家沒有貴族寡頭政治的傳統，集權程度高，能迅速崛起，可當他們接觸到「文明」的中原世界，會被這裡複雜的文化和遊戲規則吸引，也想按照中原的政治規則來當霸主，維持中原舊秩序，這又立刻降低了他們的戰鬥力和擴張性。楚國、吳國相繼走過這個歷程，而在吳國滅亡後，取代它的越國也走上了這個循環。

12 以上史事來自《左傳·哀公十三年》。

# 第二十章　葬禮中的暮年（七十—七十三歲）

兒子先走了——痛哭顏回——宰予在齊國——大夫的喪禮預演——子路無謂喪命——作為一個商族人死去

## 與兒子的隔膜

孔子生命的最後幾年沒什麼開心事。他回到魯國第三年，兒子孔鯉死了。這年孔子七十歲，孔鯉五十歲。

孔子沒見過自己的父親。他一輩子提倡孝道，把父子關係想得很美好，但他和兒子卻有點不知道怎麼相處，對兒子的感情沒法表達。《論語》裡記載過一件孔子父子相處的事例：

孔子弟子陳亢，就是和子貢關係很密切的小師弟子禽，曾經問孔鯉：令尊對您有什麼專門教導嗎？

孔鯉說：沒有啊……（想了陣子，想起來了）有一次，父親一個人在房前走廊下立著，我從院子裡小步快走過去（「趨」，是下人在尊長面前的禮節，顯得恭敬和緊張），父親叫住我說：「你學過《詩》嗎？」我說：「還沒有。」父親說：「不學詩，就沒法上場面說話。」從那以後，我就開始自己學詩。還有一次，他老人家又一個人在那兒站著，我又小步快走過去，父親叫住問我：「你學過《禮》了嗎？」我說還沒有。父親說：「不學禮，就不知道怎麼做人。」我就又開始學禮。從父親那兒聽教導，就這兩次。

陳亢事後很得意，說：「我問一句，居然知道了三個道理——詩和禮的用處，還有就是，君子一定要跟兒子保持距離！」[1]

孔鯉描述的這個場景，後世叫「鯉對」，就是孔子對孔鯉訓話。〈滕王閣序〉裡面的「他日趨庭，叨陪鯉對」，就是這個典故。

孔子和他的弟子們相處很隨便，高興就誇，不高興就罵，有時還開玩笑，像他說顏回，哪天你有錢了我去給你當管家。顏回比孔鯉還小十一歲。但在孔鯉面前，孔子端著架子總放不下來。父子關係裡面，他提倡的是「孝」，晚輩對長輩要處處恭敬；反對的是「慈」，就是反對長輩對晚輩太好，他的禮節處處防範「薄於孝而厚於慈」。[2]學生從孔子這兒學到的，只能是「君子遠其子」。這種父子關係很像《紅樓夢》裡的賈政賈寶玉父子。中國傳統社會，合格的父親是「嚴父」，得讓孩子們怕才行，孔子和賈政式的父親最多。

孔鯉下葬，「有棺而無槨」，槨是套在外面的大棺材，普通老百姓用不起。孔子當過大官，但也沒什麼積蓄，買不起這套大棺材；他這輩子一直在幫別人辦喪事，給自己兒子卻辦不起一場體面的葬禮，他的難受還不能在人前流露太多。兒子從生到死，他這父親當得都很難。

孔鯉近五十歲才得子，他死時這兒子（孔伋，字子思）才兩三歲。孔伋是妾生的，這個妾又被趕出家門到衛國去了，我們前面介紹過。

1《論語．季氏》：「陳亢問於伯魚曰：『子亦有異聞乎？』對曰：『未也。嘗獨立，鯉趨而過庭。曰：「學詩乎？」對曰：「未也。」「不學詩，無以言。」鯉退而學詩。他日又獨立，鯉趨而過庭。曰：「學禮乎？」對曰：「未也。」「不學禮，無以立。」鯉退而學禮。聞斯二者。』陳亢退而喜曰：『問一得三，聞詩，聞禮，又聞君子之遠其子也。』」

2《禮記．坊記》。

## 送別顏回和無為之樂

沒過多久，顏回也去世了，時年四十歲。孔子這次哭得痛快淋漓。他哭喊：「老天這是要我的命啊！（天喪予！）」[3]

弟子們勸他：「您傷心得有點過了。」

他說：「過了嗎？我還能為誰傷心啊！」[4]

他也許把喪子的哀痛也一塊兒哭出來了。兒子從生到死他都沒太親近過，也許是故意壓抑著。可以說，孔子一直沒適應父系家庭，他從小習慣的是母系家庭，所以和顏家人相處得更親密，感情表露得更真實。

顏回家也買不起槨。顏路想讓孔子把馬車賣了，給顏回買槨。孔子說：我兒子孔鯉下葬，就沒有槨。你的我的都是兒子，就一樣吧。再說，我是退職大夫，出門也不能靠走路啊。[5]

弟子們實在看不過意，湊錢給顏回置辦了稍微體面的葬禮。孔子歎息：顏回這孩子，一直拿我當父親。我沒拿他跟兒子一樣對待，都是這些學生們搞的啊。[6]

顏回死後一年，家裡辦祭禮，按風俗也給孔子送來了祭肉。孔子親自出門收下，回到屋裡，獨自彈琴，然後把肉吃了。[7] 他感情實在無法發洩的時候，只能彈琴。

《論語》裡面，孔子對顏回的教導很多，最著名的是「克己復禮」這個說法。顏回問孔子怎麼做到「仁」，孔子說：克制自己的欲望，恢復周公的禮教，就是仁，哪天要能做到這一點，全天下就都達到仁義的狀態了。[8] 其實孔子這句話，似乎還是在說三桓那些當權者，他和顏回這種書生對天下的影響，真沒那麼大。

信徒也能操控人，讓被崇拜者膨脹起來，喪失對自己的清醒認識。顏回一輩子都在安貧樂道刻苦學習，一直得到孔子的表揚，在一定程度上，孔子也被顏回的行為綁架了，一直想刻苦修身，用「禮」整頓人間，一副與天下為敵的心態。

孔鯉和顏回，是讓孔子一直端著架子的兩個人，這兩人一個在家裡，一個在家外，陪著孔子的時間最長。當這兩個晚輩死後，孔子的心態就不那麼宏大、激進了，開始體會到日常生活的很多樂趣（不是刻意讚美窮生活的那種樂趣），學術思想也有轉型的趨勢，比如「老而喜易」，改造現實的念頭就不強烈了。他當大司寇時搞的那些內政都沒成功，魯國內部的問題依舊；國際上，他參與的東方聯盟早瓦解了；他一個人的努力在歷史洪流裡顯得很微不足道。

早年，他覺得人的階級差異、政治秩序是自古就有的，現在卻有了一套「大同」的說法。他說：人類最早的時候，沒有君主、政府、貴族、私有財產這些區分，人們生活完全平等，「天下為公」。財

---

3《論語．先進》：「顏淵死。子曰：『噫！天喪予！天喪予！』」
4《論語．先進》：「顏淵死，子哭之慟。從者曰：『子慟矣。』曰：『有慟乎？非夫人之為慟而誰為！』」
5《論語．先進》：「顏淵死，顏路請子之車以為之槨。子曰：『才不才，亦各言其子也。鯉也死，有棺而無槨。吾不徒行以為之槨。以吾從大夫之後，不可徒行也。』」
6《論語．先進》：「顏淵死，門人欲厚葬之，子曰：『不可。』門人厚葬之。子曰：『回也視予猶父也，予不得視猶子也。非我也，夫二三子也。』」
7《禮記．檀弓》上：「顏淵之喪，饋祥肉，孔子出受之，入，彈琴而後食之。」
8《論語．顏淵》：「顏淵問仁。子曰：『克己復禮為仁。一日克己復禮，天下歸仁焉。』」

產不是私有的，人也就不想只顧自己的子孫，對所有人都同樣關心。那時需要管理什麼公共事務，都是大家推選個聰明公正的人，他不會（也是不敢、不能）借機謀私，更不會想把權力傳給自己的後代。孔子說這叫「大同」時代。

但孔子又說，那個理想時代已經過去了，現在財產、權力都是私有的，在小家庭裡面傳承。私有帶來爭奪，所以普通人都要保護好自己的財產。大人物們為了保護自己的家族地位，還要興建城池，建立軍隊，制定各種刑罰。自從大禹以來直到周公，各種聖賢人物都是試圖維持好這私有制時代的社會秩序，所以搞了各種禮儀秩序，維護君臣、父子、夫妻、兄弟關係，但即便如此，各種爭奪乃至戰爭還是免不了。孔子說這叫「小康」時代，他就生活在這種時代，他提倡的所有政治秩序，都是試圖把「小康」時代的局面維持好。

至於人類為什麼從大同進入小康時代，是人心變壞了，還是人多、資源少了？孔子沒有解釋。「小康」以後還能變成什麼樣，孔子也沒說。

老年孔子歎息說：早年我經常夢見周公，現在已經很久不做這種夢了，這就是衰老了啊！[9] 其實這是他覺得恢復那套「周道」的希望太渺茫，太不現實了，所謂時過境遷、知難而退。

這時他更看重「無為」。據說上古的舜帝不愛管事，整天很悠閒，把事情都交給手下人去辦。孔子說：舜這就是無為而治啊！哪裡用得著忙忙碌碌？安安靜靜坐在位子上就行了。[10]

有時弟子們希望他開課講點道理，他也懶得講了，他說：我不想說什麼了。

子貢說：您要是不說，我們年輕人怎麼學習啊？

孔子是：老天說過什麼呢？四季交替，萬物生長，都是天的產物，天又說過什麼？[11]

這思想發展下去，就是老莊道家的「無為」理論。莊子的很多思想，其實在晚年孔子這裡已經有苗頭了。

政治上沒什麼追求，心態就更平和，能享受日常的休閒生活。一次他和幾個弟子坐著聊天，就流露了這種生活態度。

這次陪在孔子身邊的，是子路、曾點、冉有、公西華四人。比起孔子的年齡，子路小他九歲，曾點可能晚二十來歲，冉有晚三十來歲，公西華晚四十來歲。這五個人的年齡梯度很明顯。子路和冉有當著很重要的官，曾點和公西華可能只有低級職務，這幾個人都有自己工作，坐到一起也不容易。

孔子說：「我年紀比你們大點兒，你們也別太緊張，想些啥不敢說，過後又說『老師不瞭解我！』你們主動說說自己的理想，我才能瞭解你們啊。」

子路先說：「要是魯、衛這樣的千乘之國，夾在大國中間，時不時打仗，有時還鬧個饑荒。讓我來主政的話，幹上三年，能讓士大夫們都有打仗的勇氣，而且都懂規矩。」

他現在給衛國頭號貴族孔文子當管家，這是在替孔文子操心怎麼治國。

---

9《論語．述而》：「子曰：『甚矣吾衰也！久矣吾不復夢見周公！』」

10《論語．衛靈公》：「子曰：『無為而治者其舜也與？夫何為哉？恭己正南面而已矣。』」

11《論語．陽貨》：「子曰：『予欲無言。』子貢曰：『子如不言，則小子何述焉？』子曰：『天何言哉？四時行焉，百物生焉，天何言哉？』」

孔子笑了笑，沒發表意見，又問：「冉有，你的理想呢？」

冉有說：「如果有方圓六七十里，或者再小點兒，五六十里的小國，讓我主政三年，可以讓老百姓基本溫飽。至於禮樂教化，就要靠別的高人來幹了。」

孔子說：「公西赤，你的呢？」

公西赤說：「我不敢說我能幹什麼，只是希望多學習！像舉行宗廟祭祀，接見外賓，我希望能穿上禮服，當個禮儀助手。」

孔子說：「曾點，你的呢？」

曾點正抱著一張琴，他先彈了幾個舒緩的長音，放下琴說：「我和三位的大志向不一樣。」

孔子說：「怕什麼？大家都隨便說說而已。」

曾點說：「等到春末夏初，開始換上單衣的時候，能有五六個老朋友，帶上自家孩子，到郊外沂水邊游個泳，遇見求雨跳神的了，就再看會兒熱鬧，然後唱著歌回家。」

孔子長歎一聲，說：「我喜歡曾點這個主意！」

子路、冉有、公西赤工作忙，坐了一會兒就告辭走了。只剩曾點的時候，他問孔子：「他們三位說的怎麼樣？」

孔子說：「這又不是考試，沒什麼好壞，大家隨便聊聊想法嘛！」

曾點問：「那子路說完，您為什麼笑呢？」

「治理國家，最重要的是禮讓，他說話不謙虛，所以我笑啊。」

「冉有說的不是治國，算比較謙虛了吧？」

「六七十、五六十里的，也是個小國啊！(他還是有野心的。)」

「那公西赤說的算治國嗎？」

「宗廟祭祀、會見外賓，當然也是國事。公西赤說當禮儀副手，誰當正職他能服氣啊？」[12]

這是孔子晚年的心態，跟他四五十歲時很不一樣，和他被蔡人包圍那次跟學生們的談話也完全不同；他現在對經邦治國的大業都看淡了，更喜歡從日常生活裡找點兒樂趣。他說自己「七十而從心所欲，不踰矩」。[13]到七十歲就全想開了，在無法改變的現實世界裡能尋點兒開心。不過他這些學生們現在正年富力強，都想有一番作為，這也是人的生命週期律，都有道理。

## 宰予之死

在孔子晚年，齊國陳氏貴族的勢力越來越大。這個家族出自近兩百年前的一位陳國公子，他逃避陳國內亂到了齊國，被齊桓公接納，這個家族就用故國「陳」作自己的氏，在齊國繁衍下來，上古陳、田兩字同音，這個家族也叫田氏。

在齊景公死後，齊國君主幾度更迭，發生過很多次政變和內鬥，陳氏慢慢驅逐了其他的貴族寡頭，一家獨大，最後終於取代姜姓(呂氏)國君家族，成了齊國的正式君主，又變成了戰國的齊王家

12《論語．先進》「子路、曾皙、冉有、公西華侍坐」條。

13《論語．為政》。

族。孔子生命的最後兩年，恰好見證了陳氏取得獨尊地位的關鍵一戰。

前面說過，此時的齊簡公曾隨父親齊悼公在魯國避難，所以他們都有一點魯國的人脈。齊悼公是娶了季康子的妹妹，齊簡公則是結識了孔子弟子宰予，兩人交情不錯，簡公回國繼位後，需要得力的人主持政務，特別是防止自己被陳氏架空，就把宰予請到了齊國，讓他當丞相主持國政。

齊國有左、右兩個丞相，另一個就是陳成子（陳恆），他是當年陳僖子的兒子。這樣，宰予和陳成子的關係自然不會好。

宰予到齊國當丞相期間，齊國和魯國還是對立狀態，魯國借助吳的力量對抗齊國。所以宰予這個立場讓孔子師徒們很難堪，孔門弟子內部開始分化、對立了。不久，宰予和陳成子的矛盾激化，陳氏成員趁著宰予離開齊君宮殿的機會，衝進去綁架了齊簡公，又調集兵力和宰予對打，宰予失敗被殺死了。陳成子扣押了齊簡公一段時間，也把他殺了。

《左傳》記載，孔子聽到齊簡公的死訊非常憤怒，先齋戒三日，然後去見魯哀公，請求出兵攻打陳成子，理由當然是陳成子以臣弒君，大逆不道。齋戒三日，是參加大祭祀之前的準備，孔子這麼做是表示對此事萬分重視。

魯哀公說：齊國一直比魯國強大，您要討伐它，能打勝嗎？

孔子說：陳恆叛逆弒君，齊國人有一半反對他，再加上我們魯國，就能打敗他了！

哀公說：那您去和三家商量吧（寡人做不了主）。

孔子又依次去找季康子、孟武伯、叔孫武叔，沒人想和齊國作對，這件事不了了之。

宰予的身分還有很多謎團。他字「子我」，《左傳》的記載裡沒有出現「宰予」這個名字，幫助齊簡公和陳氏作對的是「闞止」，也字「子我」。後世有些學者覺得這闞止不是宰予，只是字偶然相同而已，但戰國後期的《呂氏春秋》寫此事，說被陳成子殺死的齊相就是宰予。[14]這到底是怎麼回事？

其實《左傳》的最後一段（就是孔子晚年和死後這幾年）是孔子的弟子續寫的，左丘明原著裡沒有這些內容，孔門弟子應該是不喜歡宰予投奔和魯國作對的齊國，所以要把他隱晦掉，就寫成了「闞止」。當時人可以有好幾個氏，「宰」或者「闞」可能都對，「止」和「予」字形相近，容易混淆，這可能是孔門弟子動心機之處。

《論語》裡宰予幾次出現幾乎都是負面形象，一次是他白天睡覺，被孔子罵「朽木不可雕也」。[15]還有一次，他當面質疑孔子提倡的「三年喪」，說這太久，很多事情都會耽誤了。孔子說：你想多久就多久吧，只要你覺得心安理得就行。[16]

《論語》是孔子死後弟子們編輯的，可能也是宰予親齊的政治立場，導致了他的師兄弟們只保留了他的負面信息。

但孔子迫切希望魯哀公討伐陳成子，是不是也有為宰予報仇的考慮？《史記》記載過孔子對宰予的一個評論：「宰予當初能言善辯，我以為他這種人浮華不可靠，後來證明我錯了。」[17]這可能是孔子得知宰予死訊後說的，因為宰予雖然在敵國服務，但他反對權臣，忠君而死，這是孔子最看重的德

14 見《呂氏春秋・慎勢》。
15《論語・公治長》：「宰予晝寢。子曰：『朽木不可雕也，糞土之牆不可杇也，于予與何誅。』」
16《論語・陽貨》：「宰我問三年之喪」一條。
17《史記・仲尼弟子列傳》：「孔子聞之曰：『吾以言取人，失之宰予；以貌取人，失之子羽。』」

行。

另外，同樣在《史記》的〈仲尼弟子列傳〉裡，還有個更矛盾的說法：宰予確實在齊國當官，但投靠的不是齊簡公，而是陳成子一黨，他幫助陳成子幹壞事、弒君，結果在內鬥中送了命，連孔子都為此感到羞恥。但這個說法沒有任何佐證，大概孔門弟子裡面有實在討厭宰予的，私下裡有這種說法，但自己也知道荒唐，沒好意思寫在書裡，但這說法傳到漢代，司馬遷沒加以甄別，就寫進了《史記》。

在齊簡公和宰予被殺的第二年，魯國主動和陳成子控制的齊國實現和解，代表魯國出使的官員是子服景伯，副使是子貢，他們是反對齊簡公和宰予的，所以等到陳成子掌權之後，迅速促成了齊魯恢復關係。

齊魯這次和解不符合孔子的是非觀，但在位者已經完全不在乎他了，包括這些忠心耿耿追隨他半輩子的學生。在政治上，孔子已經成了個過時而不識時務的老朽，難以適應新時代，弟子們也在暗中考慮他的身後事了。

## 喪事預演

年過七十後，孔子的身體狀況逐漸變差，有走到生命盡頭的跡象。

一次，他病得非常厲害，家人、弟子都以為老人就要離世，子路也從衛國趕來了，帶領眾弟子為老師準備後事。孔子弟子裡子路年齡大，追隨他時間長，現在在衛國也頗有實權，是孔門弟子裡名副其實的老大哥。

孔子和他創立的儒家最重視喪禮，他們的老本行就是給人辦喪事，現在給孔子準備喪事，弟子們肯定要拿出全部的知識和能力。

子路和眾弟子們有個擔心，就是孔子的貴族等級問題。孔子是士，這沒問題，社會上也都承認了，但他是不是比士再高一等的大夫，就有問題了。因為按照周人貴族制度，大夫身分有嚴格的標準，就是下面有沒有「臣」，喪禮也和這有關，有家臣參加、提供服務的喪禮，才是合格的大夫喪禮。這是孔子的短板。

「臣」不是簡單的奴僕、傭人。按照西周和春秋的傳統，大夫要從國君那裡獲得一塊封邑，有世代傳承的土地和農奴；同時，他還要把土地分封給下級貴族「士」，這些接受了封邑的士才是合格的家臣，要為封主提供服務，打仗時追隨封主出征，平時也可以做點管理家務工作。

這種封君和封臣的關係，是貴族「封建」社會最基本的政治特徵，封主不能輕易剝奪家臣的產業中止封建關係，家臣也很難頻繁更換主人，往往兩家庭之間的封主—封臣關係可以保持很多代。

有些大夫臨時雇傭士人工作，只給糧食薪俸，不給土地，嚴格來說這不能叫臣。孔子年輕時給季氏當職員，但他一直沒有季氏家臣的身分；他在齊國給高氏貴族打工，也不是真正意義上的家臣，這都是雇傭勞動關係。

孔子沒給別人當過家臣，他下面也沒有家臣，因為他自己沒封邑，更不可能封給別人。他能獲得大夫身分，靠的是曾經當過幾年大司寇，從法理上講，當這官必須從國君那裡獲得封邑，但魯國掌實權的是季氏，季氏沒批准給孔子封邑，他這大夫身分是不完整的，禁不起推敲，也沒法傳給兒子。

在春秋歷史裡，孔子是個很少見的特例。不過到他去世，春秋也快結束了，後來他這種情況就越來越多了，包括他的學生們，多數都和他一樣給貴族大夫打工，拿年薪而沒有封邑，是雇員而不是家臣。

孔子列名在冊的弟子裡，確定知道有世襲封邑的貴族，只有宋國的司馬牛，他是曾為難孔子的大司馬桓魋的堂兄弟，家族地位高，還是獨生子，有世襲封邑，但後來宋國發生內戰，司馬牛丟掉封邑逃亡到了魯國，變成了沒封邑的人。

子路如今為孔子準備後事，要按大夫的級別操辦，就要有家臣擔負特定的工作，子路只好變通一下，讓弟子們臨時扮演這角色，因為在孔子之前師生關係還不普及，師生之間的關係應該什麼樣，周禮裡面也沒規定，大家只能自己摸索。

現在孔子就要去世，弟子們給他扮演一次家臣，這不是降低自己身分，而是抬高，因為這能讓他們暫時扮演有封邑的士人。和孔子正式建立起師徒關係的，大都是社會地位低的學生，要靠孔子的社會關係找工作，甚至要給孔子打工幹點家務活；而且多數學生比孔子年輕三十歲以上，師生關係有些方面參照雇主和雇員的關係，有些方面參照父子關係，比較靈活。

除了按有臣的大夫標準準備喪事，子路還要為孔子舉行祈神的儀式。關於祈禱的內容，從後來的對話看，應該不是祈禱孔子恢復健康，而是希望他死後能順利上天堂，被上帝和列祖列宗接納。

但祈神的儀式還沒舉行，孔子從病危裡恢復過來了，喪事也不用辦了。

孔子知道了子路這些打算，很不高興，甚至大為光火：原來子路這些天都在搞欺詐！我本來沒臣，他偏按有臣來辦。我這是騙誰，騙老天嗎？

按照那時人的觀念，人死了要上天見上帝，是按下葬時的服裝、身分等級去。喪禮僭越，自然就是對上帝搞欺詐了。孔子堅持人世間這套等級身分不能作假，更不能自己壞了規矩：我死在你們這些學生手裡，不比死在家臣手裡好嗎？只要有你們，就算喪禮規格低了點兒，我用得著擔心拋屍荒野嗎？[18]

子路祈神的事也讓孔子有點不滿。他問子路：聽說你本來準備祈神的，有這事吧？子路說：有啊，這是有依據的，悼詞（誄文）不是都要寫嘛：「（為了死者能順利進入天堂）我們向天上地下的諸神祈禱！」

孔子說：要這麼說的話，我在人間幹的事都是祈神。他一貫反對用鬼神干預現實。只要活著行為端正，問心無愧，死了肯定能進天堂，不怕那個世界有「人」難為自己。[19]

子路和孔子有段對話，可能也跟這次有關。子路問孔子怎麼「事鬼神」，就是把鬼神哄高興，讓鬼神幫自己做事。孔子說：你連當今的活人都沒照應好，還想照顧好鬼神？子路又問：人死了會怎麼樣？孔子說：你活都沒活明白，想死有什麼用？[20]

不過弟子們提前準備喪事，孔子心裡是欣慰的：他兒子已經死了，孫子還小，沒法替他辦葬禮，有弟子們來操辦就不用擔心了。

---

18《論語．子罕》：「子疾病，子路使門人為臣。病間，曰：『久矣哉，由之行詐也！無臣而為有臣。吾誰欺？欺天乎！且予與其死於臣之手也，無寧死於二三子之手乎！且予縱不得大葬，予死於道路乎？』」

19《論語．述而》：「子疾病，子路請禱。子曰：『有諸？』子路對曰：『有之；〈誄〉曰：「禱爾於上下神祇」。』子曰：『丘之禱久矣。』」

20《論語．先進》：「季路問事鬼神。子曰：『未能事人，焉能事鬼？』敢問死。曰：『未知生，焉知死？』」

而且，經過這次「預演」，他也給弟子們把了把關，講了注意事項，下次真辦的話，就能全面貫徹他的理念了。

但子路沒能給孔子送終。

## 子路戰死

孔子七十三歲這年，流亡在外十六年的衛國老太子蒯聵終於殺回了衛國，趕走了兒子衛出公輒，子路死於這次事變。

原來，蒯聵的姊姊伯姬，早年嫁給了大貴族孔文子，生了繼承人孔悝。到這時候孔文子已經死了，孔悝是家長，又掌握衛國朝政，但他是個沒主見的人，占據戚城的蒯聵看到了機會，派人悄悄聯繫伯姬，讓她脅迫兒子孔悝發動政變，趕走出公輒，讓自己回去為君。

這一家人搞得太複雜，蒯聵和衛君輒是父子倆爭君位，孔悝是被媽媽和舅舅裹脅著，要趕走自己的表兄弟國君，換成舅舅當國君。

其實還有更亂的：守寡的伯姬有個情夫，英俊的家奴渾良夫。當初伯姬派他去戚城探望弟弟蒯聵，蒯聵乘機利誘渾良夫，讓他幫自己回國奪權，開出的條件是，自己一旦當了國君，就把渾良夫封為大夫，免死三次。

渾良夫是個奴僕，現在有變成貴族的機會自然興奮。他回衛都後給伯姬做工作，伯姬被情夫搞迷糊了，決定勾結弟弟、脅迫兒子進攻侄子。於是渾良夫又去祕密迎接蒯聵，兩人混進衛都，化裝成女人，趁黑夜坐車進了孔家，姊弟倆見面，先研究如何綁架孔悝。

伯姬平時養情夫、和兒子住得遠，這次她帶路，扛著一杆戈走在最前面，蒯聵和五個隨從穿上護身甲，抬著一隻綁好的豬跟在後面。

孔悝這時正在廁所裡出恭，糊裡糊塗被媽媽和十幾年沒見面的舅舅綁架了。扛的豬立刻用上了：這是用來盟誓的祭品，孔悝被迫和媽媽、舅舅宣誓一起政變，趕走出公輒。

然後，孔家的武裝被集合起來，向國君的宮殿進攻。太子、伯姬在孔府的一座高臺上設立了政變總部，孔悝也被關押在這裡。

孔府內宅管家發現不對勁，忙派人通知子路，子路急忙趕往孔家，快到時，看見師弟高柴正迎面跑來，他招呼子路：孔家出大亂子了，咱們趕快逃命吧，何必去那裡冒險！

子路堅持要去，因為他是孔悝的大管家，拿著主人的薪水要關心主人的安危。他一路跑進了孔家，在高臺下面朝上大喊：太子您綁架孔悝幹什麼？您就是殺了他，也有人跟您繼續作對！

子路在孔家當管家多年，有些對他忠心的家人，子路指揮他們準備放火，燒毀高臺，迫使太子釋放孔悝。

蒯聵很緊張，派了兩個死黨下來和子路對打，他們用戈砍子路，砍斷了冠帽上的帶子。子路按照儒家的禮——君子到死不解冠，忙動手繫帶子，結果被對手砍翻砍死了。古代男人都留長髮，先梳成髻子，再用簪子把禮冠別在髮髻上，如果禮冠掉了，頭髮就散亂披下來了，形象不佳。

混亂當中，衛出公輒出逃，到了魯國，也帶來了動亂的消息。孔子猜測：高柴膽小，會跑回來，子路怕是要送命了吧？

子路死得太不值，因為孔悝是被媽媽和舅舅劫持，加上他性格懦弱，基本不會有生命危險。子路作為一個外人，沒必要介入主人家庭內的這種爭鬥，再者，他這時已經六十多歲，打鬥也不是長項。

蒯聵在外流亡多年，對幫助過衛靈公、衛出公，就是幫過他父親和兒子的人恨之入骨，所以他下令把子路的屍體剁成肉醬，以儆效尤。這種把人剁成肉醬的做法，在春秋時代已經很少見了，但商代的人祭裡面經常有，也有專門的甲骨文文字。

不久之後，子路的死訊傳到了魯國，特別是子路被剁成肉醬這件事，讓孔子感到很恐怖，他讓人把廚房裡的肉醬都倒掉，從此再也不吃肉餡了。

## 哲人其萎

這時的孔子已經病重臥床了。

到了這年周曆的四月，春意盎然時節，一天清早，孔子居然能起床了，他倒背著手、拖著拐杖，在院子裡走來走去，嘴裡還念念叨叨，自言自語。這就是所謂迴光返照，《禮記》記載，他念念有詞的是：「泰山其頹乎？梁木其壞乎？哲人其萎乎？」

泰山不僅壯觀博大，在古人的觀念裡，它還是通往上帝居所最近的道路，在泰山祭祀上帝最方便，孔子居然念叨泰山要崩塌，這顯然有點不正常了。

子貢——對，還是子貢，他去齊國出差剛回來，這天來看孔子。

孔子正對門坐著，說：「子貢啊，你可算來了！昨晚，我夢見自己坐著，坐在正屋兩根柱子中間。

夏朝人停喪，在東廂房下；商人停喪，在正屋柱子中間；周人停喪，在西廂房下。看來，我還是商人了。」（這還是孔子的夏商周三段論。）

七天後，孔子去世了。他追求一輩子周道，到死才發現，自己還是個商人。

子貢可能也是商人後裔，所以孔子會主動跟他談這個。

孔子的喪事和葬禮都是弟子們操辦，據說融合了夏、商、周的三種不同禮儀；和孔子之前的囑託一樣，按照「無臣」的標準舉辦，其實是士級別的喪禮。

孔子十五歲獲得了士的身分，晚年當了二十多年有名無實的大夫，死時又回歸了士。

和孔子晚年給父母的墓修墳一樣，弟子們也在孔子墓上修起了墳。這個墳高僅四尺，接近今天的一米。[21]

孔子死後埋葬在曲阜城北郊外，泗水的北岸（那時的曲阜城址在泗水南岸，和今天不一樣）。這裡可能是曲阜士大夫的墓區，孔鯉已經埋在這裡了，孔子和孔鯉的墓緊挨著，一西一東；他父母的墳不在這裡。

師生關係幾乎是由孔子開創的，沒什麼禮節可以遵循，所以弟子們商議，比照兒子為父親服喪三年的禮制，也為孔子服喪三年。他們在孔子陵區外建了些簡易茅屋，一起祭祀孔子，整理他的遺著，繼續向年輕弟子傳授學問，逐漸形成了一個學院的雛形。

21 見《禮記．檀弓》上。

關於給孔子服喪的具體禮節，弟子們有爭議。子貢認為，具體行為可以比照為父親服喪，但不需要穿喪服，因為孔子給子路、顏回這些早逝的弟子服喪也不穿喪服；但有人認為該穿喪服，最後折衷了一下：當官的同學不能荒廢工作，平時穿禮服去上班，下班後回「學院」再穿上喪服，和同學們一起祭祀、講課。

孔墓外面蓋起了一百多所房子，形成了一個郊外街區，被稱為「孔里」。這裡到近代變成了著名的孔府、孔廟、孔林，「三孔」旅遊景區，還有人把這裡叫「闕里」，說這是孔子在曲阜城裡住的宅邸，他講學也在這裡。其實在孔子時代，他的墳墓還在曲阜城外，孔子活著的時候和今天的「三孔」沒什麼關係，這只是當時曲阜貴族的郊外陵墓區而已。[22]

孔子墓旁邊，是弟子親戚們為他蓋起的廟，到近一千年後的南北朝時代，還保留著初建時的格局：三間正屋，居中一間供奉的是孔子母親顏氏，西房裡供奉孔子，東房供奉孔子夫人。[23]

這座家廟裡沒有供奉孔子的任何父系親屬，反而有他已經離婚的妻子，顯得很奇怪，似乎更像是老顏家人搞的，因為孔子死時兒子孔鯉已經死了，孫子還年幼，操辦這座家廟的，可能都是孔子母系一方的顏家親屬——這也算是一點旁證，就是孔子妻子是顏家莊那個圈子的人，所以孔子死了以後，他這個已經離婚的妻子還是被放進了家廟。

在服喪弟子裡面，核心人物是子貢。他官位比較高，而且和各方面關係都好，孔子死後的各種活動主要是他發起的。為了保持同學團體的凝聚力，他甚至搞了個獨出心裁的舉措：讓長得比較像孔子的有若坐在教席上，接受眾弟子拜見。

前面說過，這和周人祭祖用「尸」的風俗有一定聯繫，尸必須是被供奉人的孫子輩，有若比孔子小四十三歲，符合這個條件；但他出身低微，入孔門也很晚，是孔子從衛國返回之後才開始拜師的，能見到孔子的時間只有四年，所以學問不太夠，資歷也太淺，如果沒有子貢這些大師兄撐腰，是端不起這架子的。

孔門弟子們在服喪三年之後，大多回家過正常日子去了。子貢則又在孔裡住了三年，維持著這個孔門弟子的聯絡中心。

22 見《史記·孔子世家》《史記·仲尼弟子列傳》《禮記·檀弓》上。
23 見《水經注》卷二十五《泗水》。

# 第二十一章　著述六經

「六經」是大百科全書——孔子熟悉樂器——真假《尚書》很有趣——為何老了才讀《周易》——和左丘明的恩怨——「六經」都有致命傷

## 高端學術：六經

孔子從南方返回衛國之後，就很少參與政界的事了，他開始收集、整理各種古代文獻，到他返回魯國後還在繼續做這個工作，最後的成果就是編訂了「六經」文本，在後世成了儒家最重要的經典。可以說，這是孔子生命最後十年最投入的事業。

「經」就是經典文獻，六經分別是《詩經》《尚書》《儀禮》《樂經》《春秋》《周易》。本書前面介紹過孔子的基本課程，所謂「六藝」，禮樂射御書數，那是比較初級的貴族基本功，六經就是更加高深的學問了。

六經的本質，用一句話來概況就是：截止到孔子時代的社會知識總集。

第一，時間上，它截止到孔子時代，但往前涵蓋的時間就很長了，有春秋的，也有西周的，甚至有傳說中的堯舜禹和夏朝、商朝的文獻。

第二，內容上，它是關於社會的知識，用現代的學科術語來說，屬於文學、歷史、哲學的範圍，自然科學的很少。這不是說古代人沒有自然科學知識，孔子早期的課程六藝裡面有所謂「數」，就是數學知識，但這些數學知識並沒有收錄到六經裡面去。

六經是截止到孔子時代的社會知識總集，也是華夏早期社會歷史的百科全書。如果後人想瞭解春秋和春秋以前的人怎麼生活，怎麼看待人和社會，這些幾乎都在六經裡面。

很多人還有一個誤解，以為六經都是孔子一個人寫出來的，其實不是，這些零散的篇章，在孔子之前都已經有了，它們是被孔子收集整理起來，編輯成了大部頭的書，並不是孔子的新創作。這不是貶低孔子的工作，因為孔子自己都說他是「述而不作」，就是只整理舊東西，自己不搞新創作。

下面分別介紹「六經」的內容，它們和孔子的關係。

一，《儀禮》，是各種貴族生活和朝廷禮儀的操作手冊，在前面「六藝」中已經介紹過了。這是孔門的老本行。孔子死後，又陸續出現了別人編寫的《禮記》和《周禮》兩部書，也被後世的儒家列入了經典，這樣「六經」的範圍就開始擴大了，最後變成了「十三經」。

二，《樂經》，現在沒有了。有人說樂都是樂曲，本來就沒有寫成過文字，古代還沒有書面記樂譜的方法，都是盲人樂師代代相傳，但那些樂曲也都失傳了。

孔子晚年回魯國以後，先幫宮廷樂隊調整了樂器的音階。這時的魯國朝廷已經很撐不起場面，盲樂師們也逐漸凋零，後繼無人，朝廷樂隊演奏荒腔走板，沒人重視。那時沒有現在的樂理，確定音階很麻煩（後來到漢魏晉，經常有朝廷樂器音階不準的時候，誰也不知道該怎麼調），孔子這次從衛國回來，發現了這個問題，經他手才調準了。[1]

他以前跟盲樂師在一起混的時間也不少，但那時心思沒全在音樂上面，到老了才回歸本真層面，看山就是山，看水真是水。

三，《詩經》，是從西周到春秋時候王朝和各國的歌謠，共有三〇五篇，長短也有區別。這些歌謠分成三類，所謂「風雅頌」：

〈頌〉類似現代的政治頌歌之意，都很宏大莊嚴、冠冕堂皇，有很多周人或者商人部落階段的史

1《論語．子罕》：「子曰：『吾自衛反魯，然後樂正，《雅》、《頌》各得其所。』」

詩，用於在祭祀祖先、國家慶典等儀式上合唱伴奏；

〈雅〉主要是貴族們寫的，內容多是貴族士大夫的家庭生活、政治工作，它的正規程度比〈頌〉低一點，主要是在貴族宴會上唱，分成〈大雅〉和〈小雅〉兩部分；

〈風〉是很通俗的民間歌謠小調，其中有很多情歌，按國家、地區分類，比如鄭風、秦風、王風（王室直轄區地區）等等。〈風〉雖然內容通俗，但未必都是底層百姓創作的，它的作者來源很雜，有貴族也有底層農民，不能按階級搞分別。

不過孔子平時教詩不是教文學賞析、讓弟子們當詩人。前面說了，春秋後期的外交場合要賦詩，士大夫宴會也要賦詩，就是引用《詩經》裡的詩句表達自己的想法。所以孔子教訓弟子說：你們就算把詩經三百篇都背下來了，要是當地方官幹不好，當外交官說不好，有什麼用？[2]

《詩經》的作用，孔子歸納有六條：

可以引發話題，這叫「興」。就是先背兩句詩，再開始說正事。現代的民歌〈信天遊〉等等，還有這種「起興」的寫法；

可以瞭解各國的風土民情，這叫「觀」。因為詩經按國家分類，看不同國家的詩，就知道了它們各自的歷史、風俗；

可以跟人打交道，這叫「群」。因為詩經裡有很多社交詩（特別是〈小雅〉部分），酒宴上唱的，可以教人社交禮節、規矩。

可以譏諷時弊，指桑罵槐，這叫「怨」；還可以學事父、事君，在政界工作。因為詩經、主要是〈小雅〉裡有很多政治詩，有宣誓效忠周王的，也有政治失意、抱怨控訴的。

最後，還能學各種草木鳥獸的名字，像幼兒的「看圖識字」，或者中小學的自然常識課程。[3]孔子理解的詩實用性都很強，這其實不是詩歌的本意。不過，詩畢竟通俗、好懂，孔子給弟子開課，最先講《詩經》，學生有興趣，容易入門。他讓兒子自學也是從《詩經》開始。學了《詩經》之後就是《儀禮》，當儒生的基本功，最後是《樂》，孔子最喜歡的留在最後面，算是最高境界。[4]

四，《尚書》，意思就是古代的政治文獻。從傳說的堯、舜、禹開始，然後是夏、商、周朝，分別叫〈夏書〉〈商書〉〈周書〉。這些書大都是帝王的大會發言稿，內容有安排接班人、戰前動員，還有針對某人、某事的講話，比如封一個大臣當諸侯，或者針對當前貴族的酗酒等不良風氣，發表專門談話，這些講話稿匯總起來就是《尚書》，孔門弟子學《尚書》，就是在學古代史。

當然，這些上古帝王的所謂講話稿來源比較複雜，特別古老的、堯舜禹時期的未必可靠，很可能是周朝人（西周或春秋）編造的，但從商朝的開始，這些講稿內容就比較可信了。

另外還有個麻煩，就是從漢代以後，有些人為了私利，號稱自己有重大考古發現，借機偽造了一些《尚書》篇章；當時人識別不出這種偽造的，給它們叫「古文尚書」，也把它們收入了《尚書》的範圍；之前那些真的篇章，卻被稱為「今文尚書」（這些名稱有自己一套來歷，這裡不多介紹）。

到清朝的「乾嘉學派」搞考據工作，基本上把後來偽造的這部分《尚書》篇章都識別出來了。今天

---

2《論語・子路》：「子曰：『誦《詩》三百，授之以政，不達；使於四方，不能專對。雖多，亦奚以為？』」

3《論語・陽貨》：「子曰：『小子何莫學夫詩？詩，可以興，可以觀，可以群，可以怨。邇之事父，遠之事君；多識於鳥獸草木之名。』」

4《論語・泰伯》：「子曰：『興於《詩》，立於禮，成於樂。』」

看看這真假兩部分《尚書》很有趣，比如商代部分，真《尚書》（今文的）裡的商王講話都很凶橫，全是威脅恐嚇，不需要講道理；假《尚書》（古文的）裡的商王，卻都是滿口仁義道德。

孔子在彙編《尚書》的時候，可能有意識地捨棄了一些他不喜歡、不想要的文獻，比如前面提到過的《逸周書》，它字面意思就是「散逸的、沒有被彙編起來的《周書》」，裡面記載了很多不那麼冠冕堂皇的、甚至是血淋淋的歷史，比如周武王滅商之後一度大肆搞殺人獻祭。可能孔子不想讓後世人知道商周之際那段比較血腥的真實歷史，就把《逸周書》這些篇章都捨棄不用，導致它們在後世一直沒沒無聞。

但反過來說，不知道哪個有心人把《逸周書》匯總起來，讓它傳了兩千多年直到現在，這本身也是一個奇蹟。這個彙編者也許還是孔子，只是他把這個版本藏得比較嚴實、沒產生太大影響力而已。

五，《周易》，是算卦用的。那時人們幹大事前都要算卦，問問神明的旨意，舉行典禮、祭祀、宴會之前也要算卦。算卦有兩種：一是用烏龜殼或牛肩胛骨，火燙以後看甲骨裂開的紋理，紋理開裂的方向能代表吉凶，這叫「卜」，這個字形就像甲骨上裂開的縫；第二種是用草棍運算，因為古人也拿草棍算數學題，像後世的算盤，運用到算命上很方便，這叫「筮」。卜用的龜殼、筮用的筮草都很有講究，古人認為龜殼、筮草越是珍貴難得，算出來的卦就越準。

孔子時代還有個占卜方面的趣事。當年跟隨魯昭公出逃的那位臧昭伯，他家有一個祖傳的大龜殼，很珍貴，誰都捨不得用，還給這個龜殼專門蓋了間豪華的房子，一代代傳下來到臧昭伯這輩，被他堂弟臧會偷出來了，拿它給自己算了一卦，臧會算的問題是：自己是當君子好，還是當小人好？卦象結果是當小人好。他從此就專門研究怎麼搞亂臧昭伯家，後來他投靠了季氏，臧昭伯追隨昭公出逃，季平子就讓臧會當了臧氏的家長，臧會由此感歎：不服不行，這龜殼就是靈驗啊。

但孔子早年對《周易》似乎不太感興趣。《易經》和其他算卦的技術，本質上都是一套符號，代表不同的人或事，用符號推算的結果來預測人事，孔子以前做學問、搞教學，都是「述而不作」，就事論事，不創造新理論。他自己研究問題，包括教弟子，都是「溫故而知新」，鼓勵類比，舉一反三。所以他覺得能搞明白具體事就行了，從沒想提升到「理論」的高度，更用不著求助占卜算卦。在可靠的經史記載裡，孔子從沒對卜筮發表過什麼看法，更沒自己動手算過卦。

那時卜筮是很專門的技能，做這工作的人叫「史」或「祝」，往往是家傳世襲的本領，一般人可以不用研究。

孔子是晚年才對《周易》感興趣，《史記》記載，孔子晚年讀《周易》手不釋卷，翻得太多，編竹簡的皮條都斷了很多次。他晚年關注《周易》，似乎跟陽虎有點關係，因為《左傳》記載，在孔子六十六歲那年（魯哀公九年），趙簡子陣營曾經商討一件大事，意見有很大分歧，最後陽虎用《周易》算了一卦，他的結論被趙簡子採納了。

不知道是不是受陽虎的影響，晚年孔子開始對《周易》這套符號理論感興趣了。他說：要是我五十歲時學了《周易》，就不會犯那些大錯了！[5]

五十歲是他從政的開始，知天命的時候，他現在後悔，又想用《周易》幹什麼？難道是發現了符號理論的精妙之處，想重新搞一套理論學說？這些都很難回答，但《周易》引起孔子興趣的直接後果，

5《論語・述而》：「子曰：『加我數年，五十以學《易》，可以無大過矣。』」

就是他收集了這方面的各種文獻，彙編到了自己教材裡去，《周易》這才進入了「六經」之列，被傳到了後世。

六，《春秋》，是編年體的近代史，它和孔子的關係太複雜，需要專門解說。

《春秋》本來是魯國的官方檔案，國內外有什麼大事，隨時記載，但篇幅不大，都是寥寥數語。

史官記載這個幹什麼用？後世一直搞不太清楚，一種可能性是，當時諸侯國之間有所謂「赴告」制度，就是本國有什麼大事，要及時通知「有外交關係」的國家，比如國君去世、繼位、和外國打仗、和外國國君會盟等等；本國朝廷發出去的這種彙報，以及收到的來自外國的彙報，時間長、積累多了就編輯成冊，成了史書。這種檔案保密，一般人看不到，有專門的史官保管。

孔子沒當官的時候看不到這些檔案，當大司寇的時候能看到，但他那時忙著治國理政，沒顧上學問。只有到他六十八歲回了魯國，兼任了朝廷的史官，才有機會把往年的《春秋》都抄出來，整理成書，給弟子們學歷史用。因為弟子們想當官，光知道古代史不行，得知道兩百多年以來國內、國際的大事。

貴族家有自己的家譜、家學，那些窮人家出身的學生，就只能靠孔子抄出來的《春秋》學歷史。孔子很重視歷史教育。他說，光講大道理，不如講事實深刻、明白，[6]拿歷史和現實裡的興衰成敗，當後人的借鑑。

官方文獻都有個問題，就是忌諱太多，貌似冠冕堂皇、光明正大，實際上很多事不敢說明白。比如春秋時候，楚國、吳國國君都稱王，但《春秋》裡面，只給他們叫「楚子」「吳子」，這是官方報導的腔調，因為周人的諸侯不能承認還有別的王，只好掩耳盜鈴。

有人說，這都是孔子的「微言大義」，暗存褒貶，背後的講究很多。這麼說就是想多了。只要有朝廷的地方，就有冠冕堂皇的面子文章，這跟孔子無關。

再比如，孔子出生前一百二十多年，周王朝發生過一起兄弟倆爭天子的事，所謂王子頹之亂。這場動亂持續了三年，最後鄭、虢兩國聯合出兵，才算平定。這麼一起大事，在《春秋》裡一個字都沒記載。為什麼？因為魯國當初支持的是王子頹，後來王子頹一派失敗，他成了亂黨，這事就不好意思往史書裡寫了。這也跟孔子沒關係，如果是孔子從頭寫的《春秋》，這件事就不會被忽略掉了。

王安石說，《春秋》是「斷爛朝報」，朝報是政府機關報，斷爛是殘缺不全，現存的《春秋》真有一些殘缺。王安石看得很準。

雖說是拿腔捏調的官報，有總比沒有好，《春秋》能抄出來、變成書，已經是很大的進步了。其他國家的檔案沒有經過這種彙編整理，就大都失傳了。

孔子最後幾年兼任魯國的史官，工作就是編寫《春秋》，這東西像年鑑，每季度寫一次，可能只有一兩條，年底匯總一下，續在去年後面。孔子接手以前的那些內容，是前代的歷任史官寫的，用不著孔子從頭寫。當然，他也許會做一些字句上的潤色，但基本內容變不了，朝廷也不可能允許他隨意改動。

所以《春秋》是魯國歷任史官的「集體創作」，二百多年的內容，真正由孔子動手寫的，就是最後面的幾年。「孔子著春秋」背後，其實隱藏著關於《春秋》的「版權糾紛」，很可能是孔子和他前任左丘

6《史記．太史公自序》：「子曰：『我欲載之空言，不如見之於行事之深切著明也。』」

明發生了爭執。這又牽扯到左丘明的另一本史書──《左傳》。

## 和左丘明的筆墨官司

《春秋》是魯國官方的檔案，缺點是有些事情不敢如實寫，比較隱晦，其次是太簡略，一年只有寥寥幾條，百十個字，所以光靠《春秋》還看不懂春秋歷史，需要看《左傳》。《左傳》的內容比《春秋》多了幾十倍，翔實多了。

比如說，《春秋》這本書開頭第一年，記載了鄭國一件事，只有六個字「鄭伯克段於鄢」，沒人能說清楚是什麼意思，《左傳》就用了好幾百字來講這件事，原來是鄭莊公和他弟弟共叔段的糾紛。

《左傳》是誰寫的？據說是魯國一位叫左丘明的朝廷史官，看到《春秋》太簡略，幾乎沒人能看懂，就寫了本解讀《春秋》的書，全名叫《春秋左氏傳》。「傳」意思是解釋，《春秋左氏傳》就是「左氏對《春秋》的解釋」，簡稱《左傳》。

《左傳》非常了不起，它對春秋時候列國貴族的事蹟都非常瞭解，寫得很細緻，也生動有趣。裡面有些記載，比如夫妻倆被窩裡的對話，外人不大可能知道，所以錢鍾書曾說，《左傳》很多描寫是文學性的，有作者的虛構在裡面。其實這看法有點片面：春秋時候，列國的貴族一體化程度很高，來往很密切，歷代國君、貴族的軼事，在貴族圈子內早就形成了很多掌故、傳聞，左丘明主要是把這些掌故記錄、彙編起來，並不需要他自己添加太多東西。從他熟知這些掌故來看，他肯定是貴族社會的圈內人，從家庭到工作耳濡目染，有這種積累儲備。

左丘明這種史官的正式工作，是撰寫每年的官方版《春秋》，他撰寫《左傳》是自己的業餘作品，但也漸漸有抄本流傳開了。

老年孔子返回魯國之後，接手了左丘明的史官工作。那麼，左丘明和孔子的關係如何？《論語》裡，孔子曾說過：「巧言令色的行為，心裡怨恨、表面友好的做法，左丘明他瞧不起，我孔丘也瞧不起。」[7]從這句話看，左丘明應該是個很直率、不講情面的人。

關於左丘明，只有這一條比較可靠的信息。按道理說，孔子接手了左丘明的工作，他和弟子們還需要借助《左傳》來瞭解春秋的歷史，肯定對左丘明很熟悉。但孔子師徒的言論裡，關於左丘明只提到了這一次。

到底為什麼？現在已經沒法回答了。一點可能的推論是，孔門師徒和左丘明的關係不好，也許是因為孔子師徒回歸魯國，搶了左丘明一派人的職位，導致雙方關係緊張。孔子評價左丘明的那句話，仔細揣摩會發現，那口氣像是打完架以後的宣言，透著一股子敵意。這背後肯定有故事。

《論語》裡還記載了孔子一句不明不白的話：「我手頭這本歷史書還有很多缺的內容。早年還有樂於助人的人，把自己的馬借給別人用，現在已經沒這種人了！」[8]可能孔子接替左丘明的史官工作後，拿到的《春秋》和《左傳》是有點殘缺的，他懷疑左丘明藏下了一份完整的沒給自己，才發這個牢騷，而流傳到今天的《春秋》，也確實有些句子不全。

7《論語・公冶長》：「子曰：『巧言、令色、足恭，左丘明恥之，丘亦恥之。匿怨而友其人，左丘明恥之，丘亦恥之。』」

8《論語・衛靈公》：「子曰：『吾猶及史之闕文也。有馬者借人乘之，今亡矣夫！』」

後世儒家無視孔子自己說的「述而不作」，愛說「孔子作春秋」，還形成了一些小故事，都是說孔子寫的《春秋》多麼言簡意賅，用詞準確，他的弟子們有不服氣的，但自己改一改，發現都不如孔子的出色。這些說法掩蓋了《春秋》官方史書的性質，也抹殺了左丘明及以前歷任史官的工作，應當跟孔子這派和左丘明的不和有關。

在孔子七十一歲這年，魯哀公去郊外打獵，獵獲了一隻「麟」，孔子把這件事也寫到了《春秋》裡。麒麟是什麼動物，後世有很多猜測，比如有人說是麋鹿（四不像）。今天麋鹿是很稀有的動物，但孔子時代可不是，那時應該不會把麋鹿錯認成「麟」。孔子那時，山東地區還有少量亞熱帶動物活動，也許是某種比較少見的獸類，後來到明朝鄭和下西洋，從非洲帶回來了長頸鹿，明朝人就說它是「麒麟」。

「獲麟」這件事之後，可能孔子身體不好，就不負責撰寫《春秋》了。後世人說孔子寫春秋「絕筆於獲麟」，也有微言大義，其實未必，因為他這時身體已經很差了，經常病危。但魯國朝廷還會任命史官——也許是孔子的弟子，繼續撰寫每年的《春秋》。現在的《春秋》截止時間是魯哀公十六年，孔子死的那年，最後一條是孔子去世。

另外，孔子師徒傳授《春秋》離不開《左傳》，他們手裡肯定有《左傳》的抄本，這也就有忌諱了。有句古語叫「盜憎主人」，意思是賊偷了人家的東西，還會記恨人家，因為怕人找上門來算帳，孔門弟子可能有這種心態。

《左傳》裡面左丘明寫的內容，應該截止到他和孔子活著的時候。但今天的《左傳》，寫到了孔子死後十幾年，多出來的這些，應該是孔門弟子補上去的。這些和前面的主體部分很不一樣：前面對列國的大事記載都比較完整，最後這二三十年就很不均勻了，很多重要國家都沒有任何記載，基本只有和孔子有關的幾個國家，對孔子師徒的記載也很多。比如前面講到過的齊魯戰爭，幾乎成了孔門弟子的集體亮相，這應該都是孔門弟子補進去的，行文寫作的水準比前面也降低了不少。

再後來到戰國，又有兩個儒生給《春秋》做注解，分別叫公羊高和穀梁赤，他們的書就叫《公羊傳》和《穀梁傳》，在後世也被收入了「十三經」的範圍。這兩本書裡面的歷史信息很少，主要是講《春秋》的所謂「微言大義」，史學價值不高，但儒家把它們抬得很高，偏偏對有價值的《左傳》評價不高，可能和孔門弟子對左丘明的「封殺」有關係。

在《春秋》和《左傳》結束後，就是孔子死後的一個半世紀裡，可靠的歷史記載非常少，所以孔門弟子們的事蹟就不像孔子本人這麼清晰，戰國的前半段列國搞「變法」的那個時期，幾乎是歷史的空白，春秋那些老牌諸侯國怎麼衰微的，戰國新興的「七雄」怎麼通過變法崛起的，有效信息都很少。戰國後半段的史料多了一些，但也不是很可靠，多數是《戰國策》的說客故事，與其說是歷史，不如說是小說。

所以整個戰國的歷史，都不如春秋史翔實可靠。可能在貴族社會衰微之後，列國政壇上活躍的人物都是新面孔，沒什麼家世根基，互相間不能知根知柢，所以不像春秋時候能形成比較可靠的掌故，也就寫不出《左傳》這種權威著作了。

# 六經的缺點

以上是孔子「六經」的簡要介紹，好像都是正面的。但孔子也說過六經各自的缺點，或者說是可能產生的負面效果：

《詩經》會讓人變傻，「愚」——詩人嘛，瘋瘋癲癲甚至自殺都很常見。詩裡面可以愛得死去活來，可以恨得食肉寢皮，但真實生活中不能這麼極端；

《尚書》裡面有很多虛假不可靠的東西，「誣」。因為太古老了，難免有後人杜撰的東西摻進去；

《樂》骨子裡是奢靡的，因為能養得起樂隊的都是大富大貴之人，投資太大了。太喜歡音樂的人容易敗家；《易經》容易流於騙人、害人，「賊」。以算命為生的，很容易走到這一步，再沉迷得深了就容易搞成邪教；《禮》的缺點是過於「煩」，教條的東西太多。要是人都原封不動地按照《禮》來辦事，日子都沒法過了；《春秋》的缺點是「亂」，因為春秋史的特徵就是列國都沒規矩了，內部是各種政變內戰，外部是各種鬥氣的混戰。[9]

這說法有點顛覆性。古代的儒家大師，乃至今天的研究者，都不太敢說「六經」的壞話，也很少注意到孔子對「六經」的這些批評，反倒是「六經」的老祖宗孔子最清醒。

怎麼避免這些負面影響？用現在的話就叫「反對教條主義」，不要老想把書本上的某句話直接照搬到現實裡面來。孔子愛講「權」，通權達變，就是做事要考慮到各種不同的環境、背景。

具體到六經，孔子有一套標準：為了對付《詩經》的愚，人應該「溫柔敦厚」，不要太情緒化；對付《尚書》的誣，人應該「疏通知遠」，就是別拿古書太當真，用生活常識來駕馭古史裡那些過於離奇的東西；對付《樂》的奢靡，人應該「廣博易良」，就是興趣廣泛一點，考慮的問題多一點；對付《易經》的賊，人應該「潔靜精微」，別老想用占卜算命追求功利性的目標；對付《禮》的煩，人應該「恭儉莊敬」，既老實誠懇，又知道節儉和簡約；對付《春秋》的亂，人應該「屬辭比事」，就是要瞭解歷史事件的具體背景，當時的社會大環境，理解前人做那些離奇的事情是有他不得已的大環境。

但在孔子之後，儒家還是產生了很多負面的社會影響，因為能駕馭「六經」的人還是太少，教條主義者還是太多。

## 手抄本中的文脈

前面說過，孔子那些關於社會、政治的主張，大多沒什麼獨創性，在他那時代已經是眾所周知的老生常談，但孔子整理「六經」的意義就截然不同了，如果沒有他這工作，今天的人對上古中國的瞭解會非常欠缺。

印刷術時代的人已經沒法想像手抄書時代的困難了：那時書籍數量少，官營的藏書機構也非常少，書籍大都分散在各地的藏家手裡。想讀書、自己又沒書的人，只能借別人的來抄，想找某部不常

9《禮記．經解》：「孔子曰：『……故《詩》之失愚，《書》之失誣，《樂》之失奢，《易》之失賊，《禮》之失煩，《春秋》之失亂。其為人也，溫柔敦厚而不愚，則深於《詩》者也；疏通知遠而不誣，則深於《書》者也；廣博易良而不奢，則深於《樂》者也；潔靜精微而不賊，則深於《易》者也；恭儉莊敬而不煩，則深於《禮》者也；屬辭比事而不亂，則深於《春秋》者也。』」

見的書，往往要多方打聽，聽說幾百里外某家人有這部書，就帶著禮物去拜見，獲得主人允許了才能抄下來。

而且，那時整本「書」的時候也很少，或者說缺乏整本書的概念，經常是單獨的一個章節傳抄流傳，古代就叫一「卷」，就是竹簡或帛書的一個卷兒。誰能把關於某個主題的書卷收集得比較完整，就是偉大的藏書家、編輯工作者了。因為完成這種收集工作，就意味著「拼出來」了一部以往從沒有的「大書」。[10]

孔子整理「六經」，就是他按詩、書、禮等六個主題收集、拼湊出了比較完整的文獻，都可以正式叫一部書了，這工作有點像收集動植物標本，要花很多年的時間，要有一定的社會地位，還要花很多錢和抄書的精力。其他的輔助勞動也很多，比如「校勘」工作。因為那時都是互相傳抄，抄書人水準高低不齊，責任心也不一樣，難免抄錯、抄漏，整理者還要做校勘工作，讓書的內容盡量完整、正確。

最可靠的校勘辦法，是找到一部書的兩份或更多的抄本，逐字互相比對，看都有哪些不一樣，比較之下，哪個正確、哪個錯誤就很容易分辨了，脫漏的也就發現了。這更是勞動密集型工作，古人常笑話老書生「皓首窮經」，紮在書堆裡一輩子，連抄帶校，頭髮都白了。這沒辦法，抄本時代，就得不停有人幹這種工作，才能保持一個社會最基本的文化傳承，這還沒到創作的層次呢。

另外，在傳統時代，特別是印刷術出現以前，社會上的絕大多數人都是文盲，不能識字讀書。在這種「無知識」的汪洋大海裡，老書生們皓首窮經，維持的是一個很珍貴、也很脆弱的文化燈火，人類兩千年前的很多古文明都沒有傳到今天，他們留下的一點碑刻、古書都沒人認識了，成了「死文字」，還在薪火相傳的只有屈指可數的寥寥幾家，中國的漢文化是其中之一。

所以古代「文化人」的尊嚴、優越感和認同感，是現代社會的人沒法想像的。現在人看魯迅小說《孔乙己》覺得是嘲諷，因為孔乙己已經踏進文化普及時代的門檻了，但還保留著傳統時代文化人的優越感。

孔子可以說是中國編輯、校勘工作的創始人，他之前這工作也有人做，但遠沒他的工作量大。他整理了「六經」，讓這些文獻可以完整、準確地傳遞給後世人，可謂功德無量。因為「六經」都是春秋和更早的文獻，裡面記載的那些事件、文化，和後世中國（戰國以後的）很不一樣，如果沒有「六經」，現代人幾乎沒法解讀上古中國。

假設一下，如果沒有孔子系統整理的話，「六經」就只是些保存在不同主人手裡的零散篇章，下面緊接著就是戰國的大變法、大戰爭時代，戰國人對上古歷史、貴族社會的歷史都不關心，更不會有人做這種整理工作，這些零散篇章會大量散失、失傳；再經過秦始皇焚書，戰國以前真要成為歷史空白了。

萬幸，有孔子整理「六經」，有他開創的儒家傳承「六經」，才把這些珍貴史料保存下來了。至於和左丘明那點著作權的小糾紛，倒不是太值得強調，畢竟孔子都說自己是「述而不作」，他沒聲稱自己有著作權。

10 關於上古書籍的形態和流傳情況，可以參考余嘉錫先生的著作《古書通例》。

## 後世難懂「六經」

戰國以後，專制皇權逐漸建立起來了，需要找一套學說作為官方思想形態，那時「諸子百家」已經很多了，皇帝們比較了一番，發現還是儒家最合適。因為：第一，儒家的書多，傳統文化都被他們一網打盡，編到「六經」裡面去了，後來興起的那些新學派就沒這優勢。第二，孔子的儒家推崇天子的權威，這也適合皇帝的需求，特別在西漢的時候，諸侯王的實力強大，皇帝總覺得不放心，正好拿孔子的學說來用，強調諸侯必須服從天子。所以漢武帝開始「罷黜百家，獨尊儒術」。

「六經」雖然是孔子時代的知識總集，但戰國以後的人並不能很充分地理解它，因為社會結構全變了，貴族士大夫階層沒有了，他們的各種禮俗文化也消失了，只保存在六經的故紙堆裡面。專制皇權時代的讀書人只是覺得，孔子是個古代聖人，那麼他的「六經」應該都是聖賢的大道理，應該很高大上，但事實上大家又搞不太懂，在兩千年裡一直是這種尷尬的誤讀狀態。

特別是隋唐以後，科舉制普及起來，國家管理層都變成了考科舉出身的文官，和春秋的社會政治結構已經完全不一樣了。但有趣（也可以說荒唐）的是，科舉考試的命題課本卻是「六經」，這種知識和時代脫節的局面，真的不能怪孔子，只能怪後世的制度出了問題。

如果讓科舉時代的人唯讀六經，肯定是比較痛苦的事情，所以到宋代的時候，朱熹又重新選編了所謂「四書」，裡面有兩部書是《論語》和《孟子》，還有兩篇短文章，是《大學》和《中庸》，這是從《禮記》裡面節選下來的兩篇。

所以「四書」的範圍和「六經」完全不重合，跟六經相比，四書的特點是篇幅小，內容簡單，容易懂。所以宋代以後，儒生讀的更多的是四書，在明清兩朝的科舉考試裡面，四書都是必考的內容，而六經只需要任選一部參加考試，不需要全都掌握。這麼搞變通，就是因為後世已經搞不懂、事實上也不需要「六經」。儒家思想經過這麼多變通，或者說改良、扭曲、誤讀、與時俱進，一直流傳下來。

上面說的是從社會需求角度，六經在戰國以後就過時、沒用了；但從文化和歷史角度看，「六經」意義很大，也無所謂過時的問題，因為越是當代沒有的東西越值得研究。

清代乾嘉學派搞考據，才開始發掘出「六經」裡的上古社會歷史細節，所以清代學者章學誠說：「六經皆史」，從史料的角度看待它們，才有真意義。到西方的現代學術方法傳來以後，「六經」更是現代人解讀戰國以前古史的基礎，很多工作還沒做完。比如本書外篇的〈周滅商與華夏新生〉，就用了很多「六經」裡的內容，以及「六經」之外的《逸周書》，它們可以和考古發現互相印證、互相補充。

# 第二十二章　子貢造神成與敗

質疑孔子的風潮——子夏去了晉國——曾父豁達，曾子愚鈍——曾參記錄真孔子——《禮記》有很多偽道理——寡頭制晚期的混沌

# 孔門大危機

孔子去世前後，是孔門最為蕭條的一段時間，他的弟子們政治上最得勢的時期已經過去了：隨著衛出公倒臺和子路之死，衛國基本沒有機會了；齊簡公、宰予被殺後，孔門在齊國當權的也沒有了；最後只剩了在魯國工作的這些人，最重要的是冉有和子貢二人。

在孔子返回魯國之後，新的一代三桓對他逐漸有些失望。他以前名聲在外，家鄉人難免把他想像得很傳奇，等他回魯國定居，季康子等人和他打交道多了，慢慢就覺得名不副實。所以孔子臨終前的兩年，這種觀念在魯國上層逐漸流傳，到他死後更加流行。

這代三桓裡面，叔孫武叔最直率，說話沒遮攔，而且他現在是三桓裡年紀最大的，資歷高。一次在魯國的朝會上，他談起了孔子一些迂腐無用的主張，認為孔子徒有虛名，真正從政當官的能力還不如子貢。

子貢當時不在場，事後子服景伯向他轉述，子貢堅決不同意，說：如果每個人都是一座宅院的話，我端木賜這座宅子，牆只有肩膀那麼高，所以人從旁邊路過，都能看到裡面房子修得不錯；而孔子這座宅院，牆有兩三丈高，你要不從大門進去，根本看不見裡面的房子是多麼壯觀，陳設、家當是多麼富麗。能夠邁進孔子院門的人太少了，所以有貶低他的言論，不也很正常嗎？[1]

叔孫武叔不講面子，他還當面對子貢說過一些孔子沒辦好的事、沒可行性的意見。子貢替老師辯護說：孔子不能和一般人比，一般人就像小丘陵，你想學習、超越很容易，但孔子就像太陽和月亮一樣，別人是沒法超越的。[2]孔子也會犯錯誤，就像日月會發生日食、月食一樣，他的錯誤誰都可以看到，但改過之後，人們會更加景仰。[3]

孔子是著名的老師，但他自己並沒有專門的老師，在他之前也沒有專職教師這個職業。所以有人懷疑，孔子早年出身不好，怎麼可能「無中生有」、成了大學者？衛國一位大夫就當面向子貢提出過這個問題。

子貢說：周文王、武王開創的治道，已經滲透到了當前士大夫生活的一切方面，賢能的人體悟得多、愚鈍的人體悟得少而已，孔子隨時隨地都在總結和學習，也用不著有個固定的老師！[4]

孔子的商（宋）人血統，也一度成了魯國上層懷疑的對象。那時的人已經基本忘掉商文明血腥殘暴的一面了，但關於末代商紂王卻有很多荒淫暴虐的傳說，有人用這些傳說詆毀孔子。子貢也要辯解：商紂也不像大家傳說的那麼可怕，只是因為他失敗倒臺了，牆倒眾人推，人們就把壞事都編排到他的頭上了。[5]

孔門弟子裡，也有人覺得子貢比孔子出色。陳亢就當面對子貢說：您有點過分謙虛了吧，孔子難

---

1 《論語・子張》：「叔孫武叔語大夫於朝曰：『子貢賢於仲尼。』子服景伯以告子貢。子貢曰：『譬之宮牆，賜之牆也及肩，窺見室家之好。夫子之牆數仞，不得其門而入，不見宗廟之美，百官之富。得其門者或寡矣。夫子之云，不亦宜乎！』」

2 《論語・子張》：「叔孫武叔毀仲尼。子貢曰：『無以為也！仲尼不可毀也。他人之賢者，丘陵也，猶可逾也；仲尼，日月也，無得而逾焉。人雖欲自絕，其何傷於日月乎？多見其不知量也。』」

3 《論語・子張》：「子貢曰：『君子之過也，如日月之食焉：過也，人皆見之；更也，人皆仰之。』」

4 《論語・子張》：「衛公孫朝問於子貢曰：『仲尼焉學？』子貢曰：『文武之道，未墜於地，在人。賢者識其大者，不賢者識其小者。莫不有文武之道焉。夫子焉不學？而亦何常師之有？』」

5 《論語・子張》：「子貢曰：『紂之不善，不如是之甚也。是以君子惡居下流，天下之惡皆歸焉。』」

道比您還能幹嗎？

子貢說：說話一定要謹慎！常人哪裡能明白孔子的偉大之處，就像你不可能順著梯子一直爬到天上去！[6]

面對社會上對孔子的質疑和否定，子貢帶頭振作孔門，提升孔子地位，他的方法就是神化孔子，把孔子包裝得全知全能、半人半神。

叔孫武叔等魯國高層本來已經很看好子貢了，他為什麼還要努力神化孔子呢？

首先，叔孫武叔等人對子貢的評價，還是針對現實的行政能力，而不是神異功能。如果子貢神化了孔子，讓孔子具有超自然能力，那麼他這孔子的得意弟子自然也會繼承一部分超能力。而且孔子已經死了，可以盡情創造關於他的神異故事，這是個不可替代的超能力「載體」，就像後世的神佛塑像。

其次，子貢在魯國上層沒有過硬的關係，要在官場上立足、發展，他能夠依靠的主要是孔門同學。神化孔子，使同學們的形象都提高了，大家都有機會，這也是師門凝聚力，只有維持住這個休戚與共的團隊，才能繼續發展壯大。

## 孔子和子貢的分歧

子貢這些想法，在孔子去世前十年、被蔡國人包圍那次，兩人談話時已經表達出來了。孔子發愁自己的道無法推行，子貢給的建議是：您的道太高深，世間普通人接受不了，您可以稍微放低一些標準，搞通俗一點，他們就能接受了。孔子當然很難接納這種意見。

子貢抬高、神化孔子的證據之一，就是孔子知道的東西多，好像是天生的本領。他對吳國的太宰伯嚭說過孔子的很多超常能力，伯嚭感歎：孔夫子肯定是聖人啊，不然怎麼這麼多才多藝！子貢說：這應該是老天的意旨，才給了孔夫子這些超能力。

孔子聽說了，忙糾正說：伯嚭太宰應該是瞭解我的，我早年出身卑賤，所以會很多下層人的技能，真正的君子（貴族）用不著這樣！[7]

伯嚭恭維孔子「聖」，這個字到底是什麼意思？在普通人看來，就是具有超自然能力的人，比如能預言未來、呼風喚雨、通靈捉鬼。而孔子對「聖」的解釋，是能夠造福天下的廣大人民，是成功的政治家，堯和舜都未必夠得上聖，別人就連想都別想了。[8]這種對「聖」的解釋也沒有任何神怪色彩。

孔子晚年時而聽到關於他「聖」的傳聞，他澄清說：「聖和仁者兩個標準，我都是達不到的。我勉強能做到的是，對事業永不放棄，對學生誨人不倦，也就這兩點了。」[9]孔子是個人，從沒覺得自己是超凡脫俗的聖人、神人。他說過：「我不是生下來就什麼都知道，只是喜歡古代的文化，一直在努

---

6《論語・子張》：「陳子禽謂子貢曰：『子為恭也，仲尼豈賢於子乎？』子貢曰：『君子一言以為知，一言以為不知，言不可不慎也。夫子之不可及也，猶天之不可階而升也……』」

7《論語・子罕》：「大宰問於子貢曰：『夫子聖者與？何其多能也？』子貢曰：『固天縱之將聖，又多能也。』子聞之，曰：『大宰知我乎！吾少也賤，故多能鄙事。君子多乎哉？不多也。』」

8《論語・雍也》：「子貢曰：『如有博施於民而能濟眾，何如？可謂仁乎？』子曰：『何事於仁，必也聖乎！堯舜其猶病諸！夫仁者，己欲立而立人，己欲達而達人。能近取譬，可謂仁之方也已。』」

9《論語・述而》：「子曰：『若聖與仁，則吾豈敢？抑為之不厭，誨人不倦，則可謂云爾已矣。』」

力學習而已。」[10]

孔子曾經問子貢：你覺得我知道的東西特別多，是吧？

子貢說：是啊，難道不是這樣嗎？

孔子說：你想錯了，我的東西都是「一以貫之」。[11]

孔子說自己「一以貫之」是什麼意思，已經不好猜測了，後人注釋家多認為是「忠恕」這類道德標準，其實孔子可能還是說自己的個人經歷，像早年幹的會計、監工等工作，碰巧有那麼大的身分跨界，所以技能多一些。

孔子也從不談「超自然」的神異現象或能力，所謂「子不語怪、力、亂、神」。那時的科學水準還沒辦法徹底否定這些，但孔子是理性的經驗主義者，就是只忠於自己見過的事實經驗，對於別人轉述的怪異、無法驗證之事，他不發表任何意見，有點像現在人說的：「不聽謠、不信謠、不傳謠。」這本質上是「求真」的心態，不會人云亦云、喪失主見，把學問搞成巫術。

孔子把專業技能叫「器」，他說「君子不器」，意思是，地位高的人不需要學很專業的知識，要全面發展。

但另一方面，領導對下屬，就要「器之」，就是要發掘下屬的專業技能，不要奢求下屬是全面發展的人才。[12]現在人說「器重」「量才器使」這些詞，就是從這兒來的。孔子早年給人打工，要幹好一個下屬的本分，所以掌握了一些專業技能。

子貢也很關心孔子怎麼看待自己，他專門問過孔子。

孔子說：你也是「器」，什麼器呢？「瑚璉也」。[13] 瑚璉是盛主食的器具，而且是祭祀用的禮器，可以說既體面，又有實用價值，但還沒達到「君子不器」的狀態。

可以說，對於一個人是不是「器」的問題，孔子有兩種定位方法：一是分工的需要，任何人作為下屬、雇員，就要履行作「器」的義務，像是大機器裡的一顆螺絲釘，沒的選擇；另一種是個人的精神追求，能不能在現實利益之外追求點超脫的東西，或者說關心社會的情懷，有這點追求就算「不器」了。只關心個人利益和成功的，就還是「器」，所以他認為子貢是很精美、也很有用的「器」。

子貢曾經問過孔子：要是有一個人，被整個城區的人喜歡，您是不是也承認他是個好人？

孔子說：那得分開說。要是城裡的好人都覺得他好，壞人都覺得他壞，才說明他是個真正的好人。

孔子思考問題是為了「求真」，要搞清楚它到底是什麼，或者說應該是什麼，而不是人云亦云，追隨社會大眾的輿論。子貢相反，他不太關心事物的「本質」，而是關心社會大眾的態度，成功的商人、政客都是如此，能迎合、順應大眾的需求，就足夠成功了，試圖改變大眾的觀念才是費力不討

---

10《論語．述而》：「子曰：『我非生而知之者，好古，敏以求之者也。』」

11《論語．衛靈公》：「子曰：『賜也，女以予為多學而識之者與？』對曰：『然，非與？』曰：『非也，予一以貫之。』」

12《論語．子路》：「子曰：『君子易事而難說也：說之不以道，不說也；及其使人也，器之。小人難事而易說也：說之雖不以道，說也；及其使人也，求備焉。』」《論語．為政》：「子曰：『君子不器。』」

13《論語．公冶長》：「子貢問曰：『賜也何如？』子曰：『女器也。』曰：『何器也？』曰：『瑚璉也。』」

好。所以子貢搞的是「成功學」，專一的目標就是升官發財。

和孔子相比，子貢看到了人性更現實的一面：大多數人，包括列國的國君、三桓這種掌權貴族，他們處理的是現實政治，關注的是自己的現實利益，不需要人再來講真實的歷史和現實究竟是什麼，更不接受那些克制欲望，建設理性政治的說教，那樣太敗壞他們的生活樂趣。他們需要的恰恰是「超自然」的、神聖色彩的東西，就是具有特異功能的大師、通神的方士，巫術更符合他們的需求，即使最終實現不了，追求的過程也是樂趣，它畢竟讓人暫時超脫了庸常無聊的生活。

當然，子貢不是官迷心竅、不擇手段往上爬的人，他能照顧好親人、朋友、師生、同學、同僚們這些關係。他當年跟著孔子四處奔波，孔子死後，他用各種辦法提攜、幫助同學，也是盡大師兄的責任。

可以說在做人方面，子貢是有底線、有追求的，他是對事業沒什麼底線，當個必要職業而已，沒孔子那麼多情懷，所以他能伺候各種當權者，給他們幹各種事情，把自己的官當上去。

有趣的是，在孔子晚年，他經常破口大罵的當官的弟子是冉有，而不是子貢，看來還是子貢聰明，基本不會撞在老師的槍口上。

## 造神運動

活著的孔子不接受子貢的意見，死了的孔子卻可以被任意包裝，供庸人們崇拜。所以到孔子死後，子貢就和孔子的理念全反著來了，他要把孔子塑造成神人、聖人的形象。

在比較忠實的儒家文獻《論語》和《禮記》裡面，孔子沒有對任何「超自然」的現象發表過意見，他一直生活在很現實的世界裡面。但稍晚的史書裡，卻記載了一些這方面的故事，很可能是子貢神化孔子的產物。

先看第一則。在孔子四十二歲這年，南方的吳國征討越國，在今天的地圖上，這是一次從蘇州到紹興的進軍，但對那時的中原列國來說，已經是最遙遠的南方世界。當吳軍行進到會稽山時發生了山崩，出現了一些巨大的骨頭，一根就可以裝一輛車。現在看來應該是恐龍化石，但當時的人不理解，都很驚奇。

吳國到魯國的使者帶來了這個新聞，他向孔子請教這是什麼骨頭。孔子解釋說：「這是古代的山神，叫防風氏。當年大禹在會稽山召集諸神，防風氏遲到，被大禹殺死，埋在當地。防風氏部族的人很高，都在三丈左右。這骨頭應該就是防風氏的。孔子還說，最小的人族，身高三尺（那時的三尺不到今天的七十公分），最高的人是他們的十倍，就是三丈高的防風氏。」[14]

其實在吳王夫差之前，吳國和中原的聯繫很少，而且四十二歲的孔子還沒當官，也沒有接待吳國使者的機會，反倒是孔子晚年的時候，子貢擔任外交官員經常和吳國人打交道，才有可能聽說這類故事，再把它的解釋權安到孔子身上。

還有兩則孔子在陳國定居時的傳奇事件，可能也是子貢的創作，因為那個時候他已經陪在孔子身

---

14 見《國語．魯語》。

邊了，他可以聲稱是自己親眼所見。

第一則：孔子周遊到陳國，一隻隼掉在陳國朝堂上，身上插著支一尺多長的短箭，箭頭是石頭做的。陳國君臣向孔子請教。孔子說，這種箭，是遙遠的肅慎部落用的，這隼應該是從那裡飛來的。當年周武王滅商之後，各遙遠部落的人都來進貢，肅慎部落進貢的就是這種「楛矢」，周武王大女兒嫁到陳國，把那支楛矢當嫁妝帶來了，你們現在到庫房查查，應該還能找到。陳國人到保存古物的庫房裡翻了翻，果然找出了那支箭，和隼身上插的一模一樣。[15]

第二則：孔子再次到陳國的第二年（魯哀公三年）夏天，消息傳來，說魯國都城內發生大火了。孔子猜測說：燒掉的應該是桓公、僖公的廟吧？後來證明果然是這兩座。[16]因為按照周禮，國君只能有前三代人的祖廟，更老的要廢掉（還有兩個更古老的遠祖廟，永遠不廢）。到魯哀公這一代，桓公、僖公已經在三代之外，現在人沒拆毀，天命也要把它們燒掉了。

這兩則神異故事，《論語》和《禮記》裡面都沒有。這些故事裡，孔子已經具有了關於神異世界的知識，也有了探究「怪力亂神」世界的興趣，這已經具有了巫師的職業特徵，再往下就是呼風喚雨、未卜先知。

子貢這些神化孔子的舉措只取得了有限成功，因為其他弟子很難配合。《史記．仲尼弟子列傳》記載，孔子死後，有若被安排充當孔子化身，要接受眾弟子的提問，表演孔子的預言能力。新創的故事情節是：孔子有預測天氣的能力，天沒下雨的時候，他會告訴學生出門帶傘，然後果然下雨了；一個叫商瞿的學生一直沒兒子，母親想讓他娶個小妾，但孔子說不用，他四十歲以後會有五個兒子，後來果然應驗了。

按照劇情，應該先由其他弟子當眾講出這兩則事蹟，向有若（扮演的孔子）提問；有若則給弟子們解釋自己為何能夠預言，並繼續提供新預言。結果輪到有若開口的時候，他根本不知道該怎麼表演，其他弟子看實在不可靠，也放棄了這個扮演孔子的鬧劇。

孔門多數弟子都是按孔子的正統教導讀書，適應不了子貢宣導的這個轉變，這就是從學者到巫師和算命先生的差距。

孔子死後，子貢終於挺過了孔門最為蕭條低落的時期，把孔子思想傳播得更遠，同時也把孔子塑造得超凡脫俗，成了庸眾心目中標準的聖人。這個過程裡，子貢的官也越當越大，他晚年甚至「常相魯衛」，就是在魯國和衛國都當過宰相。

如果沒有子貢的一番活動，孔門弟子可能早就風流雲散，在歷史上留不下任何痕跡，關於孔子的很多著作也未必能產生，那將不會有影響中國兩千多年的儒家學派，我們今天對孔子的瞭解，也會像周公、老子一樣稀薄而不可靠。

子貢提攜同學，盡量給大家找發展機會，也有人不買帳。比如原憲，在孔子當大司寇的時候，他曾經給孔子當管家；在孔子死後，原憲看不慣子貢拉幫結派，也不願參與為孔子服喪的活動，躲到了鄉閭過農民日子。他的觀念可能和顏回差不多，最看重讀書做學問，潔身自好，覺得當官就要追隨當

15 見《國語・魯語》。
16 見《左傳・哀公三年》。

政者，同流合污幹壞事。

子貢有次想起原憲，去看望他，應該是有什麼職位出缺了，想拿這位老同學頂上。他隨行的學生、僕役眾多，車隊浩浩蕩蕩駛入了原憲住的貧民區。這裡平時都沒有車來往，路邊長滿了荊棘雜草，車隊就像在草叢裡穿行，最後停在了原憲的破房子前。

原憲出來見客人，穿著一身滿是補丁的舊衣服。子貢覺得很尷尬，說：您日子過成這樣，不是太慘了嗎？

原憲說：我聽說，沒錢叫貧，學了道卻不能實行才叫慘，像我原憲這樣叫貧窮，不叫慘。

子貢被搞得很沒面子，訕訕告辭離開了。後來他特別忌諱這事，誰也不敢在他面前提原憲了。這事就成了「原憲居貧」的典故。

## 三晉新天地

追隨在子貢身邊的，主要是孔子最後在魯國階段新招的學生，這些人都比子貢年輕十幾歲，學的東西不太夠，資歷也淺，正需要有人提攜，除了有若，這個群體還有曾參、卜商等。

子貢看到魯、衛、齊這些老牌中原國家工作機會已經不多了，但更遠的地方還有機會，特別是孔子沒有周遊過的國家，比如南方的吳、越（吳國這時正在被越國征服），西方的晉國、秦國。他是做外交工作的，經常到這些國家出使，積累了一些人脈，正好可以把同學推薦過去。那裡以前沒接觸過孔子的學說，會覺得新奇，更容易發展，這也算「外來的和尚好念經」。

向外發展最有成效的是卜商（字子夏），他去了晉國。

卜商比孔子小四十四歲，《論語》裡面收了不少他和孔子的談話。這個人的特色是治學、做事都不嚴格，對什麼都不太在乎，生活態度大大咧咧，孔子說他「不及」，也是這意思。比如他說：一個人要是規規矩矩做人，老老實實做事，就算他沒上學不識字，也稱得上文明人了。他安慰同學司馬牛說「生死有命，富貴在天」，後來成了成語。

孔子平生最講禮制，特別重視程序和儀式。卜商卻認為內容比形式重要，他和孔子聊天，說到了繪畫，卜商的推論是：找個美女當模特，如實畫下來就很好，顏料、畫布的品質倒在其次，他還引申：孔子主張的那些「禮」也是如此。這說法讓孔子大跌眼鏡，覺得太有見地，卜商以後能和自己平等探討問題了。[17] 因為孔子到老年之後，很多想法都和年輕時不一樣了。

卜商當過莒父城的宰，孔子給了他兩條施政建議，就是搞政績不要貪多圖快，別去爭小利益，不然就是「欲速則不達」。[18]

孔子也擔心，卜商會不會太沒原則，把所有準則都丟光了？所以他告誡卜商：你要當「君子儒」，不要當「小人儒」！孔子覺得小人為了名利會為所欲為。

孔子死後，卜商去了晉國，在魏氏寡頭手下工作，收徒弟講學，那裡被稱為「西河」，在山西南部、黃河大拐彎的東北角，卜商長期生活在西河，直到老死。那時的晉國只剩了魏、趙、韓三家大寡

17 卜商這些言論，見《論語》的《八佾》《子張》《顏淵》《子路》等篇。
18《論語．子路》：「子夏為莒父宰，問政。子曰：『無欲速，無見小利。欲速，則不達；見小利，則大事不成。』」

頭，他們已經瓜分了晉國，形成了三個事實上的獨立國家，所以這三國常被合稱為「三晉」。這是中國歷史從春秋進入戰國的里程碑。

春秋後期的歷史特徵，是貴族政治、寡頭政治已經日薄西山，卻沒有新的東西來取代它。真正的變革發生在晉國寡頭分裂出來的這三個國家，尤其是魏國。

因為第一，晉國的高級貴族，基本都不是國君家族成員，不是三桓七穆這種所謂「公族」，所以晉國貴族寡頭們缺乏「共和」的傳統，鬥起來就是你死我活，絕對不留活口。至於為什麼晉國有這個傳統，要追溯到春秋前期的晉獻公，就是晉文公的父親，限於篇幅，這裡不多說。

第二，晉國的高級卿大夫家族原來有十幾家，經過很多次政變和內戰，到春秋末年打得只剩了魏、趙、韓三家。內戰也是優勝劣汰的過程，各家為了應對競爭，慢慢都放棄了貴族分封的管理方式，組建統一指揮的軍隊，用雇傭的文職管理人員代替世襲封臣等等，所以到戰國初期，魏、趙、韓變成了最早建立君主集權的國家。這當中魏國最為強大，最早推行系統的「變法」，是其他戰國國家變法的鼻祖。

當年陽虎在魯國失敗，在齊國也待不下去，就去晉國投奔了趙簡子，這是他有眼光之處，在那裡能力更重要，不會埋沒了他。戰國人有個故事，說趙簡子得知陽虎來了，非常高興，準備迎接他，身邊人勸說：「陽虎可是善於竊國篡權的人，您收留他，還讓他當大官，不怕有麻煩嗎？」趙簡子說：「陽虎善於篡權，我偏偏善於守權。」他有一套駕馭陽虎的辦法，讓陽虎不敢再生妄念，老老實實為趙氏服務，奠定了後世趙國的基業。[19]

這個故事不一定完全真實，但確實反映了趙、魏、韓三家的領導策略，他們雖然出自寡頭，但已經超越了搞寡頭共和、貴族世襲的層面，向戰國的集權君主轉型了。

孔子當初對晉國曾經動心，但最後也沒下決心前去，他也許失掉了一些機會，到弟子卜商終於彌補了這個遺憾。

卜商到晉國的時候，魏氏名義上還是晉國的一家貴族卿大夫，實際上已經開始建立自己的國家。這時是魏桓子（魏駒）在位，他的太子魏斯向卜商求學。後來魏斯（魏文侯）繼承了家業，把魏氏建成了一個真正的諸侯國，而且是列國中最強大的。他任用丞相李悝，發起了戰國最早的全面變法運動，廢除了貴族制度，把魏國建成了君主集權的官僚制國家。李悝是法家人物之一，他最有代表性的工作就是法制建設。後來戰國列國的變法，建設新型國家，都是用法家思想做指導。

魏文侯手下還有一位著名的將軍，吳起。後來吳起到楚國謀職，又把魏國的變法經驗移植到了楚國。這些是稍晚的事，和本書無關，唯一有關的一點，就是李悝和吳起，在年輕時都曾師從卜商，他們也算孔子的再傳弟子。因為西部的老晉國這一帶本來沒什麼學者，卜商在這裡辦學，是在一張白紙上作畫，容易產生影響。

至於卜商在魏（晉國）西河講學的內容，就不太清楚了，因為他沒有著作流傳下來。從個性看，他這人通脫，不拘泥於教條，所以他應當針對魏國這邊的實際情況，對孔子的學說有所取捨，比如忽略那些貴族社會的禮俗講究，更側重為國君服務的一面，來適應魏國的官僚政治。他能夠長期在魏地立足，培養出這麼多出色的學生，其實是探索用法家手段治國的先行者。這一派對戰國乃至中國後世

19 見《韓非子．外儲說》左下。

的影響也極為深遠。

但卜商在西河定居後，和老同學們的聯繫就很少了，可能他覺得這邊的環境和魯國太不一樣，大家也沒什麼共同語言。到他年老時，兒子先死了，卜商很傷心，眼睛都哭瞎了。曾參聽說了，專程趕來看望他，卜商還沉浸在喪子的哀痛中，曾參發怒說：「你也太沒出息了！你在西河這麼多年，沒好好弘揚孔夫子的事業，這都是活該！」

卜商只能接受，他在西河搞的學問和孔子當年太不一樣，在老同學面前有點抬不起頭來。

## 曾氏父子不一樣

卜商等人事業的成功，其實也是他們大師兄子貢的成功。但子貢神化孔子的創意沒有完全成功，因為他是搞政治的，沒時間著書立說，只能編造一些孔子的神異故事口頭流傳。

把孔子真實事蹟寫下來，形成《論語》和《禮記》的，是子貢的小師弟曾參。可以說，曾參幾乎把子貢神化孔子的事業給毀了。

曾參，這個「參」就是大寫的三，因為他字子輿，「輿」就是馬車，那時一輛馬車拉三個人是標配。他比孔子小四十六歲，比子貢小十五歲，魯國人，可能是農民出身。他父親曾點也是孔子的學生，「點」是臉上的麻子，那時還有天花病，得過天花的人容易落下麻子臉，曾點字「子晳」，就是長得白晳，配著麻子相映成趣。

經籍裡對曾點的記載不多，比較零碎，《論語》裡就是他和孔子談自己的春遊計畫，得到孔子的讚許。孟子說，孔子對曾點的評價是「狂」，就是不拘禮節，灑脫任性。據說當年季武子死了，曾點聽到消息，靠在自己院門上唱歌，顯示他對魯國這個大權臣很不尊重。[20]但季武子死的時候，曾點應該年紀還小，甚至還沒出生，讓他唱歌的死者也許是季平子。

曾點愛吃「羊棗」，可能是羊睪丸，讓他兒子曾參很受不了。[21]另外，曾點還愛打兒子，據說有次拿棍子打，打得曾參昏過去很久，差點死了。[22]

曾點沒什麼顯赫的公職和社會活動。但他兒子曾參就有了：孔子死後，子貢把曾參推薦到了新興的越國。

在曾參之前，已經有個孔門弟子到南方發展，這個人叫澹臺滅明（字子羽，羽毛扇可以扇滅燭火，所以是「滅明」），學習很刻苦，特徵是長得很醜陋，孔子不喜歡他。子羽發現自己不受孔子待見，就去江南發展了，在吳國招收了弟子三百人，名氣很大。但吳國旋即受到了越國的猛烈進攻，子羽可能死於戰爭，他的墳墓在蘇州。孔子晚年說：「吾以言取人，失之宰予；以貌取人，失之子羽。」[23]

子貢經常和吳、越上層打交道，知道他們的實力不容小覷，如今越國滅了吳國，還想對中原施加影響，這是把孔門學派推廣到南方的好機會，也及時填補上子羽之死留下的空白，所以曾參就被介

20 見《禮記・檀弓》下。
21 見《孟子・盡心》下。
22 見《韓詩外傳》卷八、《說苑・建本》。
23 《史記・仲尼弟子列傳》。

紹到越國去工作了，他曾經被越王句踐封了顯赫的官位，住著富麗堂皇的大宅，出門時車隊多達百輛。[24]這說法可能有點誇張，但確實是過上好日子了。

不過曾參沒在越國幹太久，就又回到魯國了。這時孔子的孫子孔伋已經十幾歲，需要拜師求學，他父親、祖父都已經去世，曾參就當了孔伋的老師兼監護人，他在越國掙了大錢，這時正好可以幫孔伋過日子，成家立業。

到曾參晚年，幹了件影響深遠的工作：編輯《論語》和《禮記》。孔子在世時編輯了「六經」，那都是古代的經史文集，沒有他自己的觀點和事蹟——所謂「述而不作」。到孔子死後，他的弟子們都還記得些孔子的教導，每個人聽到的會不太一樣，大家交流一下就比較全面了，再口授給下一代學生，也沒寫成文字。

再後來，子貢去世了，曾參也老了，他有了完全的自主權，才和學生們合作，把孔子生平說過的話、辦過的事正式寫下來，這就是《論語》和《禮記》兩部書。直到曾參死後，他的弟子們還在往《禮記》裡面增補各種內容。

「論」是彙編，《論語》就是孔子的語錄彙編。《禮記》的內容就更龐雜了，有關於婚喪嫁娶、祭祀的禮儀，還有很多日常行為規範，有孔子和弟子們的言論事蹟，也有大段的編者（曾參師徒）的話，還有些比較晚的篇章，可能是漢代才補進去的。這在先秦諸子文獻裡也很常見，比如《莊子》一書，大家都承認是莊子寫的，但裡面也有些後人補進去的篇章。

關於《論語》、《禮記》這兩部書，史書沒記載編者是誰，後世學者為什麼推斷是曾參和他的弟子們呢？因為書裡對孔門弟子們的稱呼不一樣，一般是稱名或稱字，這是比較平等的稱呼，但把曾參則一直寫成「曾子」，這是學生對老師的尊稱，而且「曾子」出現的頻率最高，這明顯是曾參弟子們寫下來的。

關於孔子生平的言行，最確切、最翔實的來源，就是這兩部書。這兩部書裡沒有、更晚才出現的故事，就可能是後人編造的了。

曾參這個人的風格和他父親完全相反。曾點是聰明、灑脫，曾參則是老實、愚蠢，也許是從小被他爹打傻了，也許是因為傻才挨打多。孔子在世時，對曾參的評價是「魯」，也是笨拙的意思。[25]

孔子的形象被比較真實地記錄下來，多虧了曾參的老實，這主要是《論語》；把儒家學說搞得不近人情，沒人性，埋下了「吃人的禮教」的伏筆，則是因為曾參的愚蠢，主要代表是《禮記》。所以，要說塑造儒家的功勞，除了孔子這個開山始祖，就是曾參這個記錄、轉述人了。

## 曾參還原和曲解孔子

曾參最有價值的工作，是編輯《論語》，保存了一個真實的孔子，而不是子貢創造的那個具有超自然能力的孔子。

曾參為什麼能做到這一點？就因為他老實。孔子的弟子們都知道，活著的孔子是個人，有學問有

24 見《史記．仲尼弟子列傳》正義引《韓詩外傳》。

25《論語．先進》：「柴也愚，參也魯，師也辟，由也喭。」

道德的人，但不是聖人或神仙，他們保存下來的那些孔子言行沒有任何神異之處，曾參也不例外，而且他父親更早就追隨孔子了，他們父子知道的孔子言行更多。

所以曾參晚年和弟子們整理、編寫《論語》的時候，沒有收入任何關於孔子神異能力的離奇故事，《論語》專門寫到：孔子從不談論「怪、力、亂、神」，這一條非常重要，應該是曾參對子貢當年神化孔子的行為很不滿，覺得完全背離了孔子在世時的教誨，才特意寫下的，此舉可謂功德無量。

甚至關於孔子早年母親死了停喪不葬，到處打聽孔紇墳在哪裡的事件，也是被《禮記》記載下來的，這是關於孔子早年私生子身分的直接證據。如果編寫《論語》、《禮記》的人是子貢而不是曾參，就不會記錄下一個這麼真實的孔子，這是歷史的幸運。

但和《論語》相比，《禮記》的負面作用就比較大了，曾參的愚蠢在《禮記》裡反映得很充分。關於曾參怎麼曲解孔子的言行，先講一個事例，這是曾參自己口授，載入《禮記》的：

孔子死後，弟子們要收集他的言論和學說，經常在一起討論。一次，有若和曾參聊起了這個話題。曾參說：「我聽孔子說過：辭職服喪的人，就應該窮起來；死了下葬的人，就該早點爛掉。」

有若聽了大驚：「這可不像君子說的話啊！」他覺得太刻薄，不近人情。

曾參說：「真的，這是我從孔子那兒聽來的原話。」

有若還是不信，曾參還是堅持。有若沒辦法，他沒親眼見到孔子講授，只好暫時承認了。

後來，曾參和師兄言偃聊天，說起了他和有若的這場爭論。言偃聽完又吃驚了：「原來有若的想法和孔子這麼像！」

言偃比曾參大幾歲，伺候孔子的時間長，見聞也更多，他詳細解釋孔子那兩句話的來歷：「當年孔子路過宋國，聽說桓魋給自己做豪華的玉石棺材，三年還沒做成，所以孔子說：『與其這麼奢侈，還不如死了早點爛掉！』」這話是針對桓魋說的。至於辭職服喪期間該怎麼過日子，說的是南宮敬叔，他那時不當官了，經常用馬車拉著財寶到朝廷去，給在位的高官們送禮，希望早點給自己任命個職位。孔子為此說：『要是這麼公然行賄的話，還不如變成窮光蛋呢。』這是專門針對南宮敬叔說的。」[26]

這件事能看出曾參的愚蠢，對孔子的言論斷章取義，而且缺乏常識，對這麼違背人情的結論都不知道質疑、求證一下。另外，他可能把道聽塗說來的記成自己親眼目睹的了，這是糊塗。

但另一方面，他又很老實，不固執己見，也不替自己狡辯。言偃講的有道理，他聽懂了就真心認可，承認是自己理解錯了，不以為恥，到晚年又跟學生們老老實實講這事，寫進了《禮記》裡面。只有老實和愚蠢兼備的人，才能幹出這種事兒來，缺了哪一樣都不行。

《禮記》裡面記的規矩特別多，其實沒人能完全照它做，孔子也做不到。像《禮記》說，貴族男人應該三十歲結婚，「三十而有室，始理男事」。孔子二十就結婚生兒子了，春秋貴族、國君也都是早婚，三十歲一般都子女成群了。其他各種關於君臣、父母子女、夫妻、大小老婆的規矩，更多得數不勝數。這些規矩和禁忌，從民俗學、人類學角度是研究的好材料，但真用在生活裡就很可怕了。

比如關於夫妻之間的規矩：夫妻的掛衣架不能混用，女人的東西不能放到丈夫的櫃櫥裡，不能

26 見《禮記・檀弓》上，這件事有可能是孔子三十五歲時，陪著十四歲的南宮敬叔去洛陽那次所見，但沒有其他材料佐證。

一塊兒洗澡；夫妻可以一起睡覺，如果有未滿五十歲的妾，丈夫要五天去睡一次，妾要提前做好準備，洗漱、齋戒、整理服裝、鞋帽、頭髮，光整理頭髮的工序就有「櫛、縰、笄、總角、拂髦、衿纓」，現在人已經搞不太清楚都是幹什麼的了。還有更奇葩的：如果正房夫人不在家，丈夫就不能跟妾睡……

關於兒媳婦和公婆的規矩：兒媳婦白天都要守在公公婆婆身邊伺候，沒有老人的命令，不能回自己屋裡；兒媳有任何事，不論大小，必須請示公婆；兒媳不能有自己的物品和財產，不能借別人的，也不能把自家的借給別人；如果有人送給自己東西，要接受下來、送給公婆，公婆要接受了，兒媳就表示高興；公婆要是把東西賜（還）給自己，要推辭，推辭不過的，接受下來，收藏起來，預備著老人什麼時候用得著；如果兒媳想給娘家那邊兄弟，也必須再向公婆請示一遍，得到批准後才可以……

《禮記》裡最反人性的，是關於喪禮的規定。比如親人剛死，家人三天三夜不能吃也不能喝，「水漿不入口」，要做到「傷腎、乾肝、焦肺」，把自己往死裡折騰，同時還要嚎啕哭喪，接待弔唁者。父母下葬以後，子女只能喝最粗的粥，住在臨時搭建的棚子裡，在草墊子上枕著土塊睡覺，這幾乎是家畜的飼養方式，一定要做到「身病體羸」，靠拐杖才能站起來。曾參自稱父親死時自己七天七夜沒吃喝，根據今天的醫學常識，人七天不喝水肯定會死，這大概有誇張的成分了。[27]不過曾參確實記憶力不好，有時會把假的記成真的，把道聽塗說的記成自己親眼目睹的，倒不是他有意搗鬼。

這裡列舉的只是《禮記》裡面各種規矩的一小點，其他充滿壓抑和奴性的東西還有很多。到宋代，書生們又把這些翻出來，要在生活中全面貫徹，這就是所謂「理學」或「道學」。可以說，儒家傳統文化負面的東西，《禮記》要負一多半責任（當然《禮記》並不都是規矩教條，日常的內容也有不少）。

曾參不光是記錄這些他認為千真萬確、亙古不變的人倫規矩，他自己還努力身體力行，全按這些規矩做。他死都死得符合規矩。

《禮記》記載，季孫氏曾經送給曾參一條席子，曾參覺得這席子太高檔了，不是自己這個級別的人能享用的，只有大夫才配，就一直藏著這床席子（為什麼不肯送人呢？也許是期待自己成為大夫）。到他年老病危了，兒子和學生們伺候他，悄悄把這床席子給他墊上了，希望他最後一刻能舒服點兒。可惜，曾參發現了，說：我已經動不了了，你們把我抬起來，把這席子給換了。我配不上這席子，你們不能害我。

兒子們只好把他抬起來，換了席子，在這番折騰當中，曾參斷氣了。這是中國第一位道學家的一生——跟曾參相比，孔子真算不上道學家。

到二十世紀初，西方現代文化傳入，中國人開始反思和批判儒家思想的愚昧落後，搞新文化運動，說儒家思想是「吃人的禮教」，這完全有必要，儒家思想裡真有這些污點。但這跟孔子關係不大，孔子這人雖然總結、記錄各種規矩，但他畢竟懂「權」，就是什麼時候、什麼地方可以搞點變通，不堅持原則；他年紀越大，對規矩就看得越淡，所以他晚年喜歡的，是卜商和曾點這兩個灑脫人。

可無奈的是，把儒家這些規矩整理到《禮記》裡去的，正是曾參這個缺少人性的蠢人，不懂任何權變時宜。後世的朱熹等儒家原教旨主義者，就直接追溯到《禮記》去了，把儒家搞成了反人性的學

27 見《禮記．檀弓》上《禮記．問喪》。

派。這方面，孔子是替曾參、朱熹等人背黑鍋。

除了編書，曾參還有一個重大影響，就是他是孔子孫子——孔伋的老師。孔伋自己寫過一篇文章《中庸》，也收入了《禮記》裡面，後來還被朱熹收入了「四書」。

曾參晚年和弟子們一起編寫《禮記》、《論語》，孔伋可能也參與了。孔伋死後，還有個再傳弟子，孟軻，就是著名的孟子。所以孔伋、孟子這一派受曾參影響，特別講究修身，規矩最多。

儒家思想已經被新文化運動清算了一部分，但沒有完全完成，因為以前都沒有注意到曾參在這裡面起的作用，所以沒能把儒家思想裡面不屬於孔子的、愚蠢的這部分基因挖出來。

## 成神成聖的新趨勢

子貢開創的神化孔子事業，也沒有因為《論語》和《禮記》的成書而消失。因為社會上總有信神怪的人，有這個市場，所以後世裡神化孔子的事情一直有人做。在戰國時候，關於孔子的神異傳說就不少了，漢代達到頂峰。

這些傳說裡面，孔子總是跟黑色的龍、神有關，這大概跟孔子模樣有點怪和醜有關。荀子說孔子「面如蒙倛」，[28]就是臉上像戴了鬼戲的面具——這還是說孔子長得醜，古人有驅鬼辟邪的儀式，會戴著鬼的面具跳舞，象徵惡鬼為害人間，最終又被驅逐。

還有種種更神奇的說法：

當年，顏徵在和孔紇在尼山上祈禱神明，感動了黑龍之神，讓顏徵在懷孕了；[29]

孔子出生的當晚，有兩條黑龍從天而降，圍著顏家的宅子飛舞，還有神女、「五老」降下來助興；顏徵在當初在野外的湖邊遊玩，打了個盹，和黑帝「夢交」懷孕，黑帝還預言了孔子出生的地方。[30]後來孔子生下來，頭上的疙瘩就像尼山的形狀，胸部還有字「製作定世符」……[31]

還有人說，這黑龍、黑帝是「水精」，水裡的神怪。因為戰國的陰陽五行家認為，五行裡水的元素就是黑色，反正孔子都被指向黑色、水生神怪的私生子。

還有關於孔子神異能力的傳說，比如，據說他在匡城被誤以為陽虎，要遭受圍攻，孔子就彈了一支琴曲，立刻有暴風颳起來，把暴徒都給颳走了。

子路也被神化了，說他是「雷精」之子，他被剁成肉醬的消息傳到魯國，孔子聽了傷心，讓人把廚房裡的肉餡都倒掉，這時天上雷鳴四起，好像雷神在為自己的兒子致哀。[32]

漢代儒家還有更聳人聽聞的說法：孔子是得了天命的人物，就像商湯、周文王一樣，注定要開創一個屬於自己的王朝，但他太仁義，不願動刀兵，就整理「六經」，把他創建新王朝的施政綱領都寫進去了，這叫「素王」，就是有實無名的王。[33]這等於說孔子是周朝的叛逆、對立面。

28《荀子．非相》。
29 見《禮記．檀弓》孔穎達正義引《論語撰考讖》。
30 見《藝文類聚》卷八十八引《春秋演孔圖》。
31 見《太平御覽》卷三百七十一引《春秋演孔圖》。
32 見《太平御覽》卷八百六十五引《風俗通》。
33 見《拾遺記》。

以上是漢儒們比較狂野的傳說，都比較低端，吸引的是文化水準不高、分辨力不強的人群。

但從戰國到漢代，還有一種關於孔子「聖」的觀念也在積累、成長，這種說法不那麼離奇，它的大背景，是中國傳統時代崇尚古代的觀念。因為傳說中最早的三皇五帝都是半人半神，他們那時是人類的黃金時代；比他們次一等，周朝建立的「封建」政治體制，西周和春秋的貴族士大夫政治，在後世人眼裡也是比較古老的，可以算白銀時代。

生活在戰國和秦以後帝制時代的人，就覺得自己活在黑鐵時代，冷酷實用，缺少分封諸侯、士大夫世襲政治和貴族社會的溫情。而且經過戰國的變法，到秦朝統一六國，舊貴族階級的遺存幾乎被打掃乾淨，經過這兩三百年的戰爭和社會革命，周朝封建社會、貴族時代的多數規矩，漢朝人都搞不清了，像司馬遷寫《史記》，就搞不懂周人姓和氏的區別，不光他自己，別的漢朝人基本也都不懂。

但越是這樣孔子越是「升值」，他編輯的「六經」，都是記錄周朝典章制度、文化風俗的，在半通不通的漢朝人眼裡，這是更古老、更權威的東西，雖然在現實中未必能完全推行，那也是因為時代墮落了、人心散了，不是老的制度和文化不好。這是後世孔子「聖人」形象更重要的來源，因美化古代和誤讀而產生的朦朧美。

這要比黑龍、水精那派要老實一些，但對周朝制度和孔子也有光暈一樣的美化，它的代表就是《史記》。司馬遷在編寫《史記》的時候，神怪版本的孔子故事已經很流行了，但司馬遷的態度比較嚴謹，他寫《孔子世家》，仍然以《論語》和《禮記》為依據，基本上剔除了這些怪力亂神的東西，但還有點把周朝看作三皇五帝時代的尾聲，孔子是尾聲的尾聲，抱有浪漫主義的推崇。我們可以把這種思潮下的孔子形象歸納為「懷古派的聖人」。

從漢朝開始，儒家思想成了官方意識形態；漢代以後的官方立場、文人知識界的主流，就是延續司馬遷的基調，把孔子看成一個比較溫和、現實的聖人，代表了懷古思潮的精神象徵，一直到現代的新文化運動（這中間還有過一個很特殊的時期，王莽的新朝，那時孔子被塑造成了怪力亂神之神，但王莽很快就失敗垮臺，這個勢頭也就過去了）。

而在文化程度比較低的群體裡面，孔子的神異故事還是受歡迎。宋代以後，小說和戲劇發展起來了，孔子本來是改編神異故事的好題材，但歷代朝廷都有禁令：不許用孔子形象寫通俗小說、演戲劇，這防止了孔子被進一步非理性化、神化。專制王朝很提防宗教，哪怕是打著孔子旗號的宗教，因為儒家思想被官方提倡，本來影響力就很大，如果再出一個「教主」，肯定會侵奪皇權，分享官僚機器的一部分職能和利益。在這個大背景下，孔子基本保持住了真實的形象，充其量是個溫和的「懷古派聖人」，比孔子晚一點的老子、莊子，就被後世道教塑造成了神仙人物。

我們應當感謝曾參和他編輯的《論語》，給後世留下了一個真實的孔子，不至於荒腔走板、演生成宗教教主。當然《論語》也有些遺憾，就是只側重孔子教學、修身方面的言論，其他方面記載很少，比如孔子當官的幾年，處理的政務肯定很多，但都幾乎沒有記載，關於政治鬥爭和丟官的過程，記載得更是模糊。可能孔子早年的弟子不太喜歡提那些傷心事，晚期弟子就不知情了。

另外，關於孔子的私生活，《論語》只側重記載他作為一個大學者、德高望重的老人的一面，其他很多方面都是空白。比如，孔子和妻子、和女性的關係，他喜歡詩和音樂，有這種修養的人，年輕時總應該有些比較浪漫的經歷，不可能一輩子都是乾巴巴的道德先生。再如，孔子說自己很難「不為酒困」，意思是常有喝酒誤事的時候，說明他嗜酒，《論語》裡有些語氣比較激烈的話，可能是喝高了跟學生們吹牛的。[34]但這方面的記載都是空白，今天也沒法進行太完整的復原了。

## 孔子身後事

關於孔子身後的學說和形象，其實與孔子本人沒什麼關係了，別人如何看待他、講述他，把他當成聖人或者反派，都是別人的事情，和他無關。我們最後交代一下和孔子有關的人與事。

孔子的墓地變成了「孔里」，成了孔門弟子和後人聚居的地方。他生前很多用具，像顏回父親請孔子賣掉的那輛馬車，還有孔子穿過的大號鞋子，大概陪他踩過淮河邊的泥土、黃河岸的沙礫，都保存在孔廟裡面。三百年後司馬遷到曲阜，看到這些，使他睹物思人，「低回留之不能去」。

後來，這些遺物被漢朝廷徵調到東都洛陽，保存在最戒備森嚴的地方：武庫（中央兵器庫）。和它們存放在一起的，還有漢高祖劉邦的斬蛇劍、王莽的頭骨等珍貴歷史文物。不幸的是，晉惠帝元康五年（西元二九五年），武庫被一把大火燒毀，孔子遺物和二百萬士兵的裝備一起化為灰燼。

陽虎最後一次見諸史書，是孔子去世前七年，此後再無下落。他大概終老於晉國趙氏門下。戰國的趙國如果紀念開國先賢，裡面應該有陽虎。

得罪過孔子的那位桓魋，一直在宋國掌權。他還帶兵攻打過一次鄭國，結果臨陣膽怯，棄師而逃。桓魋在國內權勢太大，寵愛他的宋景公也逐漸不滿，孔子七十一歲那年，桓魋和宋景公反目成仇，兵戎相見，失敗後逃到了齊國，繼續在那裡做高官，直到老死。孔子去世後六年，宋景公也死了，冉有代表魯國前去弔唁。

流亡多年的衛國蒯聵太子，回國趕走了自己的兒子衛出公輒，蒯聵登上君位三年後，因為得罪趙簡子，又被迫流亡；會說吳語的出公輒再次回國為君，幾年後又被貴族趕走。出公曾試圖請子貢幫他回國，子貢沒答應。但出公後來似乎又一次（第三次）回國為君；至於他的父親蒯聵，卻不知所終。

孔子去世四年後，越王句踐滅了吳國，夫差自殺。越國勢力一度籠罩中原。魯哀公忍受不了三桓的專權，逃到了越國，試圖靠越國人的支持奪回權力，卻沒有成功。這和他伯父魯昭公當年的經歷差不多。

移民到衛國的那位顏濁鄒，就是孔子的老親戚和老學生，彌子瑕和子路的大舅子；顏濁鄒後來又遷到了齊國定居，具體原因不詳。孔子去世六年後，齊軍入侵晉國，顏濁鄒在軍中戰死。按他的年齡和出身，似乎和打仗不沾邊，也許是因為他擅長醫術，隨行當軍醫去了；他的兒子顏晉因此獲得了一塊封地——五個村子。他是孔子弟子、親人中唯一確定獲得了世襲封地的人，顯得頗有些嘲諷。

孔子會見過的南子夫人，在衛靈公死後也不知所終。後世有人說，南子和相好的公子朝一起去了晉國，在那裡白頭偕老。但這是重名誤會：南子愛的，是宋國的公子朝，去晉國的那位，是衛國的公子朝，不是一個人。衛公子朝去晉國，是孔子見南子之前二十七年的事情，不是一代人，當時人為了

---

34《論語．鄉黨》記載孔子「唯酒無量，不及亂」，意思有點遮遮掩掩，大意是說孔子喝酒沒有特定的量的限制，但不會喝到撒酒瘋（亂）的程度。這是孔門弟子們對老師比較恭敬的說法，寫實程度恐怕不如孔子的自述。

區別，特意給宋國的公子朝叫「宋朝」。

這種考證其實很無聊，因為它也不能否定南子和宋公子朝最終沒能生活在一起。畢竟，面對這個充滿紛擾憂慮、變幻無常的世界，後人唯一能祝福的，也只有「有情人終成眷屬」了。

# 外篇一　周滅商與華夏新生

西元前一千餘年，《舊約》中以色列大衛王之世，《封神演義》的莽荒傳說時代。正當壯年的商紂王君臨「天下」，統治著亞歐大陸最東端的華北平原。

此時的周文王，只是一個遠在西陲（今天陝西）的小小部族酋長。好幾代人以來，周族都臣服於商朝。文王周昌已經年過五旬，[1]在那個年代已經是十足的老人，且又癡迷於怪異的八卦占卜，更給這個蕞爾小邦籠罩了沉沉暮氣。

一支商軍突然開到西部，逮捕了周昌，將他押解往商朝都城——殷。這是商人一次慣常的懲戒征討。數百年來，商王對於他征服之下的數百個邦國、部族，都是這樣維持統治的。

這次的結果卻迥然不同。

## 塵封夢魘

三千年後的今天，河南安陽，黃土掩埋著商王朝最後的都城廢墟：殷墟。

一個世紀以來，考古學者在這裡發掘出了數量驚人的被殘殺的屍骸，一起出土的甲骨文顯示，他們死於商人血腥的祭祀典禮。累累骸骨告訴世人：這裡掩埋著被忘卻的血腥文明，夢魘般恐怖而悠長的歲月。

在殷墟一座宮殿旁邊，發掘出一百多座殺人祭祀坑，被殺人骨近六百具。這些屍骨大都身、首分離，是砍頭之後被亂扔到坑裡。兩個坑內還埋著十七具慘死的幼童。這座宮殿奠基時也伴隨著殺人祭祀：所有的柱子下面都夯築了一具屍骨；大門則建造在十五個人的遺骨之上，其中三人只有頭顱。

商王陵墓區有一座人祭場，比操場大兩倍以上，出土近三千五百具人骨，分別埋在九百多個祭祀坑中。屍骸很多身首異處，有些坑中只埋頭骨，或者只埋身軀，甚至是在掙扎中被掩埋的活人。王陵區之外也有人祭現場。比如後崗一座坑內，埋著七十三具被殺者的骨骸，大都是二十歲以下的男性青少年，甚至有十多具幼兒的屍骨。商人文化所到之處，如河南偃師、鄭州的商代早期遺址，甚至東南到江蘇銅山，也都有大型人祭場的遺址。

多年的自然變遷和人工已經破壞殷墟遺址，整個商朝共有過多少這樣的人祭現場，就無法確知了。這些遺址時代早晚不同，說明人祭的做法曾延續了很多年。它絕不是某位暴君心血來潮的產物，而是一個古文明的常態。

但在被考古學家的鏟子揭露之前，中國古史文獻從

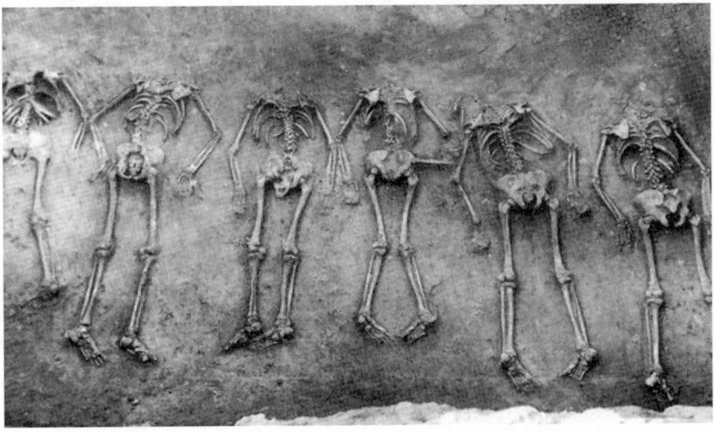

殷商的祭祀用人：人牲，頭部都被砍去（一九三〇年代殷墟遺址發掘時的照片）

1 注：周人是姬姓，自《史記》以來習慣稱文王姬昌、周公姬旦等。但按周人自己的習慣，姓只能用來稱呼女性，男性只能稱氏，周族首領的氏就是「周」。所以如果我們尊重周人的話，只能給文王叫「周昌」，其他以此類推。

殷墟一個貴族幼兒的墓穴，隨葬的是一些同齡幼兒的頭顱

來沒有提及商人的這種習俗。

文王之子——周武王滅商之後，殷都被廢棄、掩埋，商人的這種風俗也消散如雲煙。但周朝人又為什麼刪除了對那個血腥時代的記憶？這和他們的興起、滅商、建立周朝又有什麼關係？

甲骨文和考古發掘向我們提出了這些問題。如果嘗試解答它，還必須從上古的儒家經書、古史文獻中，搜羅吉光片羽般珍稀縹緲的信息，將它們和考古材料拼合，還原那湮沒三千年的噩夢——不，事實。

## 商朝和它的臣虜：羌、周

商人興起於東方。他們統治的核心區在今日河南省東北部，屬於華夏世界的東方。對於西部的異族（今山西、陝西地區），商人稱之為「羌」，甲骨文這個字形如大角

隨葬的玉質鉞、戈、斧，適合幼兒手型，造型也接近兒童玩具

羊頭，代表居住在山地、放牧牛羊為生的人群。這只是一個泛稱，「羌」人包含著無數互不統屬的鬆散族邦、部落。

商紂王之前二百年，一位商王的王后「婦好」率軍征討西方，把商朝的勢力擴張到羌人地區。那次遠征在甲骨文獻中的規模最大，全軍有一萬三千人。和西部蠻族相比，商人有先進的青銅冶煉技術，兵器堅固鋒利；他們還有記錄語言的獨特技術：文字，由此組建起龐大軍事和行政機器，以及高度分工的文明。這都是蠻荒部族無法想像的。

商人從沒有用自己的文化改變蠻夷的想法。他們只想保持軍事征服。商王習慣帶著軍隊巡遊邊疆，用武力威懾周邊小邦，讓他們保持臣服，必要時則進行殺雞儆猴式的懲戒戰爭。商朝的本土並不比今天的一個河南省大太多。

對於「周」這個西方部族，商人有點說不清它的來歷，因為它太渺小了。周人史詩講述了自己的早期歷史，也混雜了大量神話。傳說周族始祖是一位叫「姜嫄」的女子，她在荒野裡踩到了巨人的足跡，懷孕生子后稷，繁衍出了周人氏族。商周語言中，姜就是羌，所以周人也屬於廣義的羌人，他們形成部族後，才給自己冠以「姬」姓，而把周圍其他部族稱為「姜」姓。這標誌著他們之間的血緣關係已經疏遠，可以相互通婚。按照西部的風俗，同姓、同族的人不能通婚。

到文王周昌的祖父——古公亶父一代人，才有了比較可靠的記載。周人原來生活在深山之中，和野蠻民族（其實就是他們的近親羌人）沒什麼區別。古公亶父帶著族人遷出深山，沿著一條小河來到渭河平原的邊緣，開始進行農業墾殖，從此脫離野蠻，進入了一種更「文明」的生活方式。

這些史詩摻入了周人的自我誇耀，只是部分可靠。從考古發掘看，這個時期關中渭河流域的文明形態都差不多，各族邦都不過幾千或萬餘人，過著種植穀子、高粱，飼養牛羊的生活。他們最主要的農具是磨製石器，居家使用粗糙的灰陶，上層族長才有一點外地輸入的奢侈品，比如玉器和銅器。周人並不比羌人鄰居們「文明」多少。在商人眼裡，他們都同樣落後，根本不是值得尊敬的對手。

古公亶父帶給周族的最大變化，是他投靠了強大的商王朝，成為商人在遠西地區的統治代理人。

在彼時，周族不過是個數千人的小部族，對統治著近百萬人口的龐大商朝有何用處？

正如殷墟考古發掘所揭示，商人相信，上帝和祖先神靈主宰著人世間的一切禍福，而異族人的血肉，則是奉獻給上帝和祖先的最好禮物——甲

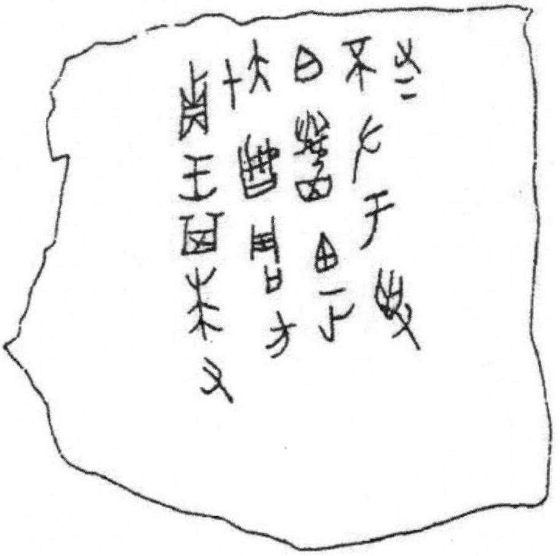

**這是一片周原遺址出土的甲骨拓片**

上面卜辭的大致內容是：商王向先王太甲獻祭，詢問是否適合「冊周方伯」(冊封周人首領為方伯)；「伯」字後面那個較複雜的字形，是手抓著一個女子，下面放著一個接血的盆子，這是占卜時獻祭的方式；占卜結果顯示一切吉利。然後，應當是商朝使者帶著這片甲骨去冊封周方伯，它就是商王朝的任命文書。至於發布這個冊命的商王是哪一位，受封的周方伯又是哪一代(古公、季歷或文王)，就不好判斷了。值得注意的是，這片甲骨的出土地就是古公亶父帶領族人遷居到的周原地區；這片甲骨和其他西周前半期的甲骨存放在一起，可能於西周中期被掩埋。

骨文中的「祭」字，就是一隻手拿著肉塊奉獻於祭臺。他們祭祀用人最主要的來源，就是羌人。甲骨文的人祭記載中，羌人占了被殺者的一大半，他們被稱作「人牲」。

亶父帶領周族投靠商人之後，最主要的職責就是為商朝提供羌族人牲。這是被後來周人刻意掩埋、忘卻的歷史，但出土甲骨文洩漏了一點信息。

周族自己沒有文字。甲骨文「周」字是商人所造。商人對殺人獻祭有一個專門的動詞：「用」。無數片關於祭祀的甲骨文都記載，商王「用」羌人男女和牛羊奉獻神靈。甲骨文中的「周」，是「用」和「口」兩個字的合寫；《說文解字》對「周」字的解釋也是「從用、從口」——在商人看來，「周」族特徵，就是繳納供「用」的人口。

商人的「周」字還有一種更可怕的寫法：「用」字的小方格中點滿了點。甲骨文這種點代表鮮血，它來自被殺的人牲，是神明最新鮮的飲食。甲骨文還有專門描繪用鮮血獻祭的字：一座凸起的祭臺上，用點表示的血液正在淋漓滴瀝下來。

從血緣關係講，古公亶父和周人的這種行為，是對家鄉族人的無恥背叛。靠著捕獵羌人，周族成了商朝在西方的血腥代理人，也得到了相應的報酬。鋒利的銅兵器可以幫助他們捕獲獵物；商人馬拉戰車的軍事技術，可能也在這個時候輸入了周族。

亶父以來三代人、近百年時間裡，周人都在努力趨附商朝。按照傳統婚俗，周族首領應當迎娶姜姓的夫人，亶父的夫人就來自羌人，說明在他當年結婚時還沒有背棄西方盟族。但他的兒子季歷、孫子周昌(文王)，兩代人都是從東方迎娶夫人，這表明了他們投靠商朝的姿態。

周人宣稱這兩位夫人都是商人，甚至是商王之女。這只是他們對周邊羌人的吹噓。商人實行族內婚，嚴密保護著自己高貴血統的純潔性，絕對不會將王室之女嫁給遠方蠻夷。商人的姓是「子」，而季歷和周昌的兩位夫人，分別姓「任」和「姒」，她們只是來自臣服於商的外圍小國而已。不過任、姒兩位夫人的母國，還是比周人先進的多。在周人眼裡，她們儼然是從天界下凡的女神一般，後世史詩中充滿了對她們的歌頌聲，甚至稱她們為「大任」「大姒」。[3]

有「用羌」內容的甲骨文拓片[2]

兩代東方新娘給周族上層帶來了巨大變化。丈夫可以不懂妻子家族的語言，但母親必然會全面影響兒子一代。東方文化隨她們來到西部，最神祕、「先進」的當屬甲骨占卜之術，它融合文字、占算和溝通鬼神的通靈術於一身，被商人發揮到了極致。其中，對卜骨燒灼紋路進行解讀和運算的部分屬於「八卦」。[4]到文王周昌老年時，開始癡迷於這種來自東方的神祕運算技術。由此，周人和古中國的命運開始發生轉折。

2 甲骨文圖片來自王平、顧彬，《甲骨文與殷商人祭》，大象出版社，二〇〇七年，下同。

3 見《詩經·大雅·思齊》《史記·周本紀》。

4 這種「八卦」運算體系可能起源於淮河流域，而早期商人就在那裡崛起，所以八卦和甲骨占算屬於商人及東方文化一系。

## 文王野心：八卦

文王周昌年幼時就繼承了族長之位。實際上，他的父親季歷很可能早夭而沒有當過族長。季歷的妻子、周昌的母親大任來自東方，商朝顯然支持幼年周昌繼任周族之長。他成年後繼續從東方迎娶妻子大姒，也是沿襲祖父亶父以來投靠商朝的政策，同時保障自己的權威。[5]

掌握甲骨占卜和八卦推算技術的，都是巫師家族，他們世代傳承此職，將其作為家傳絕技祕不示人。後世人傳說，周文王在被商紂囚禁期間，將八卦推衍為六十四卦，這種說法也許有一定來歷，但周昌接觸和演算八卦的開端肯定更早。可以想像，當老年周昌對「八卦」發生興趣後，肯定對占卜師軟硬兼施使用了各種手段，終於迫使他們交代出卦象運算原理。

商、周時代，偶或有沉迷占卜之術的上層人士，但老年周昌的驚人之舉，就是從中獲得了背叛商朝、取而代之的啟示。這顯然遠遠超出了作為商人臣屬的本分，而且背離了自祖父亶父以來的立國之本。

周昌究竟是如何推衍、論證的，現在已經不得而知。但現存《周易》中的〈爻辭〉部分，據說就是文王周昌所作，其中有些語言確實顯露出不臣之心，比如「宜建侯」、「履帝位」、「建侯行師」這類語言，已經明顯超出了臣子本分，充滿反逆殺機（屯、履、豫卦）。

多個卦的〈爻辭〉都顯示，「東北喪朋、西南得朋」。東北方不利而機會在西南。商人統治中心在黃河以北，正是周人的東北方，這無疑預示著和商王決裂之機已到，需要聯絡西部羌人、甚至西南方深山的各族為同盟軍。而後來武王滅商時，西南民族蜀、髳、微等確實參戰（坤、蹇、解卦）；文王〈爻辭〉中出現最多的，是「利涉大川」一詞——從關中到殷都，必須渡過黃河，習慣山居的周人不習水性，這顯然是老年周昌最關心的問題（需、訟、同人、蠱、大畜、益、鼎、渙、中孚等卦）。

沉溺在卦象演算中的周昌忽視了一點：他求教的占卜師來自商人控制的東方，他們和故鄉的同行有密切聯繫。周人老族長的不臣之心，很有可能通過占卜師的通信管道傳向殷都，而商朝占卜官又是商王的心腹。於是，商朝軍隊帶走了老周昌。

《史記》等文獻完全沒說這是一場戰事。也許商軍像以往徵收羌族人牲一樣來到周族，順便帶走了周昌。從當時的實力對比看，老周昌的造反念頭實為異想天開。所有周族人，包括他的兒子們——後來的武王發、周公旦等等，顯然都被這個想法嚇壞了。商人軍隊執法般輕而易舉地帶走周昌，足

殷墟遺址復原圖（攝於安陽殷墟博物館）

5《竹書紀年》載季歷被商王殺死。但殺死季歷的未必是真正的商人，而可能是和他妻子大任類似的商人外圍邦國。春秋時還多有國君、公子到妻子或母親之國淫亂，最終激起仇殺的事件。這很可能是季歷的真正死因。歷史文獻多對季歷生平語焉不詳，可能也和他死得不甚光彩有關。至於為商王所殺的說法，則可能來自周人滅商後改寫的歷史。

以說明周人被震懾之深：他們根本沒有追隨首領、對抗商人的實力和勇氣。

　　周昌被捉走，把所有的難題都留給了兒子們。夫人大姒為周昌生了好幾個兒子，長子伯邑考，次子周發、周旦此時已經成年。他們唯一能做的，就是去殷都向商紂王求情，祈求他寬恕周昌因老邁糊塗而產生的妄念。

　　《史記》記載，幾個從商朝叛逃到周的臣子（閎夭、散宜生等），帶著禮物到商都祈求紂王。這顯然不是全部實情：見到叛臣只會增加商紂王的憤怒，何況此時周族也難以吸引到商朝的投誠者。商紂是異常聰明的人，「知足以距諫，言足以飾非」，[6]周昌的兒子們不出面，他肯定不會寬恕周人。

　　文王諸子這次去殷都的屈辱經歷，只是在他們滅商、奪取天下之後，才被隱諱了起來。事實上，他們在殷都經歷的遠不止是委屈羞辱，更是如夢魘一般的血腥慘劇。

## 天邑商：殷都鬼神世界

　　舊史的零星記載說，周昌長子伯邑考到殷都之後，被商

「卯三羌二牛。卯五羌三牛。」

「卯、五、羌」

紂王處死且做成了肉醬。周昌在忍痛吃掉了兒子的肉之後，才獲得釋放（皇甫謐《帝王世紀》）。這確實顯得過於荒唐，似乎只能流於野史。但有了今天殷墟的考古發現和甲骨文獻，我們才知道，這種行為對於商人再正常不過。

以往數十年裡，周人一直在向商朝提供羌人俘虜。對於這些人在殷都的命運，周人可能有一些模糊的瞭解，卻不會有太具體的觀感，因為西部並沒有商人的人牲祭祀場（至少考古發掘至今尚未發現）。只有在老周昌和兒子們相繼到達殷都之後，才親眼目睹了那些經自己之手送給商人的俘虜的下場。

按照甲骨文記載，商人用活人獻祭的方法有很多種。比較常見的是「卯」祭，這個字是人或牲畜被掏空內臟之後、對半剖開懸掛的形狀，如同今天屠宰流水線上懸掛的豬羊。事實上，羌人俘虜也確實常和牛、羊一起被殺死「卯」祭。

青銅甗裡裝著蒸熟的人頭，殷墟不止一次出土過這種祭祀用品

其他獻祭方式包括奉獻人牲的內臟、鮮血、頭顱。加工人牲方法有燒烤、滾湯燉爛、風乾成臘肉等等，都有專門的甲骨文字。這都是加工食物的方法，因為他們就是奉獻給神靈的飲食。按照習俗，神明享用祭品時也施加了祝福，所以典禮結束之後，獻祭者

6《史記・殷本紀》。

將分享祭品。

這自然會得出一個驚悚的推論：商人，特別是上層商人，很有可能是食人族。但這並非只有考古證據。歷史文獻中除了伯邑考被做成肉醬；還有些對紂王有異心的小國君「鬼侯」、「鄂侯」也被做成了肉乾，分賜給其他邦君為食。

按商人觀念，異族的酋長、貴人是最高級的人牲，他們給這種酋長叫「方伯」，再多的普通人牲也抵不上一位方伯。周昌或者他的繼承人，正是商人眼裡的一位「羌方伯」。

但這次被「用」的為什麼是伯邑考，而不是他的弟弟武王發、周公旦，或者惹出這場風波的老周昌自己？

在猶太《舊約》裡的上古時代，上帝曾表示喜歡接受長子作為祭禮。商人未必有這種禮俗，但他們確實喜歡用青壯年男子或兒童獻祭，極少用老年人（對某些特定的神則用青年女子）。而且，商人習慣用占卜選擇祭品，他們應當對伯邑考、周發、周旦等兄弟進行了認真考察和占算，來確定誰最適合做成肉醬。畢竟，用來祭祀的牛、羊事先也要認真檢查，看它們的毛色、肥瘦，以及有沒有疤痕、暗病，這種記載在《春秋》中屢見不鮮。老周昌的兒子們如何經歷過這一關，他們的感受如何？旁人永遠無法獲知。

無論如何，老周昌重獲自由。而且，他和兒子們還有了意外收穫。

「羌二方白（伯）其用」

首先，商紂王對他們的悔過非常滿意，尤其是周昌吃下自己兒子肉的表現。這大概象徵了他衷心歸化於商人文明世界的決心。紂王授予周昌「西伯」身分，讓他代表商朝管理更大範圍的西方事務。

還有，在這次殷都之旅中，周昌父子獲得了面對面觀察商人高層的機會。除了那些足以讓人癲狂的血腥祭祀，他們還發現，商朝遠不是他們在西陲時想像的「天邑商」——如同仙界般懸浮在天空的神聖都市。這裡雖然富麗堂皇，但所有的人，從商紂王到他的兄弟子女親人，都和周人一樣普通，沒有任何神異之處。

最關鍵的是，商人世界並非一個團結的整體。和任何一位族長、首領一樣（甚至更加嚴重），紂王身邊充斥著心懷不滿的兄弟和宗族成員，他的兒子們為爭奪繼承權明爭暗鬥。閎夭、散宜生等向周人暗送秋波的商朝臣子，應當是在這時和周昌父子們建立聯繫的。周武王滅商之後扶植的傀儡、商紂之子武庚，此時肯定也對周人進行了試探拉攏，更不用說商紂那些早已心懷不滿的叔伯兄弟們，比如稍後被處死的比干。在這些人看來，周族人和他們那些西方親屬羌人部族，也許是可以利用的潛在力量。如果商紂王一意孤行、不尊重這些貴族的利益，就有必要聯絡異族，裡應外合發動政變。

商紂王和他身邊的覬覦者們，都沒有想到扶植周族可能帶來的危險。

商人獨占中原已長達六百年，從沒有外來威脅可以動搖它的統治。而且，商人一致認為，天界的上帝、諸神主宰著人間一切禍福命運。已經死去的歷代商王、貴族，也都進入天界成為神靈，擁有大小不一的神力。那些神靈非常「現實」，只保佑向他們獻祭的人。奉獻的人牲、牛羊越多，諸神就越開心，會保證獻祭者享受人間的一切。

商王最重要的工作，就是向天地、山川、祖先之神不停獻祭，祭祀日程表排得滿滿當當，如同營養師的菜單。在甲骨文記載中，商王會一次宰殺、奉獻三千名人牲，以及一千頭牛。能夠保存到現在的甲骨文只是九牛一毛，這肯定不是商人規模最大的祭祀。

由於商王壟斷了向諸神獻祭的權力，也就獨享了諸神的福佑，理所當然要征服、統治大地上的所有民族。當然，這也是為了給諸神提供更多的祭品。

在這種思維下，商人自然成為了一個以縱欲著稱的民族。向神明獻祭的人和民族就可得到天佑，於是不必顧及什麼道德戒律，更不必擔心未來的憂患。《史記》記載了紂王建造酒池肉林、男女裸身集體淫亂等種種荒唐行為。其實，這和他敲骨看髓的故事一樣，都是將整個商族的醜惡集中到了一個人身上。種種酷刑、血腥的殺祭，都是商人集體而非紂王一人的娛樂方式。

他們還從上到下沉溺在酗酒惡習之中，終日少有清醒的人。紂王在位以來，來自西方的人牲數量在減少，但作為釀酒原料的糧食在不斷增加（周昌怠工以後，紂王正試圖在東南方開闢新的人牲來源）。

商王之下的貴族們死後成為小神，但他們也必須保佑後世商王，不能只顧及自己的子孫。在紂王之前二百多年，商王盤庚剛剛把都城遷到殷都，他身邊的貴族們大都不滿。盤庚將他們召集起來訓話，公然威脅說：不要以為你們死去的祖先會幫助你們，因為他們都在我先王的身邊，跟著享受了我奉獻的祭品，所以會優先保佑我盤庚，不會縱容你們！[7]

茲予大享於先王，爾祖其從與享之。作福作災，予亦不敢動用非德。予告汝於難，若射之有志！

據說商人早期是經營畜牧和商業的民族，所以他們把被統治的人視同牲畜，並且用生意人的思維和諸神打交道。[8]商紂王覺得天下是他一人的產業，其他商人貴族也認為王位只能在商人內部傳承，周人只是他們的工具而已，永遠沒有爬到主人位子上的可能。

## 太公陰謀

在周昌父子們周旋活動於殷都時，他們也許還遇見了一位後來共同參與改寫歷史的人物，就是太公呂尚——後世所謂的「姜太公」。他族姓為姜，屬於周人的傳統盟族，羌人。

《史記》說太公呂尚是「東海上人」，在渭水邊垂釣遇到文王而被重用。這種敘事模式來自《戰國策》的說客故事，不足採信。更晚的野史小說《封神演義》，則有姜太公曾在朝歌城裡賣麵粉、當屠戶的故事。在商周之際，世襲階級身分是不可能改變的，根本不會有出身平民的暴發戶。太公必然出自羌人中的呂氏部族，是一位典型「羌方伯」之子。

7 《尚書・盤庚》。按，《尚書》有今文和古文兩個版本，一般認為今文版是真，古文版是後人偽造。〈盤庚〉篇今、古文都有，定然是真。但古文《尚書》裡還有一些篇章，講商王遵守各種德行，甚至服喪三年，今文版本中卻沒有。這說明後人在偽造古文《尚書》的時候，給商人加上了他們本來沒有的道德觀念。

8 見《山海經・大荒東經》《世本・作篇》。

但這並不排除太公曾有在殷都生活的經歷。《史記》中記載確鑿的，是姜太公在後來周人的滅商事業裡作用巨大，特別是提供了許多陰謀祕計，「其事多兵權與奇計，故後世之言兵及周之陰權，皆宗太公為本謀。」這種陰謀算計，和羌人、周人在西陲山地的簡單淳樸生活格格不入。只有「文明」世界才能塑造出如此陰沉工於心計的人。

那麼，出身羌人上層的太公呂尚，為何有著如此複雜難以捉摸的經歷，並最終和周人走到了一起？

結合周人以往為商朝所作的工作，可以推測，太公作為羌人呂氏部族的首領之子，可能是被周人俘獲或者誘捕，然後作為人牲送到了殷都。那時的太公和文王都還年輕。但某些變故使他僥倖保住了性命（比如檢查結果並不適合作祭品等），便在殷都城內作為一名賤民生活下來，直到見到了被押解來的老周昌和追隨而來的兒子們。

如此的話，老年太公和周昌在殷都城內的再次會面一定極富戲劇性，特別是在老周昌父子們經歷了作為「羌方伯」的種種遭遇、甚至吃過了伯邑考的肉醬之後。這次相見的細節已混淆在種種傳說中無法復原，但結局很清晰：這些有著同樣慘痛經歷的人達成共識，太公諒解了周族人以往的暴行，認可了老周昌的滅商夢想——雖然動機來自他未必理解的八卦推算。他悄悄和周昌父子們一起回到了西部，共同投身到滅商大業中。

帶著在殷都的驚悚、悲哀、新知和收穫，老周昌和剩餘的兒子們回到了故鄉。他們離開時只有憂慮絕望，歸來時卻已經團結一致，帶領全族投入了這樁豪賭事業：翦商。這個事業已經裹挾了包括周人在內、從東方商都到西部遠山的各種政治勢力，一旦開啟就不可能中止，如同置身深山峽谷中的漂流之舟，或者苦撐到遼闊富饒的新家園，或者在激流亂石中撞得粉身碎骨。

這樁事業中，新加盟的太公呂尚為周人提供了極大幫助。司馬遷《史記》記載，太公給文王周昌、武王周發父子策畫的，都是陰謀詭計、密室之謀，大多沒有記載下來。但他能給周人的教益不止於此。

和周人、羌人相比，商人的文明更加發達，分工專業化程度和生產效率更高。以太公可能在朝歌城內從事過的屠宰業為例（倒不僅是來自《封神演義》的戲說，在很多早期文明中，屠夫職業確實與賤民身分密切相關），商都的這個產業早已脫離了小作坊經營階段。屠宰完的人牲肉、骨利用很充分，不同部位、器官被分揀歸類，進入下一輪生產環節。在一九三〇年代發掘的殷墟手工工廠區內，有專門加工人腿骨的作坊，經過初步揀選的成年人腿骨被捆紮在一起，等待下一步精細加工，可能是製作束頭髮的骨簪。在其他的商代作坊區中，還有專門用人頭蓋骨製作碗的遺跡。周人不會這樣利用人骨，但這種分工、專門化的生產方式，則是太公能夠帶來的真正進步。

此外，年輕的周發（武王）還娶了太公的女兒，周公旦可能也娶了另一位姊妹。由此，周人重續了和羌人的世代婚姻，兩個親緣部族終於在滅商大業之下團結起來。

## 周命維新

從殷都返回之後，老周昌對翦商事業非常樂觀。他的創意終於得到了兒子和族人的回應，他們看到了商人內部的裂痕，還獲得了太公為代表的羌人同盟軍。再加上卦象顯示的各種預兆——目前族人們還不懂如此高深的玄機，但他們早晚會為之折服——翦商大業注定前途光明。

周昌甚至按照殷都的排場給自己加了王位。從此，他才成了和商紂王平等的王、歷史上的「周文王」。當然，這只是在周人的小範圍內，悄悄瞞著商紂王的耳目。

從殷都回來之後，文王的身體還算康健，記憶力卻迅速下降。後來周人史詩說他「不知不識，順帝之則」，其實是典型的老年癡呆症狀。[9]

這些已經不重要，因為他有限的時間和智力，都已投入了將八卦演算為六十四卦的工作，這也許是他解除喪子之痛的唯一方式。後世卦師們的衣食之源——《周易》由此產生。

但這對於翦商事業沒有任何助益，具體工作都由兒子們進行。除了喪命商都的伯邑考，現在成年的只有周發和周旦。對於老周昌一意孤行開創的這樁事業，他們依舊視為畏途。

和龐大、發達的商王朝相比，周族力量畢竟太弱小了。周旦（周公）性情柔弱，從不敢質疑父親的決策，但也無法勝任太多建設性工作。周發則努力擔負起這樁事業，這應當是他被文王指定為繼承人的重要原因。

周昌父子的翦商事業，已經被古代經學家、現代歷史學者講述過無數遍。他們舉族遷往更適合農業種植的平原地區，借著商紂王授予的「西伯」頭銜，拉攏、團結周邊羌人等部族，對不願服從的部族、方國則進行武力征服。

周人擴張非常迅速，他們的勢力甚至開始伸展到關中之外。被征服者提供了衣食資財，使周族男子得以從生計勞碌中解脫出來，組建全民皆兵的武裝。周人傳統的氏族、家支都被打散，青壯年在軍事單位中重新編組。

在擴張過程中，周人還創立了「大學」，也叫辟雍或明堂。這個最早的大學的事業，不是學習研究文化，而是對所有周人男子進行軍事訓練，最基本的必修課是射箭，最先進、難度最高的則是駕馭戰車作戰。

在經典文獻的描述中，辟雍是一座環水的高大建築，其實就是護城河環繞的武裝堡壘。周王和兒子們都居住在堡壘中。這座辟雍成為周人征服南北西東的力量之源：

**鎬京辟雍，自西自東，自南自北，無思不服。皇王烝哉！**

——《詩經・大雅・文王有聲》

從殷都返回之後，文王周昌又活了九年。他去世後，周發即位自稱武王，但仍然繼續文王的紀年。按照他的解釋，父親的在天之靈依舊指導著翦商大業。

## 周公解夢與吐哺

但武王周發始終生活在恐懼和焦慮中。

殷都城的經歷，特別是長兄伯邑考的慘死，給他造成了無法癒合的精神創傷。再加上翦商事業的

9 見《詩經・大雅・文王》。

壓力，擔心失敗的恐懼，使他的後半生都無法逃脫失眠和噩夢的困擾。

《逸周書》中以多個以「寤」為題的篇章，都記載了武王的噩夢之痛。[10]他常常輾轉終夜無法入眠，黎明時分恍然睡去，卻又夢到翦商之謀洩漏、商紂王震怒，聯絡好的盟友們都不敢反抗，整個周族旋即遭受滅頂之災：

> 嗚呼，謀泄哉！今朕寤，有商驚予。欲與無□（原典闕文），則欲攻無庸，以王不足，戒乃不興，憂其深矣！
>
> ——《逸周書．寤儆》

每次他從恐懼中醒來，都要派身邊的小臣去請弟弟周公，向他講述夢裡的慘狀，以及對謀商事業能否成功的憂慮。商王家族世代向上帝獻祭，他們肯定能得到上天的保佑，試圖翦商是否是逆天悖倫之舉？

對於這種噩夢，周公也只能嘗試用夢來緩解。他寬慰說，他們的母親大姒曾夢到殷都生滿了荊棘，這就是上天降下的商人將亡之兆。雖然上帝享受了歷代商王的祭祀奉獻，但他不應該因為這種小小的實惠而偏袒商王。

為了使自己的解釋圓滿，周公一次次進行發揮和闡釋：王的使命，應當是使天下所有的人生活在和平、公正之中，這就是所謂「德」。上帝應該只保佑有「德」之人，替換掉沒有「德」的君王或王朝，以有德之人代替之。只要武王努力修「德」，就一定能在上帝福佑之下戰勝商王。[11]

武王從未能真心信服這種解釋，噩夢一直陪伴他到成功滅商以至去世。如果真有那位全知全能的上帝，長兄伯邑考為什麼還會慘死在殷都？

他寧可相信實力決定一切。只有在戰場上徹底消滅商朝大軍，周人才能從恐懼中解脫出來。所以武王真正信賴重用的是岳父太公。每天晚上，他都在和岳父密謀富國強兵的種種方案，拉攏周邊小邦、分化商人高層的種種策略。

但密謀結束之後，他依舊會輾轉反覆無法入眠，殷都人祭場的一幕幕在眼前揮之不去，慘死兄長的魂靈隨時會降臨臥室。每次從噩夢中掙扎而醒時，窗外已開始泛白，弟弟周公正守候在榻邊。

周公名「旦」，字形是半輪太陽正從地平線上升起，意為清晨。他確實是武王在每個噩夢之晨看到的第一個人。武王的侍衛親隨——「小子御」早已習慣，看到他失眠和噩夢，不待指令也會向周公求助。

於是，武王在周公的寬慰鼓勵中稍稍振作，開始新一天的工作。

周公自己是否逃脫了殷都噩夢的糾纏？史書沒有記載。但在每個黎明前被兄長召喚的時刻，他都從容清醒如白日。他一直比兄長表現得更平靜，只是用餐時常有失控嘔吐的習慣。後世人已經不理解這個隱疾的根源，於是在輾轉傳說中變成了「周公吐哺」的成語典故，並因此說明他勤於政務。

周公顯然已認真考慮過自己的定位：他無力承擔父親開啟的正義而瘋狂的事業，也無法給死去的

---

10 見《寤儆》《和寤》《武寤》《武儆》等篇。

11 見《太平御覽》引《周書．程寤》《逸周書．大開武、小開武》。

長兄報仇。但這個使命和它帶來的壓力，注定要由他們兄弟二人一起承受。

他對「德」的闡釋，只是作為普通人的美好願望：他們不想無故被殺或者殺人，只渴望生活在一位聖明君王統治下的安定中。但和所有普通人不一樣的，是他的兄長周發必須成為那位有「德」君王。不然整個周族將死無葬身之地。

如果說武王的使命是成為帝王、翦商和建設人間秩序，那麼他周公旦的使命，就是做這位帝王的心理輔導師，塑造和維護他的神武形象，如此便於願足矣。

## 牧野鷹揚

文王死去兩年之後，武王終於集結兵力，發動了對商朝的進攻。

但是，當他們到達黃河邊後，忽然又停止進軍，班師撤退。第一次出征草草結束。

周人和盟友都不理解武王的想法。其實，武王曾多次和太公、周公祕密討論：以周人現有的兵力，完全無法對抗商軍；要召喚更多的部族做同盟軍，則勢必洩漏翦商之謀，這顯然是一個兩難的處境：

「余夙夜維商，密不顯，誰和？」[12]

在兩者間權衡取捨許久之後，武王終於決心發起這個冒險之舉：公開與商朝決裂，並發動一次有限的試探進攻。這是他向所有被商朝統治的部族發出的振臂一呼：已經有人率先揭竿而起，亮出你們立場的時候到了！

當獨夫暴君得意之時，似乎所有人都屈服於他的淫威。但只要第一個、第二個反對者站出來，他們身後會立即湧現一支追隨者大軍。被血腥人祭摧殘已久的部族們紛紛趕來投靠周人。沿途加入周軍的「諸侯」——部族和小國，其實多數不過是新石器水準的農業聚落——多達八百個。

這些未經統一訓練的烏合之眾是無法作戰的。所以武王及時退回了關中。他需要時間把這些新盟友們鍛造成一支更大的軍隊。

商紂王本該用雷霆之怒來懲戒周人的叛逆，如同十二年前逮捕文王一樣。但他立刻發現，哪怕在商朝內部，他的權威也在迅速下降。對他公開表示不滿的高官和親人越來越多，推翻他的陰謀正在宮廷中醞釀。他忙於撲滅殷都城內的反對派，處死了叔父比干，關押囚禁了更多的人。越來越多的商朝臣僚叛逃入周，帶來了殷都反對派們求援的呼聲。

又經歷了幾百個不眠之夜後，周武王發動了真正的遠征。西部聯軍沿著當年文王被捉入殷都之路前進。

剛剛壓平國內反對派的商紂王也集結起了大軍，準備一舉蕩平周人和所有的叛逆民族。雙方在殷都城外的原野——牧野集結，即將發起決戰。

---

12《逸周書．大開武》。

這個徹底改變中國歷史、再造華夏文明的日子，在文王周昌被抓到殷都的十三年之後，西元前一〇四六年二月一日的凌晨。雙方軍隊連夜集結備戰，連綿篝火映紅了曠遠夜空，人和牲畜的走動諠嘩聲終夜不休。

嚴冬即將過去，淡淡晨霧飄散在原野間，枯草上凝結著閃亮霜露。當天空現出幽深的藍色——這個武王每每從噩夢中驚醒的時刻，雙方軍佇列陣完畢。

周人和他們的同盟軍，總共四萬五千人；至於商紂王集結的軍隊，則像樹林一樣多的無法計算，「殷商之旅，其會如林」，[13]後來的說法是共有七十萬人。而且新的部隊還在源源不斷開來。

據說，商人內部的反對者已經約定，在兩軍接戰之前倒戈，向紂王發起攻擊。但隨著兩軍距離越來越近，他們遲遲沒有動靜。或許他們也被商王的龐大兵力嚇壞了。

周人聯軍列成方陣，向殷商的矛戟叢林走去。他們因為緊張而越來越擁擠，盾牌互相碰撞擠壓，每走幾步都要停下來重整佇列。前排敵人的面貌越來越清晰，緊張氣氛陡然加劇，聯軍將士終於再也無法挪動腳步。

一方是統治中原六百年的主人，一方世世代代為主人提供人牲祭品，這將是一場實力對比懸殊的屠殺。弱勢一方隨時都會在恐懼中崩潰奔逃。

武王最後的陣前動員：

今日之事，不過六步七步，乃止齊焉，夫子勉哉！

——《史記·周本紀》、《尚書·牧誓》

就在這短暫而沉寂的對峙之間，一小群聯軍戰士擠出佇列，向殷商軍陣走去。帶領這百十人走在最前面的，是年過七旬的權術家、以老謀深算著稱的太公呂尚。沒人知道，他何以忽然拋棄了所有陰謀、詐術、詭計，像一介武夫般怒髮衝冠直向敵陣。

也許他只想改變羌人作為人牲懸掛風乾的命運，他在殷都已經看得太多。

在後世周人的史詩中，太公在那個清晨變成了一隻鷹盤旋在牧野上空。他面前的敵軍陣列瞬間解體，變成了互相砍殺混戰的人群。武王的部隊旋即啟動，三百五十輛戰車衝向商紂的中軍王旗之處……

當淡淡陽光穿透晨霧，灑向原野間的縱橫屍骸時，六百年商王朝已經終結。

**維師尚父，時維鷹揚。涼彼武王，肆伐大商，會朝清明。**

**——《詩經・大雅・大明》**

## 新商人

周人和他們的同盟軍開進了殷都城。

---

13《詩經・大雅・大明》。

商紂王已經在絕望中自焚而死。除了紂王親黨，所有勢力都在他的倒臺中獲得了滿足。王宮的倉庫都已空空如也，據說紂王將所有寶物堆在身邊點燃殉葬，但從灰燼中只尋找出幾塊「天智玉」。太公建議武王不要追查寶物的去向：投誠的商人顯貴多是些唯利是圖之輩，應當犒勞一下他們。周軍繼續向各地進發，征討頑抗的商軍，倒戈的商朝貴族則充當嚮導。

平定商朝全境不是問題，武王和周公、太公焦慮的，是讓商朝上層接受被征服的事實。之前雙方的祕密聯絡中，商人上層只是把這次戰爭看做一次聯合剷除商紂的權宜之舉，之後的商人仍舊將保有自己的王朝。局勢至此，周人顯然不會承認這點。

在熟悉商文明的姜太公主持下，武王在殷都舉行了向上帝獻祭的儀式，如同商人以往的所有儀式一樣，被砍下的頭顱是敬獻給上帝的禮物，只是這次的頭顱換成了燒焦的商紂王、以及他的妃嬪和親信們，而奉獻祈福者換成了周武王，十三年前的人牲伯邑考的弟弟。

之後，武王向殘存的商朝臣工訓話，宣布商王朝從此被周王朝取代，享用過祭禮的上帝也轉而成為周族的保護神。

武王用了商人最熟悉的交易邏輯來論證：上帝此舉並非心血來潮的衝動，以往雖然是歷代商王獻祭，但祭品中的穀物是由周人先祖——姜嫄之子后稷培育的，所以上帝心中早已對周族青睞有加，將商人的天下轉託給周人：

> 在商先哲王，明祀上帝，亦維我后稷之元穀，用告和、用胥飲食，肆商先哲王，維厥故，斯用顯我西土！

——《逸周書・商誓》

商紂的兒子武庚被任命為新商王。幾個月後，商地逐漸穩定，武王留下三位剛成年的少弟——管叔、蔡叔、霍叔等駐紮商都，監視武庚朝廷，自己帶主力班師西歸。

紂王的頭顱、還有他曾重用的所有臣子都被押解到了關中。武王在自己的都城鎬京再次舉行祭天典禮，宣告他正式平定了中土，成為上帝在人間的唯一代理人。

武王要撫慰父親的屈辱、長兄的慘死。實際上，在向商人復仇的過程中，他已經變成了一個不折不扣的新商人。

這個典禮儀式也完全按照商人的慣例進行：紂王的一百名幸臣被押解到祭臺下，用斧鉞砍斷手腳，任由他們在血水裡翻滾掙扎。他們喊叫的聲音越大，掙扎翻滾的越劇烈，就說明奉獻給上帝的祭禮越豐盛。

還有在牧野戰場上頑抗的武將、商人核心氏族的四十名族長，他們被剝光衣服，投入到沸水翻滾的大鼎中。[14]

然後，武王身穿天子之服，在音樂聲中走上祭壇，向上帝和祖先之靈彙報滅商過程。生的、熟的人牲軀體被抬上祭壇，正式奉獻給上帝和周人列祖列宗。紂王和妻妾們的頭顱、戰爭中斬獲敵軍的耳朵，都被堆放在巨大的柴堆之上焚燒，焦香的煙火氣是上帝最喜歡的食物——這是商人的說法。

14 見《逸周書・世俘》。

除了這些驚悚的祭品，山川天地諸神還要享用一些稍微正常的食物：宰殺了五百零四頭牛奉獻給上帝和周先祖；還有二千七百零一隻豬、羊、狗，作為奉獻給山川、土地諸小神的祭品。

按照商人的儀軌舉行完所有典禮，武王周發合理合法地成為了人間的新統治者。

但他仍舊不能擺脫失眠和噩夢的困擾。

他再次巡遊新占領的疆域，試圖找到上帝轉而福佑自己的跡象，卻始終未能如願。武王登上西山、俯瞰殷都城，發現自己還生活在昔日恐懼的回憶中。他的健康狀況每下愈況，在滅商當年的年底終於一病不起。

當武王再次經歷過一個漫長的失眠之夜後，小子御陪著周公旦出現在臥榻前。武王說起了自己還沒來得及完成的事業：

那些曾追隨紂王作惡的商臣和部族，至今尚未全部剷除，隨時可能發起反攻；自己的長子周誦還不到十歲，其餘的尚在襁褓之中，根本無法治理新興的王朝；除了周公之外，諸位弟弟都還年輕，只有周公能夠接手治理這個新王朝。此事沒有其他選擇，所以連占卜都沒必要了。

而且，在周公即位之後，殷都城必須毀滅，那裡是罪惡的大本營；父兄們在那裡遭受的患難血淚要隨之一起埋葬。武王已經為周公選好了新都城基址：在位居天下之中的河南平原上、一個小山環抱、三水匯流的盆地內。武王甚至給這座還在腦海中的新城起了名字：「度邑」，周人由塵世升入天堂的過渡之城。

以往寬慰從噩夢中驚醒的武王時，周公總是引經據典滔滔不絕，這次他卻一句話也說不出，只能跪坐在榻前俯身哭泣，任淚水打濕衣裾。[15]

二人商談的具體過程已經湮滅。但當武王去世時，繼位的仍是少年成王，周誦。周公以叔父身分輔政，宣布了營建度邑的決定，只是改名為洛邑——他意識到了天界與人世間不可逾越的界限。殷都城中所有的居民，從貴族到工匠、貧民，都要遷徙到這座塵世新都（今洛陽市）。

## 周公制度

叛亂立刻在東方爆發。管、蔡、霍三兄弟質疑周公表面推讓王位，實際上卻掌控著朝廷實權，這種虛偽的把戲只能欺騙一個孩子。

三人是文王殷都之難後長大的一代新人，沒有當年驚弓之鳥的悽惶經歷，視周人的天下為理所當然。殷都繁華富麗，生活比周人舊地舒適得多，商王的宮闕和種種排場，正應由他們享用，怎能輕易付之一炬？他們聯合新商王武庚起兵，要保住這塊商人的最後天堂。

周公和關中故地的周人已經預計到了商人的反抗，但沒有想到自己的青年們被東方世界同化得如此迅速。軍隊再次向東方開去。腐化的軍隊不堪一擊，管叔戰敗身死，蔡叔、霍叔被俘，武庚逃亡到了北方戎狄之中。

殷都城被夷平為廢墟。文王、伯邑考、武王和周公的所有夢魘都永遠埋葬於斯。

周公開始頒布他的新政令。所有新政的出發點，就是往昔那些清晨他開導兄長的關於「德」的說

15 見《逸周書．度邑》。

法。這些說法對武王從未發揮藥效，但周公如今有了全面推行它的機會。

殺人祭祀的風習被嚴令禁止，甚至宰殺牛羊也不能超過十二頭。周公開始營建新洛陽，奠基時的祭禮只有兩頭牛；次日拜祭土地之神，用了牛、羊、豬各一頭。

不僅如此，周公還要消滅有關殷都的一切，自己和兄長遭受過的夢魘都要永遠深埋。既然不能斬殺盡所有的殷商遺民，就只能修改他們的記憶，讓他們自以為和別的民族沒有任何區別。商王的甲骨檔案庫早已隨著殷都焚燒一盡；其他各種文獻記載也被祕密審查、銷毀（深藏在周原檔案庫中的那片商王「冊周方伯」卜骨屬於僥倖漏網，周人肯定不願後人知道他們曾臣服效力於商的那段歷史）。

周公還開始重新編纂歷史。新的周公版歷史說：商人和其他民族沒有任何區別，他們的王朝也是稟受天命所建，歷代商王和宰輔們都仁慈智慧、兢兢業業。只是末世的紂王喪心病狂，才導致了商王朝的終結。至於周族，也自然沒有了為商朝充當幫兇的污點。

商人幾百年的血腥暴行都歸於紂王一人，他負荷著千百萬人的罪惡，被塗抹成了完全喪失理性的瘋子，以至孔子的學生子貢懷疑：關於商紂暴虐的很多說法都是後世人的虛構：

子貢曰：「紂之不善，不如是之甚也。是以君子惡居下流，天下之惡皆歸焉。」

——《論語・子張》

周公五百年後的孔子就是商人後代，他和子貢等弟子們傳承的，卻是被周公修改過的知識。人們或許能感到，紂王惡行的傳說過於虛妄，但不知道這後面隱去的事實是何等恐怖。

這正是周公的目的，他不想後人也生活在恐懼和仇恨中，雖然他和兄長已終生無法擺脫。

還有，民族的隔閡必須打破。商人的族內婚被嚴厲禁止，所有貴族都不得在本族內結婚，而應當與其他部族、方國的上層聯姻。為了鞏固新的周王朝，周公還把周人、羌人分封到新占領的東方，讓他們在各地建立新諸侯國。商人也都被拆散分配到這些新邦國中，他們將和各地的土著民族通婚混血，互相同化，形成新的世襲統治階級。

混血、統一、開放的新華夏民族由此誕生。周人、商人、羌人的劃分永遠成為歷史。

周公繼續完善著他的道德理想。他制定了種種禮節，希望讓人們學會控制欲望，把社會規訓得和善、節制、長幼有序。這些說教和規範形成了種種儒家經書，被統稱為「周禮」。

當初激發父親翦商靈感的八卦、六十四卦，也要重新進行闡釋，消除那些野心和投機的成分。據說《周易》的〈象辭〉是周公所寫，它與文王名下的〈爻辭〉區別極大，不再鼓勵任何投機和以下犯上的非分之想，全是一位君子朝乾夕惕、完成社會責任的勵志說教。周公兄弟們從未能理解父親對八卦的狂熱，那個冒失之舉雖然最終收穫巨大，但畢竟給他們的家庭和國族帶來了太多磨難和風險。如果再次面臨這個選擇，他們恐怕沒有勇氣投身於斯。

商人和神靈做交易的理論，也要做徹底修改。給神靈、祖先的獻祭只是表達虔誠敬意，不需要、也不允許無限豐厚。神靈不再是貪得無厭的嗜血餓鬼，而是保佑有德者、懲戒無德者的最高仲裁，維繫著周公宣導的人間道德體系。

在商人的功利、血腥、殘暴已然登峰造極之後，周公創建了一套全新文化：節制欲望、善待他人、克己復禮、勤勉拘謹。這就是正在形成的新華夏族的樣板品格。

周公還以身作則，每次面見年少的侄子成王時，他都戰戰兢兢如對嚴父，雖然他是成王事實上的監護人。每向成王表達完自己的意見，或者聽成王說出每句話，周公都要以頭觸地、長跪稽首許久。

至於逐漸長大的成王，和所有青年們一樣，開始萌生叛逆心理，對這些繁縟禮節和道德說教漸漸不滿。而且周公一直掌握大權，在反對者看來，這無疑是虛偽和言行不一的表現。據說在數年間，成王曾命令周公居住在洛陽，不得到關中朝覲。最後，可能是周公奉還大政、交出所有權力之後，他才與侄子和解，回自己封邑度過晚年。

他委實無法向侄子解釋自己這種對道德的近乎病態的依賴：這是他和父親、兄長生命中的不能承受之痛，已無從向年輕一代談起，就像伯邑考的死因不能觸及一樣。

周公在歸政後不久死去，很可能埋葬在他的周原封邑內，但後世人都不知其陵墓的具體所在。最後歲月裡，他和侄子成王關係如何，史書完全沒有記載，但從他死時的寂寥來看，侄子顯然還對這位道德楷模心存芥蒂。

周公的道德事業是成功還是失敗？恐怕言人人殊。但他徹底埋葬商都記憶的努力無疑是成功的，至少在考古學家的鏟子掘開殷墟之前是如此。

## 尾聲

經過十幾年歷史記載的空白之後，三十五歲的周成王忽然病重彌留，命懸一線。但他仍按照天子之儀軌，掙扎著梳洗、穿戴起最莊重的冕服，端坐到朝堂之上，對臣工們發表了臨終訓話。他歷數祖父文王、父親武王以來的功業和教誨，告誡太子和臣工永保勤勉，不要喪失先輩們的翦商大業。

在臣僚們看來，這番景象恍然周公重生。

顯然，在獨自為政之後，成王漸漸理解了叔叔的某些用心：

> 王曰：「嗚呼！疾大漸，惟幾，病日臻。既彌留，恐不獲誓言嗣，茲予審訓命汝：昔君文王、武王宣重光，奠麗陳教，則肄肄不違，用克達殷、集大命。在後之侗，敬迓天威，嗣守文、武大訓，無敢昏逾……」
>
> ——《尚書·顧命》

臨終訓話結束之後，臣僚退去。成王掙扎著脫下了禮服，回到病榻上。次日，成王去世，太子康王繼位。

華夏歷史沿著武王和周公修改後的軌跡繼續前行，直至今日。

作者說明：〈周滅商與華夏新生〉寫作時間比二〇〇九年版孔子傳稍晚，這次附錄於書末。因為有了周公一代人的歷史，才能更深入理解孔子及其儒家思想。商周之際的歷史記載比孔子時代更為久遠茫昧，所以寫作的風格稍有不同，這次收錄時一仍其舊，只做了少量增補。

# 外篇二　春秋晚期及孔子生平大事編年

（西元前五七二年—西元前四六七年）

按：此編年根據魯國官方文獻《春秋》及《左傳》整理而來，並參考了《史記．孔子世家》，記事以魯國為中心，時間跨度為魯國的襄、昭、定、哀四個國君。

**魯襄公元年，西元前五七二年**

（孔子出生前二十一年）

晉卿欒黶召集魯、宋、衛、曹、莒、邾、滕、薛等諸侯國的卿大夫和軍隊，平定宋國內亂。魯卿孟獻子（仲孫蔑）代表魯國參加。

齊國未參與諸侯聯軍，晉國進行責難，齊靈公派太子光到晉國為質。

晉卿韓厥取代欒黶，率諸侯聯軍伐鄭國，因為鄭向楚國臣服。聯軍隨之侵擾楚國邊境。

楚軍救鄭，並攻擊宋國。

周簡王卒，靈王繼位。

**魯襄公二年，西元前五七一年**

（孔子出生前二十年）

為報復晉國聯軍，楚共王命令鄭國伐宋。

鄭成公卒，僖公繼位。此時鄭國權力主要掌握在鄭穆公的兒子輩手中，這些人是成公的叔伯，僖公的堂祖父。

晉卿荀罃召集魯、齊、宋、衛、曹、邾、滕、薛、小邾等諸侯卿大夫和軍隊，對鄭國進行威脅。

**魯襄公三年，西元前五七〇年**

（孔子出生前十九年）

楚軍攻吳，失利，

魯襄公即位以來首次赴晉國朝見，與晉悼公進行盟誓。

晉悼公召集魯、宋、衛、鄭、莒、邾等諸侯國君，及齊國太子、周王卿士單公會見，並舉行盟誓。

晉悼公事先遣使通知吳王參會，希望吳能服從晉的權威、一起對抗楚國。但吳王壽夢沒有反應。

陳成公老病，未參會，派卿大夫袁僑代為出席。

**魯襄公四年，西元前五六九年**

**（孔子出生前十八年）**

陳成公卒，哀公繼位。

孟獻子陪同魯襄公赴晉朝見，向晉悼公請求：將近鄰小國鄫作為魯的附庸。晉悼公初不允。孟獻子說：魯國對晉國有納貢、提供兵役勞役等義務，但鄫對魯、對晉都沒有任何義務，如果鄫成為魯的附庸，也就提升了魯為晉服務的能力。晉悼公許可。

晉卿魏莊子（魏絳）負責處理戎人部落事務（戎是生活在今山西及豫西山地的蠻族）。魏莊子在其中選擇統治代理人，約定規範，戎人部落多臣服於晉國的權威。

**魯襄公五年，西元前五六八年**

**（孔子出生前十七年）**

楚軍伐陳。

晉獻公召集諸侯國君和卿大夫，聯兵援陳。吳國也派使臣參加。一部分聯軍留在陳國駐防。

魯卿季文子（季孫行父）卒，季武子（季孫宿）繼位。

## 魯襄公六年，西元前五六七年

（孔子出生前十六年）

莒國滅鄫。晉國責問魯國為何未能盡宗主義務、坐視鄫國滅亡。季武子到晉國解釋。

齊國吞併萊國。

## 魯襄公七年，西元前五六六年

（孔子出生前十五年）

郯國、小邾國國君來朝見魯襄公，這是附庸對於宗主國的禮節。

季武子營建自己的封邑費城城牆，這是權臣坐大的體現。

鄭僖公還是太子的時候，就對專權的「七穆」堂祖父們很不滿，至此，七穆暗殺了鄭僖公，向列國通告：國君死於瘧疾。五歲的鄭簡公繼位。

楚軍攻陳，晉悼公召集諸侯國君救陳。陳哀公擔心晉國不可靠，從晉國的盟會上逃歸。楚國對陳的影響力逐漸加大。

## 魯襄公八年，西元前五六五年

（孔子出生前十四年）

鄭簡公的叔伯輩試圖除掉七穆，失敗，多人被殺。

魯襄公到晉國朝見晉悼公，接受對晉國貢賦的新任務。鄭、齊、宋、衛、邾的國君或使臣也到晉國接受了任務。

## 魯襄公九年，西元前五六四年

（孔子出生前十三年）

秦、楚都對晉國主導中原的行為不滿，試圖聯合伐晉。

鄭國受到晉和楚兩方面的壓力，搖擺於兩者之間。

## 魯襄公十年，西元前五六三年

（孔子出生前十二年）

晉悼公召集魯、宋、衛、曹、莒、邾、滕、薛、杞、小邾等國君及齊國世子，與吳王壽夢會盟，這是吳王首次參加中原會盟。

吳王壽夢表示服從晉國主導的國際秩序。晉國此時出於對抗楚國的目的，有意拉攏吳國。

晉與列國攻滅東方土著小邦，偪陽。孟獻子率領魯軍參加，其家臣、僕役多參戰，陬人叔梁紇（孔子之父）衝開偪陽城門，解救了被困聯軍。

鄭國都城發生內戰，新、老貴族試圖聯合消滅專權的七穆家族，被七穆撲滅。子產（公孫僑）在內戰中表現出色。

**魯襄公十一年，西元前五六二年**

**（孔子出生前十一年）**

魯國軍隊擴編為三個軍，三桓家族（季武子、叔孫穆子、孟獻子）各掌握一個軍，原屬國君的封邑、屬民被三家瓜分。

鄭國搖擺於晉國與楚國之間，晉悼公召集中原諸侯向鄭國施加壓力。

**魯襄公十二年，西元前五六一年**

**（孔子出生前十年）**

吳王壽夢卒，諸樊繼位。

魯襄公赴晉國拜會晉悼公。

**魯襄公十三年，西元前五六〇年**

**（孔子出生前九年）**

楚共王卒，康王繼位。

吳軍侵楚，失利。

## 魯襄公十四年，西元前五五九年

**（孔子出生前八年）**

晉國召集諸侯的卿大夫會見吳國使臣，此次會盟沒有國君參加。

晉悼公帶領諸侯聯軍伐秦國，但晉國列卿沒有作戰決心，無果而返。

## 魯襄公十五年，西元前五五八年

**（孔子出生前七年）**

衛獻公不尊重掌權的卿大夫，在國內無法立足，逃亡到齊國。權臣擁立宗室公孫剽為君，是為衛殤公。

晉國召集同盟諸侯大夫，試圖調停衛國內亂。

晉悼公卒，平公繼位。

鄭國五年前內亂中，部分失敗貴族逃避到宋國。鄭七穆家族向宋國上層行賄，並派家族代表到宋國作抵押（為質）。宋國向鄭國移交了三名反對者，七穆將其處死碎屍。

## 魯襄公十六年，西元前五五七年

**（孔子出生前六年）**

晉平公召集同盟諸侯列國國君，會上拘押了與楚保持聯繫的莒、邾國君。

晉國聯軍伐楚，取得小規模勝利後返回。楚康王未下決心與晉決戰。

齊靈公率兵侵擾魯國北境，此舉挑戰晉國在中原的主導地位。魯國向晉國求援，晉國表示因國君新近更替，暫無法顧及。

**魯襄公十七年，西元前五五六年**

**（孔子出生前五年）**

齊靈公率兵劫掠魯國北境，圍困臧孫氏的封邑防城。魯軍三百人夜襲齊軍營地，孔子之父叔梁紇參戰。齊軍撤退。

宋國權臣華氏家族內亂。

**魯襄公十八年，西元前五五五年**

**（孔子出生前四年）**

齊靈公攻魯。晉國召集同盟諸侯伐齊。聯軍深入齊境擊敗齊軍，齊靈公放棄抵抗，逃歸都城臨淄固守。聯軍破壞了臨淄郊區。

**魯襄公十九年，西元前五五四年**

**（孔子出生前三年）**

春，晉國及聯軍從齊國班師，經魯國境內回國。魯襄公為晉國六卿舉辦隆重的慶功典禮。邾國部分土地被割讓給魯國，作為對其追隨齊國的懲戒。

齊靈公卒，莊公繼位。齊莊公之母為魯國貴族顏氏女子。

晉國準備再次伐齊，得知齊靈公死訊後中止。

齊國向晉國求和。

**魯襄公二十年，西元前五五三年**

**（孔子出生前二年）**

晉平公與齊莊公及魯、宋、衛、鄭、曹、莒、邾列國國君會盟。

**魯襄公二十一年，西元前五五二年**

**（孔子出生前一年）**

晉國卿欒盈勢力擴大，引起范氏等諸卿反對，欒盈逃亡楚國。范宣子執政。

欒盈逃亡途中，經過周王領地洛陽，被當地人劫掠。欒盈向王室控訴，列舉先祖在晉國為臣期間對王室的貢獻。周靈王下令歸還其被劫掠的財物，並派人將其護送出王室領地。

晉平公召集齊、魯、宋、衛、鄭、曹、莒、邾國君會盟，要求列國不得接納欒氏成員。

**魯襄公二十二年，西元前五五一年**

孔子出生（虛歲一歲）。

欒盈去往齊國。

晉平公召集齊、魯、宋、衛、鄭、曹、莒、邾、薛、杞、小邾國君會盟，再次重申對欒氏的禁令。

鄭國使臣子產對晉國使臣表達不滿，認為大國屢次召集會盟，小國承擔的義務太多，不堪重負。但七穆還是讓鄭簡公參加了這次會盟。

**魯襄公二十三年，西元前五五〇年**

孔子兩歲。

晉平公準備將一個女兒嫁給吳王壽夢。齊莊公派使臣到晉國祝賀，暗中將欒盈帶到晉國都城。

欒盈召集親黨發動叛亂，范、趙、韓氏堅決反對欒盈，魏氏（魏獻子）本來支持欒盈，但被范氏挾持，未能參與。欒盈作戰失利。

齊莊公率軍隊伐晉，經過衛國侵入晉國，占領朝歌。獲悉欒盈已經失利後，齊軍撤退。晉國徹底消滅欒盈勢力。

魯國派兵援助晉國，但未敢介入戰事。

孟莊子（孟孫速）卒。孟孝伯（孟孫羯）繼位。

孟氏族長變更引起魯國高層糾紛，季武子因此驅逐了臧孫氏族長臧孫紇，改立臧為擔任族長。臧孫紇出奔邾國。

**魯襄公二十四年，西元前五四九年**

孔子三歲。其父叔梁紇可能在這年去世。

晉平公召集同盟諸侯國君，準備聯合進攻齊國，因晉國發生洪水而拖延。
齊莊公擔心晉國的報復，與楚國通使。
楚康王為分擔晉國對齊國的威脅，帶領蔡、陳、許三國國君聯兵伐鄭。
晉國聯軍趕來救鄭。晉楚發生小規模衝突，雙方撤軍。

**魯襄公二十五年，西元前五四八年**

孔子四歲。
齊莊公與貴族崔杼的妻子私通，被崔杼殺死。崔杼擁立齊景公，崔氏、慶氏掌權。
晉平公召集諸侯伐齊，適逢齊國君位更替，齊景公派人向晉君示好，給晉軍上下豐厚饋贈。晉與諸侯認可了齊國此次君位更替。
晉國范宣子卒，趙文子（趙武）繼任執政，大大降低了同盟諸侯給晉國的貢賦標準，獲得好評。
鄭國討伐附庸於楚的陳國，獲勝後向晉國獻捷，子產擔任使臣。晉國表示不滿，於是鄭簡公赴晉國致敬。
陳與鄭達成和解。

**魯襄公二十六年，西元前五四七年**

孔子五歲。
衛國權臣寧氏殺死衛殤公，迎立流亡在外的衛獻公。在齊、鄭兩國的斡旋下，晉國認可了衛國此次君位更替。

楚康王伐鄭，進行破壞性懲戒。

**魯襄公二十七年，西元前五四六年**

孔子六歲。

宋國卿向戌主持「弭兵」，即倡議晉、楚兩國達成和平協議。

晉國執政趙武、楚國令尹屈建及魯、蔡、衛、陳、鄭、許、曹國的卿大夫，在宋國舉行盟會。晉楚達成共識：兩國各自的同盟附庸國應當「交相見」，就是對晉、楚都要履行朝見和納貢義務。秦國和齊國較強大，不在此規定之內。

這次盟會上，列國卿大夫舉行了很多場會談、會見，都「賦詩」表達意見，與會者競相展示優美的文辭、典雅的舉止。這是春秋卿大夫的貴族文化風尚達到的頂峰時期。

衛獻公借助其他卿大夫滅掉了專權的寧氏。

齊國崔氏家族內亂，被滅，慶氏掌權。

**魯襄公二十八年，西元前五四五年**

孔子七歲。

慶氏家族在齊國專權，引起其他家族不滿，被攻滅，慶氏逃亡國外。

楚國令尹屈建卒，趙武在晉國為之舉行了弔唁儀式，因為兩國已經有盟誓關係。

周靈王卒，周景王繼位。

楚康王卒。

這年，齊、陳、蔡、北燕、杞等國君到晉國朝見；魯、宋、陳、鄭、許國的國君到楚國朝見。這是履行去年列國會盟達成的規定。

**魯襄公二十九年，西元前五四四年**

孔子八歲。

楚王郟敖即位。

季札首次代表吳國出訪中原列國，到魯，叔孫穆子（叔孫豹）負責接待。

衛獻公卒，衛襄公繼位。

**魯襄公三十年，西元前五四三年**

孔子九歲。

鄭國，子產代替子皮執掌國政。

**魯襄公三十一年，西元前五四二年**

孔子十歲。

魯襄公卒，經過一番小波折後，昭公繼位，時年十九歲。

孟孝伯（仲孫羯）卒，孟僖子（仲孫貜）繼位。

楚國令尹子圍有專權的趨勢。

**魯昭公元年，西元前五四一年**

孔子十一歲。

晉執政趙武、楚令尹子圍召集魯、齊、宋、衛、陳、蔡、鄭、許、曹國的卿大夫，在虢地舉行盟會，這是在維繫晉楚弭兵之後的兩強和解秩序。魯國叔孫豹參會。

**魯昭公二年，西元前五四〇年**

孔子十二歲。

晉國卿韓宣子（韓起）到魯、齊、衛等國出訪。

鄭國七穆家族內部，駟氏的公孫黑野心膨脹，試圖消滅游氏，被各家聯合壓制，公孫黑自殺。

子圍弒楚王郟敖，繼位，是為楚靈王。

**魯昭公三年，西元前五三九年**

孔子十三歲。

齊國卿晏嬰出使晉國，與晉大夫叔向結交，說陳氏（田氏）貴族在齊國日益坐大，「齊其為陳氏矣」。叔向也談及，晉國列卿有架空國君的趨勢，「公室將卑」。

子產陪同鄭簡公到晉國，朝見晉平公。
叔孫豹卒，叔孫昭子（叔孫婼）繼位。

**魯昭公四年，西元前五三八年**

孔子十四歲。
楚靈王召集蔡、陳、鄭、許、徐、滕、頓、胡、沉、小邾國君及宋國世子、淮夷，在申地會盟。這是楚國的南方勢力範圍。魯、衛、曹、邾推脫了這次會盟。
楚王帶領附庸諸侯伐吳，俘獲了逃亡在吳的齊國貴族慶封，殺之。
鄭國子產「作丘賦」，可能是讓各家貴族按照地產數量提供兵役和軍費開支。

**魯昭公五年，西元前五三七年**

孔子十五歲。
魯國把三軍裁撤為兩軍。三桓家族再次劃分地產和勢力範圍，因為季武子資歷老、強勢，季氏獨占一個軍，即一半領地。叔孫氏和孟孫氏分掉另一半，聯合組建另一個軍（春秋時一軍萬人或數千人）。
楚靈王娶晉平公之女，晉卿韓宣子護送親事到楚國。
楚靈王帶領附庸諸侯伐吳國，無功而返。
可能在這一年，孔子母親去世，孔子獲得了父親家族的承認，實現了父母合葬。孔子由此獲得士的身分，進入貴族階層。孔子晚年自評：「十有五而志於學」。

**魯昭公六年，西元前五三六年**

孔子十六歲。

鄭國子產「鑄刑書」，可能是約束七穆家族和其他貴族，防止出現一家獨大，破壞鄭國的寡頭共和局面。

吳、楚發生戰爭，楚軍失敗。

孔子進入曲阜貴族圈子，學習各種知識。可能在這年，孔子參加季氏家族宴會，被陽虎羞辱而出。

**魯昭公七年，西元前五三五年**

孔子十七歲。

孟僖子陪同魯昭公到楚國朝會。

衛襄公卒，衛靈公繼位。

季武子（季孫宿）卒，季平子（季孫意如）繼位。

**魯昭公八年，西元前五三四年**

孔子十八歲。

陳國貴族內亂，楚靈王滅陳。

孔子可能開始在季氏家做基層管理工作。

**魯昭公九年，西元前五三三年**

孔子十九歲。

楚靈王召集魯、宋、鄭、衛四國卿大夫，在陳地會見，此舉是讓中原列國承認楚國吞併陳國。

孔子可能在這年結婚。後生一子（孔鯉）、一女。

**魯昭公十年，西元前五三二年**

孔子二十歲。

季平子率魯軍伐莒國，在祭祀商人之神的「亳社」殺俘虜獻祭。這可能是商代人祭遺風的隱祕流傳。

晉平公卒，昭公繼位。

宋成公卒，元公繼位。

**魯昭公十一年，西元前五三一年**

孔子二十一歲。

楚靈王誘殺蔡靈侯，吞併蔡國。

孟僖子與邾莊公會見，途中結識泉丘女子，後女子投奔孟僖子，為之生孟懿子（仲孫何忌）及南宮敬叔。

晉卿韓宣子與魯、齊、宋、衛、鄭、曹、杞卿大夫相會，討論救援蔡國。晉派使者至楚，要求楚國放過蔡國。楚靈王不允。

**魯昭公十二年，西元前五三〇年**

孔子二十二歲。

鄭簡公卒，定公繼位。

季平子與管家南蒯不和，南蒯在費城反叛，又逃亡到齊國，受到齊景公庇護。

楚靈王野心膨脹，夢想成為列國中唯一的霸主。

**魯昭公十三年，西元前五二九年**

孔子二十三歲。

楚國上層內亂，楚靈王被弒，棄疾即位，是為楚平王。

楚平王改變了靈王時期的諸多亂政，恢復了陳、蔡兩國及其國君地位。

三年前魯國伐莒，晉國因國君更替無暇顧及。此年，晉國借列國盟會之機逮捕了季平子，後將其釋放。

**魯昭公十四年，西元前五二八年**

孔子二十四歲。

楚平王整頓內政，打擊過於驕橫的貴族。

**魯昭公十五年，西元前五二七年**

孔子二十五歲。

魯昭公赴晉國朝見。

周景王之王后（穆后）卒。晉卿荀躒赴周（洛陽）參加葬禮，受到周景王款待。

晉卿荀吳伐鮮虞等狄人小國，向太行山東麓擴張。

**魯昭公十六年，西元前五二六年**

孔子二十六歲。

晉昭公卒，頃公繼位。

**魯昭公十七年，西元前五二五年**

孔子二十七歲。

晉卿荀吳帥師滅陸渾之戎（在洛陽以西山地），因為陸渾戎與楚國交好。

小邾國、郯國國君來魯國朝見。

吳、楚發生邊境戰爭，楚軍失利。

**魯昭公十八年，西元前五二四年**

孔子二十八歲。

夏，宋、衛、陳、鄭都城同日發生大火。子產督導鄭人滅火，工作出色。

**魯昭公十九年，西元前五二三年**

孔子二十九歲。

楚平王為兒子（太子建）娶秦國公主嬴氏，發現公主美貌，於是自己娶為王后。

**魯昭公二十年，西元前五二二年**

孔子三十歲。

因娶妻之事，楚平王與太子建發生矛盾，太子師傅伍奢被殺，其子伍員逃奔吳國。太子建逃亡宋國。

宋國、衛國發生上層貴族內亂。

鄭國子產卒。

孔子可能此時開始招徒辦學，晚年自評：「三十而立。」

**魯昭公二十一年，西元前五二一年**

孔子三十一歲。

宋國華氏內亂升級，華氏招引吳軍入境干涉。齊國派兵援助宋君。

**魯昭公二十二年，西元前五二〇年**

孔子三十二歲。

宋國內亂平息，華氏失敗、出局。

周景王卒，發生繼承人紛爭、內戰。

**魯昭公二十三年，西元前五一九年**

孔子三十三歲。

周敬王（王子匄）逃亡到晉國庇護下。王子朝自立，但未得到晉國支持

吳、楚發生戰爭，楚失利。

**魯昭公二十四年，西元前五一八年**

孔子三十四歲。

三月，孟僖子卒，曾囑咐其子孟懿子及南宮敬叔：聘請孔丘為師。

王子朝控制洛陽，與晉國對峙。

五月，孔子陪同孟懿子及南宮敬叔到周王城洛陽，適逢日食。此次旅行目的不詳，也許孟懿子試圖與王子朝建立聯繫。

**魯昭公二十五年，西元前五一七年**

孔子三十五歲。

晉卿趙簡子（趙鞅）召集魯、宋、衛、鄭、曹、邾、滕、薛、小邾等國卿大夫，商討平定王室內亂之事。參會列國為流亡的周敬王提供糧食、勞動力。

魯國貴族發生內鬥，魯昭公逃亡到齊國境內，受到齊景公接待。

孔子可能尋機追隨魯昭公到齊國，又在齊國貴族高氏家中工作。

**魯昭公二十六年，西元前五一六年**

孔子三十六歲。

齊景公試圖護送魯昭公回國，未果，占領了魯國邊境的鄆城，安置魯昭公。

晉國派兵伐王子朝，護送周敬王到洛陽。王子朝攜帶周王室典籍逃奔楚國。

楚平王卒，昭王繼位。太子建仍流亡在外。

**魯昭公二十七年，西元前五一五年**

孔子三十七歲。

吳公子季札受吳王僚之命，出訪中原列國。

吳公子光暗殺吳王僚自立，為吳王闔閭。

季札訪問中原後經過齊國返回，其長子死於齊國，季札在當地舉辦了葬禮。孔子當時在齊國，觀摩了葬禮。

宋、衛呼籲晉國協助魯昭公回國。晉卿范獻子接受了季平子賄賂，故意拖延此事。

**魯昭公二十八年，西元前五一四年**

孔子三十八歲。

晉國貴族內亂，祁氏、羊舌氏失敗出局，剩餘范（士）、知、中行、韓、趙、魏六家，基本壟斷晉國政局，稱為晉「六卿」。

魯昭公仍流亡在外。

**魯昭公二十九年，西元前五一三年**

孔子三十九歲。

晉趙鞅、荀寅鑄刑鼎。孔子認為是政治失序的表現。

魯昭公仍流亡在外。

**魯昭公三十年，西元前五一二年**

孔子四十歲。

晉頃公卒，定公繼位。

吳國擴張，滅徐。吳王闔閭任用伍員，加強了對楚國的侵擾。

可能在此年，孔子從齊國返回魯國定居。孔子晚年自評：「四十而不惑。」
魯昭公仍流亡在外。

## 魯昭公三十一年，西元前五一一年

孔子四十一歲。
晉卿范鞅帶兵到魯國，試圖幫助魯昭公回國。但范鞅接受了季平子賄賂，認可了季氏代理國君的現狀。
魯昭公仍流亡在外。

## 魯昭公三十二年，西元前五一〇年

孔子四十二歲。
吳首次伐越。
晉卿韓簡子召集魯、齊、宋、衛、鄭、曹、莒、薛、杞、小邾等國卿大夫，為周敬王修築成周（洛陽城），防範流亡在外的王子朝勢力反撲。
孟懿子代表魯國參與了此次會見和工程。這標誌著在魯昭公流亡在外的情況下，國際社會正式承認了三桓家族對魯國的管理權。
魯昭公卒於流亡地。

**魯定公元年，西元前五一九年**

孔子四十三歲。

三桓選擇昭公之弟公子宋即位，是為魯定公。

魯昭公屍體運回魯國，季平子有意將其葬在國君墓區之外。追隨昭公流亡的大小貴族相繼返回魯國。

**魯定公二年，西元前五一八年**

孔子四十四歲。

吳軍在邊境擊敗楚軍。

**魯定公三年，西元前五一七年**

孔子四十五歲。

蔡昭侯朝見楚昭王。楚令尹子常向蔡君勒索賄賂。蔡昭侯赴晉，請求伐楚。

**魯定公四年，西元前五一六年**

孔子四十六歲。

晉定公召集魯、宋、蔡、衛、陳、鄭、許、曹、莒、邾、頓、胡、滕、薛、杞、小邾國國君，會盟於召陵，準備伐楚。此次盟會的名義召集人是王室之卿，劉文公。齊景公未參會，派卿國夏出席。這是春秋列國的最後一次大型盟會，也是晉國主導的最後一次。

晉卿荀寅向蔡昭侯索賄，未得，於是聯軍放棄了伐楚。

吳王闔閭大舉伐楚，連續擊敗楚軍，攻占楚都郢城。少年楚昭王逃亡在外。申包胥到秦國求援。

**魯定公五年，西元前五一五年**

孔子四十七歲。

趁楚國戰亂，周敬王派人暗殺了在楚國的王子朝。

秦、楚聯軍擊敗吳軍。越國在後方襲擊吳國。吳軍被迫從楚國班師。楚昭王返回郢城。

夏，季平子、叔孫成子（叔孫不敢）相繼去世。季桓子、叔孫武叔繼位。陽虎開始控制季氏及魯國政局。

可能在這年，陽虎勸說孔子從政，未果。

**魯定公六年，西元前五一四年**

孔子四十八歲。

鄭國滅許國。

因為鄭國支持王子朝餘黨，晉國命令魯國伐鄭。魯定公率軍伐鄭，實際統帥為陽虎。魯軍破壞了鄭國的匡城，返回途中經過衛都，不禮，觸怒衛靈公。

**魯定公七年，西元前五一三年**

孔子四十九歲。

齊景公、鄭獻公舉行會見，兩國決定不再服從晉國的權威，並邀請衛國加盟。衛靈公動心，但擔心卿大夫不支持。

齊軍伐魯，因為魯仍對晉國效忠。陽虎實際主持對齊作戰。

**魯定公八年，西元前五一二年**

孔子五十歲。

齊卿國夏、高張率軍伐魯。

晉卿士鞅、趙鞅、荀寅率軍救魯。魯定公赴晉軍犒勞。

晉諸卿與衛靈公會盟，盟誓儀式上對衛靈公不禮。衛靈公決定棄晉、倒向齊鄭聯盟。

陽虎試圖除掉魯國三桓勢力，未果，遂據守陽關、費城等地叛亂。

三桓處於危機之中，於是請孔子從政，抗衡陽虎。孔子開始擔任中都宰。孔子晚年自評：「五十而知天命。」

**魯定公九年，西元前五一一年**

孔子五十一歲。

陽虎接連失敗，先逃亡到齊國，又逃亡到晉，效力於趙鞅（趙簡子）。

孔子升任魯國大司寇，開始參與魯國上層政治。
齊景公、衛靈公聯合伐晉。

**魯定公十年，西元前五一〇年**

孔子五十二歲。
魯定公、齊景公在夾谷相會，孔子主持儀式。這標誌著魯國脫離了晉國陣營，齊、魯結盟對抗晉國。
齊國歸還了以往侵占魯國的土地。
晉卿趙鞅伐衛。
宋公子地得罪權臣向魋（桓魋），逃亡。

**魯定公十一年，西元前四九九年**

孔子五十三歲。
魯國與鄭國實現和解，共同反晉。齊、衛、鄭、魯東方四國「反晉聯盟」成形。
宋國更多貴族與向魋對立，都失敗。
孔子弟子紛紛在魯國做官，或者做季氏家臣。

**魯定公十二年，西元前四九八年**

孔子五十四歲。

孔子提倡「隳三都」。叔孫氏拆除郈城城牆；經過戰鬥被驅逐了費城的陽虎餘黨，費城城牆被拆除。隨之要拆毀孟孫氏的成城，孟孫氏家臣據城抗命，魯定公率軍攻擊，未果。成城被保留。三桓逐漸對孔子失去信任。

魯定公與齊景公盟會。

**魯定公十三年，西元前四九七年**

孔子五十五歲。

孔子短期擔任代理魯國相位。

齊景公與衛靈公會晤，準備聯合伐晉。

魯國三桓決定解雇孔子。孔子被迫辭職。

晉國六卿之間爆發內訌。荀、韓、魏、趙四家聯合控制晉定公，討伐范氏、中行氏。范氏、中行氏退保朝歌為中心的黃河北岸地區。晉國陷入內戰。

孔子到齊國，未受齊景公重用，於是返魯、去往衛國。

**魯定公十四年，西元前四九六年**

孔子五十六歲。

孔子到衛都帝丘，受到衛靈公接待。

句踐越軍擊敗吳軍。吳王闔閭受傷而死。夫差繼位。

齊景公、魯定公、衛靈公會晤，聯合援助晉國叛亂勢力范氏、中行氏。黃河北岸的戰爭擴大。
衛國太子蒯聵試圖殺死君夫人南子，未果，逃亡到宋，後又投奔晉國趙鞅。

**魯定公十五年，西元前四九五年**

孔子五十七歲。
蒯聵動亂牽連到孔子，孔子離開衛都南行，匡城人誤認孔子為陽虎，將其圍困。後孔子返回衛都。
魯定公卒，哀公繼位。
孔子離衛南行，到宋國。宋國權臣向魋威脅孔子。
孔子離宋去往鄭國，鄭國高層未予接待。
孔子南行到陳國，受到當地貴族接待。

**魯哀公元年，西元前四九四年**

孔子五十八歲。
楚昭王帶領陳、隨、許三國國君伐蔡，因為蔡國曾幫助吳國伐楚。
蔡國都城被圍，蔡人投降。楚國準備將蔡國遷到靠近楚的西南方。蔡國的親吳勢力試圖遷往靠近吳國的東南方。
齊景公、衛靈公聯軍到邯鄲，援助范氏、中行氏。
吳軍侵陳。

晉卿趙鞅率軍攻擊朝歌。

孔子離陳北歸，到衛都帝丘。他試圖北渡黃河，在學生阻攔下放棄。孔子回魯國故鄉陬邑，創作琴曲〈陬操〉。

**魯哀公二年，西元前四九三年**

孔子五十九歲。

孔子從魯到衛，但不願為衛靈公效力，繼續去往陳國。

衛靈公卒，出公（靈公孫輒）繼位。

趙鞅、陽虎率晉軍占領衛國的戚城，安置衛太子蒯聵。

齊國向范氏的朝歌提供糧援，鄭軍護送。趙鞅、陽虎、蒯聵率晉軍阻擊，打敗鄭軍，繳獲糧車千輛。

孔子定居在陳國。

**魯哀公三年，西元前四九二年**

孔子六十歲。

齊、衛聯軍圍攻戚城。

魯國曲阜的桓公、僖公廟火災，被燒毀。

季桓子卒，季康子繼位，任命冉有為管家。

晉卿趙鞅、荀寅攻占朝歌。范氏、中行氏餘黨退守邯鄲。

孔子定居在陳國。晚年自評：「六十而耳順。」

**魯哀公四年，西元前四九一年**

孔子六十一歲。

蔡昭公卒，成公繼位。

齊衛聯軍增援范氏、中行氏。趙鞅晉軍攻克邯鄲。

孔子去往蔡國，結識楚國貴族葉公諸梁。

**魯哀公五年，西元前四九〇年**

孔子六十二歲。

晉國范氏、中行氏徹底失敗。

齊景公卒，上層貴族內戰，陳氏、鮑氏驅逐國氏、高氏，擁立齊悼公。

孔子定居在蔡國。

**魯哀公六年，西元前四八九年**

孔子六十三歲。

吳軍伐陳，楚昭王帶兵救陳。

孔子想去陳國見楚昭王，被蔡國人阻攔、包圍多日。後楚昭王派兵解圍，與孔子相見。

楚昭王卒，惠王繼位。
孔子北上，到衛國定居。衛出公比較信任孔子師徒。

**魯哀公七年，西元前四八八年**

孔子六十四歲。
吳王夫差率軍北上，與魯哀公會晤，要求魯國提供「百牢」典禮。
季康子推動魯國伐邾。
孔子在衛國定居。

**魯哀公八年，西元前四八七年**

孔子六十五歲。
吳王夫差不滿魯國伐邾，率軍伐魯。魯國示弱臣服，雙方盟誓。吳撤軍。
孔子在衛國定居。

**魯哀公九年，西元前四八六年**

孔子六十六歲。
吳國開鑿江淮運河，準備伐齊。
宋軍擊敗鄭軍。

孔子在衛國定居。

**魯哀公十年，西元前四八五年**

孔子六十七歲。

吳王夫差攜僕從國魯、邾、郯伐齊。

齊國貴族殺死齊悼公，簡公繼位。吳軍撤回。

孔子在衛國定居。

**魯哀公十一年，西元前四八四年**

孔子六十八歲。

齊軍伐魯，冉有主張迎戰。魯軍在曲阜郊外擊退齊軍。孔子弟子多參加了這次戰役。

吳王夫差趕來救魯，與魯軍一起伐齊，在艾陵擊敗齊軍。

季康子派人邀請孔子回魯國。

**魯哀公十二年，西元前四八三年**

孔子六十九歲。

為應對齊國壓力，魯國按照各家貴族地產徵收軍費，「用田賦」。

魯昭公夫人卒，孔子前往弔唁。

魯哀公與吳王夫差會晤。
衛國屈服於吳國霸權。
孔子在魯國。

**魯哀公十三年，西元前四八二年**

孔子七十歲。
吳王夫差與晉定公、魯哀公在黃池會晤，單平公代表周王室參加。晉、吳達成中分霸權，猶如晉、楚之間的關係。
越王句踐乘機伐吳，夫差倉促班師。
孔子在魯國，兒子孔鯉卒，學生顏回卒。
孔子晚年自評：「七十而從心所欲，不踰矩。」可能因為欲望低了，更為超脫。

**魯哀公十四年，西元前四八一年**

孔子七十一歲。
魯哀公狩獵，有人獵獲奇怪動物，孔子認為是「麟」。
孔子停止編寫《春秋》，此工作可能由其弟子繼續。
陳成子(田常)殺齊簡公，立齊平公。孔子弟子宰予可能死於此次動亂。
孔子要求三桓討伐陳成子，未果。

宋國桓魋引起國君不滿，被驅逐。
孟懿子卒，孟武伯（仲孫彘）繼位。
孔子在魯國。

**魯哀公十五年，西元前四八〇年**

孔子七十二歲。
魯國與齊國和好，子服景伯為正使，子貢為副使。這是承認陳成子掌控齊國的現實。
孔子在魯國。

**魯哀公十六年，西元前四七九年**

孔子七十三歲。
衛世子蒯聵潛入衛都，驅逐了其子衛出公，即位，為衛莊公。孔子弟子子路死於此次事變。
衛出公逃亡魯國，又到齊國。
四月，孔子卒。魯哀公發文弔唁。子貢率眾弟子服喪。
楚平王的太子建死於流亡中，其子勝返回楚國，受封為白公，伺機作亂，失敗自殺。

**魯哀公十七年，西元前四七八年**

（孔子死後第一年）

衛國內亂，衛莊公（蒯聵）被殺。晉卿趙鞅主持下，立公子起為衛君。
魯哀公與齊平公會盟，兩人都是沒有實權的傀儡。

**魯哀公十八年，西元前四七七年**

（孔子死後第二年）

衛君起被貴族石圃驅逐。衛出公輒返回即位。

**魯哀公十九年，西元前四七六年**

（孔子死後第三年）

周敬王卒，元王繼位。

**魯哀公二十年，西元前四七五年**

（孔子死後第四年）

晉定公卒，出公繼位。
吳國在越國攻擊下日益削弱。

**魯哀公二十一年，西元前四七四年**

（孔子死後第五年）

魯哀公與齊平公會盟。
越國首次向魯國遣使。

**魯哀公二十二年，西元前四七三年**
（孔子死後第六年）

越王句踐攻克吳都城，吳王夫差自殺，吳亡。

**魯哀公二十三年，西元前四七二年**
（孔子死後第七年）

魯國首次向越國遣使。

**魯哀公二十四年，西元前四七一年**
（孔子死後第八年）

魯哀公至越國，朝見越王句踐。越王考慮和魯哀公聯姻，季康子擔心婚事會增加國君權威，向越太宰伯嚭行賄，終止此事。

**魯哀公二十五年，西元前四七〇年**
（孔子死後第九年）

衛國貴族內亂，衛出公二度逃亡。

**魯哀公二十六年，西元前四六九年**

（孔子死後第十年）

周元王卒，貞定王繼位。

宋景公卒，昭公繼位，皇、靈、樂三家貴族聯合執政。

**魯哀公二十七年，西元前四六八年**

（孔子死後第十一年）

越國使臣至魯，與魯哀公盟誓，三桓族長都參加。季康子看到越王尊重魯君權威，頗為憂慮。

季康子卒，季昭子繼位。

魯哀公試圖借越國兵力除掉三桓家族，於是逃亡到越國。

**魯哀公二十八年，西元前四六七年**

（孔子死後第十二年）

魯哀公卒於越國。三桓擁立悼公繼位。

# 後記

現在這本孔子的傳記，是我二〇〇九年一本書的增訂版，以前那本叫《貴族的黃昏：孔子和他生活的時代》，這次增補的篇幅增加了一倍多。從最初寫作到這次出版，跨度已逾十年，大環境和我的個人經歷已經有了非常大的變化，但書中的有些命題，比如寡頭共和制的走向，一直是我關注思考的重點。

這本書是用普及讀物的形式寫的，但不缺乏學術觀點，它甚至比一本規規矩矩的學術專著內容量更大，因為學術著作必須羅列前人的各種說法，包括完全沒有價值的或實質上不相干的內容。這本書沒有採用嚴格的學術體例，因為上古史的材料很有限，用了哪些史料，提出了哪些和前人不一樣的觀點，搞這領域的內行很容易看出來，沒必要一一解釋；對於不是搞上古史的圈外人，談這些論證過程也沒太大意義。

本書裡關於孔子的私生子身世、和陽虎的疑似同父異母關係，可能有讀者覺得比較新鮮，希望不會有人被嚇到——那本二〇〇九年版的孔子傳裡，已經寫了這方面的內容，倒沒被當成過於驚悚的異端邪說。其實關於孔子或歷史上的大人物，後世評價、研究裡常會有些「爆冷」的說法，往往難以證實、也難以證偽，所以還要看能不能「自圓其說」，就是把它和傳主的更多史料聯繫起來，還原出一個更全面的人物形象。

除了關於孔子身世的判斷，本書裡還涉及了一些以前外界或學界不太注意的現象，比如先秦祭祀用「尸」（活人扮演被祭祀的鬼神）的習俗，再如孔子和《春秋》、《左傳》的關係，他和左丘明的疑似版權糾紛。這些在史書中的記載太零星，還難以全面還原，不知以後有沒有新考古發現，或者借鑑人類學等其他學科，使我們對這些問題再加深瞭解。

這本書裡用的主要是傳世史料，涉及考古文獻很少，因為目前雖然有部分戰國簡書出土，但對寫孔子沒太多有效信息。戰國到漢代的簡牘，最有價值的是軍政文書類，比如法律類的睡虎地秦簡、張家山漢簡，漢代居延、敦煌等駐軍文書；經史諸子著作在出土文獻裡相對薄弱。

孔子是春秋時候的人，要懂孔子，先得懂春秋。但後世的中國人真不容易懂春秋。不全是因為春秋國家多，事情亂，那時是世襲政治、貴族社會，和後世的中國很不一樣（之前的商朝和西周歷史記載太少，更不好討論）。從戰國之後，人們就把春秋那套政治文化都忘掉了。司馬遷寫《史記》，春秋禮俗就搞錯了不少。清代乾嘉學派搞樸學，老老實實做考據，糾正了前人包括司馬遷的一些錯誤。進入近現代之後，我們又多了一個新途徑，就是借助其他古代人類文明的歷史，去瞭解封建制的、貴族社會的春秋政治文化。

人類歷史裡面，中國（漢文明）是比較特殊的例子，官僚政治出現得太早了。其他的古代文明裡，世襲封建制、貴族制存在時間很長，甚至一直保留到近代，比如歐洲、日本，甚至內陸亞洲的諸民族。參照這些歷史我們會發現，周朝的封建制、春秋的貴族制度，其實也不是那麼絕無僅有，很多現象都可以和歐洲、日本乃至漢文明周邊的少數民族歷史呼應上。當然也有些不同，比如本書列舉的，歐洲貴族的一夫一妻制，和春秋貴族的多妻多子就很不一樣。這些相似和不同，都有助於我們真正瞭解西周、春秋的歷史和文化，在這個基礎上，我們才能真正瞭解孔子的生平、思想。本書也是在這個方向上做的一點嘗試。

除了春秋，中國古代還有個的貴族世襲、寡頭政治比較突出的時期，就是魏晉南北朝，當時靠「九品中正制」把家族門第固定了下來，構成了一種世襲政治身分，所謂士族或者門閥。但魏晉南北朝的歷史比較長，割據的小政權很多，身分世襲政治的表現程度並不一樣，君主集權制也時而復興；一般來說，東晉時期的政治身分世襲色彩很重，政治寡頭家族甚至能架空皇權，其次是北魏孝文帝改革，重新強調家族門第差異，但還沒到皇權被架空的程度。田余慶先生的《東晉門閥政治》，專門描寫東晉政治寡頭們的爭鬥史，對於瞭解那個時代有非常重要的意義，相比之下，關於春秋歷史還沒有這種開創性、全域性的著作。

本書側重寫孔子，只能旁及一些春秋晚期的政治，這個時期已經屬於貴族社會演變成寡頭政治的階段，亂象紛然，但還看不出變局會出現在哪些方面。此後的一個半世紀，史料記載非常非常少，可謂中國歷史的一個「黑洞時期」，只能依稀看到，晉國寡頭爭鬥中勝出的韓、趙、魏三家各自建國，它們是實行君主集權制變法的先驅。至於那些寡頭共和制過於強大、難以推行變法的老牌中原國家，比如魯國、鄭國，就被新興變法國家吞併了，這個過程也是歷史黑洞的一部分，相關記載非常少。

就在寫作這本孔子傳初稿的二〇〇九年，我還寫了一本南朝開國皇帝劉裕的戰史《樓船鐵馬北府兵》，因為出版環節的延宕還一直沒問世，這本劉裕戰史其實也是寫東晉門閥政治終結的階段，和孔子傳記有異曲同工之處。孔子和劉裕兩人一文一武，都生活在寡頭制晚期，孔子想靠和衷共濟精神和復古理想制約春秋寡頭們，但從未成功；劉裕靠著戰場殺伐事實上終結了東晉寡頭政治，但他本人和他的統治班底都是軍人，無法提出一套政治文化層面的建設方案，所以之後的南朝幾乎一直處在政治動盪中。從春秋和東晉的歷史看，貴族寡頭政治一旦形成，都無法形成良性可持續發展的模式，最終或是在變法中被革命，或是日漸削弱被吞併，或是被劉裕這種軍人勢力取代，總之都會走向衰亡。有人喜歡歌頌中國古代的「貴族共同體」，以為那本來是個更好的歷史趨勢，其實是因為不懂中國古代史，靠淺嘗輒止的泛讀加隨意聯想而已。

說來有趣，最初準備寫孔子時，我想寫的還不是歷史傳記，而是電影劇本。那時正好讀博士比較閒，想寫三個春秋題材的劇本，分別是晉文公重耳，亂世佳人夏姬和孔子。這三個人之間的時間跨度都是五十來年，正好把春秋從中期到晚期的歷史都涵蓋了。關於晉文公重耳，二〇〇九年初寫了一部《中原》，後來曾得過廣電部電影局的一個業餘作品獎，當然也沒人投拍。寫完晉文公就準備寫孔子，標題定為「兄弟」，明著寫孔子和他同母異父的不成器哥哥，暗寫他和陽虎疑似的同父異母關係。但還沒動手，就聽說已經有人在拍孔子的電影了，我再寫個劇本也沒意義，於是轉而寫成了歷史傳記。至於夏姬女士的題材，就再沒有觸及，在我的構思裡它叫《蘭之女》，《左傳》裡夏姬的父親鄭穆公就叫子蘭，他的兒子們繁衍出了鄭國「七穆」寡頭家族；它應該是一部歌劇電影，有點像瑪丹娜主演的《貝隆夫人》，夏姬應該是個癡迷蘭花、精神有點不正常的貴婦，當她被楚軍俘獲、帶到鄭都圍城之下，看到自己娘家的國度行將覆滅，也會在陣前高歌一曲〈Don't Cry For Me Argentina〉那種感覺，中原列國的角色可以是京昆唱腔，楚王就可以來點黃梅戲……

但我們能在多大程度上解讀、再現歷史？還真不好說。因為一是史料有限制，有些方面可能記載特別少，我們很難再現。二是有些歷史時期可能太特殊，變動太大，後世人也沒法真正理解。這裡講個孔子後人的事蹟，來看看我們對歷史可以陌生到什麼程度。

戰國二百五十年裡，孔子後人代代相傳，都比較有學問。秦始皇統一六國以後，孔子後人的待遇應該還可以，至少是沒受什麼迫害。陳勝吳廣起義，建立了張楚朝廷，就有孔子後人來投奔，是兄弟倆，孔鮒和孔襄，當了陳勝朝廷的博士，老二還帶著兒子，叫孔蕞。沒多久老大就病死了，之後是章邯秦軍大反攻，陳勝吳廣兵敗垮臺，老二也可能死於亂兵，只剩年輕的孔蕞。

亂世兵災裡，他這個年輕書生能怎麼活？

他投奔了劉邦，這時的劉邦剛剛起兵反秦，勢力不大，屢遭敗仗，到處流竄。劉邦是粗人無賴，最喜歡罵儒生，溺儒冠。孔蕞也不可能靠學術讓劉邦賞識，他只能當兵，從一線的戰士幹起，最初的職務是「執盾」，多少仗打下來，居然沒死。到劉邦滅秦入咸陽，項羽封劉邦為漢王，孔蕞任左司馬。

再後來，劉邦項羽反目開戰，孔蕞升任都尉，類似現代軍隊的師長，多次和項羽惡戰。最後，楚漢決戰垓下，一般人都知道這場戰役的總指揮是名將韓信，但當時的具體作戰序列是：韓信指揮中路軍，孔蕞指揮左路軍，另一位費將軍指揮右路軍，劉邦帶預備隊殿後。

戰鬥開始後，韓信中路軍首先和項羽主力接戰，失利撤退，孔蕞、費將軍的左右軍迅速從兩翼合圍，頂住了楚軍的攻勢，然後韓信主力整隊回戰，終於大敗楚軍，這才有了項羽的四面楚歌、霸王別姬、自刎烏江：

《史記．高祖本紀》：五年，高祖與諸侯兵共擊楚軍，與項羽決勝垓下。淮陰侯將三十萬自當之，孔將軍居左，費將軍居右，皇帝在後，絳侯、柴將軍在皇帝後。項羽之卒可十萬。淮陰先

**合，不利，卻。孔將軍、費將軍縱，楚兵不利，淮陰侯復乘之，大敗垓下……**

劉邦稱帝後，按戰功分封諸將，孔藂封蓼侯，其子孔臧擅長經學，曾任主管朝廷祭祀、文教的太常。孔藂本人應該也有著述，傳世有《孔叢子》一書，我懷疑，它應該是「孔藂子」的誤寫，因為繁體的「叢」（叢）和「藂」字形太像了。

五年時間裡，從孔子後人、一介書生到兵團主帥，目睹和親自促成了暴秦瓦解、霸王隕落，然後又是著述生活。孔藂的身分跨界之大，故事信息量之濃縮，遠超過《靜靜的頓河》裡的格里高利。我們今天的人，能寫好他的故事嗎？

捫心自問，我真做不到。我只能告訴今天的人，曾經有過這麼一個孔藂，幹了這麼些我們今人很難放到一塊去想像的事情，我沒法還原他的完整人生。

《孔叢子》裡面，孔子說：「其父析薪，其子弗克負荷，是謂不肖。」意思是說，父親砍的柴，兒子背不動，這就叫不如啊。後世說不肖子，就是不如父輩的兒子。

面對創造歷史的前人，我們這些所謂研究者、講述者，都是不肖後人。

補記：

本書初稿於二〇〇九年夏，增訂重寫於二〇一六年春，終稿於二〇一九年初。多年從事古籍校勘的李曉霞女士志願為本書稿做了引文校訂工作，特此致謝。書中的一切錯誤都屬於作者本人。

# 臺北麥田版後記

《孔子大歷史》的繁體字版由麥田出版付梓了，筆者在此特向編輯者、讀者致謝。

本書較新的一版，是二〇一九年初由北京世紀文景（上海人民出版社）印行，其中內容為二〇一六年上半年增訂，此後筆者逐漸有些新的想法，但因忙於瑣事，未能再做增補，比如二〇一八年夏，筆者遊歷印度境內喜馬偕爾郡及其實控制的拉達克等地，於深山絕谷中訪尋舊日部落王族故事，各種藩屬封臣、攻伐姻婭掌故，乃至顯貴人物的流亡遷徙傳說，竟感到與三千年前周人「封建制」世襲社會幾許神似，蓋「東海西海，心理攸同；南學北學，道術未裂」（錢鍾書《談藝錄．序》），由此又生出對孔子及其時代的一些新體會。此次乘麥田出版刊行之際，又重新做一遍增訂，篇幅比北京文景二〇一九年版有所增加，期望獲得師長、讀者們的批評指正。

對於先哲孔子的歷史書寫，筆者已陸續進行了十餘年，每當再次檢看史料，常會產生些新的理解。筆者曾寫作其他歷史人物或者史事，定稿之後，基本不再有修改的想法，唯獨孔子這位先哲、這本史傳，似乎是一個「開放式」課題，隨著人生閱歷漸增，往往又生出新意，所以不時有所增訂。看網路上評論，有讀者曾比較二〇一〇年初版與二〇一九年北京文景版，認為「並無太大的魔改」，這次麥田版亦然，沒有對舊版本的過大否定，只是對以往一些尚覺模糊的問題稍有新的認識，在原有平臺上增補、深入一些而已。

書寫古人的史傳，前提當然是熟悉文獻、盡量窮盡史料。在此基礎上，可能還需要對古人設身處地的共情，《詩經》所謂「他人有心，予忖度之」，將自己設想、還原為歷史人物所處的環境，甚至遙想揣測其心態、思維方式與價值觀念，再現其面臨的各種人生抉擇之可能性，由此方能獲得對古人的深入理解。這種設身處地的沉浸式關照，我有點戲謔地稱之為「薩滿教巫師的通靈做法，召喚先人的魂靈附體、言說」，這個過程往往兼有狂喜、悲哀與傷神，靈感的產生都頗為偶然，亦難以計畫。

孔子重視歷史，也曾遙想自己在歷史中會以何種形象定格，所謂「知我者其惟《春秋》乎？罪我者其惟《春秋》乎？」（《孟子．滕文公章句下》）

此語可能出自《詩經．王風．黍離》：「知我者謂我心憂，不知我者謂我何求。悠悠蒼天，此何人哉！」孔子時代，宗周鎬京早已廢棄為田畝；自孔子至今，中土亦歷經幾多劫焚，唯願那些曾經困擾孔子的問題，我們今人可以有足夠的智慧度過。

二〇一九年秋　於新疆，烏魯木齊

國家圖書館出版品預行編目資料

孔子大歷史：聖壇下的真實人生與他的春秋壯遊/李碩著. -- 初版. -- 臺北市：麥田出版：家庭傳媒城邦分公司發行, 2020.03
面； 公分. -- (人文；13)

ISBN 978-986-344-736-8（平裝）

1.（周）孔丘 2.學術思想 3.傳記

121.23 109000580

人文 13

# 孔子大歷史

## 聖壇下的真實人生與他的春秋壯遊

作　　者 李碩
責任編輯 陳淑怡

版　　權 吳玲緯
行　　銷 巫維珍 蘇莞婷 何維民 黃俊傑
業　　務 李再星 陳紫晴 陳美燕 馮逸華
副總編輯 林秀梅
編輯總監 劉麗真
總 經 理 陳逸瑛
發 行 人 涂玉雲

出　　版 麥麥田出版
104台北市民生東路二段141號5樓
電話：(886)2-2500-7696 傳真：(886)2-2500-1967
發　　行 英屬蓋曼群島商家庭傳媒股份有限公司城邦分公司
104台北市民生東路二段141號11樓
書虫客服服務專線：(886)2-2500-7718、2500-7719
24小時傳真服務：(886)2-2500-1990、2500-1991
服務時間：週一至週五09:30-12:00・13:30-17:00
郵撥帳號：19863813 戶名：書虫股份有限公司
讀者服務信箱E-mail：service@readingclub.com.tw
麥田部落格：http://ryefield.pixnet.net/blog
麥田出版Facebook：https://www.facebook.com/RyeField.Cite/
香港發行所 城邦（香港）出版集團有限公司
香港灣仔駱克道193號東超商業中心1樓
電話：(852) 2508-6231 傳真：(852) 2578-9337
馬新發行所 城邦（馬新）出版集團【Cite(M) Sdn. Bhd.】
41-3, Jalan Radin Anum, Bandar Baru Sri Petaling,
57000 Kuala Lumpur, Malaysia.
電話：(603)9056-3833
傳真：(603)9057-6622
E-mail：cite@cite.com.my

印　　刷 前進彩藝有限公司
電腦排版 宸遠彩藝有限公司

設　　計 POULENC

初版一刷 2020年3月7日


定價／480元
ISBN：978-986-344-736-8

原書名：《孔子大歷史：初民、貴族與寡頭們的早期華夏》
作者：李碩